权威·前沿·原创

皮书系列为
"十二五""十三五""十四五"时期国家重点出版物出版专项规划项目

BLUE BOOK

智 库 成 果 出 版 与 传 播 平 台

煤炭蓝皮书

BLUE BOOK OF COAL INDUSTRY

中国煤炭工业发展报告（2023）

ANNUAL REPORT ON COAL INDUSTRY IN CHINA (2023)

"双碳"目标下我国煤炭开发布局与转型发展

主 编／国家能源集团技术经济研究院

社会科学文献出版社
SOCIAL SCIENCES ACADEMIC PRESS (CHINA)

图书在版编目（CIP）数据

中国煤炭工业发展报告.2023："双碳"目标下我
国煤炭开发布局与转型发展／国家能源集团技术经济研
究院主编.--北京：社会科学文献出版社，2023.12
（煤炭蓝皮书）
ISBN 978-7-5228-3014-8

Ⅰ.①中…　Ⅱ.①国…　Ⅲ.①煤炭工业-经济发展-
研究报告-中国-2023　Ⅳ.①F426.21

中国国家版本馆 CIP 数据核字（2023）第 245701 号

煤炭蓝皮书
中国煤炭工业发展报告（2023）
——"双碳"目标下我国煤炭开发布局与转型发展

主　　编／国家能源集团技术经济研究院

出 版 人／冀祥德
组稿编辑／周　丽
责任编辑／张丽丽
文稿编辑／张　爽
责任印制／王京美

出　　版／社会科学文献出版社·城市和绿色发展分社（010）59367143
　　　　　地址：北京市北三环中路甲 29 号院华龙大厦　邮编：100029
　　　　　网址：www.ssap.com.cn
发　　行／社会科学文献出版社（010）59367028·
印　　装／天津千鹤文化传播有限公司

规　　格／开　本：787mm×1092mm　1/16
　　　　　印　张：24.75　字　数：369千字
版　　次／2023 年 12 月第 1 版　2023 年 12 月第 1 次印刷
书　　号／ISBN 978-7-5228-3014-8
定　　价／158.00 元

读者服务电话：4008918866

本书由北京绿能煤炭经济研究基金会和国家能源集团十大软科学研究项目之"碳中和背景下能源企业转型发展战略研究"（GJNY-21-139）资助。

张文琪　陕西煤业化工集团党委书记、董事长
张东海　内蒙古伊泰集团党委书记、董事长、总裁
赵永峰　中国煤炭科工集团党委副书记、总经理
赵福堂　陕西煤业化工集团党委副书记、总经理
贺佑国　应急管理部信息研究院原院长
崔　涛　中国煤炭报社党委书记

白雪亮　国家能源集团战略规划部资源处经理

朱　朦　中国国际工程咨询有限公司能源业务部煤炭处处长

刘向华　内蒙古伊泰集团董事会秘书

刘春林　内蒙古伊泰集团党委副书记、副总裁、总会计师

李俊诚　内蒙古伊泰集团副总裁、总工程师

李瑞峰　国家能源集团技术经济研究院原副总经理

闵　勇　天地科技股份有限公司副总经理，中煤科工集团改革发展部部长

汪天祥　淮河能源控股集团副总经理

汪有刚　煤炭工业规划设计研究院有限公司党总支书记、执行董事

宋录生　河南能源集团常务副总经理

张建明　中国煤炭工业协会科技发展部副主任

欧　凯　中煤科工重庆设计研究院党委书记、董事长，北京绿能煤炭经济研究基金会党建小组组长

周正道　中国电力企业联合会电力市场分会（派驻）副秘书长

郑和平　四川省煤炭产业集团党委委员、董事、副总经理

姜　琳　中国矿山安全学会技术交流部副主任

袁广金　陕西煤业化工集团副总经理

徐西超　山东能源集团董事会秘书、保密总监、战略研究院常务副院长

郭中华　中国煤炭工业协会政策研究部主任

盛天宝　河南能源集团副总经理

梁　壮　应急管理部研究中心研究员

韩家章　淮河能源控股集团副总经理，淮南矿业集团党委副书记、总经理

强　辉　应急管理部信息研究院战略规划研究所副所长

翟德元　鄂尔多斯市煤炭学会理事长，内蒙古伊泰集团原副总经理

参编人员　（按姓氏笔画排序）

丁孙亚　马　震　王　伟　王　炜　王　奕

王　蕾　王安琪　王新民　尹东凤　邓军军

田文香　田德凤　刘大正　刘旭龙　刘伯军

江琳洁　杜　平　李　杨　李　松　李　涛

李会强　李柏衫　李健康　李猛钢　杨　春

杨光军　杨海军　肖大强　宋立新　张　保

张　骞　张　鑫　张文才　张东青　苑　茹

林圣华　周　瑜　屈　凌　郝秀强　闻　兵

姜　明　姜大霖　柴　芳　倪小刚　徐卫平

郭成刚　郭建利　陶进朝　常跃刚　麻晓博

梁　洪　斯　日　窦　斌　裴红姣　翟国喜

魏文胜

秘　　书　（按姓氏笔画排序）

王　蕾　王安琪

主编单位简介

国家能源集团技术经济研究院由原国电技术经济咨询中心与原神华科学技术研究院于 2018 年 5 月合并重组而成，是国家能源集团唯一的综合性、战略性智库研究机构，主要承担发展战略研究、投资项目技术经济评价、信息情报收集服务和国家能源集团档案管理等职责。国家能源集团技术经济研究院于 2016 年成为首批中央企业智库联盟成员单位，2017 年入选中国社会科学院中国社会科学评价研究院发布的"中国智库综合评价核心智库榜单"，2022 年当选中关村全球高端智库联盟副理事长单位，2023 年当选中央企业智库联盟秘书长单位；在电力、煤炭、生态建设与环境 3 个专业上具有工程咨询甲级资信，获得北京市高新技术企业认定，获评中国煤炭工业科技创新先进单位、国家能源集团人才培养基地等。自成立以来，国家能源集团技术经济研究院承担项目、课题及研究任务近 500 项，获得省部级奖近百项；部分研究成果被国资委、国家能源局等采纳，成为行业规划、政策。承担完成的煤炭深加工"十三五""十四五"规划研究支撑了我国煤炭深加工专项规划的发布实施，"基于 CCUS 技术的煤炭低碳转型和能源结构优化研究"获评中国煤炭工业协会科学技术一等奖，高质量完成《中国能源展望 2060》的出版发布任务。全方位支撑服务国家部委，主责或参与了煤炭、电力、煤化工、新能源等领域近 20 项产业政策的制定出台。

摘　要

　　全书由总报告、开发布局篇、转型发展篇和实践探索篇构成。总报告分析了我国能源结构变化背景下煤炭产业发展矛盾的演变，认为煤炭产业面临的矛盾伴随经济社会主要矛盾的变化而变化，正在由以供需矛盾为主向安全保障与低碳转型的矛盾转变；研判了"双碳"目标下我国煤炭中长期供需格局，认为我国现有煤矿难以满足碳达峰前后的煤炭需求，"十四五"至"十六五"时期我国还需新建9亿吨/年左右的煤炭产能，可先期新建6亿~7亿吨/年，后续视形势变化做出调整；结合产业实践和时代要求，提出了未来一个时期煤炭产业布局与转型发展的总体思路，主要体现为"五环"转型发展，即核心环的产业持续升级、第二环的布局结构优化、第三环的绿色低碳转型、第四环的多元协同耦合和第五环的退出煤矿利用。

　　开发布局篇和转型发展篇，探讨了煤炭供应保障、西南地区煤炭供需、疆煤外运、露天开采、深部采煤、煤矿智能化、煤电清洁低碳化、现代煤化工产业发展、新型绿色智能煤矿、煤炭枯竭矿区转型等10个方面的问题。开发布局方面，本书认为发挥煤炭能源安全"压舱石"作用的实质是多维度做好保供稳价工作；在全国煤炭供需基本平衡的态势下，西南地区煤炭供需紧张局面有望得到持续缓解；疆煤外运规模还将增长，需要提升铁路运力并优化铁路网布局；露天煤矿产能及其在全国的占比还将保持增长态势，需进一步加强智能、绿色、低碳露天煤矿建设；煤炭深部开采事关重大，要坚持深化理论研究和技术创新，从根本上解决诸多工程技术难题。转型发展方面，本书认为煤矿智能化建设还存在基础理论研究薄弱、数据协议不统一、

综合协同难度大等问题，需加强顶层设计、技术创新、标准体系建设、多产业集成、人才培养等工作；煤电是煤炭清洁高效利用的主要方式，要充分发挥煤电在新型电力系统保障支撑和灵活调节中的作用；现代煤化工产业要想实现高质量发展，需坚持煤化一体化、产品终端化、绿色低碳化、全面节水化、智能少人化；绿色矿山建设和煤矿智能化建设融合已具备基础条件，需要从理念更新、政策协调、标准建设、技术融合、示范推动等方面，推动新型绿色智能煤矿建设；煤炭枯竭矿区转型是一个世界性难题，需要确定最佳时间点、资源配置方式、产业项目、治理模式、动力机制。

实践探索篇，介绍了主要煤炭企业或行业组织所在地煤炭产业改革发展与转型探索的实践，提出了未来优化布局、推动煤炭产业转型的思路及相关对策建议。国家能源集团锚定"双碳"目标，提出优化产业布局、强化安全生产、深耕绿色开发、深化产业融合、加强科技引领的煤炭产业可持续发展之路。山东能源集团提出优化煤炭产业布局、创新应用科学技术，并在做好增产不增碳的前提下借力新能源实现煤炭产业转型和高质量发展的思路。陕西煤业化工集团坚持战略引领、优化布局、深化改革、创新驱动、对标提升，向世界一流企业迈进。潞安化工集团结合"双碳"目标下煤炭需求趋势，提出构建"强煤、优化、育新"的现代产业体系和"五个一体化"协同发展体系。淮河能源控股集团阐释了新时代传统能源企业转型发展的内涵，介绍了"瘦身健体""固本培元""转型赋能"的具体做法及成效。河南能源集团提出了"双碳"目标下，煤炭产业自身升级、与新能源优化组合的转型方向，以及科技创新重点部署方向。内蒙古伊泰集团围绕煤炭和煤化工两大支撑产业，提出大型清洁能源综合体、煤基新材料生产基地的建设目标和实现路径。四川省煤炭产业集团将提高煤炭主业发展能力、加快新能源建设步伐、规模化发展煤基制造业和做精做优现代服务业作为下一步的转型发展方向。中国煤炭科工集团致力于煤炭安全绿色智能开发和清洁高效低碳利用，未来将继续推动科技创新向基础原创、价值创造、数字智能和绿色低碳转变。内蒙古煤炭工业协会提出"双碳"目标下坚持生态优先、绿色发展，开辟高质量发展和转型发展新路径的建议。

本书集知识性、理论性、实践性、政策性于一体，以煤炭产业发展中亟待解决的现实问题为导向，特别突出了以马克思主义政治经济学作为理论基础，以习近平新时代中国特色社会主义思想为指导思想，以及"双碳"目标下煤炭产业转型发展的基本要求。本书主要创新之处在于以马克思主义矛盾分析方法梳理了煤炭产业发展脉络、研判了未来煤炭供需格局演变趋势，在习近平新时代中国特色社会主义思想指导下提出了煤炭产业"五环"转型发展路径。

关键词：煤炭产业　供需格局　"双碳"目标　产业布局　转型发展

序

近年来，在"两个一百年奋斗目标"交汇、能源安全供应与低碳转型任务叠加的历史新阶段，煤炭产业面对国内与国外复杂形势交织、能源长期与短期问题重叠、能源供给与需求问题共振的新局面，迎来了新的"十字路口"。我国煤炭产业相继经历了"双碳"目标认识偏差下的非理性"控煤""去煤"，以及能源危机席卷全球后煤炭主体能源地位再受重视，当前发展渐入正轨。党的二十大报告进一步指出，要"积极稳妥推进碳达峰碳中和""立足我国能源资源禀赋，坚持先立后破，有计划分步骤实施碳达峰行动""深入推进能源革命，加强煤炭清洁高效利用，加大油气资源勘探开发和增储上产力度，加快规划建设新型能源体系，统筹水电开发和生态保护，积极安全有序发展核电，加强能源产供储销体系建设，确保能源安全"。这为我国煤炭产业发展指明了方向，煤炭产业必须在统筹安全保供与低碳转型的基础上谋求长远发展。

过去几年，我国煤炭产业以供给侧结构性改革为主线，加大结构和布局调整力度，在保能源安全和促产业转型方面取得实效。产业结构得到调整，2016～2022 年，我国在煤矿数量由 9000 处左右降至少于 4400 处的同时，煤炭产量由 34.1 亿吨提升至 45.6 亿吨，安全高效矿井的产量占比由 49.5% 提升至 70% 以上，120 万吨及以上的大型现代化煤矿产量占比由 75% 提升到 85% 左右。产业集中度明显提升，排名前八的煤炭企业产量占比由 2016 年的 36% 上升到 2022 年的 47%。产业布局持续优化，生产重心加快向资源禀赋好的地区转移，晋陕蒙新四省（区）煤炭产量占比由 2016 年的 70% 上升

到 2022 年的 81%。兜底保障能力充分彰显，2022 年煤炭占我国能源消费总量的比重为 56.2%，同比上升 0.3 个百分点，为 11 年来的首次回升，煤电则以 44% 的装机容量贡献了 58% 的电量、支撑了超 70% 的高峰负荷、承担了超 80% 的供热任务。绿色低碳转型稳步推进，2016~2022 年煤矸石综合利用率由 64.2% 提升到 73.2%，土地复垦率由 48.0% 提升到 57.8%，矿井水综合利用率由 70.6% 提升到 79.3%，绿色矿山建设全面提速，煤炭由燃料向原料和燃料并重转变步伐加快。

面向未来，"双碳"目标下新型能源体系建设对煤炭产业发展提出新要求，如何更好地认识能源发展大势和产业自身发展规律，处理好碳达峰前后煤炭保能源安全与今后一个时期碳约束不断增强背景下煤炭转型发展的关系，是一个值得深入探索且必须交出圆满答卷的时代命题。2023 年初，北京绿能煤炭经济研究基金会理事会研究提出，要凝聚行业力量，编好"煤炭蓝皮书"，继续发挥其在能源领域的重要决策参考价值，并请能源央企智库单位国家能源集团技术经济研究院牵头组织编纂。经过一段时间酝酿，并经中国煤炭经济 30 人论坛充分讨论，"'双碳'目标下我国煤炭开发布局与转型发展"被确定为 2023 年"煤炭蓝皮书"的主题。

为编好此书，国家能源集团技术经济研究院抽调骨干力量成立专项课题组，针对煤炭近中期供应安全与中远期转型发展问题，开展大量基础研究、实地调研和统计分析工作，以座谈、研讨等方式扩大交流、深化思路。"煤炭蓝皮书"编纂委员会邀请重点煤炭企业、煤炭产业社会组织代表、科研机构和专家学者，共同搭建庞大的编纂团队，总结经验、分析形势、研判路径、展望未来。在各界的大力支持下，经过半年多时间的努力，《中国煤炭工业发展报告（2023）》如期完成。

全书由总报告、开发布局篇、转型发展篇和实践探索篇构成。总报告由国家能源集团技术经济研究院课题组撰写，从我国能源转型与煤炭产业发展矛盾的演变入手，分析了"双碳"目标下我国煤炭产业中长期需求格局变化和供应布局调整要求，在总结国内外煤炭产业退出与转型实践的基础上，探讨了未来一个时期我国煤炭产业转型发展思路和退出路径。开发布局篇和转型发展篇由业内专家撰写，从学术角度探讨了"双碳"目标下我国煤炭开发布局与转型发展问题。实践探索篇分别由国家能源集团、山东能源集团、陕西煤业化工集团、潞安化工集团、淮河能源控股集团、河南能源集团、内蒙古伊泰集团、四川省煤炭产业集团、中国煤炭科工集团和内蒙古煤炭工业协会等单位成立的以主要负责人为组长的课题组撰写，介绍了主要企业或行业组织所在地煤炭产业改革发展与转型探索的实践，提出了未来优化布局、推动煤炭产业转型的思路及相关政策建议。

"煤炭蓝皮书"主要创办人、往年主编岳福斌教授离开我们已有一年，其长期深耕学术、献身煤炭事业的精神永远值得我们怀念。在此部"煤炭蓝皮书"出版之际，作为一名煤炭战线老兵，我谨代表编纂指导委员会向为本书付出辛勤劳动、贡献智慧力量的所有编写人员表示由衷感谢，向奋战在煤炭保供与转型攻坚一线的能源工作者们致以崇高的敬意！科研接力棒需不断传承，产业发展要接续奋斗，期盼煤炭产业当好能源保供"顶梁柱"和低碳转型"排头兵"，在新型能源体系的建设道路上焕发蓬勃生机、做出新的卓越贡献。

2023 年 10 月 9 日

目 录 ⌐⅊

Ⅰ 总报告

Ⅱ 开发布局篇

［皮书数据库阅读**使用指南**］👆

总 报 告

General Report

B.1

"双碳"目标下我国煤炭开发布局
与转型发展

国家能源集团技术经济研究院课题组*

摘 要: 以马克思主义矛盾分析方法梳理我国煤炭产业发展脉络,本报告
认为煤炭产业面临的矛盾正由供需矛盾向安全保障与低碳转型的

---

* 课题组组长:倪伟,国家能源集团技术经济研究院(以下简称"国能技经院")副总经理,
研究方向为能源经济、市场与技术经济评价。课题组副组长:朱吉茂,国能技经院能源市场
分析研究部主任,研究方向为煤炭工业发展战略、煤炭市场与政策。课题组成员:吴璘,国
能技经院能源市场分析研究部副主任,研究方向为煤炭经济与政策;门东坡,国能技经院能
源市场分析研究部三级主管,研究方向为煤炭战略与政策;魏文胜,国能技经院能源市场分
析研究部主管,研究方向为煤炭、碳市场;姜大霖,国能技经院能源市场分析研究部三级研
究员,研究方向为低碳经济;李涛,国能技经院能源市场分析研究部三级主管,研究方向为
能源与电力市场;刘大正,国能技经院能源市场分析研究部三级主管,研究方向为电力市场
与政策;张东青,国能技经院能源市场分析研究部三级主管,研究方向为电力与碳市场;王
雷,国能技经院企业战略研究部副主任,研究方向为能源战略与企业战略;郝秀强,国能
技经院煤炭和运输产业评价部主任,研究方向为煤炭技术经济评价与能源战略;林圣华,国能
技经院组织人事部主任,研究方向为能源战略和企业管理;李会强,国能技经院煤炭和运输
产业评价部副主任,研究方向为煤炭技术经济评价与能源战略;李杨,国能技经院信息情报
部副主任,研究方向为采煤技术、能源战略与企业管理;王炜,国能技经院煤炭和运输产业
评价部三级主管,研究方向为运输技术经济评价、煤炭铁路运输规划及战略;张保,国能技
经院煤炭和运输产业评价部三级主管,研究方向为煤炭技术经济评价与能源战略。

矛盾转变，未来将面临碳达峰前后煤炭需求仍居高位与存量煤炭产能趋降、碳中和阶段碳约束增强与煤基能源体量依然庞大、煤炭需求长期趋降与矿区可持续发展难度不断加大的三大矛盾。通过研判"双碳"目标下我国煤炭产业中长期需求格局变化，分析煤炭开发布局调整趋势，本报告认为我国现有煤矿难以满足碳达峰前后的煤炭需求，"十四五"至"十六五"时期我国还需在晋陕蒙新等地区建设一批先进产能。在习近平新时代中国特色社会主义思想指导下，本报告提出了未来一个时期我国煤炭产业"五环"转型发展思路，即核心环的产业持续升级、第二环的布局结构优化、第三环的绿色低碳转型、第四环的多元协同耦合和第五环的退出煤矿利用。

关键词： 煤炭产业　碳中和　产业布局　能源结构

实现碳达峰碳中和是贯彻新发展理念、构建新发展格局、推动高质量发展的内在要求，是党中央统筹国内国际两个大局做出的重大战略决策。党的二十大报告进一步提出，"实现碳达峰碳中和是一场广泛而深刻的经济社会系统性变革。立足我国能源资源禀赋，坚持先立后破，有计划分步骤实施碳达峰行动"。由"富煤贫油少气"的基本国情所决定，煤炭及其消费是我国能源和碳排放的双主体，"双碳"目标对我国煤炭供需影响深远，我们要坚持系统观念，统筹能源安全与绿色低碳，抓好中长期煤炭开发布局和转型发展，坚决做好煤炭这篇大文章。

一　我国能源结构变化与煤炭产业发展矛盾分析

唯物辩证法的根本观点是承认矛盾，主张用联系的、发展的、全面的观点看问题。矛盾具有普遍性和特殊性，而且事物是发展的，矛盾不是一成不变的，在复杂事物发展过程的诸多矛盾中，主要矛盾起着决定性作用。矛盾分析方法蕴含经济社会发展规律，是推动各项事业发展的重要力量。正如习近平总书记指出的，要善于把认识和化解矛盾作为打开工作局面的突破口；在任何工作中，我们既要讲两点论，又要讲重点论；要紧紧围绕主要矛盾和中心任务，优先解决主要矛盾和矛盾的主要方面，以此带动其他矛盾的解决。

进入新时代，我国社会主要矛盾已经转化为人民日益增长的美好生活需要和不平衡不充分的发展之间的矛盾。社会发展主要矛盾的精准定位，深刻反映着能源发展矛盾的变化。纵观我国能源发展史，能源的结构演进、替代转换和转型升级，无不是社会主要矛盾在能源领域的集中体现。党的二十大报告提出"以中国式现代化推进中华民族伟大复兴"，深刻揭示了新时代能源发展的新特征、新使命和新挑战，即要以能源安全和绿色转型为主线，加快规划建设新型能源体系，走好能源产业中国式现代化道路。立足我国基本国情，充分把握煤炭主体能源定位和能源转型"先立后破"原则，运用矛盾分析方法探析煤基能源发展规律，对新型能源体系建设和走好能源产业中国式现代化道路具有重要意义。

（一）我国能源结构与煤炭功能定位变化

1. 能源总量显著增长过程中结构不断优化

我国能源消费总量持续增长，非化石能源占比稳步提升。自21世纪以来，伴随工业化、城镇化提速和人口规模增长及生活水平提高，我国能源消费量持续增长，为经济社会稳定发展提供有力支撑。2000~2011年，高耗能行业快速发展带动能源消费高速增长，年均增长9.2%[①]；自党的十八大以来，我国经济进入高质量发展阶段，能源消费实现换挡提速，年均增速约为3.0%，2022年我国能源消费总量达54.1亿吨标准煤（见图1）。受能源

---

① 本报告未加说明的经济、能源、煤炭、电力等统计数据均来自国家统计局、《中国煤炭工业年鉴》、中国煤炭工业协会《煤炭行业发展年度报告》和中国电力企业联合会《中国电力行业年度发展报告》，或基于上述数据进行计算。

资源禀赋影响，我国能源消费结构呈现以煤为主的显著特征，在新发展理念指导下，非化石能源消费量占比保持稳步提升态势，2022年，我国非化石能源消费量占比达17.5%，较2000年增长超10.0个百分点，能源低碳消费格局正在加速构建（见图2）。

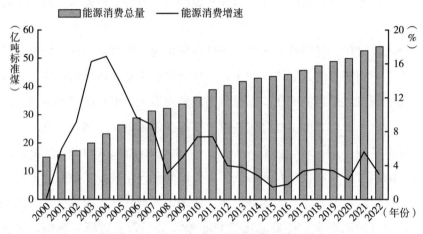

图1 2000~2022年我国能源消费总量和增速

资料来源：国家统计局。

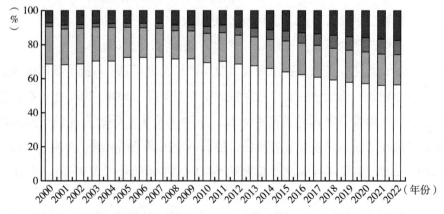

图2 2000~2022年我国能源消费结构

资料来源：国家统计局。

能源自主保障能力显著提升,非化石能源生产占比逐步提升。自21世纪以来,在能源需求增长拉动下,我国能源生产能力稳步提升,2022年我国能源生产总量达46.6亿吨标准煤,较2000年增长32.7亿吨标准煤(见图3),初步建成由煤、油、气、核、可再生能源组成的多元能源供应体系,能源安全保障水平与韧性显著提升。近年来,受益于新能源产业扶持政策和技术进步,风电、光伏等装机规模快速增长,带动非化石能源产量占比逐步提升。2022年,我国非化石能源产量占比达20.4%,较2000年增长超12.0个百分点,绿色低碳清洁能源供应体系初具规模(见图4)。

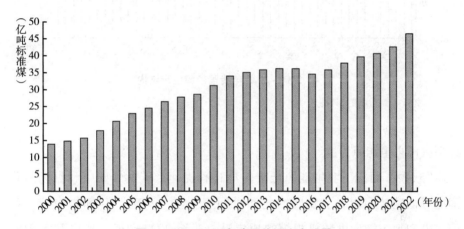

图3 2000~2022年我国能源生产总量

资料来源:国家统计局。

2. 以低碳为主要目标的转型进程逐渐加快

资源禀赋决定我国能源转型路径要从以煤为主逐步向以新能源为主跃迁。由煤炭到油气再到可再生能源的升级,是西方发达国家能源转型的普遍路径。现阶段,煤炭仍是我国的主体能源,2022年我国煤炭消费量占能源消费总量的比重为56.2%;与此同时,我国石油和天然气对外依存度高企,2022年分别达到71.2%和41.2%。因此,"富煤贫油少气多风光"的能源资源禀赋决定了我国的能源转型路径不同于西方发达国家,而是跨过以油气为主的阶段,从以煤为主转向清洁煤炭、油气、可再生能源和核能并存,并最终过

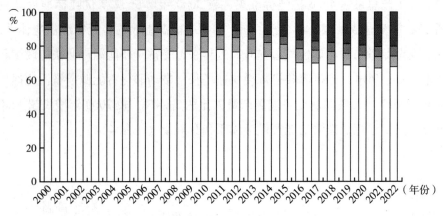

图4 2000~2022年我国能源生产结构

资料来源：国家统计局。

渡到以可再生能源为主。

"双碳"目标下我国能源低碳转型进程提速。碳达峰碳中和目标为我国能源低碳转型明确了发展方向和时间表。在"双碳"目标指引下，我国风电和太阳能发电装机规模快速提升，截至2022年底，风电和太阳能发电装机规模达到7.58亿千瓦，其中风电累计装机规模达3.65亿千瓦，太阳能发电累计装机规模达3.93亿千瓦。2020~2022年风电和太阳能发电年均新增装机规模1.14亿千瓦，达到2011~2019年年均增量的2.7倍（见图5）。

3. 煤炭作为主体能源持续发挥兜底保障作用

立足能源资源禀赋与能源安全总体要求，各国积极推动能源结构转型。伴随能源结构变化和转型，我国煤炭在能源生产、消费中的占比缓慢下降，但仍处于较高水平，其作为主体能源，在支撑经济社会发展过程中持续发挥兜底保障作用。一是持续支撑我国经济社会发展。2000~2022年我国煤炭产量由13.8亿吨增长到45.6亿吨（见图6），累计生产715亿吨、消费739亿

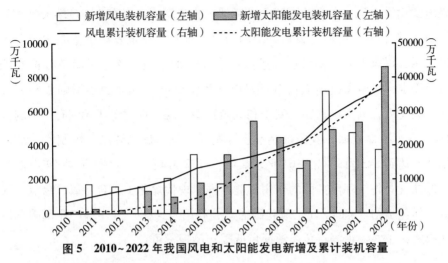

图5　2010~2022年我国风电和太阳能发电新增及累计装机容量

资料来源：中国电力企业联合会。

吨，保障我国 GDP 由 10 万亿元增加到 121 万亿元。其中，2002~2012 年为煤炭发展的"黄金十年"，煤炭生产和主要用煤行业对 GDP 和其增量的贡献率分别为 15% 和 18% 左右。二是始终居于我国主体能源地位。改革开放以来，煤炭在我国能源生产、消费中的占比一直较高，虽然自 2008 年以来占比保持下降趋势，但仍占据主体地位。2000~2022 年，煤炭占能源累计生产和消费的比例分别为 72.7% 和 64.6%。三是有效支持新能源快速发展，切实发挥能源应急保供作用。风电、光伏发电等新能源具有随机性、间歇性和波动性等特征，新能源大规模发展给电力系统稳定性和安全性带来严峻挑战。"十三五"时期，我国全口径发电装机容量年均增长 7.6%，其中非化石能源装机容量年均增长 13.1%，占比由 34.8% 上升到 44.8%；煤电装机容量年均增长 3.7%，占比由 2015 年底的 59.0% 降至 2020 年底的 49.1%（见图 7）①。但从发电量看，2020 年非化石能源发电量占比为 33.9%，煤电发电量占比为 60.8%，煤电发挥着重要的主体和支撑作用。由于煤电等顶

---

①　资料来源：《煤电装机容量占比首次降至 50% 以下　"十三五"时期非化石能源装机容量占比提升 10 个百分点》，《人民日报》2021 年 2 月 7 日，第 1 版。图 7 中数据为四舍五入后数据，按图 7 中数据计算略有误差，未做调整。

峰电源建设不足，在全球能源危机蔓延、能源需求快速增长、极端天气频发的 2021 年，我国能源电力紧缺问题凸显，煤炭、煤电发挥了重要的应急保供作用，煤电以 47% 的装机容量贡献了 60% 的电量，支撑了超 70% 的高峰负荷需求，煤电发电增量占全部发电增量的 53%。四是稳步增强原料属性和降碳能力，助力国家能源安全和低碳转型。现代煤化工从无到有、由弱到强，截至 2022 年底，我国煤制油、煤制天然气、煤制烯烃、煤制乙二醇产能分别达到 823 万吨/年、61 亿米³/年、1772 万吨/年、1083 万吨/年，其在降低油气对外依存度方面的作用日益增强。现代煤化工耦合绿氧、绿氢，煤电、煤化工结合 CCUS（二氧化碳捕集、利用与封存）等煤基产业低碳化发展模式，正在为中国特色能源绿色低碳转型探索可行路径。

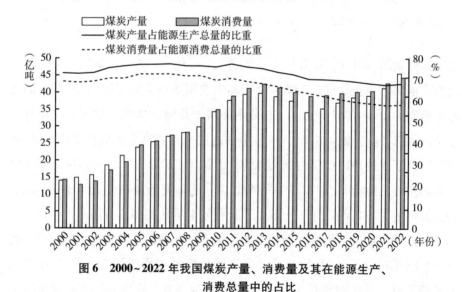

图 6 2000~2022 年我国煤炭产量、消费量及其在能源生产、
消费总量中的占比

资料来源：国家统计局。

（二）我国煤炭产业发展矛盾的演变历程

改革开放以来的大部分时间，我国经济社会的主要矛盾表现为"人民日益增长的物质文化需要同落后的社会生产之间的矛盾"。煤基能源产业事

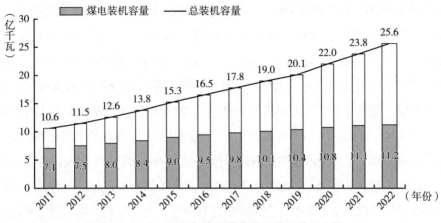

图7　2011～2022年我国煤电装机及总装机容量

资料来源：历年《中国电力年鉴》。

关国家能源安全和国民经济命脉，经济发展变化带动煤炭需求变化引起的供需矛盾是其面临的主要矛盾。伴随社会生产力水平的提高和人民需求的变化，我国煤基能源产业面临的主要矛盾逐步发生变化，经济社会对煤基能源产业高质量发展的要求逐渐提高。

1. 1978～1996年：短缺矛盾下的"有水快流"

改革开放初期，我国国民经济得到恢复，能源需求快速释放，煤炭产业面临的主要矛盾是其生产供应难以满足经济快速发展、能源快速增长的需要。1978年我国GDP增速达11.7%，经短暂调整后，1984年GDP增速达15.2%，即使在一系列紧缩政策下，1985年GDP增速仍达到13.4%。经济"繁荣"带动投资趋热，在"有水快流"思想主导下，煤炭产业开启"国家、集体、个人一齐上，大、中、小煤矿一起搞"的建设进程。此后，紧缩环境下经济增速明显下滑，1990年GDP增速降至3.9%，1992年南方谈话重新激活了经济，当年GDP增速达到14.2%，煤炭产业延续增长态势。1978～1996年，全国煤炭产量由6.18亿吨升至13.74亿吨，煤矿数量快速增长至8万处左右。我国火电装机容量由3985万千瓦增长至1.79亿千瓦，增长3.5倍。

2. 1997～2001年：过剩矛盾下的"关井压产"

煤炭产业面临的主要矛盾在发展中逐渐发生变化，转变为经济增速下滑

与煤炭生产过剩不断加剧的矛盾。实际上在 1992 年经济冲高带来通货膨胀后，GDP 增速持续下滑，1996 年跌破两位数降至 9.9%，受亚洲金融危机影响，1999 年 GDP 增速进一步降至 7.7%。能源消费不足加之前期小煤矿发展过快，导致煤炭生产过剩局面愈演愈烈。因此，国家采取关井压产和大力整顿小煤矿的举措，原国家煤炭工业局提出 1999 年、2000 年煤炭产量控制在 11 亿吨、9 亿吨以内，也就是在 1998 年减产 1.3 亿吨的基础上，继续压产 1 亿吨、2 亿吨。1997~2001 年，全国煤炭产量先是压减至 1999 年的 10.4 亿吨，经济企稳后，煤炭产量又升至 2001 年的 14.7 亿吨；累计关闭小煤矿超过 6 万处，2001 年小煤矿数量降至 2.2 万处，全国煤矿总数降至 3 万处左右。我国火电装机容量保持增长，达到 2.5 亿千瓦，较 1996 年增长 41.5%。

3. 2002~2012 年：供不应求矛盾带来产业"大扩张"

亚洲金融危机后国民经济企稳并持续快速增长，煤炭产业面临生产供应难以满足经济快速发展需要的主要矛盾。在一系列积极财政政策和稳健货币政策的作用下，2000 年我国 GDP 增速回升至 8.4%，2001 年加入世贸组织后经济提速，2001~2005 年 GDP 年均增速接近 10%，即便 2005 年煤炭产量远超预期的 22 亿吨，仍供不应求。需求快速增长、企业盈利攀升，推动煤炭产业进入历史性的大扩张期。煤炭产业投资呈跨越式增长，从 1996~2000 年的 1001 亿元，增长到 2001~2005 年、2006~2010 年的 2813 亿元、12504 亿元，2012 年投资额达到 5370 亿元的峰值。2002~2012 年，全国煤炭产量由 15.5 亿吨增至 39.4 亿吨；在"关小建大"的发展思路下，全国煤矿数量降至 1.4 万处左右。我国火电装机容量继续增至 8.2 亿千瓦，较 2001 年增长 2.2 倍，煤电装机容量达到 7.5 亿千瓦。

4. 2013~2020 年：产能过剩矛盾加快供给侧结构性改革

肇始于美国次贷危机的全球金融危机影响深远，刺激政策效果减弱后全球经济复苏乏力，我国经济进入新常态与煤炭产能严重过剩且结构不合理成为煤炭产业面临的新的主要矛盾。2012 年，我国 GDP 增速由上一年的 9.6% 降至 7.9%，此后逐步降至 2015 年的 5.0%，煤炭消费趋弱问题显现。尽管 2012 年后煤炭产业投资趋降，但 2011~2015 年累计投资额仍达到

24180亿元，是上一个5年的近两倍。在产能高位增长和消费持续偏弱的作用下，我国煤炭产能过剩问题日益凸显。在买方市场环境下，环渤海5500大卡动力煤综合平均价格由2011年末的853元/吨跌至2015年末的372元/吨，煤炭行业亏损企业数量从892家迅速增加到2027家，几乎全行业亏损。为此，我国实施煤炭产业供给侧结构性改革，提出从2016年开始，用3~5年时间，再退出煤炭产能5亿吨左右、减量重组5亿吨左右的目标。既注重量的合理，又注重质的优化。2016~2020年，全国累计退出煤矿5500处左右、退出落后煤炭产能10亿吨/年以上，煤矿数量由9000处左右减少至4700处以下。我国煤电装机容量增速趋缓，2020年煤电装机容量为10.8亿千瓦，较2015年增长19.9%。

5. 2021~2022年：意外短缺矛盾引发产能集中核增

煤炭产能出清、去煤化声音趋强与疫后经济错位复苏、国际地缘政治干扰、极端天气影响等多因素交织，使得我国煤炭产业又一次陷入供应紧张局面，面临需求仍在增长与产能建设不足的主要矛盾。2021年是能源市场波动最为剧烈的年份之一，全球范围内能源供需矛盾凸显，一场全球性的"能源危机"席卷而来，我国煤炭电力阶段性供应紧张问题突出；2022年，在国际环境复杂严峻、极端天气事件频发、能源危机加重的背景下，我国煤炭电力供应维持偏紧格局。2021年和2022年，我国煤炭消费量分别达到43.0亿吨和44.4亿吨。为完成全国能源保供的艰巨任务，党中央进一步明确煤炭的主体能源地位，大力实施煤炭产能核增和保供稳价政策，并更加注重产业的高质量发展。2021年9月至2022年末，全国累计核增煤炭产能5.6亿吨/年。2021年和2022年我国煤炭产量分别达到41.3亿吨和45.6亿吨。煤电转向恢复性建设，2021年和2022年全国煤电装机容量达到11.1亿千瓦和11.2亿千瓦。

（三）"双碳"目标下煤炭产业发展矛盾的趋势判断

随着我国社会主要矛盾转变为人民日益增长的美好生活需要和不平衡不充分的发展之间的矛盾，能源发展矛盾的主要影响因素转变为安全保障和低

碳转型，未来一个时期我国煤基能源面临的主要矛盾，将是如何在新型能源体系建设过程中寻求"经济、安全、低碳"之间的平衡。

1. 碳达峰前后煤炭需求仍居高位与存量煤炭产能趋降的矛盾

我国承诺 2030 年前实现 CO_2 排放达峰，综合考虑碳排放约束和经济社会发展需要，我国煤炭需求将在未来一个时期先后经历稳中有升的阶段和较长的峰值平台期。在煤矿衰老报废的影响下，存量煤炭产能总体趋降，若其间无新增产能，未来将出现产能缺口。一方面，我国煤炭需求达峰后还将维持较长时间峰值平台期。党的二十大报告提出，2035 年我国经济发展的远景目标是"人均国内生产总值迈上新的大台阶，达到中等发达国家水平"。从国际比较看，我国人均国内生产总值要从 2022 年的 1.27 万美元，增长至 3 万~4 万美元，达到中等发达国家水平，未来一段时间经济年均实际增速要达到 4%~5%。综合考虑经济、产业结构调整和能源消费特征变化等因素，我国能源需求有望在 2035 年进入峰值平台期。结合 2030 年前碳达峰目标要求和能源消费结构变化趋势，我国煤炭消费预计在 2030 年前达峰后维持 10 年左右的峰值平台期。煤炭消费量由 2022 年的 44.4 亿吨上升至 2030 年前的 48 亿吨左右，而后进入峰值平台期，其中 2035 年煤炭消费量仍保持在 45 亿吨左右。另一方面，全国存量煤矿产能总体呈下降趋势。课题组初步统计，截至 2022 年底，我国在产煤矿产能为 48.2 亿吨/年，在建产能为 9.6 亿吨/年。综合考虑落后产能淘汰、衰老煤矿报废、地质条件变差、薄厚煤层配采和薄煤层开采、资源压覆等因素，我国存量煤矿产能规模及产能利用率总体呈现下降趋势，预计 2030 年可贡献煤炭产量维持在 41 亿吨左右。但此后资源枯竭、煤矿增多，存量煤矿产能将持续快速下降，到 2035 年可贡献煤炭产量将减少至 35 亿吨左右。其间，若没有得到新增煤炭产能补充，届时将出现较大的产能缺口，2040 年这一缺口将扩大至 8 亿~10 亿吨，下文将做详细分析。

这一主要矛盾背后，还存在诸多深层次的矛盾。比如，煤炭勘查投入减少导致优质待开发资源储备不足，地质探测精度不够难以满足煤矿智能化建设需求，煤炭资源获取质减价升推高煤矿建设成本和煤炭生产成本，安全与生态制约煤炭资源开发，疆煤外运受运输瓶颈和经济性约束；有利于煤电发挥兜底保障作用的电力市场机制尚不健全；等等。

2. 碳中和阶段碳约束增强与煤基能源体量依然庞大的矛盾

碳中和阶段，碳排放约束将逐渐增强，煤基能源发展受限也将日益凸显，煤基能源产业由于生命周期较长，尽管部分产能会自然衰减，但仍将保持较为庞大的产业规模。一方面，碳中和阶段碳约束逐渐增强。能源活动 CO_2 排放是我国 CO_2 排放主体，预计在 2030 年前达峰后将保持较长时间百亿吨规模的峰值平台期，此后将在能源结构性降碳、化石能源脱碳、CCUS 和碳汇等共同作用下，逐步迈向碳中和。据有关方面预测，通过综合运用生态管理和增汇工程等措施，我国整体生态碳汇能力能够达到 20 亿吨左右，这意味着在碳中和阶段，我国需要通过"煤基能源+CCUS"和"新能源+储能"实现超过 80 亿吨的 CO_2 减排。考虑未来碳汇利用率和碳中和保障度，能源活动碳排放量到 2060 年需控制在 10 亿~20 亿吨，虽然"煤基能源+CCUS"和"新能源+储能"两种技术路径孰轻孰重还需进一步验证，但不可否认的是，碳中和目标对我国煤基能源发展的约束将越来越强。另一方面，碳中和阶段煤基能源产业仍将保持较为庞大的产业规模。在碳中和阶段，具有"高碳资产"属性的煤电产业受到的影响较大，而煤电项目投资规模大、服役时间长，燃煤机组设计寿命一般是 30 年，发达国家燃煤机组一般可运行 40~60 年。据中电联统计，截至 2022 年底，我国煤电装机容量为 11.2 亿千瓦。为保障电力供应安全，我国正加紧在大型清洁能源外送基地和负荷中心布局一批煤电项目，预计到"十四五"末我国煤电装机容量将超过 13 亿千瓦。我国大量燃煤机组投运时间相对较短，在役机组平均服役期约 13 年，约 50% 的机组为近 10 年投运，约 85% 的机组为近 20 年投运，大部分机组具备延寿 10~15 年的条件。碳中和阶段，若具备条件的燃煤机组不能得到有效延寿，一些机组非自然加速退出，将会造成巨大的沉没成本。

这一主要矛盾背后，还存在一些影响重大的潜在矛盾。比如，在新能源占比逐渐提升的背景下，煤电平均发电利用小时数下降导致成本控制压力加大，煤电调峰深度加深、频次增加导致单位耗煤和碳排放强度上升，煤炭

清洁高效利用受到生态环保、税费制度等方面的约束，煤基能源 CCUS 成本偏高、商业化集群化发展制约因素较多，等等。

3. 煤炭需求长期趋降与矿区可持续发展难度不断加大的矛盾

煤炭消费峰值平台期过后，我国煤炭需求将长期趋降且下降速度逐渐加快，特别是碳中和后半程预计煤炭产能利用率将显著下降，产能冗余度上升，部分地区煤矿退出压力将会加大，矿区可持续发展难度将日益提高。一方面，煤炭需求在峰值平台期后将会持续下降。在煤炭消费峰值平台期结束后，我国发电供热、炼焦和其他终端用煤都将进入快速下降阶段。"煤基能源+CCUS"与"新能源+储能"协同推进，采用适度比例煤电常态化调峰，以及储能短时调峰为主、长时调峰为辅的能源电力发展模式，2050 年我国煤炭消费总量预计将逐步降至 25 亿吨左右，较 2035 年下降45%。此后，所有用煤环节的煤炭需求都将进入快速下降阶段，在长时储能发挥更大作用和煤基能源 CCUS 更大规模应用的不同情景下，我国煤炭消费总量预计将降至2060 年的 8 亿~12 亿吨。另一方面，碳中和阶段矿区可持续发展难度将不断加大。碳中和阶段，煤炭的功能定位将由我国主体能源逐渐过渡为基础能源和调节能源。在碳中和前半程，煤炭产能以保障能源安全供应、维持煤炭供需平衡为主，进入碳中和后半程，煤炭产能冗余度将逐渐上升，退出转型的压力将逐步加大。2040~2050 年，我国煤炭需求降速将快于煤炭产能降速，一些经济性差的煤矿产能利用率将大幅下降，退出和转型压力较大。2050~2060 年，煤炭需求降速加快，部分地区煤矿产能利用率将进一步下降，退出和转型压力将进一步加大。从区域角度看，前期煤炭退出和转型压力主要集中在东中部地区，后期东中部地区（除山西以外）煤炭产能将十分有限，煤炭退出和转型压力将逐渐转向晋陕蒙宁新等主产区。

这一主要矛盾背后，还存在一些化解难度较大的现实矛盾。比如，退出煤矿资产与债务处置、人员安置难题，煤矿关闭退出相关法律法规和政策体系支撑不足，煤炭企业获取新能源资源、指标难度较大，产业转型相关人才结构性短缺等。

二 "双碳"目标下我国煤炭产业中长期需求格局变化

（一）"双碳"目标下煤炭需求格局演变

1. 全国及区域煤炭消费现状

"十三五"以来煤炭消费量逐步提升，2022年达到44.4亿吨。"十三五"时期，我国经济发展稳中向好并向高质量发展转变，能源消费持续回暖，煤炭需求逐步回升，消费量由2015年的40.0亿吨增长至2020年的40.5亿吨；进入"十四五"时期，受新冠疫情冲击、世界经济低迷、国际局势动荡等因素影响，我国经济下行压力加大，但煤炭的兜底保障作用凸显，煤炭消费量持续上升，到2022年达到44.4亿吨（见图8）。

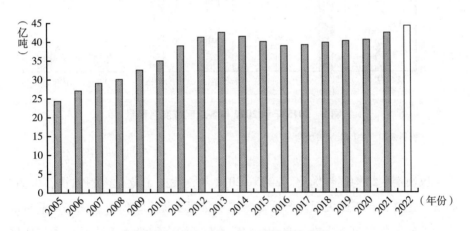

图8　2005~2022年全国煤炭消费量

资料来源：中国煤炭市场网。

主产区煤炭消费增量显著大于传统消费地。在中部崛起战略和西部大开发战略推动下，中西部地区经济快速发展，能源需求快速增长，煤炭消费量在全国的占比逐步上升；近年来随能源消费结构调整、生态环境保护趋严，东部地区加大煤炭消费总量控制力度，煤炭消费量在全国的占比逐步下降。

从 2015 年和 2022 年各地区煤炭消费增量来看，增长较明显的是晋陕蒙新等煤炭主产区，以及粤桂闽等传统消费地，但主产区增量远大于传统消费地。

2015～2022 年，晋陕蒙甘新宁煤炭消费量由 9.86 亿吨增加到 13.64 亿吨，在全国的占比由 24.9%上升到 30.7%；川渝青藏和云贵地区煤炭消费量在全国的占比基本持平；华东、京津冀、东北地区煤炭消费量在全国的占比分别较 2015 年下降 3.0 个百分点、2.8 个百分点、1.0 个百分点（见图 9）。

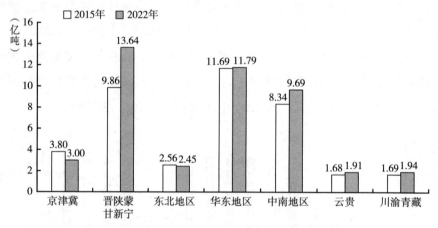

图 9　2015 年和 2022 年各地区煤炭消费量

资料来源：中国煤炭市场网。

煤炭消费结构逐步优化。2005～2012 年，我国工业化进程加快，电力、钢铁、建材和化工四大耗煤行业煤炭消费量逐步提升，但占全国煤炭消费的比重长期保持在 80%左右。自 2013 年《大气污染防治行动计划》颁布实施以来，煤炭消费加速向四大耗煤行业集中；终端能源电气化率稳步提升、工业和民用电较快增长、煤电兜底保障作用增强综合拉动电煤消费增加。2005～2022 年，四大行业煤炭消费量由 19.5 亿吨增加到 39.9 亿吨，占全国的比重由 78.6%上升至 89.8%；电煤消费占比由 45.3%上升至 55.5%（见图 10）。原料用能不纳入能源消费总量控制举措，还将推动煤炭由燃料进一步向燃料和原料并重转变。

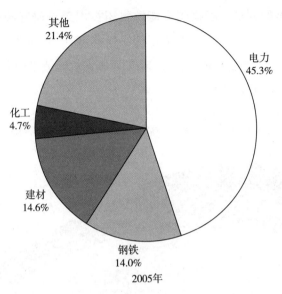

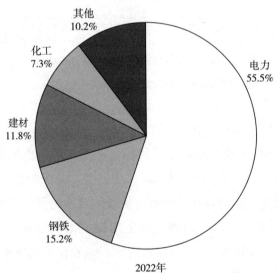

图10　2005年和2022年全国煤炭消费结构对比

资料来源：中国煤炭市场网。

2. 全国及区域煤炭消费预测

我国煤炭消费尚未达峰，考虑能源转型和新型能源体系建设中煤炭兜底

保供、先立后破的要求，根据国家能源集团技术经济研究院联合中国科学院、清华大学开发的中国能源系统预测优化模型（CESFOM），我国煤炭消费量预计在 2028 年达到峰值，并在经历 10 年左右峰值平台期后，进入较为明显的下降阶段（见图 11）。

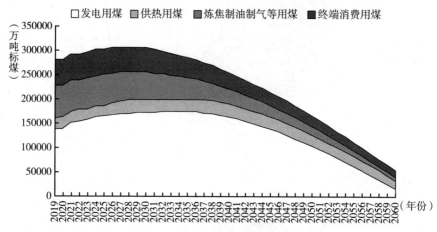

图 11　2019～2060 年我国煤炭消费总量及构成结构

资料来源：《中国能源展望 2060——能源产业迈向碳达峰碳中和》。

（1）达峰阶段（2023～2028 年）

为实现 2030 年前 CO_2 排放达峰目标，推动煤炭消费尽快达峰是关键。为此，国家明确提出"十四五"控煤、"十五五"减煤的要求。从下游行业用煤趋势看，发电供热用煤在社会用电量继续增长的推动下仍有增量空间，炼焦和其他终端用煤下降，但现代化工用煤的增长将在一定程度上减缓"其他终端用煤"的降速。由于该阶段发电供热和化工用煤增量高于其他领域用煤减量，煤炭消费总量将保持增长态势，预计 2028 年煤炭消费量将达到 31.2 亿吨标准煤（实物量约 48 亿吨）。

（2）峰值平台期（2029～2037 年）

发电供热用煤保持增长态势，预计到 2034 年达到峰值后缓慢下降；炼焦和其他终端用煤则继续下降。由于该阶段发电供热用煤仍将增长，煤炭消费总量下降并不明显，整体处于峰值平台期，始终保持在 28.8 亿吨标准煤

（实物量约44亿吨）以上。

（3）较明显的下降阶段（2038~2050年）

2038年以后，发电供热、炼焦和其他终端用煤均将进入较明显的下降阶段，2050年煤炭消费总量将降至16.7亿吨标准煤（实物量约25亿吨）以下。

（4）面向碳中和的快速下降阶段（2051~2060年）

在碳中和目标约束下，2050年以后所有用煤环节均将进入快速下降阶段，2060年煤炭消费总量将降至5.7亿吨标准煤（实物量约8亿吨）。

从区域角度来看，预计2035年前，我国东中部地区煤炭消费量先升后降、占比下降，西部地区煤炭消费量及占比持续上升。具体来看，东部地区煤炭消费量预计从2020年的15.8亿吨升至2025年17.6亿吨，随后降至2030年的16.3亿吨，再进一步降至2035年的14.2亿吨，在全国的占比从2020年的39%降至2035年的32%；中部地区煤炭消费量预计从2020年的10.3亿吨升至2025年11.6亿吨，随后降至2030年的11.3亿吨，再进一步降至2035年的10.4亿吨，在全国的占比从2020年的25%降至2035年的23%；西部地区煤炭消费量预计从2020年的14.4亿吨升至2025年的18.1亿吨，随后升至2030年的19.5亿吨，再进一步升至2035年的20.1亿吨，在全国的占比从2020年的36%升至2035年的45%（见图12和图13）。

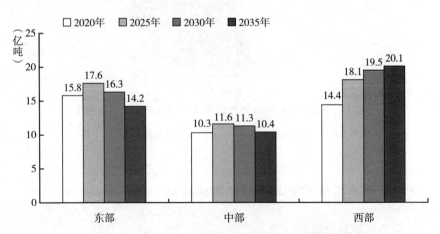

图12　2020~2035年我国东中西部地区煤炭消费量

资料来源：《中国能源展望2060——能源产业迈向碳达峰碳中和》。

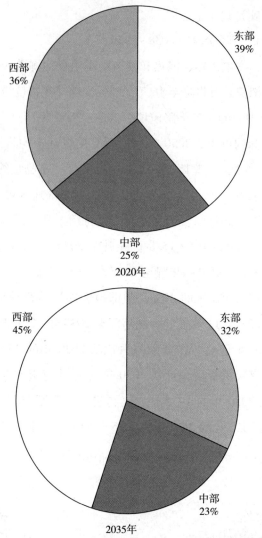

图 13　2020 年和 2035 年我国东中西部地区煤炭消费占比

资料来源：《中国能源展望 2060——能源产业迈向碳达峰碳中和》。

（二）重点区域2035年前煤炭需求趋势

1.重点区域划分情况

本报告煤炭供需区域的划分，以地理位置为主线，以煤炭需求、生产等方面的共性为基准，将煤炭供需区域划分为 8 个。

京津冀地区：煤炭调入区，亦是设置煤炭消费"天花板"的地区。

东北地区：原煤炭主产地之一，煤炭资源枯竭地区，亦是煤炭调入区。

晋陕蒙宁：煤炭资源富裕，煤炭主产地，也是主要煤炭增产地、低阶煤产区、新型煤化工重地、煤电基地。

新甘青：西北边远地带，风电、光电资源区，其中新疆是富煤区、低阶煤产区、新型煤化工基地和煤电基地。

鲁苏皖：原煤炭主产地之一，煤炭资源枯竭地区，亦是国土耗煤强度偏高地区和水陆两路煤炭调入区。

东南沿海地区：包括上海、浙江、福建、广东、广西和海南 6 个省（区、市），是经济相对发达的地区，也是我国煤炭消费重地，煤炭资源贫瘠地区。

华中地区：包括湖南、湖北、江西和河南，原煤炭产地之一，煤炭资源枯竭地区，煤炭调入区，浩吉铁路主要辐射区。

西南地区：原煤炭产地之一，煤炭资源枯竭地区，煤炭调入区，水电资源富集区。

2. 预测模型构建

本报告通过系统动力学模型对分区域煤炭需求进行"自下而上"的预测，与前文 CESFOM 模型"自上而下"的预测结果进行相互验证。

（1）系统动力学简介

系统动力学（System Dynamic，SD）于 19 世纪中叶由麻省理工学院 Jay W. Forrester 教授创建，最初主要应用于工业管理领域，随着理论的不断进步，逐步发展成一门针对系统动态复杂性的研究学科，它以反馈控制理论为根基，以计算机仿真技术为主要研究工具，广泛用于探究复杂系统结构、功能和动态行为之间的相互关系。近年来，系统动力学模型在处理多个领域的人类社会复杂问题中发挥了至关重要的作用，广泛应用于能源需求预测和政策分析等多个领域。

（2）选择系统动力学的原因

目前，关于煤炭需求预测的方法主要包括计量经济模型、神经网络模型、灰色预测模型、时间序列方法、系统动力学等，各种模型和方法适用范

围不同。煤炭需求受到多种因素影响，其中一些因素与煤炭需求存在线性关系，而另一些则呈现非线性关系，有些因素和煤炭需求之间有定量关系，而另一些关系则不确定。本次研究选择系统动力学模型进行煤炭需求预测，主要基于以下几个方面的考虑。

一是系统动力学模型擅长解决长期性、周期性问题。系统动力学模型利用往期数据，通过分析系统的、动态的内部结构和内部规律，可实现较长时间的仿真模拟，并对仿真结果进行真实性检验，适用于波动性和惯性较大的社会经济系统的预测模拟。二是系统动力学模型可完成数据缺少条件下的研究。系统动力学模型的结构特点使其对数据要求不高，只需确保估计的参数在允许误差范围内，在部分数据缺失的条件下，模型仍能进行系统趋势研究。三是系统动力学模型适合解决高阶次、多回路和非线性的时变复杂系统问题。时间序列法、线性回归法主要用来处理线性关系问题，系统动力学模型在解决复杂的、高阶的、非线性的问题上更具有优势。四是系统动力学模型更适合开展情景分析研究。社会经济系统是一个包含受控要素的系统，系统动力学是在情景假设基础上对未来政策试验进行分析的，预测结果更符合实际。

（3）系统动力学建模步骤

系统动力学建模主要分为5步，包括明确建模目的、确定系统边界、系统结构分析、系统动力学建模、计算机仿真，如图14所示。

①明确建模目的。即要明确该模型解决的问题，确定其研究的主次矛盾和变量。

②确定系统边界。即明确研究的水平、速率和辅助等系统变量，根据研究问题清晰设定边界，确保有两个以上构成要素。

③系统结构分析。分析系统结构、影响因素及系统变量的因果关系，明确模型的存量、变量、辅助函数以及相关参数，并绘制系统流图。

④系统动力学建模。根据系统流图编写模型方程和程序，确认参数的初始值及相关数据。

⑤计算机仿真。通过软件进行仿真模拟，调试模拟直至获得合理的结果。

⑥模型试运行与调整。通过检验参数和表函数是否能够真实反映系统的

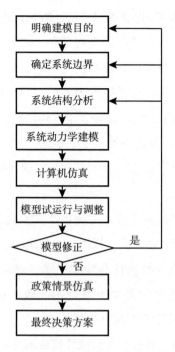

图14 系统动力学建模流程

决策过程来确保模型的有效性。

3. 煤炭需求系统动力学模型构建

（1）建模目的及边界设定

本报告针对煤炭需求问题建立系统动力学模型，目的是预测不同情景条件下，我国各省份煤炭需求的变化趋势。鉴于煤炭需求预测方法只有客观反映各省份煤炭需求及其关联因素之间的相互关系，才能保证预测结果的准确性和科学性，故选用系统动力学方法进行煤炭需求预测。该煤炭需求系统构建的目的主要包括以下几个方面。

一是构建动态回路系统模型，定量描述影响煤炭消费结构的各子系统、各要素间的内部反馈结构和关系，确定主要变量，明确各变量的串联、运行关系和相互影响。

二是在煤炭需求影响路径研究的基础上，确定影响煤炭需求的控制因素，通过不同政策情景模拟，形成不同控制因素条件下的模拟仿真方案。基于"双碳"

背景，把握关键指标，设置不同发展情景，探索各省份煤炭需求的变化趋势。

合理划分系统边界是系统建模的前提条件，也是明确内生变量与外生变量的基础。系统边界的划分应以建模目的为核心，选取与目的紧密相关的变量，并确保系统封闭。煤炭需求系统动力学模型是针对能源系统内部进行建模，其核心模块是煤炭需求。同时以煤发电、煤制热、煤炼焦、生活用煤为切入点，兼顾经济、人口、产业结构等多个子系统。同时，市场供需对煤炭需求影响显著，也要将其纳入系统内部。此外，将政策因素列为外部环境因素。

（2）建模的基本假设

考虑到煤炭需求预测的复杂性，为确保本次研究的科学性，在煤炭需求影响因素和形成机理等研究基础上，提出如下煤炭需求系统动力学模型假设。

一是假设研究期国内外经济社会环境平稳，煤炭供需均不受自然灾害、地缘政治等影响，同时排除能源颠覆性技术突破、重大能源资源勘查新发现、全球性经济危机冲击等不可预见事件影响。

二是经济与人口政策等具有显著阶段性特征的变量，作为系统外部变量。

三是假设煤炭需求结构由能源结构优化中长期规划决定。

四是假设经济增长、人口变化、产业结构调整等目标，均可以按照既定规划指标实现。

（3）结构分析及流图绘制

煤炭需求系统是一个复杂的、多维度的动态系统，在系统的运行过程中，系统内外部因素相互作用、相互依存、相互影响，因此，研究人员必须将系统作为有机整体来研究，否则系统内部的连接和整体性将遭到破坏。煤炭需求系统动力学模型，其核心是运用系统动力学方法，将煤炭、经济、人口等因素置于同一个复杂系统，开展动态分析研究。基于煤炭需求系统各影响因素间的因果关系，利用系统结构分析方法，探究煤炭需求系统运行机理和发展规律，在此基础上探索煤炭需求演化趋势。为厘清煤炭需求系统各要素间的作用关系和反馈机制，绘制煤炭需求系统动力学流图（见图15）。

（4）指标设定及方程构建

煤炭需求系统动力学模型设定的关键是量化各变量之间的关系。本报告

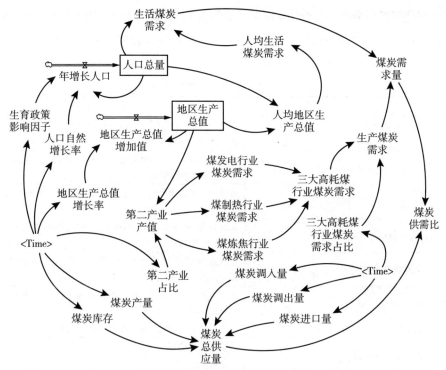

图 15 煤炭需求系统动力学流图

运用多元统计分析、计量分析等方法，对 2006~2019 年全国各省份统计数据进行分析研究，确定指标间的相互关系，并统筹各省份经济、社会、资源、环境等子系统，确定系统各要素的关系及情景参数，构建各省份煤炭需求系统动力学方程。山西省作为我国重要的煤炭能源基地之一，煤炭储量、产量和外运量均位居全国前列，全省含煤面积达 6.2 万平方公里，占国土面积的 40.4%。截至 2020 年底，山西省煤炭储量达 507.25 亿吨，占全国煤炭储量的 31.26%，煤炭产量占全国煤炭总产量的 27.66%。山西省也是我国煤炭消费重地。以山西省为例进行煤炭需求预测研究，具有典型性和代表性，不仅能为山西省制定"双碳"目标下的发展规划提供支持，而且对开展其他煤炭资源型省份乃至全国煤炭需求研究具有重要的参考价值，故选择以山西省为例展示系统动力学方程（见表 1），其余省份采用相同方法根据自身情况构建系统动力学方程，不再赘述。相关数据来源于《中国统计年鉴》、

《中国能源统计年鉴》、《中国煤炭工业年鉴》、各省份统计年鉴以及中国煤炭工业协会原煤消费统计数据等。山西省相关历史统计数据见表2和表3。

表1 主要的系统动力学方程

指标	单位	系统动力学方程
人口总量	万人	人口总量=INTEG(年增长人口,3375)
地区生产总值	亿元	地区生产总值=INTEG(地区生产总值增加值,4878.61)
年增长人口	万人/年	年增长人口=人口自然增长率×DELAY 1(人口总量,1)×生育政策影响因子
地区生产总值增加值	亿元/年	地区生产总值增加值=地区生产总值×地区生产总值增长率
人口自然增长率	无量纲	人口自然增长率 = IF THEN ELSE ($Time \leq 2019$,0.003,0.0024)
生育政策影响因子	无量纲	生育政策影响因子 = IF THEN ELSE ($Time > 2017$,1.001,1)
地区生产总值增长率	无量纲	地区生产总值增长率=IF THEN ELSE ($Time <= 2015$,0.022,0.024)
人均地区生产总值	万元	人均地区生产总值=地区生产总值/人口总量
人均生活煤炭需求	万吨	人均生活煤炭需求 = $0.826 \times e^{(-0.394 \times 人均地区生产总值)}$
生活煤炭需求	万吨	生活煤炭需求=人口总量×人均生活煤炭需求
第二产业占比	无量纲	第二产业占比 = IF THEN ELSE ($Time <= 2014$,0.5639,0.4326)
第二产业产值	亿元	第二产业产值=第二产业占比×地区生产总值
煤发电行业煤炭需求	万吨	煤发电行业煤炭需求 = $1840.22 + 1.889 \times$ 第二产业产值 $-0.000047 \times$ 第二产业产值^2
煤制热行业煤炭需求	万吨	煤制热行业煤炭需求 = $-1672.98 + 0.674 \times$ 第二产业产值 $-0.000022 \times$ 第二产业产值^2
煤炼焦行业煤炭需求	万吨	煤炼焦行业煤炭需求 = $12851.9 - 0.705 \times$ 第二产业产值 $+0.000107 \times$ 第二产业产值^2
三大高耗煤行业煤炭需求	万吨	三大高耗煤行业煤炭需求=煤发电行业煤炭需求+煤制热行业煤炭需求+煤炼焦行业煤炭需求
煤炭总供应量	万吨	煤炭总供应量=煤炭总产量+煤炭库存+煤炭调入量-煤炭调出量
煤炭调出量	万吨	煤炭调出量=$e^{(50.344-79365.5/Time)}$
煤炭供需比	%	煤炭供需比=煤炭总供应量/煤炭需求量
生产煤炭需求	万吨	生产煤炭需求=三大高耗煤行业煤炭需求量/三大高耗煤行业煤炭需求占比
煤炭需求量	万吨	煤炭需求量=生活煤炭需求+生产煤炭需求

表2　山西省相关历史统计数据（一）

年份	人口总量 （万人）	地区生产总值 （亿元）	第二产业产值 （亿元）	煤发电煤炭需求量 （万吨）
2006	3375	4878.61	2748.33	7340.02
2007	3393	6024.45	3438.58	7988.87
2008	3411	7315.40	4265.77	8469.27
2009	3427	7358.31	3993.80	8610.06
2010	3574	9200.86	5234.00	9968.04
2011	3562	11237.55	6635.26	10980.40
2012	3548	12112.83	6731.56	11547.23
2013	3535	12665.25	6792.68	12271.66
2014	3528	12761.49	6293.91	11597.30
2015	3519	12766.49	5194.27	10247.76
2016	3514	13050.41	5028.99	10323.91
2017	3510	15528.42	6778.89	12112.49
2018	3502	16818.11	7089.19	13442.19
2019	3497	17026.68	7453.09	13931.04

表3　山西省相关历史统计数据（二）

年份	煤制热煤炭需求量 （万吨）	煤炼焦煤炭需求量 （万吨）	生活煤炭需求量 （万吨）	煤炭需求量 （万吨）
2006	465.26	13094.47	842.25	28351.22
2007	573.99	13799.64	818.62	29203.48
2008	582.33	11661.99	1003.88	28372.71
2009	547.10	10756.58	1118.75	27761.93
2010	741.92	11639.81	1082.46	29865.10
2011	938.72	12497.87	1193.58	33478.65
2012	999.34	11799.94	1245.39	34551.17
2013	1101.81	12334.43	1019.10	36636.51
2014	1169.86	11970.64	977.61	37587.43
2015	1382.24	10914.27	931.20	37115.10
2016	1622.65	10968.79	936.71	35621.03
2017	1948.13	11161.29	978.18	42942.29
2018	2316.99	12312.51	565.10	48940.14
2019	2580.69	12811.53	422.70	51331.61

（5）模型检验

通过分析模型中的变量，确定其相互关系，并将各变量的相互关系输入煤炭需求系统动力学模型，对各个常量的初始值进行设定，对模型中的各个变量进行模拟。系统动力学模型建立后，要对其合理性和适用性进行检验，检验模型是否能够最大限度地反映系统的真实情况。模型检验主要包括直观性检验、历史性检验、一致性检验。其中，直观性检验贯穿系统建模的整个过程，主要是对模型中变量的定义、相互关系进行合理性检验，并检验系统反馈回路的科学性。历史性检验指比较系统水平变量的仿真值与历史值之间的差距是否在合理的取值范围内，是保证系统有效性的重要检验方式之一。模型建立后，分别对其进行了直观性检验、历史性检验和一致性检验。

①历史性检验

建立系统动力学模型后，可以通过历史性检验来确定模型的有效性，即通过将模型模拟的数据与往年的真实数据进行对比，来分析相对误差率。相对误差率越小，说明模型越符合实际情况。地区生产总值、人口总量、煤炭需求量的检验结果如表4~6所示。山西省煤炭需求有效性测试结果见图16。通常通过相对误差率来反映系统动力学模型的拟合程度，一般认为，相对误差率在10%以内为可接受范围。

表4　历年地区生产总值真实值与模拟值

单位：亿元，%

年份	真实值	模拟值	相对误差率
2006	4878.61	4878.61	0.00
2007	6024.45	5973.86	-0.84
2008	7315.4	7314.99	-0.01
2009	7358.31	7351.56	-0.09
2010	9200.86	9085.06	-1.26
2011	11237.55	11227.30	-0.09
2012	12112.83	11920.00	-1.59

续表

年份	真实值	模拟值	相对误差率
2013	12665.25	12655.5	-0.08
2014	12761.49	12704.9	-0.44
2015	12766.49	12754.4	-0.09
2016	13050.41	13009.5	-0.31
2017	15528.42	15481.3	-0.30
2018	16818.11	16766.3	-0.31
2019	17026.68	17168.7	0.83

资料来源：真实值来自历年《山西统计年鉴》。

表5 历年人口总量真实值与模拟值

单位：万人，%

年份	真实值	模拟值	相对误差率
2006	3375	3375.00	0.00
2007	3393	3422.25	0.86
2008	3411	3469.50	1.72
2009	3427	3517.41	2.64
2010	3574	3565.98	-0.22
2011	3562	3557.89	-0.12
2012	3548	3549.69	0.05
2013	3535	3541.51	0.18
2014	3528	3533.35	0.15
2015	3519	3525.20	0.18
2016	3514	3517.07	0.09
2017	3510	3508.97	-0.03
2018	3502	3500.88	-0.03
2019	3497	3492.80	-0.12

资料来源：真实值来自历年《山西统计年鉴》。

表6 历年煤炭需求量真实值与模拟值

单位：万吨，%

年份	真实值	模拟值	相对误差率
2006	28351.22	28270.3	-0.29
2007	29203.48	28795.1	-1.40
2008	28372.71	28248.5	-0.44

续表

年份	真实值	模拟值	相对误差率
2009	27761.93	27663.6	-0.35
2010	29865.10	29780.9	-0.28
2011	33478.65	33323.5	-0.46
2012	34551.17	34391.9	-0.46
2013	36636.51	36842.8	0.56
2014	37587.43	37411.7	-0.47
2015	37115.10	37224.5	0.29
2016	35621.03	35386.1	-0.66
2017	42942.29	42958.0	0.04
2018	48940.14	48733.9	-0.42
2019	51331.61	51144.0	-0.37

资料来源：真实值来自历年《山西统计年鉴》。

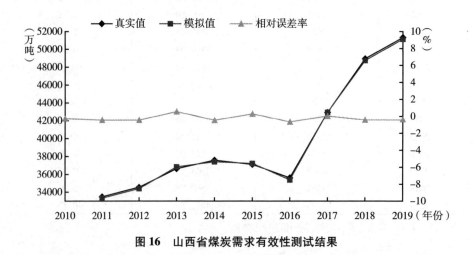

图16 山西省煤炭需求有效性测试结果

通过上述历史性检验可知，各变量历史性检验的相对误差率均在5%以内。历史性检验结果表明，该系统动力学模型的仿真结果与实际情况基本吻合。也就是说，该模型可以用于煤炭需求总量模拟预测。

②一致性检验

在确保量纲具有显示意义的前提下，模型应保证系统内部的量纲具有一致性。通过 Vensim 软件的 Units Check 功能对模型中涉及的变量进行量纲检验，检验结果表明，模型中的量纲具有良好的一致性。

4. 八大区域煤炭需求的情景模拟

目前，我国经济正在由高速发展向高质量发展阶段转变，但是 GDP 增长的主要动力仍然是一次能源（主要是煤炭）的消费，鉴于经济发展的区域互联性和煤炭流动性，从区域角度分析煤炭需求具有重要意义。本节将31 个省（区、市）划分成了 8 个区域，从区域角度出发，分析各地区煤炭需求的变化趋势。

（1）京津冀地区

①情景设定

京津冀地区包括北京、天津两个直辖市和河北省，是我国的政治、文化中心。京津冀地区是北方经济规模最大的城市群，也是引领中国经济转型升级的重要增长极，但目前存在区域发展不协调、生态环境和经济社会发展间的矛盾尖锐等问题。《"十四五"节能减排综合工作方案》提出要完善能源消费强度和总量双控、主要污染物排放总量控制制度，组织实施节能减排重点工程，进一步健全节能减排政策机制，推动能源利用效率大幅提高、主要污染物排放总量持续减少，实现节能降碳减污协同增效、生态环境质量持续改善，确保完成"十四五"节能减排目标，为实现碳达峰碳中和目标奠定坚实基础。方案强调，到 2025 年，全国单位国内生产总值能源消耗比 2020 年下降 13.5%，能源消费总量得到合理控制。"十四五"时期，京津冀及周边地区煤炭消费量下降 10% 左右。本报告以 2020 年为预测基准年，根据京津冀地区煤炭需求状况，同时结合2035 年经济增长、人口总量以及结构优化等规划目标，在基准情景、政策情景、调控情景下对系统发展情况进行描述（见表 7）。

表7 京津冀地区煤炭需求系统情景方案设置

情景	地区	人口自然增长率	地区生产总值增长率	第二产业占比
情景Ⅰ:基准发展	北京	0.00239	0.012	0.1583
	天津	0.00145	0.015	0.3411
	河北	0.00220	0.031	0.3755
情景Ⅱ:低增长水平发展		+0.5‰	+2‰	−1%
情景Ⅲ:高增长水平发展（推荐情景）		+1‰	+4‰	−2%

②预测结果和情景分析

从三种情景对比分析结果可知，在高增长水平发展情景下，"双碳"目标更容易实现，因此本报告重点分析高增长水平发展情景下煤炭消费变化特征。分地区来看，北京的能源结构呈现煤炭退出、石油消费占比小幅增加、天然气较快增长、电力净调入基本保持稳定的趋势，北京新能源和可再生能源的使用比例不断提高。在高增长水平发展情景下，北京煤炭需求量持续下降，由2020年的135万吨降至2035年的14万吨，降幅近90%，煤炭在能源消费总量中的占比逐渐减小。天津与河北煤炭需求呈现相同的变化趋势，分别由2020年的3268万吨、2.49亿吨下降到2035年的2937万吨、2.29亿吨，降幅分别为10%和8%。

"十四五""十五五""十六五"期间，随着国民经济发展进入新常态，加上环保因素制约，在高增长水平发展情景下京津冀地区煤炭需求量呈现持续下降的态势。在国家"双碳"目标背景下，预计到2025年、2030年和2035年京津冀地区煤炭需求量分别为2.88亿吨、2.60亿吨和2.29亿吨（见图17）。

（2）东北地区

①情景设定

该研究区域位于中国东北部，煤炭资源的保有储量约为325亿吨，煤种虽比较齐全，但总量不足且分布不均匀，67%在黑龙江境内，26%在辽宁，7%在吉林。东北油页岩储量居全国首位，三省都有分布，具有开发潜力。南部沿海的海盐、东部山地的石灰石储量也极其丰富，有利于发展化学工业

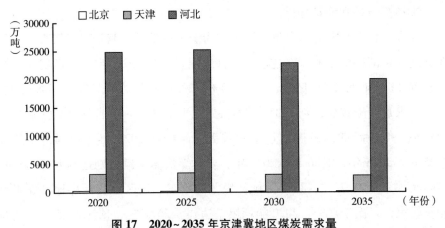

图 17 2020~2035 年京津冀地区煤炭需求量

资料来源：国家能源集团技术经济研究院课题组预测。

和水泥工业。东北三省煤炭产能约 1.2 亿吨，随着开采难度的不断加大，煤炭产量呈下降趋势，2022 年煤炭产量为 1.1 亿吨。煤炭消费方面，发电耗煤为 1.5 亿吨，供热耗煤约 6000 万吨，钢铁、建材等耗煤 1 亿多吨。受自身煤炭资源量减少、开采难度大、煤炭"去产能"等因素影响，近年来东北地区煤炭产量快速下降，区域内煤炭产能不足。近年来，东北三省原煤产能显著减少，但发电、供暖用煤等不降反增。本报告以 2020 年为预测基准年，根据东北地区煤炭需求状况，同时结合 2035 年经济增长、人口总量以及结构优化等规划目标，在基准情景、政策情景、调控情景下对系统发展情况进行描述（见表 8）。

表 8 东北地区煤炭需求系统情景方案设置

情景	地区	人口自然增长率	地区生产总值增长率	第二产业占比
情景Ⅰ:基准发展	辽宁	0.0042	0.0082	0.3743
	吉林	−0.016	0.0495	0.3514
	黑龙江	−0.022	0.00625	0.2542
情景Ⅱ:低增长水平发展		+0.5‰	+2‰	−1%
情景Ⅲ:高增长水平发展（推荐情景）		+1‰	+4‰	−2%

②预测结果和情景分析

在高增长水平发展情景下，辽宁作为老工业基地，其用煤量较大，占到东北地区全部耗煤量的45%左右。预计耗煤量将从2020年的1.67亿吨持续增长到2028年的2.00亿吨，上涨20%。2028年后受"双碳"目标影响，煤炭需求量逐步减少，到2035年预计减少到1.88亿吨。吉林煤炭需求量占比较小，但是后期的发展增量空间较大，同样在2028年达到峰值，预计2025年、2028年、2030年、2035年，吉林煤炭需求量分别达到8664万吨、8799万吨、8745万吨、8352万吨。黑龙江是东北地区主要耗煤地，煤炭消费量较大，仅次于辽宁，2020年耗煤量达到1.26亿吨，预计2025年、2030年、2035年随着经济发展耗煤量将分别达到1.52亿吨、1.51亿吨、1.29亿吨。此外，预计2025年、2030年、2035年东北地区用煤量将分别达到4.35亿吨、4.37亿吨和4.01亿吨（见图18）。

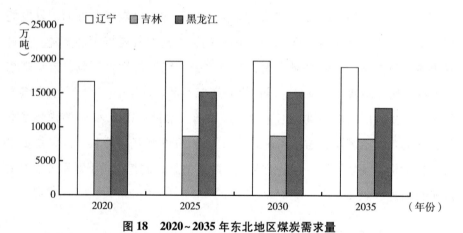

图18　2020~2035年东北地区煤炭需求量

资料来源：国家能源集团技术经济研究院课题组预测。

（3）晋陕蒙宁

①情景设定

山西、陕西、宁夏、内蒙古是我国重要的煤炭基地，节能降碳对全国实现碳达峰碳中和目标具有举足轻重的意义。以上述四省（区）为例，当前煤炭资源型地区碳排放量增长率多高于全国平均水平，碳排放量增长未与地区生产总值、能源消费增长量脱钩,控煤减排形势严峻。随着《"十四五"支持老工业城市和资源型城市产业转型升级示范区高质量发展实施方案》的发布,资源型城市产业转型升级将迎来重要发展机遇。在"双碳"目标下,以晋陕蒙宁为代表的煤炭资源型地区要紧抓全国低碳转型机遇,强化顶层设计,借助区域合作统筹转型发展的内外动力,推动产业优化,深化能源生产系统变革,积极为全国资源型地区做出节能降碳示范。本报告以2020年为预测基准年,根据晋陕蒙宁煤炭需求状况,同时结合2035年经济增长、人口总量以及结构优化等规划目标,在基准情景、政策情景、调控情景下对系统发展情况进行描述(见表9)。

表9 晋陕蒙宁煤炭需求系统情景方案设置

情景	地区	人口自然增长率	地区生产总值增长率	第二产业占比
情景Ⅰ:基准发展	山西	0.002	0.036	0.4348
	陕西	0.00278	0.015	0.43398
	内蒙古	−0.0027	0.0085	0.3956
	宁夏	0.005579	0.0457	0.41039
情景Ⅱ:低增长水平发展		+0.5‰	+2‰	−1%
情景Ⅲ:高增长水平发展(推荐情景)		+1‰	+4‰	−2%

②预测结果和情景分析

近年来,随着我国宏观经济发展进入新常态,晋陕蒙宁地区经济结构逐步转型升级,地区生产总值增速逐步回落,煤炭需求量增速也有所下降。分省(区)看,山西是我国重要的能源基地和老工业基地,煤炭消费的环境容量基本饱和,是国家资源型城市经济转型综合配套改革试验区,在推进资源型城市经济转型改革和发展中具有重要地位。高增长水平发展情景下,山西煤炭需求量由2020年的4.64亿吨持续增长到2030年的6.03亿吨,随后煤炭需求量开始下降,2035年减少到5.69亿吨;陕西和内蒙古煤炭需求量呈现持续增长的态势,分别由2020年的1.99亿吨、4.47亿吨增长到2035年的2.71亿吨、6.04亿吨;宁夏煤炭需求变化态势与山西类似,2030年

"达峰"，达到1.92亿吨，相较2020年增长6630万吨，2035年下降到1.70亿吨。在高增长水平发展情景下，预计2025年、2030年和2035年晋陕蒙宁耗煤量将分别达到15.20亿吨、16.44亿吨和16.14亿吨（见图19）。

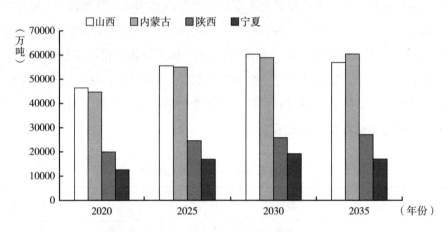

图19　2020~2035年晋陕蒙宁煤炭需求量

资料来源：国家能源集团技术经济研究院课题组预测。

（4）新甘青

①情景设定

新甘青（新疆、甘肃、青海）位于我国西部地区，是我国西部大开发潜力最大的地区，也是我国重要的煤炭产地，依托地处"一带一路"前沿地带的便利，乘借共建"一带一路"的东风，未来经济发展有望保持良好的态势，煤炭需求量预计将快速增长。新疆地域辽阔，能源资源蕴藏丰富。煤炭资源查明保有储量3915亿吨，占全国的24.5%，煤炭远景储量为2.19万亿吨，约占全国资源总量的40%，是我国煤炭资源较为丰富的地区。新疆煤炭资源丰富且分布范围广，大多是整装待开发煤田，储量大、埋藏浅、开采条件好、煤炭种类齐全，是我国第14个现代化大型煤炭基地，已逐步形成吐哈、准噶尔、伊犁、库拜"四大煤田"，是我国煤炭生产力西移的重要承接区和战略性储备区。2021年，甘肃制定"十四五"矿产资源总体规划、地质调查规划、战略性矿产找矿行动方案、绿色矿山建设方案和《甘肃省绿色勘查技术指南》《甘肃省绿色矿山建设规范》，形成"1+2+2+2"制度体系。推进绿色勘查和绿色矿山建设，32家企业进入国家和省级绿色矿山名录。全省投入地质找矿资金3.14亿元。开展矿产资源国情调查，完成金、铜、镍等8个紧缺战略性矿种调查任务。全省新增煤炭资源储量17.19亿吨。青海煤炭资源较为贫乏，且分布不均衡，总体勘查程度较低。青海煤炭预测资源量为344.46亿吨，总量占全国的比重相对较小，已查明资源储量为45.84亿吨，查明率为13.26%，查明程度较低。根据对资源量赋存深度、成煤时代、煤质及地域分布的分析，本报告认为青海煤种基本齐全，煤质优势明显，产地相对集中，找矿潜力很大。本报告以2020年为预测基准年，根据新甘青煤炭需求状况，同时结合2035年经济增长、人口总量以及结构优化等规划目标，在基准情景、政策情景、调控情景下对系统运行情况进行描述（见表10）。

表10　新甘青煤炭需求系统情景方案设置

情景	地区	人口自然增长率	地区生产总值增长率	第二产业占比
情景Ⅰ:基准发展	新疆	0.01211	0.01470	0.34386
	甘肃	0.00150	0.03420	0.31630
	青海	0.005085	0.01347	0.38570
情景Ⅱ:低增长水平发展		+0.5‰	+2‰	−1%
情景Ⅲ:高增长水平发展（推荐情景）		+1‰	+4‰	−2%

②预测结果和情景分析

在高增长水平发展情景下，新疆煤炭需求总量持续增长，由2020年的2.24亿吨增长到2035年的5.10亿吨，涨幅超1倍；甘肃在2020~2028年煤炭需求量保持平稳增长态势，2028年以后煤炭需求量有所下降，预计2035年将达到6992万吨；青海制定了能源领域碳达峰实施方案、绿色低碳转型发展研究报告、"十四五"黄河青海流域能源发展规划。截至2022年底，全省电力装机容量达4290万千瓦，其中，水电装机容量为1258万千瓦、光伏装机容量为 1656 万千瓦、光热装机容量为 21 万千瓦、风电装机容量为 962 万千瓦、火电装机容量为 393 万千瓦。清洁能源装机容量占比达 90.9%，新能源装机容量占比达 61.5%。青海的一系列环境治理举措使得其煤炭需求量持续下降，煤炭需求量由 2020 年的 1271 万吨下降至 2035 年的 1037 万吨。

综上所述，"十四五"至"十六五"期间新甘青煤炭需求量增长空间相对较大。预测 2025 年、2030 年和 2035 年新甘青煤炭需求量分别为 4.25 亿吨、4.89 亿吨和 5.90 亿吨（见图 20）。

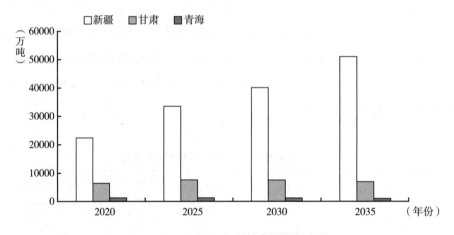

图 20　2020~2035 年新甘青煤炭需求量

资料来源：国家能源集团技术经济研究院课题组预测。

（5）鲁苏皖

①情景设定

鲁苏皖位于我国中东部地区，包括山东、江苏和安徽三省。其中，山东、安徽能源资源相对丰富，是我国重要的煤炭生产基地之一，江苏煤炭资源逐步枯竭。山东煤炭资源比较丰富，全省含煤面积为 4.84 万平方公里，其中鲁西地区占 97.5%（主要集中于鲁西南，其次是鲁中、胶济铁路沿线及济南以西的黄河两岸），鲁东地区占 2.5%。据统计，2011~2020 年，山东新发现大型及以上煤矿产地 4 处、中小型 7 处，新增煤炭资源量 17.76 亿吨。《山东省能源发展"十四五"规划（征求意见稿）》指出，"十四五"期间山东能源消费总量控制在 4.54 亿吨标准煤左右，煤炭消费量控制在 3.5 亿吨左右，并强调"十四五"期间，山东煤炭产量将稳定在 0.9 亿吨左右。安徽煤炭资源丰富，全省含煤面积为 1.80 万平方公里，累计查明储量居华东地区首位；煤炭种类齐全，以气煤、肥煤、1/3 焦煤、焦煤等炼焦用煤为主；省内有淮河能源控股集团、皖北煤电集团、中煤新集公司等企业，是华东和长三角地区重要的能源保障地之一。江苏煤炭资源主要分布在西北部地区。《安徽省煤炭工业发展"十四五"规划》提出，"十四五"期间全省煤炭工业力争实现五个方面目标：供给结构更加集约优化、煤炭开采更加智能高效、煤炭生产更加安全可靠、资源利用更加清洁低碳、重点工程示范引领作用更加凸显。强调到 2025 年非化石能源消费比重达到 15.5% 以上，非化石能源发电量比重提高到 18.1% 左右，电能占终端能源消费比重达到 30% 左右。具体到能源保障方面，规划明确，2025 年能源综合生产能力达到 1 亿吨标准煤左右，煤炭产量维持在 1.1 亿吨左右，电力总装机容量达到 1.1 亿千瓦左右，能源安全储备体系进一步完善。本报告以 2020 年为预测基准年，根据鲁苏皖地区煤炭需求状况，同时结合 2035 年经济增长、人口总量以及结构优化等规划目标，在基准情景、政策情景、调控情景下对系统的运行情况进行描述（见表 11）。

表 11 鲁苏皖煤炭需求系统情景方案设置

情景	地区	人口自然增长率	地区生产总值增长率	第二产业占比
情景Ⅰ：基准发展	山东	0.00583	0.02850	0.43145
	江苏	0.000945	0.03090	0.43050
	安徽	0.00215	0.04220	0.40510
情景Ⅱ：低增长水平发展		+0.5‰	+2‰	−1%
情景Ⅲ：高增长水平发展（推荐情景）		+1‰	+4‰	−2%

②预测结果和情景分析

高增长水平发展情景下，山东煤炭需求量持续下降，由 2020 年的 3.41 亿吨下降到 2035 年的 2.37 亿吨，降幅为 30.5%；江苏煤炭需求量平稳下降，由 2020 年的 2.05 亿吨下降到 2035 年的 1.78 亿吨；安徽煤炭需求量在 2020~2030 年保持平稳增长态势，由 2020 年的 1.49 亿吨增至 2030 年的 1.78 亿吨，2030 年后煤炭需求量有所下降，预计 2035 年将达到 1.57 亿吨。

综上所述，"十四五"至"十六五"期间鲁苏皖煤炭需求量总体上下降空间较大。预测 2025 年、2030 年和 2035 年鲁苏皖煤炭需求量分别为 7.53 亿吨、6.78 亿吨和 5.72 亿吨（见图 21）。

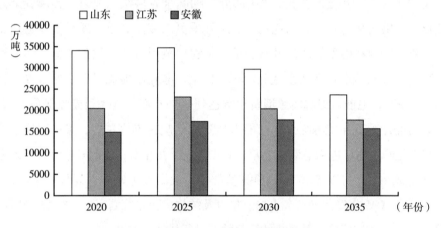

图 21　2020~2035 年鲁苏皖煤炭需求量

资料来源：国家能源集团技术经济研究院课题组预测。

（6）东南沿海地区

①情景设定

东南沿海地区包括上海、浙江、福建、广东、广西、海南，涵盖长三角地区和珠三角地区，是我国经济发展最快的地区，也是我国主要的煤炭消费地。与此同时，东南沿海地区煤炭资源稀缺，仅有少量煤炭产出，所以消费煤炭大部分通过环渤海港口调入。《上海市能源电力领域碳达峰实施方案》指出，上海将继续实施重点企业煤炭消费总量控制制度，煤炭消费总量进一步下降，2025 年全市煤炭消费总量下降 5% 左右，煤炭消费占一次能源消费的比重降至 30% 以下。《浙江省能源发展"十四五"规划》，提出把握生态文明建设要求与碳达峰碳中和目标，预计到 2025 年，浙江煤炭消费量较

2020 年下降 5%，煤炭发电量占省内发电量比重下降至 50% 左右，减少二氧化碳排放 4000 万吨以上，二氧化硫、氮氧化物、粉尘等主要污染物排放量持续下降，单位能源消费碳排放量持续下降。福建省人民政府印发的《关于完整准确全面贯彻新发展理念做好碳达峰碳中和工作的实施意见》提出，严格合理控制化石能源消费。抓好煤炭清洁高效利用，推动煤炭和新能源优化组合，加快煤炭减量步伐，"十四五"时期严格合理控制煤炭消费量增长，"十五五"时期煤炭消费量将逐步减少。"十三五"期间，广东通过采取减少煤炭消费、稳定油气供应、提高清洁能源比重等措施，能源结构持续优化。2022 年《广东省政府工作报告》提出，要统筹有序推进碳达峰碳中和，加快完善能源供应保障体系，推进能源结构调整，大力发展清洁能源，促进能源高效利用，创造条件尽早实现能耗"双控"向碳排放总量和强度"双控"转变。本报告以 2020 年为预测基准年，根据东南沿海地区煤炭需求状况，同时结合 2035 年经济增长、人口总量以及结构优化等规划目标，在基准情景、政策情景、调控情景下对系统运行情况进行描述（见表 12）。

表 12　东南沿海地区煤炭需求系统情景方案设置

情景	地区	人口自然增长率	地区生产总值增长率	第二产业占比
情景Ⅰ:基准发展	上海	0.0028	0.0014	0.2658
	浙江	0.0145	0.0360	0.4187
	福建	0.00585	0.0355	0.4630
	广东	0.011	0.0285	0.3922
	广西	0.00742	0.04329	0.32082
	海南	0.01708	0.0420	0.19074
情景Ⅱ:低增长水平发展		+0.5‰	+2‰	−1%
情景Ⅲ:高增长水平发展（推荐情景）		+1‰	+4‰	−2%

②预测结果和情景分析

在高增长水平发展情景下，2035 年上海产业结构和能源结构明显优化，高耗煤行业能源利用效率明显提升，在预测期内，煤炭需求量持续下降，由 2020 年的 3655 万吨降至 2035 年的 3449 万吨，促进了碳中和目标的顺利实现。浙江煤炭需求量总体呈下降趋势，2020 年煤炭需求量达 1.18 亿吨，预计 2035 年将减少至 9018 万吨，降幅近 24%。2020~2028 年福建煤炭需求量总体呈上升趋势，由 2020 年的 7992 万吨增长至 1.01 亿吨，随后煤炭需求量有所下降，预计 2035 年将达到 9227 万吨。2020~2027 年广东煤炭需求量波动上升，由 2020 年的 1.49 亿吨上升至 2027 年的 1.86 亿吨，随后逐步下降，2035 年降至 1.68 亿吨。此外，广西和海南煤炭需求量波动较小，2020 年分别为 7414 万吨和 991 万吨，2035 年预计将达到 8288 万吨和 746 万吨。

综上所述，"十四五"至"十六五"期间，在高增长水平发展情景下东南沿海地区煤炭需求量总体呈波动下降态势。预测 2025 年、2030 年和 2035 年东南沿海地区煤炭需求量分别为 5.46 亿吨、5.19 亿吨和 4.75 亿吨（见图 22）。

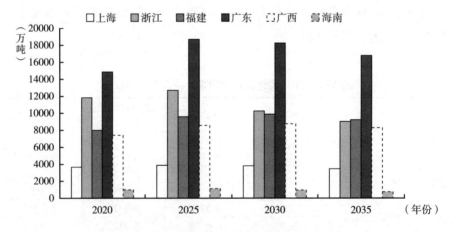

图 22　2020~2035 年东南沿海地区煤炭需求量

资料来源：国家能源集团技术经济研究院课题组预测。

（7）华中地区

①情景设定

华中地区位于我国中东部，包括河南、湖北、湖南以及江西，是我国经济较发达的地区,是连接东西部经济发展的重要枢纽地区,涵盖长江中游经济带,地理条件较为优越,水运、铁路、公路、航空四通八达。河南同时拥有煤炭、石油、天然气资源,是我国传统的化石能源开发大省,近年来河南化石能源产量逐步回落,2022年煤炭、石油、天然气产量仅约为2010年的86.6%、80.5%、80.0%,一次能源总产量降至约10403万吨标准煤,比2010年减少39.9%。湖北总面积为18.59万平方公里,占中国总面积的1.94%,总人口约为6000万人,是长江经济带的重要节点。湖北作为中部大省和老工业基地,"十三五"期间以年均2.8%的能源消费增量支撑了7.8%的经济增长,同时后疫情时代工业、交通等部门能耗反弹增加了煤炭消费量,加大了湖北气候变化应对工作的难度。此外,湖北缺煤、少油、乏气,煤炭资源层薄、面广、质差,水资源相对丰富。湖南缺煤、无油、乏气,属一次能源匮乏省份,水电资源较为丰富,不过已超过经济可开发量的95%,煤矿关闭退出后产能将大幅减少,新能源质量不高且开发成本偏高,核电短期内难以形成大规模装机,页岩气实现大规模商业化、绿色环保开采尚需时日。江西缺煤、少水(能)、无油、乏气,新能源发展潜力不足。本报告以2020年为预测基准年,根据华中地区煤炭需求状况,同时结合2035年经济增长、人口总量以及结构优化等规划目标,在基准情景、政策情景、调控情景下对系统运行情况进行描述(见表13)。

表13 华中地区煤炭需求系统情景方案设置

情景	地区	人口自然增长率	地区生产总值增长率	第二产业占比
情景 I:基准发展	河南	0.0042	0.0135	0.41593
	湖北	0.0020	0.0750	0.3918
	湖南	0.000753	0.0510	0.3840
	江西	0.000665	0.0375	0.43145
情景 II:低增长水平发展		+0.5‰	+2‰	-1%
情景 III:高增长水平发展(推荐情景)		+1‰	+4‰	-2%

②预测结果和情景分析

高增长水平发展情景下，河南煤炭需求量总体呈下降趋势，由 2020 年的 1.70 亿吨下降到 2035 年的 1.50 亿吨，降幅约 12%；湖北与湖南煤炭需求变化趋势相似，2020 年两省煤炭需求量分别为 8995 万吨、8840 万吨，均在 2025 年有所上升，分别达到 1.11 亿吨、9870 万吨，2025 年后持续下降，预计 2035 年将分别降至 8269 万吨、6270 万吨；江西煤炭需求量则呈现不同的变化态势，2020~2028 年煤炭需求量保持平稳增长态势，由 2020 年的 7066 万吨增至 2028 年的 8201 万吨，2028 年后煤炭需求量有所下降，预计 2035 年将达到 7706 万吨。

"十四五"至"十六五"期间华中地区煤炭需求量总体呈下降态势。预计 2025 年、2030 年和 2035 年华中地区煤炭需求量分别为 4.66 亿吨、4.20 亿吨和 3.72 亿吨（见图 23）。

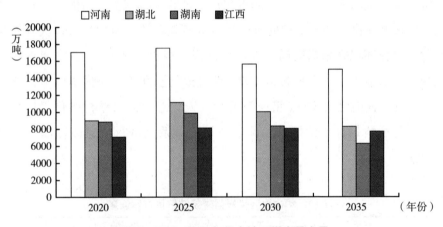

图 23　2020~2035 年华中地区煤炭需求量

资料来源：国家能源集团技术经济研究院课题组预测。

（8）西南地区

①情景设定

西南地区包括四川、重庆、云南、贵州、西藏，面积约占全国的 26%，人口约占 14%，地区生产总值约占 11%。西南地区社会经济发展水平相对较低，人均收入明显低于经济发达地区。西南地区生态环境日益严峻，单位 GDP 废水排放量达到全国平均水平的 1.2 倍，SO_2 排放量达到全国平均水平的 1.8 倍。西南地区水资源和天然气资源丰富，四川和云南水电装机容量占全国的 40% 以上，四川和重庆的天然气基础储量约占全国的 30% 左右。近年来，随着我国西电东送、西气东输通道逐步形成，西南地区清洁能源对外输出能力显著提升。从各省份的具体情况来看，四川能源储量呈现"多水富气、贫煤少风"的特征，同时四川是我国能源主要输出省，电力外送比例达 44.5%，天然气外送比例达 47.3%。重庆能源储量呈"贫煤少水、富气无油"的特征，能源对外依存度较高，电力对外依存度达 55.8%。云南煤炭、油气资源匮乏，水力和风光资源丰富，在较强的水电和风光发电能力支撑下，云南电力外调比例高达 52.3%。贵州是西南地区煤炭资源最丰富的省份，随着开发周期延长，煤炭产量呈下降趋势；煤炭、电力外调比例分别达 33.5%、78.2%。国务院印发《关于支持贵州在新时代西部大开发上闯新路的意见》，明确提出打造西南地区煤炭保供中心，积极推进低碳循环发展；加快推动煤炭清洁高效利用，积极发展新能源，扩大新能源在交通运输、数据中心等领域的应用；强化能源消费强度和总量"双控"，落实重点领域节能降碳要求。本报告以 2020 年为预测基准年，根据西南地区煤炭需求状况，同时结合 2035 年经济增长、人口总量以及结构优化等规划目标，在基准情景、政策情景、调控情景下对系统运行情况进行描述（见表 14）。

表 14　西南地区煤炭需求系统情景方案设置

情景	地区	人口自然增长率	地区生产总值增长率	第二产业占比
情景Ⅰ:基准发展	重庆	0.007580	0.06350	0.3996
	四川	0.002398	0.04250	0.3615
	贵州	0.002600	0.06250	0.3484
	云南	0.001650	0.05585	0.3379
	西藏	0.010300	0.12700	0.3386

续表

情景	地区	人口自然增长率	地区生产总值增长率	第二产业占比
情景Ⅱ:低增长水平发展		+0.5‰	+2‰	−1%
情景Ⅲ:高增长水平发展（推荐情景）		+1‰	+4‰	−2%

②预测结果和情景分析

高增长水平发展情景下，西南地区煤炭需求量总体呈下降趋势。2020年重庆、四川、贵州、云南煤炭需求量分别为4227万吨、6719万吨、1.02亿吨、7044万吨，预计2035年将分别降至3606万吨、4449万吨、7967万吨、5303万吨；西藏煤炭消费保持增长态势，2022年煤炭需求量为231万吨，2035年煤炭需求量预计将达到374万吨。综上所述，"十四五"至"十六五"期间西南地区煤炭需求量总体呈下降态势。预测2025年、2030年和2035年西南地区煤炭需求量分别为3.03亿吨、2.60亿吨和2.17亿吨（见图24）。

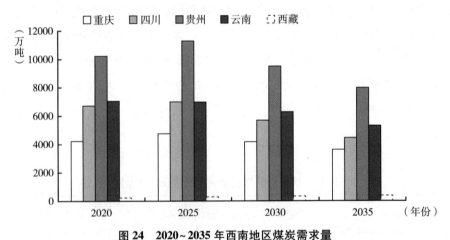

图24　2020～2035年西南地区煤炭需求量

资料来源：国家能源集团技术经济研究院课题组预测。

综上所述，在推荐情景下，京津冀地区煤炭需求量持续下降，东北地区煤炭需求量先增后降，晋陕蒙宁煤炭需求量大幅增长后保持相对稳定，新甘青增长空间较大，鲁苏皖下降空间较大，东南沿海、华中和西南地区总体呈下降趋势（见图25）。预测2025年、2030年和2035年八大区域煤炭需求量分别为47.4亿吨、47.1亿吨和44.7亿吨。

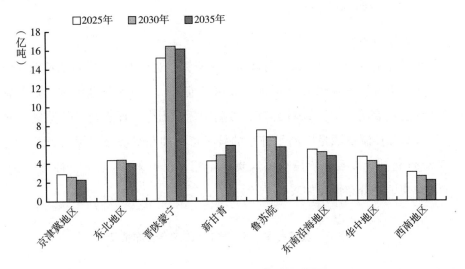

图25　2025~2035年八大区域煤炭需求量

资料来源：国家能源集团技术经济研究院课题组预测。

三　"双碳"目标下我国煤炭产业中长期供应布局调整

我国煤炭资源区域分布不均衡，北富南贫、西多东少。开发格局上，东部地区开发历史长，资源面临枯竭；中部和东北部地区开发强度大，接续资源多深入地下，开发潜力不大；西部地区越来越成为煤炭生产重心，资源储量丰富，开发潜力大。未来一个时期，我国煤炭开发还将持续西移，晋陕蒙新等资源富集地区将成为煤炭供应保障的重点省（区）。

本报告基于矿区总体规划和国家能源局全国煤炭产能公告（数据均截至2018年底），结合2019年以来部分省（区）生产在建、退出产能公告以及国家发改委和国家能源局核准新建煤矿项目、煤矿产能核增情况，对晋陕

蒙新和其他区域进行了分矿区的煤炭资源底数梳理，通过排产分析生产和在建矿发展趋势。

（一）煤炭资源总体情况

1. 煤炭资源量

我国煤炭资源总量丰富，可经济开采资源相对较少。根据自然资源部统计，2019年全国查明煤炭资源储量1.74万亿吨。《2021年全国矿产资源储量统计表》表明，截至2021年底，按新国标我国煤炭证实与可信储量（探明资源量和控制资源量中满足开采的技术可行性和经济合理性的资源）为2078.85亿吨，按照现阶段全国煤炭产量测算仅可采30余年。各省（区、市）煤炭资源分布情况如表15所示。

表15　我国各省（区、市）煤炭资源分布情况

单位：万吨

省(区、市)	证实与可信储量	省(区、市)	证实与可信储量	省(区、市)	证实与可信储量
辽　宁	11.51	浙　江	0.15	宁　夏	56.98
吉　林	6.96	福　建	2.65	贵　州	134.90
黑龙江	36.99	江　西	1.89	四　川	28.98
安　徽	59.95	湖　北	0.17	新　疆	364.52
江　苏	3.14	湖　南	4.89	甘　肃	41.50
天　津	0.97	广　西	1.73	青　海	10.02
河　北	26.42	内蒙古	327.02	云　南	74.12
山　东	33.43	山　西	494.17	西　藏	0.11
河　南	45.05	陕　西	310.62	其　他	0.01
				总　计	2078.85

资料来源：《2021年全国矿产资源储量统计表》。

2. 煤炭资源分布特征

我国煤炭资源分布具有显著的"四维"特征。区域维度，资源分布西多东少、北富南贫；埋深维度，浅部资源开发强度大，深部资源开采受制约；生态维度，煤炭资源开发受限程度日益加深；技术维度，通过技术攻关促进

煤炭资源有效产能提升具备较大潜力。总体来讲，在"四维"条件下，特别是在埋深维度和生态维度制约下，我国煤炭资源开发受到一定限制。

区域维度，我国煤炭储量分布极不均衡，呈现西多东少、北富南贫格局。西部地区煤炭储量最多，约占全国煤炭储量的65%；中部地区次之，约占29%；东部地区储量最少，仅占6%。从具体省份分布情况来看，位于煤炭核心产区的晋陕蒙3省（区）煤炭储量约占全国的54%，储量前六的省份合计约占全国的82%，除山西位于中部地区以外，其他5省（区）均位于西部地区。

埋深维度，东部、中部、西部地区煤炭资源埋深结构差异显著。东部地区煤炭资源勘查和开发利用程度较高，但后备资源短缺，浅部资源基本已被开发利用或被村庄、道路、城镇等压覆，部分矿井进入深部开采期，生产能力显著下降，自然灾害危害程度加深。中西部地区已成为我国煤炭主产区，煤炭开采仍以浅部资源为主，部分矿区开发重心向深部转移。《煤矿安全规程》（2022版）规定新建非突出大中型矿井开采深度（第一水平）不超过1000米，改、扩建大中型矿井开采深度不超过1200米。近年来，地方政府逐步加强深部煤炭资源开发安全管控，安徽自2016年起停止采深大于1200米区域的煤炭开采，2022年山东陆续停止采深超千米煤矿开采，限制深部资源开采在一定程度上影响了煤炭供给。

生态维度，生态环境保护对煤炭资源开采提出了更高要求。蒙东地区是我国重要的煤炭生产基地，开发较晚，产能增长潜力较大，但生态保护政策严禁草原新建露天煤矿，在建、在产煤矿严控扩能技改、不扩大井（矿）田范围、不核增产能，预计将影响蒙东地区超过300亿吨煤炭资源开发，对东北地区中长期煤炭保供产生一定影响。西部地区煤炭资源多位于干旱、半干旱地区，水资源短缺，生态环境脆弱，煤炭资源开发受生态环境限制日益突出，如榆林地区臭柏保护区、鄂尔多斯水源地保护区等。

技术维度，智能开采、生态保护与修复、煤炭原位转化等关键技术的研发与应用，有望提升煤炭资源开发潜力。在煤矿智能开采技术的支持下，东部深部高瓦斯、强冲击地压煤炭资源有望继续开发，贵州等复杂地质条件地

区煤炭资源回采率有望进一步提升。煤炭生态低扰动开采、煤矿区土地复垦、草原生态修复等关键技术的研发与应用，有助于解决蒙东草原区和西部生态脆弱区煤炭规模化开发问题。煤炭地下气化等颠覆性技术的攻克，将为深部煤炭资源开发提供全新的技术路径，届时一些现有不具备技术可行性和经济合理性的深部资源有望转为有效煤炭产能。

（二）煤炭资源开发格局

1. 产业结构持续优化，兜底保供能力显著增强

煤炭产业生产力水平不断提升。自 2000 年以来，我国煤炭开发经历产能加速扩张、严重过剩、有序退出和优化布局四个阶段，通过"上大压小""产能置换"等政策措施，推动落后产能淘汰退出，促进先进产能有序释放，推动煤炭生产结构优化升级。现阶段大型现代化煤矿已成为我国煤炭生产主体，截至 2022 年底，平均单井产能由 2000 年 3 万吨/年提高到 120 万吨/年，全国建成千万吨级矿井 79 处，智能化煤矿 572 处、智能化采掘工作面 1019 个，年产 120 万吨及以上的大型煤矿产量占全国总产量的 85%左右。

煤炭供应保障能力显著增强。自 2021 年以来，面对能源供需持续紧张的局面，煤炭增产保供持续加码，两年来累计批复核增产能 5.6 亿吨/年；初步统计，截至 2022 年底，我国生产和试生产煤矿产能达 48.2 亿吨/年，在建煤矿（不含试生产煤矿）产能为 9.6 亿吨/年，煤炭有效产得到能显著提升。2022 年，全国煤炭产量为 45.6 亿吨，同比增长 10.5%（见图 26），创历史新高，日均产量为 1250 万吨，夯实了能源保供基础。

2. 兼并重组多维推动，产业集中度稳步提升

煤炭企业兼并重组提速。自 21 世纪以来，在产业政策指导和市场化改革推动下，我国煤炭产业以大基地建设、大企业培育为方向，开启了新一轮煤炭企业壮大和整合之路，山西焦煤集团、宁夏煤业集团、陕西煤业化工集团率先以联合重组方式成立，四川、重庆、黑龙江、河北、河南、吉林、山东等地相继组建区域性煤炭企业集团。2017 年，国家发展改革委等 12 部门联合印发《关于进一步推进煤炭企业兼并重组转型升级的意见》，同年神华集

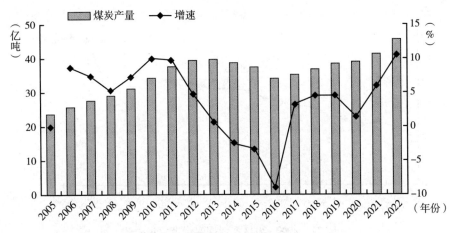

图26 2005~2022年我国煤炭产量及增速

资料来源：国家统计局。

团与中国国电集团联合重组为国家能源集团。此后，中煤能源集团吸收国投、保利和中铁等企业的煤矿板块，山东能源与兖矿集团联合重组成立新山东能源集团，山西省战略重组成立晋能控股集团和新山西焦煤集团，甘肃、贵州、辽宁、黑龙江等地完成煤炭企业专业化重组整合。

煤炭产业集中度稳步上升（见图27）。经历两轮战略性重组和专业化整合，我国煤炭行业形成"1132+8"的大型煤炭企业集团格局，即1家6亿吨级、1家4亿吨级、3家2亿吨级、2家1亿吨级和8家5000万吨级的煤炭企业；2022年煤炭产业集中度CR4、CR8分别达到34%和50%，较2000年分别提高25个百分点和37个百分点，较2015年分别提高9个百分点和14个百分点。

3. 开发布局加速西移，跨区调运规模持续扩大

传统煤炭产区资源濒临枯竭。2000年之前，我国煤炭开发以中部、东部和东北地区为主，经大规模长时间开发，传统煤炭产区资源濒临枯竭，开发潜力明显不足。东北地区多数矿区开采历史较长，储采比已不足25年，且煤层埋藏深度较大，开采条件恶化，开发潜力极为有限。东部地区浅部资源逐渐枯竭，深部资源高地温、高地压、高承压岩溶水及高瓦斯等问题加剧，安全生产压力较大。华南和西南含煤区煤层分布不稳定，以小型煤盆地

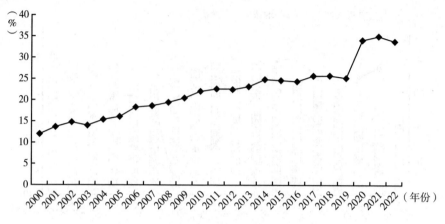

图27　2000～2022年我国煤炭产业集中度

资料来源：国家能源集团技术经济研究院整理。

为主，影响了大型现代化矿井建设。中部地区开发强度较大，浅部资源剩余可开采量逐步减少，接续资源多在深部，进一步开发潜力已经不大。

煤炭资源开发实现由东向西梯级转移。"十五"到"十一五"期间，西部大开发战略推动神东、陕北、黄陇、晋北、晋中、晋东、蒙东、宁东等8个大型煤炭基地建设，晋陕蒙宁由资源储备区转为煤炭调出区；"十二五"期间，"控制东部、稳定中部、发展西部"的总体布局按下了西部地区煤炭开发的加速键，晋陕蒙宁逐步成为我国煤炭主产区；"十三五"期间，煤炭生产布局调整为"压缩东部、限制中部和东北、优化西部"，东部、中部和东北地区落后产能加速退出，晋陕蒙优质产能进一步释放，新疆从战略大后方迈入保供前沿，煤炭开发实现了由东向西的梯次转移。2005～2022年，晋陕蒙新4省（区）煤炭产量由11.8亿吨增长至36.4亿吨，占全国的比重由46.2%提升至81.0%（见图28）。

跨区调运规模逐步扩大。煤炭主要消费地和资源富集区逆向分布的特征，决定了我国"北煤南运、西煤东调"的调运格局。晋陕蒙作为我国煤炭主产区，肩负着保障全国煤炭稳定供应的重要责任，是我国煤炭的主要调出地区。随着煤炭开发重心进一步西移，煤炭生产和消费逆向分布特征愈加

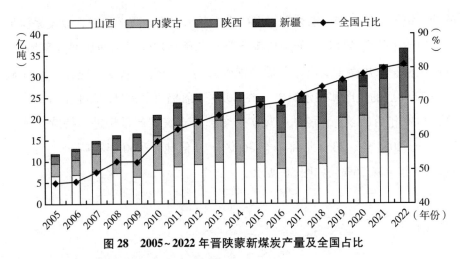

图28 2005~2022年晋陕蒙新煤炭产量及全国占比

资料来源：国家能源集团技术经济研究院整理。

显著，煤炭跨区域大范围调运规模逐步增加，疆煤外运量显著增长。2012~2022年，晋陕蒙新煤炭净调出量由14.4亿吨提升至20.2亿吨，占全国煤炭净调出量的比重由93.3%增长至99.2%（见图29）。

（三）生产和在建煤矿发展趋势

课题组建立了全国生产和在建煤矿数据库，在此基础上构建了资源与产

图29 2012~2022年晋陕蒙新煤炭净调出量及全国占比

资料来源：国家能源集团技术经济研究院整理。

能动态统计分析模型。综合考虑煤矿生产能力、剩余资源情况，以及采深加大、地质条件变差导致产能利用率下降、薄厚煤层配采和薄煤层开采增多、资源压覆、深井逐步退出、落后产能淘汰等。经模型测算，现有煤矿（截至2022年底的生产和在建煤矿）在2030年前仍可贡献41亿吨左右煤炭产量；2030年后，随着资源枯竭煤矿增多，现有煤矿产量将进入持续快速下降通道，2035年、2050年将降至36亿、19亿吨；2060年将降至17亿吨，较2020年下降56%，如图30所示。

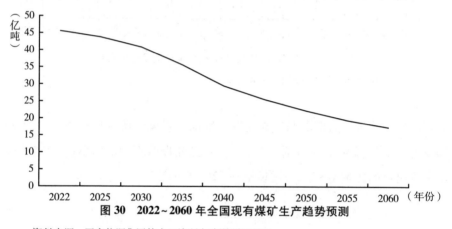

图30 2022~2060年全国现有煤矿生产趋势预测

资料来源：国家能源集团技术经济研究院课题组预测。

分区域看，东部、中部地区现有煤矿产量衰减速度将逐渐加快，促使煤炭生产西移步伐加快。2035年、2060年，东部地区现有煤矿产量较2020年将分别下降60%、90%，中部地区分别下降31%、75%，西部地区分别增长13%和下降38%。西部地区现有煤矿产量占比将从2020年的59%，上升至2025年的65%、2030年的69%、2035年的71%、2050年的77%和2060年的80%。

四 国内外煤炭产业退出经验与我国煤炭产业转型实践

煤炭开发历史悠久，加之全球能源转型进程加快，国内外已有许多成功的煤炭转型和退出案例、经验，可为我国煤炭产业提供参考。

（一）国外煤炭产业退出经验

世界主要产煤国家煤矿关闭退出的做法主要有两类：第一类是以德国为代表的行政主导型，即政府通过行政手段主动实施煤矿关闭退出；第二类是以美国为代表的市场主导型，即基于完善的法律法规和制度，更多地利用市场化和法治化手段来推动煤矿关闭退出，政府在其中仅起到监督和管理作用（见表16）。

表16　世界主要产煤国煤矿关闭退出情况及主要做法

国家	时间跨度	煤炭产能或煤矿关闭数量	涉及人员	主要做法
德国	从20世纪70年代开始，历时近50年，其中1988～1998年最为集中	从20世纪80年代的5亿吨左右降至2016年的1.76亿吨，退出4.4亿吨，其中1988～1998年退出约3亿吨	职工人数从60万人降至不足万人	人员安置方面，针对50岁以上的井下工人和55岁以上的地面人员，允许其提前退休，设立应用型大学，鼓励下岗矿工深造后再就业，并通过加强工业园区、交通网络等基础设施建设为下岗矿工创造就业机会；在资产和债务处置方面，政府与企业共同应对，通过政府补贴、业务出售、资本融资等途径筹措资金；在环境治理和保护方面，政府同企业一道努力，因地制宜，将废弃矿区改造成科技产业园区、服务商贸区或风景旅游区；产业转型与发展方面，采取统筹规划、区域合作共赢、改造传统产业、发展新兴产业等多项措施，大力发展煤机、煤电、煤化工等相关产业及新兴产业，建立高校和科研机构等
英国	从20世纪80年代开始大量关闭煤矿，历时近30年，2015年底最后一个井工矿关闭，目前仅保留少量露天矿	从1980年的1.3亿吨降至2016年的400万吨	从1980年的23.7万人降至2016年的1000人左右	人员安置方面，综合实施提前退休、裁员资金补偿、内部转岗安置等措施，并提供培训、住房、奖金等优惠条件鼓励关闭矿井员工去其他矿井就业；债务和资产处置方面，主要是实施煤炭工业私有化政策；环境保护和治理方面，专门成立国家关闭煤矿特别工作指导小组，由政府提供资助，同时引入社会资金的支持；产业转型与发展方面，通过引进国外企业投资，将矿区转化为其他工业、商业发展用地，另外部分煤矿工业遗址被转型为现代政府机关和休闲购物中心

续表

国家	时间跨度	煤炭产能或煤矿关闭数量	涉及人员	主要做法
日本	20世纪50年代初期,日本开始关闭煤矿,其中60年代中后期是较为集中的一个时期	由1960年的5107万吨降到2012年的137万吨	从30多万人降至700余人	人员安置方面,实行提前退休并给予经济补偿,开展就业培训并提供每日生活补贴,推动职工再就业;债务和资产处置方面,煤矿关闭退出后的土地、设备、基础设施等资产绝大多数由原所有企业利用并转营其他产业,小部分被无偿转让给中央或地方政府;环境治理与保护方面,通过颁布相关法律法规、成立相关机构等多种途径对矿区进行生态修复和环境治理;产业转型与发展方面,采取多元化的优惠政策措施,鼓励多元经营,加强招商引资,并加强遗迹保护
美国	1981~2003年大量煤矿关闭退出	煤矿数量自1981年的5808处降至2003年的1526处	自1985年的17.4万人降至2003年的7万人	政府对煤矿职工安置仅给予一定的支持,其他均由企业自行负担,例如,针对最为复杂的资产和债务处置问题,企业依据《破产法》等相关法律,运用资产出售、债务融资和股权融资等方式,开展煤矿关闭退出后的破产重组工作,并在募集资金偿还以往债务的同时,进一步实施企业业务重整,推动破产企业轻装上阵

一是妥善安置职工及处置企业资产和债务。职工安置方面,英国、德国、日本等发达国家高度重视退出煤矿职工的安置问题,采取了资金补偿、提前退休、转岗安置、职业技能培训、推动再就业和社会保障等多项帮扶措施。资产和债务处置方面,有以英国和德国为代表的资产出售和债务免除方案,以澳大利亚和美国为代表的资产拍卖和债务重组方案,以及以日本为代表的资产再利用和无偿转让方案。

二是重视煤矿关闭退出后的生态环境恢复工作。为确保煤矿关闭退出后生态环境恢复工作的有序推进,发达国家采取了多项措施。包括成立相关组织机构,例如,日本成立了产煤地区振兴事业团,开展环境治理基金筹集,以及相应的煤矿关闭后土地复原和环境污染整治等工作;落实主体责任,明确政府、企业和专业化环境治理公司的职责，政府负责监督管理，专业化公司负责环境治理工作，环境治理费用由政府和企业分摊；政府发挥"兜底"作用，在企业无力维持环境治理工作的情况下，政府成为矿区环境治理的首要责任承担者；与区域转型发展相结合，例如，德国通过将采煤塌陷区改造为湿地、湖区等自然景观或适宜耕种的农地，促进了新型农业、建筑业和高端旅游业的发展。

三是推动矿区（城）产业转型和区域经济发展。将矿区（城）产业转型和区域经济发展作为煤矿失业职工安置和企业转型发展的重要举措，确保煤矿关得了、退得好。具体措施包括：做好总体规划，例如，德国成立了鲁尔发展规划委员会和执行委员会，颁布了《鲁尔发展纲要》《鲁尔区域治理规划》，以"以煤钢为基础，发展新兴产业，改善经济结构，拓展交通运输"为方针，提出了鲁尔地区产业结构调整和转型发展的总体谋划与布局；实现"靠山吃山"，采取塌陷土地治理、矸石山绿化和矿井水治理等措施，推动煤炭采掘业向光伏产业、现代农业、高端旅游业等新兴产业转型，将原有的煤矿设施改造为煤炭科技培训学校、技术创新基地、煤炭历史博物馆等，实现废弃设施再利用；实施"筑巢引凤"，通过加强基础设施建设、提供低息贷款及税收优惠、改善投资环境等措施，吸引区域外的新兴产业在矿区落户，为老矿区发展注入新活力。

四是完善矿区关闭退出的配套法律法规和政策体系。在煤矿关闭退出方面，发达国家制定了较为完善的法律法规和制度体系，以确保煤矿关闭退出有法可依、有章可循。例如，日本制定《煤炭矿业合理化临时措置法》规范煤矿关闭退出标准，制定《煤矿离职者临时措置法》保障煤矿离职人员安置，制定《第97号煤矿损害赔偿等特别措施法》《产煤地区振兴临时措置法》为矿区环境保护和区域转型发展提供法律支持。

（二）我国煤炭产业转型实践

1. 优布局

改革开放以来，我国累计生产煤炭超过900亿吨，为国家提供了70%

以上的一次能源，支撑了我国经济快速增长和人民生活水平提高。与此同时，高强度大规模开发使得传统煤炭产区资源濒临枯竭，推动我国煤炭开发形成以东部、中部地区为主向中部、西部地区主导的时空演化格局。近年来，晋陕蒙逐步成为我国煤炭的主产区和主要调出区，新疆逐步由煤炭战略储备区转为资源接续地，国家能源、华电、潞安、山能、徐矿、河南能化、伊泰、保利、特变、广汇等30余家企业加快在疆煤炭资源开发，推动疆煤融入全国大市场。东部、中部地区传统煤炭企业，面对资源接续能力不足、开采技术风险增大、生产成本大幅提升等制约企业发展的瓶颈，积极调整产业布局，对内挖潜提质增效，对外以陕蒙新煤炭富集区为资源靶区，规划跨区域煤炭资源接续战略，走出一条煤炭产业的可持续发展之路。

以原兖矿集团为例，自21世纪以来，该集团充分发挥先进的技术和管理优势，积极实施"走出去"战略，实施跨区域、跨国发展的大型国际化能源企业战略。2002年，原兖矿集团先后赴晋、黔、陕、疆成立能化公司，拉开跨区域资源整合和产业结构调整的帷幕。2012年，兖矿集团全面启动榆林金鸡滩煤矿、鄂尔多斯转龙湾、石拉乌素、营盘壕特大型矿井建设。2018年，原兖矿集团在陕蒙基地建成千万吨矿井集群，具备年产煤炭5000万吨的能力，晋陕蒙基地成为支撑其煤炭产业发展的战略核心基地。与此同时，原兖矿集团积极拓展海外煤炭产业。2004年，原兖矿集团以输出专利为主导技术条件，仅用3200万澳元全资收购澳大利亚南田煤矿，此后通过收购境外资产或股权、设立公司、换股合并等多种方式，于境外形成以兖煤澳洲、兖煤国际为主的投资管理平台，逐渐开展全球化的产业链布局。经过十多年的发展，原兖矿集团在澳拥有包括莫拉本矿等在内的生产矿井9处、煤炭资源勘探项目4个，获得煤炭资源量53亿吨。兖煤澳洲已发展成澳大利亚最大的专营煤炭生产商和最大的独立煤炭上市公司，澳洲基地逐步成为国际一流的大型能源基地。从20年前擘画进军大西北创业新画卷，到成立山东、晋陕蒙、澳洲"三大基地"，原兖矿集团不仅承载了兖矿区域化发展"先行者"的使命，更打造了中国能源企业走向世界的亮丽"名片"。

2. 调结构

自 2000 年以来,我国煤炭开发经历产能加速扩张、严重过剩、有序退出和优化布局四个阶段,政府能源监管部门根据我国煤炭供需实际,适时调整行业相关政策,不断优化煤炭行业产业结构。特别是"十三五"期间,煤炭行业经历"黄金十年"产能无序扩张,加之经济增速趋缓带来的能源消费回落,全国煤炭产能出现严重过剩局面,煤炭行业效益大幅下滑,煤炭企业经营步履维艰。2016 年 2 月,国务院印发《关于煤炭行业化解过剩产能实现脱困发展的意见》,着力推动煤炭行业供给侧结构性改革,国家和行业坚持把化解过剩产能作为重大政治任务、发展头等大事和"一号工程"来抓,将化解过剩产能、转型升级、结构优化、职工安置一体推进。其间,全国累计退出煤矿 5600 处左右、退出落后煤炭产能 10 亿吨/年以上,分流安置职工 100 万人左右;与此同时,煤炭优质产能得到有序释放,产业结构持续优化升级,新旧动能加快转换,供给体系质量显著提升。现阶段大型现代化煤矿已成为我国煤炭生产主体,平均单井产能达 120 万吨/年以上,全国建成千万吨级矿井 79 处,年产 120 万吨及以上的大型煤矿产量占全国比重达 85%。

在煤炭行业转型升级过程中,大型煤炭企业充分发挥了产业引领作用,积极推动落后产能退出和先进产能释放。"十三五"期间,淮河能源把化解过剩产能作为一项政治任务,同时将其视为企业扭亏脱困的难得机遇,确定了"产能退得掉、职工安置好、企业能脱困"工作目标。2016~2018 年,淮河能源共计退出落后产能 1420 万吨;同时利用退出产能指标在西部地区置换获得产能核增指标 1100 万吨,此举使得淮河能源在西部地区煤矿产能由原来的 1200 万吨/年提升至 2300 万吨/年,在保证公司煤炭总产能不压减的前提下,实现了先进产能占比持续提升。河南能源集团按照"稳定河南、发展西部"的布局思路,稳步推进省内煤矿优化整合,实现做精做优、提质增效;加快推进省外优质煤矿释放产能,实现就地转化、做大做强。自 2016 年以来,河南能源集团累计关闭退出省内矿井 103 处,退出产能合计 2972 万吨/年,分流安置职工 6 万多人。同时积极争取

优质产能核增 1735 万吨/年。2022 年，河南能源集团现有生产煤矿基本实现了 100 万吨/年以下矿井"一井一面"、100 万吨/年以上矿井"一井一面"或"一井两面"的高效开采模式，煤炭生产结构实现转型升级，煤矿生产效率显著提高。

3. 强科技

近年来，我国煤炭行业全面贯彻"四个革命一个合作"能源安全新战略，行业自主创新能力得到大幅提升，以煤矿智能化开采为引领的煤炭基础理论研究与关键技术、重大装备研制取得新突破，煤炭科技贡献率逐年提高，科技创新和技术进步推动了煤炭行业安全、高效、绿色、低碳转型。煤炭开采方面，冻结钻井等特殊凿井技术达到国际领先水平，攻克了深厚富水岩层中新型单层冻结井壁技术和冻结孔固管充填缓凝水泥浆液及施工技术，成功研制出超大直径深立井凿井大型成套装备；煤矿安全技术方面，研发了以诱发冲击启动的载荷源为中心、分源监测与防治的局部冲击地压防治技术和冲击地压危险多尺度多元融合预警技术，发明了系列巷道防冲吸能支护装备及能量释放与吸收监测装备等，煤矿事故起数和死亡人数大幅下降，百万吨死亡率由 2011 年的 0.564 下降到 2022 年的 0.054；智能化建设方面，形成涵盖薄、中厚、厚、特厚煤层的智能化开采应用示范体系，实现煤矿地质勘探、巷道掘进、煤炭开采等各业务系统的数据融合与智能联动控制，促进 5G 等新技术应用于煤矿领域。

大型煤炭企业持续加大科技创新投入。国家能源集团坚持科技兴企，立足自主研发，成功研发出具有自主知识产权的 8.8 米超大采高一次采全高工艺及成套装备，并在神东上湾投产，填补了国内外特厚煤层开采的技术空白，提升了综采装备研发能力及制造水平，实现全球综采装备和开采技术的历史性变革。河南能源集团坚持"创新是第一动力"理念，积极开展产学研合作，先后攻克了一批"卡脖子"难题，形成了涉及薄中厚多煤层、多工艺沿空留巷技术体系，年均沿空留巷工程量在 1 万米以上；成功应用厚煤层托顶煤、底分层、极三软、大倾角等复杂条件下锚网支护技术，巷道锚网支护率提升至 95%以上。川煤集团大力开展煤矿灾害防治技术攻关，瓦斯防治方面，建立"一矿一策"瓦斯防治体系，因地制宜选用保护层开采、穿层预抽、顺层预抽、顶板高位抽采、Y形通风等关键技术，提高瓦斯治理水平，杜绝瓦斯事故的发生；火灾防治方面，攻克采空区隐蔽火源定位及预警技术，增强工作面采空区自然发火预防效果。此外，智能化建设工作快速推进，全国首个智能化无人综采工作面在黄陵矿业一号煤矿建成并投入使用，山东能源鲍店煤矿打造了"5G+智能化掘进"安全高效生产新模式，国家能源集团首次应用矿鸿操作系统、世界首个极寒工况"5G+矿用卡车无人驾驶"技术等。截至2022年底，我国累计建成智能化煤矿572处、智能化采掘工作面1019处，31种煤矿机器人应用于煤矿现场。

4. 促转型

在"双碳"目标下，我国煤炭行业肩负能源兜底保障和绿色低碳转型的双重使命。立足以煤为主的基本国情，煤炭清洁高效利用成为我国煤炭行业绿色低碳转型的必由之路。近年来，煤炭行业立足能源保供，积极延伸下游产业链，在现代煤化工、煤与生物质共转化技术、煤基炭材料等方向，持续加强与下游煤基产业发展协同联动，特别是随着煤制油、煤制天然气、煤制烯烃、煤制乙二醇等现代煤化工产业整体向高端化、多元化、低碳化发展，煤炭正由以燃料为主向燃料和原料并重转变，煤炭清洁高效利用水平显著提升。与此同时，煤炭行业持续推动与新能源融合发展，既为新能源创造更大发展空间，也为煤炭产业转型升级开辟新途径。"十三五"期间，煤炭产业利用土地、资金等优势，持续探索煤炭与新能源耦合发展模式，大同建成全国首个光伏"领跑者"基地；淮南采煤沉陷区发展"渔光一体"光伏产业，建成全球最大的水面漂浮式光伏电站；鄂尔多斯建立"采煤沉陷区生态修复+光伏+农林牧渔"综合业态模式。这些有益探索和成功模式，为煤炭企业加快低碳转型发展提供标杆示范和有力支撑。

大型煤炭企业根据产业情况，在绿色低碳转型方面进行积极探索和产业布局。在煤炭清洁高效利用方面，国家能源集团推进煤炭清洁转化利用，先

后建成鄂尔多斯 108 万吨/年煤直接液化项目、包头 60 万吨/年煤制烯烃（MTO）项目、宁煤 400 万吨/年煤间接液化项目等国家级示范工程，榆林化工世界首套 5 万吨/年煤制聚乙醇酸（PGA）可降解材料示范项目建成投产，推进榆林、宁东、鄂尔多斯、哈密、包头、内蒙古焦化 6 个煤化工基地规划布局，实现了煤炭向油品、化工品的转化。山东能源集团抢抓"双碳"目标倒逼传统能源企业绿色低碳转型的重大时代机遇，积极推进煤炭向高端煤化工方向发展，立足集团山东本部和晋陕蒙新基地，建成济宁焦气化、鲁南高端化工新材料深加工、榆林高端煤制油、鄂尔多斯煤基化工新材料、新疆煤化一体化"五大化工基地"，聚甲醛、己内酰胺、乙二醇等高端化工产品产量达 1600 万吨。

在煤炭低碳转型方面，国家能源集团大力发展矿区生态绿色经济和新能源产业，所属的神东煤炭集团在毛乌素沙漠边缘、黄河几字湾煤炭资源富集区，建成了 100 万亩生态林基地与一批国家级绿色矿山，利用采煤沉陷区栽植沙棘 100 平方公里，超过 500 万株，探索出一条采矿—复垦—生态产业化经营的发展路径，实现生态、经济、社会三大效益的协调统一，促进政府、村民、企业三方共赢。山东能源集团探索煤炭与光伏耦合发展，打造百万千瓦级鲁西南采煤塌陷区光储一体化基地；稳妥有序发展分布式光伏，高标准建设沂水整县分布式光伏试点项目；利用矿区、企业厂房、居民区屋顶资源建设分布式光伏，"自发自用"就地消纳。

五　"双碳"目标下我国煤炭转型发展思路与退出路径

实现碳达峰碳中和目标是一场广泛而深刻的经济社会系统性变革，要求生产生活方式逐步由高碳能源消费向低碳或零碳能源消费转变。从长远看，在"双碳"目标下，煤炭将逐步从我国主体能源转向保障能源和支撑能源，减煤降碳将是大势所趋，煤炭产业需要持续推进转型升级，实现健康稳定长远发展。

（一）"双碳"目标对煤炭产业发展的主要影响

随着碳中和的有序推进，煤炭产业将面临竞争加剧、转型升级、优化布局、能源兜底等多重挑战。

1. 能源结构深度调整，市场竞争压力加大

根据前文煤炭消费预测，碳中和过程中我国煤炭消费比重逐步降低，但消费总量呈先增后稳再降的趋势，即到 2028 年左右煤炭消费量达到 48 亿吨左右的峰值水平，此后 10 年维持在 40 亿吨以上，之后 2060 年逐步降至 9 亿吨左右。一方面，近期煤炭消费量仍在增加，中期煤炭消费绝对量衰减较少，总体仍处高位，但伴随新能源消费比重提升，煤电深度调峰和阶段顶峰需求增长，煤炭需求波动性与生产稳定性的矛盾持续加深，对煤炭弹性保供能力提出更高的挑战。另一方面，远期煤炭消费量持续快速回落，但煤炭供应能力衰退较缓，煤矿产能利用率承压回落，煤炭产业可能受到冲击。

2. 煤炭调运格局深度调整，远期煤运宽松局面逐渐凸显

从近中期来看，我国东部和东南部主要煤炭消费地区由于仍存增量需求，加之区域内煤炭落后产能有序退出，西部主产区煤炭外运有望保持旺盛需求；但从晋陕蒙主产区煤炭资源来看，近中期现有煤矿资源枯竭速度加快，煤炭资源保障能力面临较大考验。从远期来看，随着我国产业结构和能源结构持续调整，高耗能、高煤耗行业向西北等能源富集区转移，东南沿海地区煤炭消费可能进入快速回落期，需求牵引下煤炭"北煤南运、西煤东调"格局有望面临重塑，西部地区煤炭外运需求回落，煤运宽松局面逐渐凸显。

3. 煤炭清洁高效利用深入推进，优化布局与分类使用面临考验

党的二十大报告指出，"立足我国能源资源禀赋，坚持先立后破，有计划分步骤实施碳达峰行动。深入推进能源革命，加强煤炭清洁高效利用"。一是发展清洁煤电，保障电力稳定供应；二是发挥煤炭作为工业原料的属性，发展延伸煤基化工、煤基新材料产业链条。从当前煤炭资源开发状况来看，一些煤矿以电煤供应为主，未获得保护性开采。随着煤炭消费转型升

级，煤炭原料属性逐步增强，对现有资源分类保护和新获取开发的优化布局提出更高的要求，亟须探索建立宜电则电、宜化则化的煤炭开发模式，并根据资源情况布局下游产业链。

4. "双碳"目标走实走深，煤矿绿色低碳生产压力增大

煤炭产业碳排放主要包括 CO_2 直接排放、CO_2 间接排放和 CH_4 逃逸折 CO_2 排放三类。碳达峰阶段主要涉及 CO_2 直接排放和间接排放，碳中和阶段将 CH_4 逃逸折 CO_2 排放纳入统计。随着"双碳"目标深入推进，煤炭开发将逐步纳入碳排放考核，煤炭产业绿色低碳转型压力增大。碳达峰阶段，一些煤矿经过长时间高强度开发，浅部开采条件较好的资源逐渐枯竭，开采重心向深部、薄煤层转移，开采难度加大、能耗提升，减排压力增大。碳中和阶段，占煤炭产业碳排放总量绝大部分份额的 CH_4 逃逸折 CO_2 排放将纳入考核，大幅抬升煤炭开发碳排放核算值，对煤炭绿色低碳转型提出更高要求。

5. 智能化煤矿建设过程中专业人才不足和退出人员安置矛盾加深

在"双碳"目标下，绿色、低碳、智能化成为煤炭行业高质量发展的必由之路。我国煤炭产业积极推进智能化改造和建设，但仍面临较多问题，一是智能化煤矿人才储备严重不足，缺少智能化专业职能部门，智能化人才培养体系不健全；二是智能化建设推动煤炭企业减人提效，在岗职工退出安置矛盾突出，面临"生产提效"和企业"不减人"的客观问题。

（二）煤炭转型发展思路

在"双碳"目标下，煤炭产业需坚持五大发展理念，通过提升核心竞争力、资源整合能力、内生动力、转型活力和可持续发展能力，推动产业向结构与布局更合理、形态与业态更高级的高质量发展阶段演进，其核心要义集中体现为"五环"转型发展路径（见图31）。

核心环的产业持续升级是煤炭产业实现高质量发展的必由之路，也是提升企业核心竞争力和低碳发展能力的重要支撑，贯穿发展的始终，体现"提质"要义。

第二环的布局结构优化，是适应"双碳"目标下煤炭供需形势变化、巩固提升上下游协作优势的发展需要，是核心环在时空上的延续，体现"促优"要义。

第三环的绿色低碳转型，是"双碳"目标下煤炭企业实现发展方式转变的重点方向，是核心环和第二环发展内涵的不断丰富，体现"绿色"要义。

第四环的多元协同耦合，是新型能源体系建设向煤炭与新能源优化组合提出的具体要求，是基于前三环发展的煤炭产业边界的有效扩展，体现"协调"要义。

第五环的退出煤矿利用，是基于可持续发展和"双碳"目标要求的煤炭产业全生命周期发展新模式，是煤炭产业发展的必经阶段和前四环发展的最终归宿，体现"创新"要义。

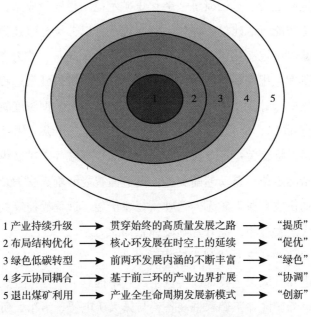

1 产业持续升级 ⟶ 贯穿始终的高质量发展之路 ⟶ "提质"
2 布局结构优化 ⟶ 核心环发展在时空上的延续 ⟶ "促优"
3 绿色低碳转型 ⟶ 前两环发展内涵的不断丰富 ⟶ "绿色"
4 多元协同耦合 ⟶ 基于前三环的产业边界扩展 ⟶ "协调"
5 退出煤矿利用 ⟶ 产业全生命周期发展新模式 ⟶ "创新"

图31 煤炭产业"五环"转型发展路径

1. 坚持提质发展，推动产业持续升级

（1）走好煤炭新型工业化发展道路

推进新型工业化是实现中国式现代化的重要任务。数字化智能化作为推动煤炭产业基础高级化的重要引擎，是煤炭产业走好新型工业化发展道路、实现产业持续升级的工作主线。2020 年国家发改委等 8 部门联合印发的《关于加快煤矿智能化发展的指导意见》提出 2021 年、2025 年、2035 年三阶段目标，其中 2025 年主要目标是大型煤矿和灾害严重煤矿基本实现智能化，2035 年主要目标是各类煤矿基本实现智能化。2023 年国家能源局印发《关于加快推进能源数字化智能化发展的若干意见》，提出到 2030 年能源系统各环节数字化智能化创新应用体系初步构筑、数据要素潜能充分激活，并将"以数字化智能化技术带动煤炭安全高效生产"作为重点目标任务。未来一个时期，煤炭产业需进一步强化数字融合和集成应用，推进智能生产和智慧运营，以"数字煤炭"厚植新质生产力。一是以标准体系为引领，精准谋划智能煤矿建设。总结凝练智能化煤矿示范工程建设成果，完善评价指标，建立健全智能煤矿建设、评价、验收规范，以分类分级建设标准体系指导不同条件的煤矿智能化建设。二是以信息技术为基石，着力夯实煤矿智能建设基础。研发应用高端智能一体管控平台，推动煤炭开采远程操作、智能联动。建设煤矿云计算数据中心，推动生产运营与大数据深度融合。推进煤矿 5G、工业互联网、物联网等新型基础设施改造、升级、建设。三是以关键技术为抓手，推动关键环节实现智能化。加快突破井工矿采煤面精准地质探测、惯导精准定位、自动超前支护，掘进面智能截割、支护及同步作业等关键技术。加快攻克露天矿无人驾驶、智能铲装、远程操控等关键技术。加快煤矿机器人研发应用，提升基础设施感知能力。

（2）推动先进工艺技术研发应用

通过改进和升级工艺技术，实现生产效率提升。一是推进煤炭生产装备高端化。升级老矿区井工矿采掘装备，与露天矿电铲、卡车，研发应用高可靠性、高安全性、高智能型的煤矿装备。二是推广先进采煤工艺技术。在符合条件的矿区积极推广无煤柱回采工艺，统筹考虑煤矿接续计划、地质条件及产量计划等因素，实施井工矿柔模混凝土沿空留巷开采、小煤柱沿空掘巷，通过减少掘进巷道数量，控制设备、人力、电力等方面的投入。推广先进适用的高效采煤技术，重点推广掘支运一体化全断面岩巷掘进、直角拐弯大功率重型刮板输送机、矿用新能源防爆无轨胶轮辅助运输等先进适用技术。总结上湾、曹家滩煤矿经验，进一步研发应用特厚煤层一次采全高智能化综采技术与成套装备，提高煤炭资源回收率。引进和研发高效薄煤层掘进装备技术，最大限度减少割岩量、掘进能耗，加快薄煤层智能开采系统升级，因地制宜采用等高式采煤机，减少回采割岩量、降低洗选环节矸石处理能耗。推动露天矿自移式破碎站开采技术应用，减少机动车使用数量，巩固提升抛掷爆破、吊斗铲倒堆工艺以及半连续、连续生产工艺水平，研究高寒地区软岩露天矿轮斗连续采煤技术，进一步提高露天矿生产效率。三是加强智能化建设技术支撑。推动透明矿井建设关键技术、智能化采（剥）掘技术、智能安全监测技术、智能装备研发、智能洗选技术等系统集成，助力煤矿智能化水平提升。

（3）加强复杂地质条件开采技术攻关

面对未来一个时期煤矿采深加大、地质条件变差、掘进及回采效率降低、开采条件逐步受限的总体发展形势，需加强复杂地质煤炭开采基础理论研究和核心技术攻关。一方面要发挥示范引领作用，在复杂地质煤炭开采基础理论领域开展积极探索，重点研究面向矿井复杂环境的自适应感知、矿山多源异构数据融合及信息动态关联、复杂条件下采掘设备群的协同控制、面向复杂矿井环境的动态协同控制与数据驱动决策等煤炭开采理论；在复杂地质煤炭采掘领域加强核心技术攻关，重点研发采掘工作面地质异常体高精度超前探查、煤矿复杂地质构造槽波地震探测等地质保障技术，复杂地层大断面斜井盾构机掘进等大型现代化煤矿建矿技术，以及深厚复杂岩土斜井冻结法凿井、复杂围岩巷道高预应力锚杆支护、复杂地质条件的工作面智能开采技术，进一步攻克智能开采关键核心技术与装备。另一方面要攻坚克难，持续推动薄煤层高效开采。薄煤层开采是未来一个时期煤炭产业面临的重大复杂问题。主产区优质煤层资源逐渐减少，开采煤层逐步向薄煤层延伸，需要

在薄煤层高效开采上下功夫。要科学编制煤矿采掘接续计划，坚持薄厚煤层和优劣煤层搭配开采，确保各煤层和盘区均衡回采。充分总结薄煤层开采经验，加快突破薄煤层高效智能开采成套技术、快速智能掘进成套技术，有效提升薄煤层综采工作面效率，积极探索薄煤层无煤柱开采，推动薄煤层开采升级。

（4）全面提升煤矿安全生产能力

坚持人民至上、生命至上，统筹发展和安全，确保煤炭产业安全生产形势持续稳定。一是加强安全治理体系建设。要形成行之有效的安全治理体系，落实安全风险分级管控和隐患排查双重预警机制，强化采空区、瓦斯富集区、导水裂隙带等隐蔽致灾因素普查和采掘接续专项监察，有效管控冲击地压、水、瓦斯、边坡等重大地质灾害风险，着力推进重大灾害和隐患治理。全面推动煤矿依法合规生产，提高安全治理和防范能力，坚决防止各类安全事故发生。落实"减人提效、无人则安"，持续推进煤矿"一优三减"（优化系统与减水平、减头面、减人员），分类分步进行系统改造、自动化升级，推进机械化换人、自动化减人、智能化少人，夯实安全高效生产基础。二是加强重大灾害防控科技创新。在基础理论领域，加强深部矿井多灾种一体化智能防控、煤矿冲击地压主控地质因素及发生机理、大采深矿井煤层底板岩溶发育规律、复杂地质条件下顶板水害形成机理、复杂条件下采掘设备群的协同控制、露天矿滑坡灾害精准化预警以及职业危害接触限值与致病机制等理论研究。在核心技术领域，加强冲击地压智能预警与共性关键因素防控、隐蔽致灾地质因素瞬变电磁精细探测、深部开采与复杂耦合重大灾害防治、重大灾害自动监测预警等核心技术攻关。三是高标准推进安全煤矿建设。推动一级安全生产标准化煤矿、安全高效特级矿井占比逐步提升，优势企业的一级安全生产标准化煤矿、安全高效特级矿井占比尽早达到100%。

2. 坚持促优发展，推动布局结构优化

（1）继续提升产业集中度

提升产业集中度对我国煤炭产业健康稳定运行有积极作用，有助于企业做大做强、提升竞争力、改善市场秩序，更好保障能源安全。一是坚持市场导向与政府支持相结合，持续推动煤企整合。继续发挥政府作为出资人在推动国有煤企整合方面的服务功能和保障作用，坚持以市场为导向、企业为行为主体、资本运作为主要手段，煤企整合的动力由以政府、政策推动为主转向市场力量为主、企业自主实施、政府提供保障。二是坚持三个打破，打破所有制、地区和产业界限。加快混合所有制改革，鼓励煤企之间或与相关产业企业之间实施限制表决权的相互持股，积极推动区域性乃至跨区域煤炭企业大集团的组建，通过跨行业整合促进产业链取长补短。三是坚持提升产业集中度。产业健康发展并非简单地要求提高头部企业的市场占有率，更重要的是要同时提高企业和煤矿的平均生产规模，提升中部尾部企业的集中度。坚持"提高规模"与"减少数量"并重，既要通过强强联合、以大并小的方式壮大头部企业，又要通过淘汰弱小落后、中小企业重组整合进一步提高煤炭产业发展质量。

（2）推动产业布局稳中向优

持续优化煤炭产业布局，是发挥煤炭能源安全兜底保障和促进煤炭行业高质量发展的关键。一方面，有序推动煤炭开发布局由东向西梯级转移，建设山西、蒙西、蒙东、陕北、新疆五大煤炭供应保障基地。山西合理控制资源开发强度，适度建设接续煤矿，提升质量效益，推进煤电一体化发展。蒙西存量产能改造升级与现代化煤矿建设并举，扩大优质产能供给，提升供应保障能力。蒙东坚持生态优先、绿色发展，推行生态低扰动开发模式，统筹域内需求、煤电外送、东北保供。陕北巩固提升千万吨级矿井集群发展水平，推行绿色开采工艺技术，有序建设先进产能，保障煤炭电力外运外送需求。新疆统筹域内与外送需求，统筹煤炭、煤电、煤化建设，吐哈地区有序建设疆煤外运、疆电外送、现代煤化工基地配套煤矿，以及区域煤炭集运中心。准东地区统筹存量产能利用与优质资源开发，支撑煤电、煤化工建设。伊犁地区统筹生态保护与资源开发，支撑域内现代煤化工项目建设。库拜和南疆地区统筹新增产能与煤炭调入，支撑民生用煤需求。另一方面，提升煤炭柔性生产供给能力，完善煤炭应急保障产能布局。探索煤炭产能收缩与释

放机制，增强以智能化为支撑的煤炭柔性生产供给保障能力，对安全水平高、保障能力强的煤矿，产能核准环节适当提高产能富裕系数。

（3）持续优化煤矿产能与产品结构

坚持供给侧结构性改革，持续优化煤炭产能与产品结构。一方面，持续优化煤矿产能结构。坚持全国一盘棋，有序开展煤矿建设、产能核定、煤矿退出、落后产能淘汰等工作。重点建设生产智能、绿色开发、安全高效、数字管理、精益组织、专业服务的煤矿，核增资源储量丰富、开采技术条件好的煤矿，退出资源枯竭的煤矿。新建煤矿全部达到绿色智能化标准；加快生产煤矿智能化改造，充分释放优质产能；科学划定深井、灾害严重矿井、不同地区中小煤矿等退出标准，加快资源枯竭煤矿和落后产能等退出，持续优化产能结构，提升大型煤矿产能占比。另一方面，主动调节煤炭产品结构。充分发挥不同品种煤炭商品价值和应用价值，主动适应市场，按照市场需求动态调整煤炭品种，生产适销对路、质量最优的产品，提升高附加值特种煤比例，通过提质增强价值创造力。加强动力、液化、焦化等不同用途煤炭的产需对接，对直接液化用煤等优质煤种、稀缺煤种实施保护性开采和专煤专用。

（4）不断拓展多种联营发展格局

推动现代国有企业，按照完善治理、强化激励、突出主业、提高效率的要求，深化国有煤炭企业混合所有制改革，实现以煤电为核心、产业链融合为主要方式的更加多元的联营发展。一方面要继续深化煤电联营和一体化发展。系统谋划不同层次、不同尺度、不同方式的煤电联营，重点推动省内省际煤电联营和企业间的煤电联营，推动煤、电企业围绕电煤购销开展更长时间的供需合作，突出以产权为纽带的战略性重组、专业化整合和相互持股，实现更高质量的煤电一体化发展。另一方面要围绕产业链探索更加多元的联营发展模式。注重产业链互补，鼓励煤炭企业实施煤、电、路、港、化等关联产业联营，推动煤炭与新能源优化组合，鼓励大型煤炭企业与电力、新能源等相关产业企业以资源品种、区域布局和产业链优化为核心，通过重组整合发展大型综合能源集团，促进产业融合发展与产业链取长补短，提升产业控制、安全支撑和综合竞争能力。

3.坚持绿色发展，加快绿色低碳转型

（1）加强煤炭开发节能提效

树立"节能就是最大的减碳"发展理念，着力加强煤炭产业节能减排工作。一方面要建立健全节能减排管理机制。煤炭企业应明确节能减排工作任务，落实责任，建立健全煤矿能耗统计制度，完善能耗在线监测系统，制定年度、月度能耗指标并加强考核，促进煤矿能源合理使用和分配，全面提升煤炭产业节能减排管理水平。另一方面要大力开展采选系统节能改造。推广应用智能节电、节水、节油等技术，加快高耗能设备技术改造。在井工矿推进矿井采掘设备变频改造、变频永磁同步电机替换，积极研发引进刮板机自动调速技术；加强智能运输系统改造，实现节能降耗和主运输系统无人值守；在掘进工作面应用长距离胶带运输技术，减少胶带运输机等投入，提高运煤效率，节省电力消耗；逐步实施井下选矸；全面开展通风系统设备、供排水设备、压风系统设备节能降耗改造，运用风泵自动化排水、智能通风等技术，减少设备空转运行，降低能耗。在露天矿探索开发和应用矿卡节油技术，推广应用燃油添加剂，逐步提高节油率。在选煤厂推广应用智能高效节能器，实现从供电源头到用电负载的电网滤波、稳压、限流，大幅提升节电水平；开展洗选驱动电机节能升级改造，逐步提升能效；实施智能选矸项目，推动智能化、无人化选矸；探索开发智能煤流启停技术，减少带式运输机空载运行时间，降低无效功耗；进行生产车间照明节能改造，大幅提高照明能效。

（2）加快清洁低碳能源替代

树立创新减碳理念，以清洁能源替代推动煤炭生产领域减碳。一是实施煤炭生产及辅助环节新能源车替代。加强煤炭生产及辅助环节电动车辆、纯电自卸矿卡、氢能重卡等新能源车辆的示范和应用。开展井下运输车辆新能源汽车替代，实施生产辅助用车电代油计划；推动新能源防爆车辆替代柴油类防爆车；尝试地面车辆氢能改造；采购氢燃料电池重卡用于运输，并配套建设制氢加氢设备；推广纯水介质替代乳化液液压支架。实施露天矿中大型

卡车"以电代油",开展大型电动自卸车试验和示范,探索技术上可行、经济上合理的大型卡车"以电代油";探索混合动力、纯电矿用卡车应用。二是推动矿区电能替代及"绿电"使用。探索实施矿区除车辆使用外其他生产及辅助环节电能替代,推动采煤工作面空压机等设备电能驱动代替柴油驱动,以及矿区纯电锅炉、生物质锅炉代替燃煤锅炉等。因地制宜开展抽采瓦斯发电以及风电光伏等"绿电"对矿区外购电力的补充替代,尽快达到包括采购绿证在内的100%"绿电"使用率。三是因地制宜实施集中供热和绿色供热。实施矿区集中供热改造,配套建设高效化、智慧化热网,拓展多元化、绿色化热源。积极推进矿区热源清洁化替代工作,就近引入集中式热源替换燃煤锅炉供热,因地制宜推广新型热管回收矿井乏风余热技术、天然气锅炉用于风井等用热量较大的分散场所采暖技术。有效利用矸石电厂热源,实施空压机余热利用节能、煤层气氧化供热、煤矿低温余热供暖、复叠式热泵采暖等多元化供热供暖项目,实现矿区绿色化供热供暖。

(3)持续推进生态绿色开发

深入践行"奉献清洁能源,建设美丽中国"理念,严守生态保护红线、环境质量底线、资源利用上线。一是建立煤炭清洁绿色发展新模式。坚持黑色煤炭绿色开采,科学编制和落实环境质量底线、资源利用上线、生态环保红线和环境准入清单,形成绿色清洁开发标准和生态恢复治理规范,建立生态环境保护管理和监督检查机制以及负面清单制度,推进煤企发展模式和环保管理模式转变。二是持续打造绿色开采新工艺新技术。革新煤炭开采方法和技术,加强生态环境低扰动绿色开采技术研发应用,减少煤炭开采对生态的破坏,保护和利用地下水资源。推广应用无煤柱开采、充填开采、保水开采、精采细采工艺方法,减少开采对生态、水资源的破坏,提高煤炭回采率;推广应用纯水液压支架、煤矸石井下回填、地下水库等成熟技术,减少源头污染排放。探索智能连采连充工艺,实施小煤窑破坏区充填复采,在浅部煤层综合治理项目破坏区应用端帮采煤技术;探索废水零排、固废高效充填、井下煤泥复用等技术,实现煤矿废水、废气、废渣的完全处理利用;探索煤矿塌陷区治理、提升、重构的新技术。通过技术、工艺、管理等措施降低生产全过程灰、硫、磷、钠以及水分等煤炭中有害杂质及成分，实现煤炭开采全过程、全方位清洁化、无害化。三是高水平推进绿色矿山建设。不断提高绿色矿山建设质量和水平，全面建设绿色矿山，为黄河流域生态保护和高质量发展贡献积极力量。

（4）加快探索低碳高效开发

碳中和阶段，煤炭开采和生产 CH_4 折算 CO_2 排放将纳入统计考核，CH_4 排放将成为矿区最主要的碳排放源，提高煤矿瓦斯抽采率和利用率成为降低煤炭开发碳排放的必然选择。持续加强低浓度瓦斯抽采利用技术的研发和应用，重点开展低浓度瓦斯分离技术、低成本新型膜材料研究，多属性复合膜法提浓技术及装备研发，高效能吸收液及溶液吸收分离技术与装备研发。此外，一些颠覆性技术有望成为煤炭绿色低碳开发的潜在路径，如煤炭深部原位流态化开采技术，通过定向钻井、可控气化、岩层控制及生态修复等一系列技术手段，可实现深地煤炭资源流态化绿色开采，并与清洁发电、燃油转化、CO_2 埋藏等低排放路径耦合协同，构建新型煤炭绿色开采和低碳清洁高效利用技术路径。盾构—气化协同工艺及装备、地下气化衍生物防控技术、地下气化产气稳控技术、地下气化发电与 CO_2 封存技术等，是该颠覆性技术工业应用面临的主要技术障碍，需加强相关基础理论和关键技术攻关。

4. 坚持协调发展，促进多元协同耦合

（1）煤系伴生资源共探共采

"双碳"目标下，立足煤炭、煤系共伴生资源全产业链和全生命周期的生存发展规律与逻辑，坚持减量化、资源化原则，推进煤炭与煤层气、锗、铀、镓、高岭土等共伴生资源等联合开采，推进瓦斯、矿井热、煤矸石等派生资源综合利用，具有十分重要的意义。推动煤系伴生资源共探共采应从综合勘查、资源获取、综合开采等方面协同开展。综合勘查方面，对已获得矿业权的煤矿进行综合勘查，探明含煤地层中煤、油、天然气、水、稀有金属等资源的赋存条件，发现可规模化开采利用的矿种，及时申报储量、申请增列矿种；资源获取方面，统筹煤炭资源和伴生矿资源赋存条件、资源价款

等，系统开展煤炭与共伴生资源联合开发可行性和经济性评估；综合开采方面，实施煤炭与共伴生资源统一规划、统一设计，明确煤炭与共伴生资源综合开发的方法、工艺以及开采回采率、选矿回收率、综合利用率指标，设计煤与共伴生资源分选工艺等，重点攻关煤矿区煤层气开发利用技术。

（2）煤炭与新能源耦合发展

推动煤炭和新能源优化组合，既是煤炭绿色低碳转型的必要途径，也是推动新能源产业发展的可行路径。重点推动煤炭与新能源优化组合，依托矿区排土场、沉陷区等土地资源以及资金、人员等优势，大力发展光伏、风电、光热、地热以及瓦斯发电等，发挥煤电灵活调峰作用，推动新能源与现代煤化工产业耦合发展，合理布局储能设施，提高矿区及周边可再生能源消费比例，推动风电、光伏等新能源发电就近就地消纳转化，构建"风光火储一体化"开发模式。

（3）发展矿区"光伏+农牧"产业

随着光伏发电技术成本持续下降，用地成本逐步成为制约产业平价上网的重要因素之一。煤矿区排土场、采煤沉陷区、采空区等具有大量廉价且优质的土地资源，可因地制宜布局建设集中式光伏发电项目，并根据矿区地理环境特性，按照"宜农则农、宜牧则牧"的原则，培育农业、牧业并开展生态治理工程，打造矿区"光伏+农牧"一体化模式，促进闲置土地资源综合利用。一是"光伏+农业"生产。在中轻度采煤塌陷区，重点打造"农光互补"模式，如利用矿区土地资源建设养殖基地、种植大棚等，同步发展分布式光伏，实现光伏开发利用和农业发展互利共赢。二是"光伏+牧业"养殖。在西部煤矿采煤沉陷区，优先采用"牧光互补"开发模式，建设桩基固定式光伏发电设施，利用光伏板遮光挡风、减少蒸发量的优势，在板下、板间种植优良甘草、牧草及地被植物，根据牧草成活情况开展牧羊养殖，实现光伏产业与牧业生产互促共进。

（4）积极发展矿区生态碳汇

在碳中和目标下，充分发挥煤矿区土地资源优势开发碳汇，对加快实现煤矿区碳自平衡具有重要意义。目前，矿区生态碳汇功能提升仍以植树造林增加植被碳汇为主导，通过土壤重构、植被重建等具体工程技术手段，在矿区建设生态碳汇林、生态经济林等，可有效利用煤矿区植被和土壤的固碳作用提升矿区生态碳汇能力。一是构建植物群落，在考虑矿区生态承载力的基础上，优选自身生物量较大的植物，并建立乔灌草搭配、深浅根、复层根结合的植物群落结构，通过植被垂直生长空间优化组合，提升地表单位面积植被生物量；二是提升土壤生产力，植被种植前做好矿区土壤结构改良和养分治理，植被种植后加强植被水分、养分、生长调节等管理工作，促进植被根系和茎叶的生长；三是加强后期管理，在矿区植被初具规模后，根据植被生长情况适当搭配补种适生且高生物量植被，提升单株长速和质量；采用原位留存方式保存植被落叶和枯木等，避免碳汇总量的迁移。

（5）以煤基产业降碳促煤炭发展空间拓展

我国煤电、煤化工项目平均服役期均较短，大容量高参数火电机组较多，低碳转型背景下存量机组和新建机组都面临利用率大幅降低甚至提前退役等风险。立足国情，需加快煤基产业 CCUS 布局，增强产业低碳转型韧性。一是要进一步加强 CCUS 规模化示范。加强 CO_2 排放源汇匹配和封存利用潜力评估，以及规模化 CCUS 示范项目筛选和技术路线优化论证。加大各类 CO_2 利用技术示范和产业化培育，结合地质封存技术和地下封存空间资源勘察情况，统筹区域能源基地规划建设，综合考量和筛选目标燃煤电厂或煤化工厂，建设更多百万吨级 CCUS 全链条集成示范工程，并积极探索万吨级规模的化工与生物利用中试，开展工业规模级驱水封存（EWR）示范。通过有针对性的示范，提升全链条 CCUS 工程装备和技术水平，为后期产业化应用奠定基础和培育产业集群雏形。二是要及早谋划 CCUS 产业布局。加强 CCUS 重点区域识别，围绕鄂尔多斯盆地、准噶尔盆地等煤基产业基础和 CCUS 源汇匹配条件好的区域，谋划 CCUS 产业化商业化推广应用和区域一体化布局。发挥 CCUS 技术的产业连接器作用，加强产业耦合和跨行业合作，推动煤基能源与新能源优化组合，打造以区域规模化 CCUS 为枢纽的多能优化互补、产业深度耦合、低成本规模化碳减排的新型能源化工基地。

5. 坚持创新发展，探索退出煤矿利用

（1）废弃矿井遗留资源开发

伴随煤炭大规模高强度开发，资源枯竭矿井将逐步关闭退出，据不完全统计，到2030年，我国废弃矿井将达到1.5万处。矿井退出关闭并非意味着全无利用价值，多数废弃矿井仍存在可观的能源资源。未来一段时间关闭退出矿井规模逐步增加，加强废弃矿井能源资源的开发利用，不仅能充分回收废弃能源资源，提高矿井综合开发利用效率，还能为相关企业探索可能的转型和可持续发展路径。废弃矿井遗留资源开发需统筹规划，一是煤层气储量可观的废弃矿井，通过遗留煤层气地面抽采技术加以利用，同时减少废弃煤层气逸散；二是筛选有条件的废弃矿井，开展煤炭地下气化多联产技术、连续稳定控制技术与装备、安全及环保技术等重大关键技术攻关和工程示范，探索通过煤炭地下气化技术实现废弃矿井遗留煤炭资源开发利用；三是对热源满足开发利用条件的废弃矿井，探索供热和地热发电。

（2）废弃矿井发展新型综合储能

我国煤炭资源丰富的西北地区，风光资源、土地资源同样丰富，因而也是风电、光伏等新能源布局的重点地区，但新能源规模发展以及新能源不稳定特性给电网稳定运行和新能源消纳带来较大挑战。废弃煤矿的井下巨大采空区具有发展储能的得天独厚的优势，利用采空区布局建设储能设施，通过削峰填谷可有效缓解新能源的间歇性、波动性问题。废弃矿井发展储能，需综合评估储能开发条件和周边新能源布局规划，详细论证废弃矿井抽水蓄能、压缩空气储能、重力储能、氢氨储能等可行性，通过废弃矿井建设打造"风/光/水电站—抽水蓄能/压缩空气储能/氢氨储能—水源热泵"多能互补储能示范工程，探索新能源发电、储能、制氢、制氨、分布式能源等地面—井下一体化的风、光、电、热、气多元协同的清洁能源基地建设路径。

（3）建设废弃矿井地下储库

我国天然气消费量仍在持续攀升且季节性供需矛盾突出，按照国家规划2025年地下储气库工作气量将达到300亿立方米，尚需增加储气库工作气量 120 亿立方米；国家原油仅为 30 天储备，与 90 天的石油进口储备量相去甚远，同时三期储备库国家明确要求全部建设地下储库，因此，探索废弃矿井建设地下油气储备库是提升油气储备能力的可行路径。目前，国外利用废弃矿井建设的地下储气、储油库已具备一定规模，国内尚未开展工程实践。煤矿井下空间主要可分为采空区、各类巷道和硐室，其中柱式采空区赋存地质条件较为稳定、采空区范围较大，开拓巷道围岩稳定、长度较长，两种空间具有改建油气储库的潜力，前者容量更大，是未来优先利用的重点。我国废弃矿井具有巨大的地下空间，特别是晋陕蒙交界区域，该地区是我国天然气主产区，且在西气东输管线附近，地理位置优越，适合建设地下储库。前期可优先开展废弃矿井建设油气储备库的潜力评价和选址规划，具备条件的矿井联合油气企业，开展工程先导试验研究。

（4）废弃煤矿工业及生态旅游

工业遗产旅游开发是解决废弃矿山现实问题的重要途径之一。我国高度重视工业遗产旅游开发，2016 年国家旅游局出台了《全国工业旅游发展纲要（2016—2025 年）（征求意见稿）》，提出要在全国创建 1000 个以企业为依托的国家工业旅游示范点，100 个以专业工业城镇和产业园区为依托的工业旅游基地。国务院印发的《"十三五"旅游发展规划》提出"旅游+新型工业化"开发模式，鼓励工业企业因地制宜发展工业旅游，支持老工业城市和资源型城市通过发展工业遗产旅游，助力城市转型发展。这些支持性的政策为废弃矿山工业遗产旅游开发带来了难得的机遇。我国废弃煤矿旅游开发成功案例较多，唐山东湖区域废弃煤矿治理工程将废弃煤矿变成"千顷花海"，塑造城市亮丽名片；神东煤炭集团坚持绿色发展理念，探索矿区生态修复与生态旅游协调发展模式，打造一片"煤海绿洲"。煤炭产业绿色转型是高质量发展的必由之路，应结合煤矿建设规划，因地制宜、因矿施策，进一步加强绿色矿山建设，逐步推动退出煤矿建设湿地公园、生态公园、工业旅游和工业遗址，采取"废弃煤矿+旅游产品"开发模式、"废弃煤矿+旅游产业"融合开发模式与"废弃煤矿+旅游区域"协同开发模式。

（5）煤矿开采扰动空间碳封存

在"双碳"目标下，煤炭开发利用过程中的 CO_2 排放是煤炭工业可持续发展面临的最大制约因素。开发 CO_2 大规模、低成本封存技术，是实现煤炭低碳化利用亟须攻克的难题。常见的 CO_2 地下封存方式包括利用沉积盆地内深部咸水层封存、利用油气田封存、利用不可开采深部煤层封存等，但普遍存在封存地质条件和埋深要求高的问题，成本较高。基于我国煤炭开采形成大量的地下采空区，探索煤矿开采扰动空间 CO_2 高效封存技术，有望实现"煤炭从哪儿来，煤炭利用产生的固废和 CO_2 回到哪儿去"的可持续发展，具有广阔的应用前景。探索煤炭井下开采、煤炭地下原位转化等形成的扰动空间封存 CO_2 技术路径，需重点攻克采空区地质盖层禀赋条件评估、CO_2 封存载体物理化学特性研究、功能性地质封存空间构建、扰动空间 CO_2 封存安全监测等基础理论和关键技术。

（三）煤炭退出路径

总体上，2050 年前我国以保障能源安全、维持煤炭供需基本平衡为主要目标，煤炭退出以资源枯竭式的自然退出为主。2050 年后，我国煤炭产能过剩问题可能逐步凸显，但考虑未来以较高产能冗余度保障能源安全的需要，产能过剩问题不会太严重，特别要看到，为提高能源安全保障程度，国家已明确"新增可再生能源和原料用能不纳入能源消费总量控制"，对我国煤化工行业带来重大利好，若煤炭资源清洁高效利用水平及规模显著提升，将显著拓展我国消费空间，远期产能过剩问题将得到有效缓解。分区域看，2050 年后东中部地区（除山西以外）煤炭生产能力已非常有限，煤炭退出压力将集中在晋陕蒙宁新等主产区。届时除政策推动安全条件变差的煤矿加速退出外，经济性差的煤矿也会主动退出，且有可能成为主要的退出方式。

根据全国主要产煤省（区）的煤炭资源赋存、消费等特点，可将其分为煤炭资源贫瘠区、煤炭消费限制区、煤炭资源枯竭区、风光资源富集区、煤炭资源富裕区五大类型，煤矿退出路径也有所不同。

1. 煤炭资源贫瘠区

该类区域主要指东南沿海的福建、广西两省（区），由于资源匮乏，两省（区）所有煤炭矿区均将在较短时间内面临资源枯竭和矿区自然退出的问题。

2. 煤炭消费限制区

该类区域主要指京津冀地区，目前仅河北产煤，以自然衰减为主，2050年后加速退出。

3. 煤炭资源枯竭区

该类区域进一步划分为东北地区、鲁苏皖、华中地区、西南地区。

东北地区包括黑龙江、吉林、辽宁，以自然衰减为主，2050年后部分产能将在政策和市场的推动下退出。

鲁苏皖包括山东、江苏、安徽，以自然衰减为主，2050年后安徽仍有部分产能预计会加速退出。

华中地区包括河南、湖北、湖南、江西，以自然衰减为主，2050年后河南仍有部分产能预计会加速退出。

西南地区包括四川、云南、贵州，以自然衰减为主，2050年后云南和贵州仍有部分产能在政策和市场的推动下退出。

4. 风光资源富集区

该类区域主要包括甘肃、宁夏、青海三省（区），以自然衰减为主，在支撑新能源、现代煤化工发展的过程中，产能缓慢退出。

5. 煤炭资源富裕区

该类区域主要包括山西、陕西、内蒙古、新疆四省（区），以自然衰减为主，2050年后产能过剩问题凸显，退出压力增大，以市场退出为主。

2035年前，各省（区）需重点关注的衰退较快的矿区（企业、地区）有60余个，见表17。如前文所述，煤矿退出过程中还需结合实际情况，加强废弃矿井的多元化利用，为"双碳"目标下新型能源系统的建设发挥积极作用。

表 17　各类区域 2035 年前需重点关注的衰退较快的矿区（企业、地区）

区域	省（区）	矿区（企业、地区）
煤炭资源贫瘠区	福　建	岩山矿区、红坊矿区、适中矿区、德化矿区
	广　西	百色矿区、合山矿区
煤炭消费限制区	河　北	峰峰集团、邯矿集团、兴隆矿区、冀中股份
煤炭资源枯竭区	辽　宁	抚顺市、阜新市
	吉　林	吉煤集团、吉林矿区、白山矿区
	黑龙江	鹤岗市、牡丹江市、七台河市
	山　东	黄河北矿区、临沂矿区、肥城矿区、淄博矿区、龙口矿区
	江　苏	大屯矿区
	湖　南	白沙矿区、牛马司矿区、冷水江矿区、三都矿区
	湖　北	龙潭坪矿区
	江　西	萍乡矿区
	河　南	郑州、平顶山、义马矿区
	四　川	旺苍矿区
	贵　州	金沙县、兴仁市
	云　南	镇雄、华坪、昭阳
风光资源富集区	宁　夏	碱沟山、汝箕沟、上下河沿、石嘴山、中宁县
	甘　肃	武威矿区、窑街矿区
	青　海	全吉煤矿区、木里矿区
煤炭资源富裕区	山　西	东山、霍东、霍州、潞安、平朔、石隰、武夏、乡宁
	陕　西	神木市、庙哈孤矿区、蒲白矿区、子长矿区
	内蒙古	神东矿区、万利矿区、桌子山白云乌素矿区

六　政策建议

（一）优化资源配置，提升煤炭保供能力

坚持地方煤炭资源配置与国家政策一致，推动资源配置与地方利益和转化项目解绑，加快推动探矿权转采矿权，继续深化矿业权出让收益征收制度改革。加强煤炭资源配置的统筹规划，研究试行重要矿区矿业权审批由国家负责。在煤炭资源市场化出让方面，优先向保供责任大、开采效率高、上下

游匹配度高的骨干企业倾斜。实施资源分类配置，保供煤矿资源优先配置并实行价款优惠，优化边角资源配置政策。

（二）优化产能管理，提升资源开发效能

科学研判能源趋势，有序增加煤炭先进产能。强化煤炭生产管理政策创新，处理好煤炭资源开发与安全、土地、生态、环保间的关系。在安全有保障的前提下，适度放宽弱冲击地压、高瓦斯、水文地质条件复杂煤矿的产能限制。优化相关政策，合理规划开发深部煤炭资源。通过国家科技立项，加大薄煤层、复杂地质条件、深部资源等高产高效开采"卡脖子"技术的研发力度，加强大埋深、冲击地压、高瓦斯等重大灾害防控技术研发。

（三）优化产业布局，建设统一大市场

加强中长期形势研判，持续优化煤炭产业布局。适时调整14个大型煤炭基地功能定位，重点围绕蒙西、蒙东、陕北、山西、新疆五大重点煤炭供应保障基地，适度超前布局煤炭产能。按照全国一盘棋的要求，统筹煤矿建设、产能增减、煤矿退出工作，重点抓好"三西"地区资源接续，稳定核心产区煤炭供应能力；研究蒙东煤炭资源生态低扰动保护性开发的可行性和必要性，优化蒙东地区煤炭资源开发秩序，增强东北地区煤炭供给可靠性；加快新疆煤炭资源开发，维护区域和全国煤炭供需平衡。

（四）优化供需统计，促进供需有效衔接

进一步规范煤炭产能公告工作，全面摸底全国煤矿有效产能并动态跟踪分析，完善煤炭生产基础数据。实施煤炭供需分类统计，生产侧按褐煤、低变质烟煤、中高变质烟煤、无烟煤分类统计，消费侧按动力煤、冶金煤和原料煤等不同用途统计。规范煤炭供需统计标准，加强动力煤消费实物量（非下游产品产量倒算值）统计工作。基于此，建立健全全

国煤炭供需预测预警系统，加强市场动态监测，促进全国煤炭供需动态平衡。

（五）加强政策支持，提升煤炭供给弹性

设立煤矿智能化改造基金，推动智能化改造融资平台建设，强化有利于推动煤矿智能化建设的财税扶持政策。将煤矿智能化建设列入国家科技专项研发计划，集中攻关一系列煤矿智能化技术。将露天矿作为柔性产能建设重点，降低露天矿征地难度，优化采剥工程施工方式。建立煤炭应急管理制度，建立健全弹性生产激励机制，对于增强柔性保供能力的煤矿给予一定政策保护、财税优惠。依托煤炭供需预测分析和市场监测预警平台，为煤矿弹性生产创造条件。

（六）加强政策保障，助力枯竭矿区转型

加强老矿区周边及深部煤炭资源勘查，推动煤炭资源配置向老矿区企业倾斜，新增资源配置老矿区企业应适度减收或免收资源税、矿产资源权益金等。成立资源枯竭矿区可持续发展基金，探索化解资源枯竭企业债务问题的可行路径，缓解相关企业转型资金压力。鼓励老矿区利用土地、基础设施等资源，探索"光伏+农牧""光伏+生态旅游"等转型路径。支持老矿区资源枯竭企业"走出去"，鼓励企业发挥技术、人才等优势，开展煤炭开采、安全环保、生态修复等技术服务输出，推动老矿区企业异地获取煤炭资源。鼓励有条件的企业与资源枯竭企业进行跨区域、跨所有制、跨行业兼并重组，探索建立多层次、多领域合作机制，搭建产业合作与创新成果转化平台。

（七）加强政策引导，加快推动煤炭清洁高效利用

规范煤炭消费市场，明确电厂、建材、化工等细分行业用煤标准，鼓励下游使用高品质商品煤；着力提升商品煤质量，进一步提高煤炭入选率。支持煤电行业升级改造，优化提升现有煤电机组潜力，逐步有序淘汰煤电落后产能，推广先进高效煤电技术，大力发展大容量、高参数、低排放的先进节

能技术。国家层面尽快制定发展纲要，引领现代煤化工产业发展方向；健全相关财政支持政策，如加强煤炭清洁高效利用项目融资支持、煤制油项目消费税优惠减免等，支持现代煤化工产业发展；加强关键技术科技攻关，重点推进煤基特种燃料、煤基碳素新材料、大规模低成本 CCUS 以及绿色低碳技术装备的研发与应用。

（八）加强顶层设计，促进煤炭与新能源优化组合

强化煤炭与新能源优化组合顶层设计和统筹谋划，探索涵盖煤炭绿色开发、清洁高效转化、伴生资源利用、沉陷区修复治理等煤炭与新能源融合发展思路和创新模式。健全煤炭行业发展新能源专项政策，在采煤沉陷区新能源项目建设用地审批、新能源指标配置、新能源发电并网等方面，研究更为具体的措施，为煤炭企业发展新能源创造条件。推动关键核心技术联合攻关，重点突破煤矿低浓度瓦斯利用、新能源低成本制储氢技术、CCUS 技术等，为煤炭绿色低碳转型发展提供支撑。制定促进煤炭与新能源耦合利用的财政补贴、税收优惠、贷款支持等政策，完善行业技术标准和认证机制，出台技术示范及设备标准目录。

参考文献

《资本论》，人民出版社，1975。
《马克思恩格斯全集》，人民出版社，1985。
《毛泽东选集》，人民出版社，1991。
习近平：《高举中国特色社会主义伟大旗帜　为全面建设社会主义现代化国家而团结奋斗——在中国共产党第二十次全国代表大会上的报告》，2022 年 10 月 16 日。
中共中央文献研究室：《习近平关于社会主义生态文明建设论述摘编》，中央文献出版社，2017。
《习近平新时代中国特色社会主义思想概论》编写组：《习近平新时代中国特色社会主义思想概论》，高等教育出版社、人民出版社，2023。
谢和平：《煤炭对国民经济发展贡献的定量分析》，《中国能源》2012 年第 4 期。

李正图:《科学揭示和掌握社会主要矛盾转换规律——"开辟马克思主义中国化时代化新境界"的根本途径》,《马克思主义研究》2022 年第 12 期。

崔海英:《〈实践论〉〈矛盾论〉推动我国科技发展的重大影响》,《毛泽东邓小平理论研究》2021 年第 7 期。

范郁郁、王翔:《中国共产党时代观的理论底蕴与践行趋势》,《学习与实践》2023 年第 1 期。

艾四林、康沛竹:《中国社会主要矛盾转化的理论与实践逻辑》,《当代世界与社会主义》2018 年第 1 期。

岳福斌:《中国煤炭工业发展报告（2015）:煤炭产能新常态与落后产能退出新机制》,社会科学文献出版社,2015。

岳福斌:《中国煤炭工业发展报告（2016）:煤炭产业脱困发展与供给侧结构性改革》,社会科学文献出版社,2016。

中国煤炭工业协会:《2020 煤炭行业发展年度报告》,2021 年 3 月。

中国煤炭工业协会:《2022 煤炭行业发展年度报告》,2023 年 3 月。

韩保江:《加快构建新发展格局,着力推动高质量发展》,《科学社会主义》2022 年第 6 期。

刘世锦:《以高质量发展推动实现中国式现代化》,南方财经国际论坛 2022 年会,2022 年 12 月。

尹艳林:《切实推动高质量发展:经验、要求与任务》,《经济研究》2023 年第 8 期。

朱吉茂等:《"双碳"目标下我国煤炭资源开发布局研究》,《中国煤炭》2023 年第 1 期。

林圣华:《新时代我国煤基能源转型发展路径思考》,《中国煤炭》2023 年第 8 期。

李杨:《去产能背景下煤炭企业资产与债务处置研究》,《煤炭经济研究》2018 年第 2 期。

李杨、宁成浩、王明华:《发达国家煤矿关闭退出经验与启示》,《中国煤炭》2018 年第 8 期。

王雷、汪秋磊、李杨:《煤矿关闭退出的国内外比较及若干问题探讨》,《中国矿业》2019 年第 4 期。

李浩荡等:《新发展格局下国家能源集团煤炭产业高质量发展研究》,《中国煤炭》2021 年第 1 期。

张巍等:《与新能源耦合发展 推动现代煤化工绿色低碳转型的思考与建议》,《中国煤炭》2021 年第 11 期。

张涛、姜大霖:《碳达峰碳中和目标下煤基能源产业转型发展》,《煤炭经济研究》2022 年第 1 期。

谢和平、任世华、吴立新:《煤炭碳中和战略与技术路径》,科学出版社,2022。

姜耀东:《进一步加大力度支持困难煤炭老矿区转型发展》,《人民政协报》2023 年

3 月 28 日。

　　袁亮:《我国煤矿安全及废弃矿井资源开发利用战略研究总论》,科学出版社,2020。

　　王双明等:《"双碳"目标下煤炭开采扰动空间 CO_2 地下封存途径与技术难题探索》,《煤炭学报》2022 年第 1 期。

　　吴璘等:《关于我国煤炭供需统计与消费达峰的再认识》,《能源科技》2022 年第 3 期。

　　"Statistical Review of World Energy 2023," Energy Institute, 2023.

开发布局篇
Development Layout Section

B.2
科学有效开展煤炭保供稳价

李瑞峰*

摘　要： 煤炭作为能源安全的"压舱石"，实质就是要做好保供稳价。在保供方面，要持续开展煤炭需求预测，加强分地区和分品种预测；做好煤矿有效产能分析，研究与需求的关系，做好煤矿资源储量分析和产量预测，以及生产安排；完善矿区铁路建设，加强新疆煤炭外运铁路建设，保持煤炭库存合理水平。在稳价方面，研究煤矿限产机制，完善长协煤机制，及时调整进口煤关税。基于上述研究基础，本文还提出完善保供稳价相关机制和研究支撑的建议。

关键词： 煤炭　保供　稳价

---

* 李瑞峰，工学博士，教授级高级工程师，国家能源集团技术经济研究院原副总经理，研究方向为煤炭战略规划、市场分析、政策研究等。

面对百年未有之大变局和国际形势复杂性、不确定性的增加，能源安全成为国家安全的重中之重，对于我国这样一个油气对外依存度高的国家尤为重要。煤炭作为我国主体能源，发挥"压舱石"和兜底保障作用是长期能源战略的重要内容，实质就是保供稳价。

一　关于煤炭保供

煤炭保供，就是煤炭供应要满足需求。做好煤炭保供，涉及煤炭需求预测要科学、煤炭产能要有保障、煤炭运输要通畅、煤炭库存要合理等。

（一）关于煤炭需求预测

近年来，社会各方面对煤炭的需求预测成果经常可见，分析预测质量也有一定提高，但有些方面需要加强和完善。一是增强预测的持续性和权威性。当今政治经济形势变化大、不确定性增强，能源低碳转型产生许多新情况，对煤炭需求影响大，因此需要持续滚动研究预测，修正之前的判断。很多机构预测煤炭需求，但持续性、权威性的成果很少。二是加强分地区煤炭需求预测。西煤东运、北煤南运是我国煤炭市场的特点，未来在煤炭运输规模和分布方面如何变化，需要有分地区的长远预测，以指导煤炭运输设施和煤炭储备基地等建设，也可为煤矿和运输企业制定发展战略等提供依据。迎峰度夏和度冬期间，一些地区煤炭需求出现异常，受极端天气和进口煤炭影响，水电多的西南地区、进口煤多的沿海地区煤炭需求可能出现短时紧张和过剩，分地区进行近期预测，对于煤矿企业和煤炭运输企业安排生产，煤炭消费企业合理安排库存也很重要。三是分煤炭品种预测需要加强，主要是炼焦煤。我国煤炭资源相对丰富，主要指的是动力煤资源，炼焦煤资源并不丰富，优质炼焦煤资源短缺，多年来依靠进口。近几年，我国每年炼焦洗精煤需求在6亿吨左右，进口0.6亿吨左右，占比在10%左右，这部分优质炼焦煤国内资源难以替代。因此，加强炼焦煤需求和品质预测，对于保护性开发和合理利用炼焦煤资源具有重要意义。

（二）关于煤炭供应

下面围绕煤矿产能、产能与需求量的关系、煤炭资源、煤矿产量预测、煤矿生产安排等几个问题进行探讨。一是做好煤矿有效产能分析。煤矿证载产能（煤矿设计产能或核定产能）与有效产能差距较大。我国煤炭资源开采条件在世界上属于较差的，井工煤矿多，加上相当一部分煤矿资源枯竭，总体产能利用率不高。东部、中部地区大部分煤矿开采年限长，资源逐步枯竭，加上进入深部开采，产能难以发挥；西南地区大部分煤矿是高瓦斯和煤与瓦斯突出矿井，达产困难；还有部分煤矿由于开采年限长，名义产能大，有效产能小；还有一些煤矿受征地、地面压覆、安全生产、环保、运输等影响，达产困难。因此，应在煤矿证载产能基础上，分析煤矿有效产能，在宏观层面比较准确地研判煤炭供应能力。二是研究煤炭有效产能与煤炭需求的关系。从能源安全底线思维、极限思维出发，煤炭进口存在不确定性，考虑煤炭季节性需求波动、极端气候影响等因素，全国煤炭有效产能应大于煤炭需求，留有一定的富余量。三是做好煤矿储量分析和产量预测。煤炭资源是煤矿生产的保障，也决定了煤矿开采年限。目前，村庄压覆煤炭资源情况比较普遍，特别是在东部和中部地区。部分压覆的煤炭可采储量无法采出，这类煤矿的服务年限可能缩短，因此用统计的可采储量预测煤矿服务年限可能出现偏差。要依据生产煤矿实际可采储量和有效产能，对煤矿产量进行至少十年排产，并进行煤矿剩余服务年限预测，为宏观管理部门规划和建设煤炭产能提供支撑。要对生产煤矿增产潜力进一步摸底。近年来，国家为保供核增煤矿产能5亿吨/年以上。随着煤矿开采技术的发展，工作面单产水平提高，部分煤矿仍有增产的潜力，这是短期增加煤炭产能的有效措施。四是煤矿企业要做好生产安排。超前做好资源勘查，提高勘查精度，适应自动化、智能化开采的需要；做好煤炭采掘（剥）平衡，防止采掘（剥）失调导致的产量较大波动；做好安全生产、环境保护等工作，保障生产稳定。要做好老矿挖潜工作，特别是东、中部地区煤矿及煤炭供应紧张的边远地区，在保障安全生产和技术经济合理情况下，加强深部和周边煤炭资源勘查，利用已有煤矿设施应采尽采。

（三）关于煤炭运输和库存

一是要完善矿区铁路建设，促进公转铁。煤炭是我国第一大宗货运产品，货运量长期以来占我国铁路总货运量的50%以上，西煤东运、北煤南运的格局将延续很长一段时间。晋陕蒙煤炭主产区煤炭外运铁路、水路、公路能力可以满足目前和今后的煤炭运输需要，但需要完善的是矿区铁路。西部煤炭主产区一些大型和特大型煤矿有些还采用公路运输，有些部分采用公路运输，煤炭运到十几或几十公里外的铁路集运站外运，对交通出行、空气质量产生负面影响。在这个问题上，应在征地、接轨等方面给予政策支持，同时用经济手段调节公路运输成本，推动煤矿铁路专用线建设。需要注意的是，不应采用按照煤矿生产规模一刀切的行政手段要求煤矿建设铁路专用线，对于剩余服务年限不长的煤矿，没有必要建设铁路专用线。二是加强新疆煤炭外运铁路建设。未来二十年我国煤炭需求仍处于高位，东部、中部地区煤炭资源逐步减少或枯竭，产能呈下降趋势，内蒙古、陕西、贵州主产区增产潜力不大，因此新疆煤炭资源需要扩大开发规模，增加外运，接续解决其他煤矿减产问题，如果国际局势发生大的动荡，还可对冲进口煤风险。三是保持煤炭库存合理水平。多年来的实践表明，煤炭供需基本平衡时，全社会库存在3亿吨左右；煤炭严重过剩时（如2015年），库存4亿~5亿吨；煤炭供应紧张时（如2021~2022年），库存2亿~2.5亿吨。保持煤炭库存合理水平，既要保障供应安全，也不能要求库存太大，造成社会资源浪费，要防止一刀切的行政命令，即要求企业、地区达到一定量或一定天数的库存水平。例如对于燃煤电厂，"一条皮带连接"的煤矿和坑口电厂，坑口电厂就不需要存煤；距离煤矿近的电厂少存煤，距离煤矿较远但铁路直达的电厂，库存也不需要太多；运距长、倒运环节多的电厂，库存可以大一些。我国煤炭运输畅通，运输效率比较高，正常情况下，全社会合理库存水平，一般是25~30天的煤炭消费量，储存在煤矿、煤炭用户、港口、集运站、社会储煤场等。煤矿、港口、大用户一般都有一个库存量规范要求，社会储煤场则应按照市场需求由社会投资自主建设，政府给予征地等方面支持即可。其实，最大、最可靠、最经济的储备在煤矿井下、露天坑里，只要煤矿能产得出、能运得出，就可应对极端情况。

二 关于煤炭稳价

煤炭稳价是努力使煤炭保持合理价格并减少大幅波动。煤价以市场调节为主（即供需关系决定价格），政府调控为辅。这里主要分析如何完善煤价调控机制，包括研究限产增产机制、完善长协煤机制、定期调整区域限价范围、灵活调整进口煤关税政策等，以达到稳价的效果。

市场经济条件下，煤炭价格主要由供需关系决定，长期以来我国煤炭市场的实践也证明了这一点。煤价放开后，煤价波动一直比较大，大的起落发生过几次，对煤炭产业冲击严重，对下游用煤产业，乃至国民经济发展带来负面影响。1997～2001 年煤炭严重过剩，2013～2016 年煤炭严重过剩，2021～2022 年煤炭供应紧张，三次大的起落造成的危害使社会各方面形成共识，在我国这个庞大复杂的煤炭市场，仅靠市场调节达到供需动态平衡从而形成合理价格是不够的，必须要有政府调控。

（一）关于限产增产机制

当前和今后一个时期，煤炭保供是首要任务，要求煤炭有效产能有富余，但可能出现煤炭过剩甚至严重过剩，造成市场煤（未纳入政府价格调控的煤炭）价格超跌。目前，市场煤约占全国煤炭消费的一半，主要是电力以外的用户消费。市场煤价格下跌会影响长协煤的履约，同时长协煤（纳入政府价格调控的煤炭）价格下限也受到挑战。这就需要政府研究建立生产煤矿限产机制，使煤炭供需保持基本平衡，煤价保持合理水平，减少大幅波动。但今后通过行政手段关煤矿去产能不可取。核增产能、新建煤矿等属于增产机制，相对来说比限产难度小一些，也有比较成熟的办法。

（二）关于长协煤机制

煤炭长协机制实施以来，对于保供稳价起到积极作用，特别是建立港口动力煤长协合理价格区间，以及与此相关联的主要产煤地区动力煤坑口价合理区间，使煤价调控的权威性、合理性增强。实践表明，长协煤履约情况，往往受市场煤价的影响，当市场煤价与长协煤差距较大时，履约情况受到较大挑战。为此，应强化长协煤合同的法律约束力，保障有效履约。此外，社会上有扩大长协范围的要求，如果再扩大，市场调节作用可能会被削弱。

（三）关于区域限价范围

煤矿井下招工难，使人力资源成本上升较快，煤炭资源、安全、环保等成本也不断上升，预计未来煤炭成本呈持续提高的趋势，因此应定期对港口动力煤长协限价区间、主要产煤地区动力煤长协坑口限价区间进行调整，使其与煤矿成本变化相适应。

（四）关于进口煤关税

进口煤关税设置 3%、6% 两个档，不同煤种税率不同，从目前进口煤种数量来看，大约各占一半。近两年由于国内煤炭供应偏紧，煤炭进口从 2022 年 5 月开始实施零关税政策，暂定执行到 2023 年末。这是 2023 年初以来煤炭进口同比大幅增加的原因之一。长期以来，我国煤炭进口在 3 亿吨上下波动，进口煤主要在东南沿海省份销售，占这些地区煤炭消费总量的 20% 以上，对当地煤炭市场和国内煤炭价格影响较大。进口煤到达东南沿海的成本（含生产和运输）比国内多数煤低一些，加上煤质较好，具有竞争优势，比较受用户欢迎，国内市场紧张时，可起到调节作用，国内市场低迷时，就会对市场产生较大冲击。因此，进口煤关税作为调节国内煤炭供需和价格的政策工具，需要超前预判，根据形势变化及时调整政策，研究缩短政策实施期限的可行性，发挥好保供稳价的作用。

三　相关机制和研究支撑

（一）相关机制

一是完善煤价调控机制。建立煤炭限产机制，完善煤炭增产机制，定期

评估动力煤长协限价范围、煤炭进口关税政策，适时做出调整。二是完善煤炭信息统计上报机制。完善煤炭资源、煤炭产能、煤炭产量、煤炭消费信息定期统计上报机制，为预测分析煤炭供需情况和发展趋势提供保障。三是建立完善信息披露机制。定期向社会披露可公开的煤炭市场信息，引导投资主体行为。

（二）研究支撑

需要有一个机构长期从事煤炭市场分析，支撑政府开展工作。长期以来，从事这方面研究的人员短缺，分散在不同机构，且由于经费渠道不固定，持续研究难以保障。因此，建议能源主管部门组建一个机构或委托一个机构，固定经费渠道，培养一支队伍，专门从事煤炭市场预测预警研究。在政府部门的组织下，对上报的煤炭相关数据进行分析研判，开展调研，定期分析预测国内外煤炭市场态势，为政府决策提供可靠的依据。

B.3
西南地区煤炭供需形势分析

梁 壮 叶旭东*

摘 要： 本文在分析我国西南地区煤炭生产消费现状的基础上，对未来一个时期西南地区煤炭供需进行了预测，认为在需求端，"十四五"期间西南地区煤炭需求仍将保持一定增长，进入"十五五"后消费总量达峰并进入下降通道；在供应端，预计2025年、2030年、2035年西南地区生产煤矿产能分别为4.27亿吨、4.36亿吨、4.31亿吨，产量分别为2.92亿吨、3.1亿吨、3.08亿吨。总体来看，在全国煤炭供需基本平衡的态势下，西南地区煤炭供需紧张局面将得到持续缓解。同时，提出加大煤炭资源勘查力度、增强区域内煤炭自给能力、提升运输保障能力、完善煤炭储备体系等进一步增强西南地区煤炭供应保障的若干建议。

关键词： 西南地区 煤炭供需 供应保障

"十四五"以来，随着我国国民经济持续稳步恢复，能源及电力需求较快增长，煤炭供需呈现偏紧局面，特别是西南地区受煤炭资源禀赋、地理位置、区域外调入通道等影响，煤炭稳定供应保障形势严峻。有关各方多措并举，扎实推进煤炭增产保供稳价工作，煤炭供应紧张状况持续好转。随着全国煤炭优质产能加速释放，煤炭供应保障能力持续提升，煤炭运输体系不断

---

* 梁壮，工程师，应急管理部研究中心研究员，研究方向为煤炭工业发展战略规划；叶旭东，教授级高级工程师，应急管理部研究中心战略规划处处长，研究方向为煤炭工业发展战略规划、煤炭市场及区域供需平衡等。

完善，预计"十四五"后三年及中长期全国煤炭供需保持基本平衡态势，西南地区煤炭供需紧张局面将得到持续缓解。

一 煤炭生产消费现状

（一）煤炭生产现状

西南地区主要产煤省份为贵州、云南和四川，该地区是我国南方最大的炼焦煤、无烟煤和动力煤生产区和调出区，也是我国"西电东送"南部通道的煤电基地。"十三五"以来，煤炭产业供给侧结构性改革持续推进，西南地区一大批落后产能退出，生产结构不断优化，截至2022年底，西南地区有煤矿1200处、产能5.94亿吨/年。其中，生产煤矿581处、产能3.45亿吨/年，建设煤矿619处、产能2.49亿吨/年（见表1）。2022年，西南地区煤炭产量2.21亿吨，较2020年增长6.2%，生产煤矿产能利用率为64.1%。

表1　截至2022年底西南地区煤矿产能情况

单位：处，万吨/年

省份	合计		生产煤矿		建设煤矿	
	数量	产能	数量	产能	数量	产能
重庆	0	0	0	0	0	0
四川	250	6422	108	3692	142	2730
贵州	751	42230	375	24505	376	17725
云南	199	10704	98	6274	101	4430
合计	1200	59356	581	34471	619	24885

资料来源：作者统计整理。

（二）煤炭消费现状

西南地区是全国结构性缺煤的主要地区之一，是我国煤炭消费主要区域，除贵州以外其他省份均为煤炭净调入区。近几年四川煤炭产量大幅下降、重庆煤矿退出历史舞台，西南地区煤炭市场"洼地"和价格"高地"迅速形成，需求缺口逐步扩大。"十四五"以来，经济发展持续复苏，带动能源、煤炭消费较快增长。2022 年，西南地区煤炭消费量 33115 万吨，较 2020 年增长 11.5%，其中电煤消费量 15013 万吨，较 2020 年增长 9.0%。煤炭消费进一步向电力行业集中，规模化、清洁化趋势明显。

二 煤炭供需预测

（一）煤炭需求预测

我国经济正处于转变发展方式、优化经济结构、转换增长动力的攻坚期，经济发展仍具有巨大潜力和强劲动力，经济发展阶段、人口基数水平、人均能耗水平等因素，决定了未来较长时期内能源需求仍将稳步增长。碳达峰、碳中和目标倒逼煤炭消费总量必须加快达峰并持续压减。但在能源结构绿色低碳转型过程中，煤炭兜底保障作用愈发重要，受发展模式和能源供应模式惯性影响，经济发展客观上仍然需要煤炭的强力支撑。随着国家西部大开发战略的深入实施，西南地区作为我国经济发展的新兴区域，具有广阔的市场和经济增长潜力，将进一步拉动能源消费增长，预计西南地区"十四五"期间煤炭需求仍将保持一定增长，进入"十五五"后消费总量达峰并进入下降通道。

1. 电力行业

2022 年，西南地区发电量 11673 亿千瓦时，其中煤电发电量 3402 亿千瓦时，占西南地区发电总量的 29.1%，发电用煤 15013 万吨。2035 年前西南地区电力需求仍将较快增长，西南地区水电资源丰富，随着非化石能源发电持续快速发展，煤电占比将持续下降，但部分新增电力需求仍需煤电补充，煤电调峰作用更加突出。《贵州省煤电项目建设三年攻坚行动方案（2023—2025 年）》提出，加快推动煤电项目建设，到 2025 年底 12 个煤电

项目建成并网；《云南省绿色能源发展"十四五"规划》提出，"十四五"后三年将进一步发挥煤电的基础保障性和系统性调节电源作用，加快红河州、昭通市、曲靖市 480 万千瓦煤电项目建设；《四川省电源电网发展规划（2022—2025 年）》提出，抓紧建设支撑性、调节性火电项目，研究论证一批煤电项目；重庆继续推动煤电项目建设，到 2025 年国能重庆电厂环保迁建项目、合川双槐三期煤电项目建成并网。预计到 2025 年，西南地区煤电装机规模达到 9992 万千瓦，煤电发电量达到 4297 亿千瓦时，发电用煤 18830 万吨；到 2030 年煤电发电量达到 5359 亿千瓦时，发电用煤 23591 万吨；到 2035 年煤电发电量达到 5590 亿千瓦时，发电用煤 24348 万吨。

2. 钢铁行业

2022 年西南地区粗钢产量 6472 万吨，生铁产量 4723 万吨。综合生铁产量和铁焦比、喷煤比、燃料比等煤耗指标，2022 年西南地区钢铁行业耗煤约 3927 万吨。未来一个时期，西南地区将继续统筹推进传统基础设施和新型基础设施建设，打造系统完备、高效实用、智能绿色、安全可靠的现代化基础设施体系，同时将严格落实钢铁行业产能置换政策，切实控制钢铁产能，增强废钢加工能力。预计"十四五"期间西南地区钢铁产品产量将达到峰值并保持高位，随着废钢利用量逐步增加，铁钢比逐步下降，2025 年以后生铁产量将呈下降趋势。预测 2025 年西南地区生铁产量 5095 万吨，钢铁行业煤炭需求量 4236 万吨，比 2022 年增加 309 万吨；2030 年生铁产量 4400 万吨，钢铁行业煤炭需求量 3512 万吨；2035 年生铁产量 4000 万吨，钢铁行业煤炭需求量 3193 万吨。

3. 建材行业

西南地区建材行业主要产品包括水泥、石灰、墙体材料、平板玻璃等，但煤炭消耗以水泥为主。2022 年西南地区水泥产量 3.45 亿吨，建材行业耗煤 4489 万吨。随着西部大开发持续推进，西南地区城市化进程加快，综合交通系统、水利支持系统等基础设施建设也将快速发展，建材产品产量还存在一定增长空间。同时，西南地区建材行业将严格执行水泥产能减量置换政策，加大产能置换比例，有效遏制新增产能，确保总产能只减不增，以促进技术进步、优胜劣汰和布局优化，提升水泥行业整体节能降耗和绿色低碳水平。预计 2025 年西南地区水泥产量 3.54 亿吨，建材行业耗煤量 5020 万吨；2025 年以后，随着城镇化速度减慢、碳达峰进程加快，建材行业产品产量在"十五五"期间达到峰值后逐步回落，煤炭需求量也随之下降，预计 2030 年水泥产量 3.6 亿吨，建材行业耗煤量 5270 万吨，2035 年水泥产量 3.48 亿吨，建材行业耗煤量 4680 万吨。

4. 化工行业

西南地区化工行业耗煤以煤制合成氨、煤制甲醇等传统煤化工为主，2022 年化工行业耗煤量 2500 万吨。目前，煤制合成氨、煤制甲醇等传统煤化工产品市场需求基本饱和，未来煤炭需求基本保持稳定。现代煤化工处于规模化发展初期，随着碳达峰、碳中和目标任务落实，现代煤化工将合理控制产能新增规模，西南地区现代煤化工项目考虑资源条件、规模、节能环保等因素，仅贵州现代煤化工项目正在推进，其余省份现代煤化工项目难有增量空间。预计 2025 年西南地区化工行业耗煤量约 2780 万吨；随着贵州毕节 200 万吨/年煤制清洁燃料、煤制可降解塑料等现代煤化工项目建成投产，现代煤化工煤炭需求量仍有一定增量，预计 2030 年化工行业耗煤量约 3640 万吨，2035 年化工行业耗煤量约 3580 万吨。

5. 其他

其他用煤包括生活、采掘业、交通运输仓储和邮政业、农林牧渔水利业、批发零售业和住宿餐饮业以及其他工业用煤。2022 年西南地区其他用煤 7186 万吨，随着"以气代煤""以电代煤"等煤炭替代持续推进，居民生活和其他行业用煤持续下降，预测 2025 年将降到 6710 万吨，2030 年、2035 年分别降到 5810 万吨、4440 万吨。

综上分析，西南地区 2025 年、2030 年、2035 年煤炭需求量分别约为 37576 万吨、41823 万吨、40241 万吨（见表 2）。

表2　2025年、2030年、2035年西南地区煤炭需求预测

单位：万吨

省份	2022年	2025年	2030年	2035年
重庆	5686	5299	5525	5380
四川	7528	8021	7934	7541
贵州	11602	14148	18093	17812
云南	8300	10108	10272	9507
合计	33115	37576	41823	40241

注：由于四舍五入取整操作，表中分项数据与合计可能略有差异。
资料来源：作者整理与测算。

（二）煤炭供应预测

根据西南地区生产、在建煤矿产能情况，以及产能利用率和资源条件，结合淘汰落后产能、矿井剩余服务年限、各省份发展规划等，对生产矿井进行排产，并对在建煤矿进行预测，预计2025年、2030年、2035年西南地区生产煤矿产能分别为4.27亿吨、4.36亿吨、4.31亿吨，产量分别为2.92亿吨、3.1亿吨、3.08亿吨。

分区域来看，重庆已整体退出煤矿开采；四川煤炭资源有限、开采条件差，小煤矿数量多，水、火、瓦斯等灾害严重，未来新矿井建设增量空间不大，以老矿井资源接续为主，稳定生产供应。随着供给侧结构性改革的深入推进及安全环保压力加大，四川小煤矿和灾害严重煤矿将稳步有序退出，产量将进一步降低，预计2025年、2030年、2035年生产煤矿产能分别为5500万吨、5100万吨、4600万吨，产量分别为2200万吨、2000万吨、1800万吨。

贵州、云南情况类似，资源储量较丰富，但资源条件差、开采难度大、单井规模小，高瓦斯和煤与瓦斯突出矿井多，水文地质条件复杂，以中小型煤矿为主，未来一个时期重点仍将是加快调整生产结构，淘汰落后小煤矿，加快灾害严重煤矿关闭退出。贵州煤炭资源储量相对丰富，未来新矿井建设仍有一定增量空间，随着落后产能的有序退出，兼并重组、改扩建煤矿投产，规划新建煤矿建成，预计2025~2035年贵州省产能稳中有升，之后保持基本稳定，预计 2025 年、2030 年、2035 年贵州生产煤矿产能分别为 2.72 亿吨、2.85 亿吨、2.85 亿吨，产量分别为 1.8 亿吨、2.0 亿吨、2.0 亿吨。云南仍有一部分煤炭资源可供建设大中型矿井，未来一个时期以煤矿改造升级和规划建设大中型煤矿为主，随着在建项目及改扩建煤矿建成投产，"十四五"末产能释放将达到峰值，随后保持平稳，预计 2025 年、2030 年、2035 年云南生产煤矿产能分别为 1.0 亿吨、1.0 亿吨、1.0 亿吨，产量分别为 9000 万吨、9000 万吨、9000 万吨（见表3）。

表3　2025 年、2030 年、2035 年西南地区生产煤矿产量预测

单位：亿吨

省份	2022 年		2025 年		2030 年		2035 年	
	产能	产量	产能	产量	产能	产量	产能	产量
重庆	0	0	0	0	0	0	0	0
四川	0.37	0.23	0.55	0.22	0.51	0.2	0.46	0.18
贵州	2.45	1.31	2.72	1.8	2.85	2.0	2.85	2.0
云南	0.63	0.67	1.0	0.9	1.0	0.9	1.0	0.9
合计	3.45	2.21	4.27	2.92	4.36	3.1	4.31	3.08

资料来源：作者整理与测算。

（三）供需平衡

综合经济增长速度、产业结构调整、碳达峰政策推动等因素，预计 2030 年前西南地区煤炭需求仍将稳步增长并达到峰值，2030 年后，随着可再生能源加快发展、煤炭消费减量控制，煤炭消费量将逐步降低。预计 2025 年、2030 年、2035 年西南地区煤炭缺口分别为 8376 万吨、10824 万吨、9440 万吨。贵州仍然是西南地区重要的煤炭净调出省份；云南存在少量煤炭缺口；川渝地区保供压力仍然较大，贵州煤炭调入量有限，煤炭补给只能更多倚重北方地区。随着"十四五"以来国家采取一系列措施增产保供，全国煤炭优质产能加速释放，煤炭供应保障能力持续提升，煤炭运输体系不断完善，预计"十四五"后三年及中长期全

国煤炭供需保持基本平衡态势，西南地区煤炭供需紧张局面将得到持续缓解（见表4）。

表4 2025年、2030年、2035年西南地区煤炭供需平衡预测

单位：万吨

省份	2025年			2030年			2035年		
	产量	消费量	净调入-净调出+	产量	消费量	净调入-净调出+	产量	消费量	净调入-净调出+
重庆	0	5299	-5299	0	5525	-5525	0	5380	-5380
四川	2200	8021	-5821	2000	7934	-5934	1800	7541	-5741
贵州	18000	14148	3852	20000	18093	1907	20000	17812	2188
云南	9000	10108	-1108	9000	10272	-1272	9000	9507	-507
合计	29200	37576	-8376	31000	41824	-10824	30800	40240	-9440

资料来源：作者测算。

三 煤炭供应保障建议

（一）加大煤炭资源勘查力度

加大规划后备资源的勘查力度，提高资源勘探级别，为后期新建煤矿打好基础。贵州、云南在建煤矿大部分为资源整合煤矿，要加强整合技改煤矿和老矿下组煤的补充勘探，提高矿井整合扩界后资源的可靠性以及老矿资源接续保障能力。

（二）增强区域内煤炭自给能力

贵州和云南加快资源整合和技术改造煤矿建设进度，在确保安全生产前提下，稳步提升煤炭产量，增强区域内煤炭自给能力。充分发挥贵州煤炭调出省份核心作用，深入推进煤矿信息化、智能化建设，提高煤矿安全保障程度和发展质量，加快优质产能释放，提升煤炭产能利用率。

（三）提升运输保障能力

加强与相关铁路运营单位的沟通协调，促进铁路系统内部高效对接，着力增强铁路煤运干线通道能力，强化铁路煤炭运输组织，提升应急保障水平，切实保障跨区域、重点地区、重点用户、高峰时段的煤运需求。充分发挥襄渝线、兰渝线、西康线、宝成线等通道运力，提升陕西、新疆等地至川渝地区煤炭调运能力，特别是迎峰度夏期间的应急调运能力。

（四）完善煤炭储备体系

建立健全以企业社会责任储备为主体、地方政府储备为补充的煤炭储备体系。支持符合条件的企业履行社会责任，重点在四川广安、重庆珞璜、贵州水城等煤炭消费集中地和枢纽节点，布局建设一批储煤基地，确保煤炭稳定供应。煤炭生产、经营、消费企业要严格落实不同时段最低/最高库存要求，保持合理库存，不断提高煤炭稳定供应和应急保障能力。建立煤炭储备信息调度系统，增强政府对储备资源的调度能力。

参考文献

李志强：《"十四五"时期煤炭产业形势及煤炭供需形势研究》，《煤炭经济研究》2021 年第 9 期。

赵冠一等：《河南省能源供需现状及未来煤炭供需预测》，《煤炭工程》2022 年第 8 期。

国家税务总局甘肃省税务局课题组：《支持甘肃省"强省会"行动的税收政策研究》，《发展》2022 年第 Z1 期。

孙久文、史文杰：《以中国式现代化全面推进区域协调发展》，《中国国情国力》2023 年第 5 期。

B.4
新疆煤炭外运格局与未来发展趋势研究

朱　朦[*]

摘　要： 结合区域煤炭产业规划、发展布局、安全生产和绿色转型等内容，梳理了新疆煤炭基本状况，从区位优势、资源禀赋、区域发展规划角度分析了新疆煤炭在全国的重要性，重点对"疆煤外运"格局进行了研究，认为疆煤长途外运经济性较差，在晋陕蒙煤炭产量没有明显下降之前，新疆煤炭在华北、华东地区无明显竞争力，在华中部分地区竞争力较弱；同时铁路运力瓶颈制约明显，亟须提升铁路通道运输能力，加强铁路车辆调配组织。通过分析未来疆煤供需形势，预计到2025年新疆煤炭外调量达到1亿吨左右，"十五五"期间，随着通道能力持续提升，外运量还将进一步提升；同时，提出提升铁路运力、优化铁路网布局等"疆煤外运"格局构建的政策建议。

关键词： 疆煤外运　经济性　铁路运力

一　新疆煤炭在全国的地位愈发凸显

新疆地处亚欧大陆中心，地域辽阔，资源丰富，连接丝绸之路经济带沿线国家等世界能源资源富集区，是我国西北的战略屏障和向西开放的重要门户，也是我国实施西部大开发战略的重点地区和战略资源的重要基地。

---

* 朱朦，博士，高级工程师，中国国际工程咨询有限公司能源业务部煤炭处处长，研究方向为能源规划与政策、煤炭项目评审评估。

煤炭是我国主体能源，事关国计民生和能源安全。新疆作为国家五大煤炭供应保障基地之一，煤炭资源富集，赋存条件良好，在全国煤炭产业发展中占有重要地位。截至2022年底，新疆累计查明煤炭资源储量超4350亿吨，较2015年增加约720亿吨。全区预测埋深2000米以浅煤炭资源量2.19万亿吨，约占全国的40%，位居全国第一；预测埋深1000米以浅煤炭资源量1.36万亿吨，查明率仅约33%，后备资源储量十分丰富；煤层埋藏浅、厚度大，开采技术条件较好，适宜露天开采的煤炭资源较多，开发潜力巨大。

《国家中长期能源发展战略规划纲要（2021—2035年）》《"十四五"现代能源体系规划》明确提出，统筹推进蒙西、蒙东、陕北、山西、新疆五大煤炭供应保障基地建设。新疆煤炭、煤电、煤化工产业的发展既是国家能源安全战略的重要组成部分，也是新疆经济社会发展的重要推动力。在能源安全备受重视、能源需求日臻多变的大环境下，在共建"一带一路"深度推进、煤炭生产开发布局西移的大背景下，新疆已成为我国煤炭产业发展最具潜力的地区之一。

二　新疆煤炭基本状况

（一）产业发展基础扎实

通过稳步推进矿区总体规划的编制和审批工作，新疆储备了一批大型、特大型煤矿项目。据统计，全区已获得批复的矿区总体规划（含自治区发展改革委批复）54个，规划总生产规模超13亿吨/年。通过供给侧结构性改革，全区煤炭开发布局继续优化，生产重心加快向资源禀赋好、安全保障能力强的地区集中，昌吉、哈密、阿克苏、吐鲁番、伊犁等5个州（市）煤炭产量约占全区的90%；煤炭生产结构持续优化，2022年全区120万吨及以上大型煤矿产量38632万吨，占全区总产量的93.6%。

（二）煤炭产需快速增加

近年来，新疆立足我国以煤为主的基本国情，充分发挥煤炭兜底保障作用，在国家的大力支持下，不断加快新疆大型煤炭供应保障基地建设，现已建成准东、吐哈两个亿吨级煤炭生产基地，煤炭供应保障能力显著增强，为确保国家能源安全和能源绿色低碳转型、推动自治区经济高质量发展提供坚实支撑。目前，全区生产和在建煤矿产能已超 5 亿吨/年。2022 年，全区煤炭产量 4.13 亿吨，同比增长 28.4%。2022 年，新疆煤炭消费量 3.1 亿吨，同比增长 9.2%，其中电力用煤 1.52 亿吨、占比 49%，化工用煤 0.94 亿吨、占比 30.3%，钢铁用煤 0.26 亿吨、占比 8.4%，建材用煤 0.16 亿吨、占比 5.2%，其他用煤 0.22 亿吨、占比 7.1%。

（三）安全生产水平不断提升

自治区持续加大安全生产投入，制定一系列相关政策，引导煤矿企业建成一批大型现代化煤矿，煤矿装备水平、安全管理水平和信息化程度不断提升，安全基础进一步强化，灾害治理力度进一步加大，各类矿井重大灾害得到有效防治。煤矿安全事故发生数及百万吨死亡率呈现逐年下降态势，2022 年未发生特别重大事故，煤矿百万吨死亡率 0.01。

（四）绿色矿区建设成效显著

自治区坚持"绿水青山就是金山银山"的理念，综合施策，在矿区生态修复、环境治理、节能减排等方面取得显著成绩。积极推动采煤沉陷区和排矸场综合治理、矿区燃煤锅炉改造，可持续发展、循环利用园区建设稳步推进。新建和改扩建煤矿同步配套建设选煤厂，煤炭洗选能力、原煤入选率不断提升，煤矸石、矿井水、煤层气（煤矿瓦斯）等资源综合利用水平不断提高。

三 "疆煤外运"格局

（一）"疆煤外运"现状

"疆煤外运"煤炭绝大部分来自哈密和昌吉，占"疆煤外运"总量的90%以上。新疆积极发挥资源优势和区位优势，在巩固扩大甘肃、西南等传统外部市场占有率的基础上，积极开拓了宁夏、青海、华中等市场，并通过京唐港等港口下水运至东南沿海省份，煤炭销售覆盖全国29个省份，为保障国家能源安全做出了积极贡献。从重点保供省份看，2022年，疆煤运往甘肃4689万吨、占比约54.0%，运往宁夏645万吨、占比约7.4%，运往青海444万吨、占比约5.1%，运往西南地区1104万吨、占比约12.7%，运往其他省份1800万吨、占比约20.7%。

从发展趋势看，2015～2018年"疆煤外运"铁路运量保持在1000～1400万吨的相对稳定水平，自2018年起增速显著加快，2019年突破2000万吨，2020年略有增长。进入"十四五"，在全国煤炭供需紧张、煤价高位运行的大背景下，疆外市场对新疆煤炭需求大幅增长，2021年、2022年"疆煤外运"铁路运量分别猛增至约3800万吨、5500万吨。2022年"疆煤外运"铁路运量已基本达到现有通道最大负荷。

2018年前疆煤公路外运量逐年增加，之后在"公转铁"运输结构调整政策影响下，外运量总体呈下降趋势。2022年，受铁路运力限制，"疆煤外运"公路运输量大幅提升，达到3185万吨，同比增长359%。

（二）"疆煤外运"铁路格局

经过多年规划建设，"疆煤外运"通道能力初具规模。目前，新疆铁路货运通道主要分为北通道（临哈线）、中通道（兰新线）和南通道（库格线），现有合计货物运输能力超1亿吨/年，其中煤炭外运能力约5000万吨/年。

北通道由乌鲁木齐—将军庙铁路、将军庙—淖毛湖铁路、临河—哈密铁

路等构成，现有运输能力 1400 万吨/年；2022 年外运疆煤 265 万吨，占铁路外运总量的 4.8%，主要调往内蒙古阿拉善和乌海地区。

中通道由兰新铁路、陇海铁路、兰渝铁路等构成，现有运输能力 7500 万吨/年；承担绝大部分新疆煤炭外运量，2022 年外运疆煤 4819 万吨，占铁路外运总量的 87.7%，主要调往甘肃河西走廊地区、兰州周边地区、宁夏地区和西南地区。

南通道由南疆铁路、格尔木—库尔勒铁路、青藏线西宁—格尔木段、兰青铁路西宁—兰州段、兰渝铁路等构成，2019 年底开通运营，现有运输能力 1300 万吨/年；2022 年外运疆煤 409 万吨，占铁路外运总量的 7.5%，主要调往青海、甘肃兰州附近地区。

"十四五"期间，通过增建乌将铁路二线、新建将淖铁路、新建红淖铁路联络线、临哈铁路扩能改造，北通道煤运能力将提升至约 2200 万吨/年；中通道通过优化运输结构，煤运能力将提升至约 5200 万吨/年；南通道通过扩能改造，煤运能力将提升至约 2600 万吨/年。"十五五"期间，计划通过对既有铁路进行扩能改造，新建鄯善—敦煌铁路、重载铁路等，实现"疆煤外运"能力的大幅提高。

（三）"疆煤外运"面临的主要问题

1. 长途外运经济性较差

影响疆煤市场竞争力的主要因素是运输距离以及其他主要产煤地区煤炭生产成本低于新疆。以疆内主要煤源地淖毛湖、三道岭矿区至重庆地区为例，运距为 2200~2600 公里，比从蒙西鄂尔多斯和陕北榆林地区调煤运距长 800~1150 公里，吨煤运费多 150~230 元；比从陕西彬长、甘肃华亭等矿区调煤运距长 1300~1650 公里，吨煤运费多 210~305 元（见表 1）。初步测算，在晋陕蒙煤炭产量没有明显下降之前，新疆煤炭在华北、华东地区无明显竞争力，在华中部分地区竞争力较弱。仅从运输经济性上看，疆煤处于竞争劣势。

表1 全国主要矿区至重庆运距、运费比较

单位：公里、元/吨

地区	矿区	运输路径	里程	运费
新疆	三道岭	三道岭—哈密—兰州—广元—重庆	2238	379.1
	大南湖	大南湖—哈密—兰州—广元—重庆	2228	374.5
	将军庙	将军庙—乌鲁木齐—哈密—柳沟—兰州—广元—重庆	2935	490.1
	淖毛湖	淖毛湖—红柳河—兰州—重庆	2550	457.3
	三塘湖	三塘湖—淖毛湖—红柳林—兰州—重庆	2670	483.9
陕西	神府	神木—西安—安康—重庆	1501	237.0
	府谷	府谷—神木—西安—安康—重庆	1567	261.4
	榆神	大保当—西安—安康—重庆	1405	227.2
	黄陵	黄陵—西安—安康—重庆	958	155.7
	合阳	合阳—西安—安康—重庆	879	143.3
	彬长	彬县—西安—安康—重庆	953	162.8
蒙西	东胜	东胜—西安—安康—重庆	1598	241.2
甘肃	华亭	华亭—宝鸡—阳平关—安康—重庆	938	155.2
	庆阳	宁正—长庆桥—西安—安康—重庆	989	164.3

资料来源：作者统计测算。

2. 铁路运力瓶颈制约"疆煤外运"

随着兰新高铁建成运营，既有兰新铁路完成双线电气化改造，并已基本实现客货分线运营，货运能力有了较大增长；同时临哈、库格铁路建成，出疆第二、第三通道形成后，"疆煤外运"能力有了较大提高。但近年来，疆外市场对新疆煤炭需求保持快速上升，铁路是"疆煤外运"主要方式，受现有铁路运输能力限制，"疆煤外运"市场需求远大于"疆煤外运"现有能力，亟须提升铁路通道运输能力。目前新疆区内线路能力利用率在85%左右，甘肃省内部分区段能力已接近饱和状态。

3. 乌鲁木齐铁路局空车不足矛盾突出

乌鲁木齐铁路局作为全国铁路网尽头和末梢局，长期面临空车不足问题，大量煤炭调出需要煤运列车长途返空运行，更加降低了"疆煤外运"的市场竞争力。

四 未来发展趋势

（一）供需形势分析

新疆作为全国最具发展潜力的大型煤炭供应保障基地，煤层埋藏浅、厚度大，开采技术条件较好，适宜露天开采的煤炭资源较多，开发潜力巨大；另外，新疆能源资源富集，品种全、储量大、品质好，具备多种能源耦合发展的资源优势，煤电的发展能够有力支撑新疆大型风电光伏基地建设。未来，随着新疆煤炭产业进一步开发，在有效实现将资源优势转化为经济优势、提升区内经济发展质量的同时，通过"疆煤外运""疆电外送"双管齐下、共同发力，新疆作为国家能源资源战略基地的重要地位将进一步提升。

从供应侧分析，2022 年 5 月新疆发布的《加快新疆大型煤炭供应保障基地建设服务国家能源安全的实施方案》指出，到 2025 年全区煤炭产量达到 4 亿吨以上，产能达到 4.6 亿吨以上，成为我国今后较长时期内煤炭供应的重要支撑和重点接续区。而 2022 年，新疆已实现煤炭产量超 4 亿吨，预计在"十四五"中后期和未来更长的时间里，新疆煤炭产能、产量还将实现双增长，超出原规划水平，在国家煤炭总产量中的占比也将进一步提升。由于有丰富的资源作为基础和储备，其产量上涨速度更多取决于市场的需求空间。今后一个时期，新疆的煤炭产业发展还将以准东、吐哈等地为重点，支撑"疆电外送"、现代煤化工等重大工程实施，统筹兼顾甘肃、青海、川渝等省份"疆煤外运"需求，进一步释放煤炭先进产能，保障能源供给安全。

从需求侧分析，近年来，新疆煤炭资源开发转化步伐不断提速，作为党中央规划建设的新时代国家"三基地一通道"，其煤炭、煤电、煤化工基地建设正在加速推进；另外，随着准东、哈密国家煤制油气战略基地的项目落地，"疆电外送"三通道开工建设，四通道、五通道前期工作陆续推进，今后一段时间，新疆煤炭需求还将保持较快增长态势，预计"十四五"末期，区内煤炭需求量将达到 4 亿吨左右，中长期还具备一定增长空间。新疆煤炭需求增长主要靠煤化工用煤、电力用煤和煤炭外运增长来拉动，煤化工用煤需求的释放需要开工投产多个煤制油、煤制气和煤炭分质利用项目，这就必须和国家相关专项规划、项目核准、生态红线等多个方面做好衔接，以保证项目按时投产，若任何一个环节出现问题，煤化工用煤的增长将受到制约。

从"疆煤外运"市场分析，目前甘肃特别是河西走廊地区是"疆煤外运"最稳定和成熟的市场，宁夏发展潜力巨大，西南地区的市场也有较大的发展空间。近年来，"疆煤外运"能力快速提升，铁路作为"疆煤外运"主要方式，受现有铁路运输能力限制，"疆煤外运"市场需求远大于"疆煤外运"通道现有能力。"十四五"期间，由于青海、甘肃等省份煤炭供应缺口将继续增长，为维持我国西北地区煤炭供需平衡，预计到 2025 年新疆煤炭外调量将达到 1 亿吨左右；"十五五"期间，随着通道能力持续提升，"疆煤外运"量还将进一步提升。

（二）未来"疆煤外运"格局构建

大力提升"疆煤外运"铁路运力。通过通道运输能力与市场需求分析，近年来，新疆积极会同有关部门推动"疆煤外运"能力提升工程分期、分步实施，力求显著增强煤炭跨区域供应能力，推动新疆更大限度、更广范围参与国内煤炭市场，为保障国家能源供应安全做出更大贡献。为进一步向华中和西南地区延伸煤炭外输范围，自治区多措并举，挖掘兰新—陇海、兰新—兰渝、库尔勒—格尔木以及疆内乌鲁木齐—准东等铁路运力潜能；提出新建鄯善—敦煌疆煤外运通道，哈密淖毛湖—包头、准东将军庙—银川重载铁路等对外运输通道联络线项目，分担兰新线煤运压力；推动产能 150 万吨/年以上煤矿铁路专用线建设，提升跨区域铁路运输通道能力，实现煤炭长距离运输"公转铁""散转集"。

持续优化"疆煤外运"铁路网布局。经分析，基于现有规划，在 2035 年前，新疆将构建以兰新线、临哈线、鄯敦线、库格线为主体的"一主两翼一辅"煤炭外送通道。其中，兰新线主通道重点满足"疆煤外运"去往甘肃、西南和华中等地区运量增长要求；北翼通道临哈线可分流经兰新线去往宁夏、蒙西（阿拉善、乌海）地区的外运量，提升兰新主通道运输能力；南翼通道鄯敦线与敦格、西成等铁路一起，共同形成新疆至青海、西南地区新的便捷运输通道，推动库木塔格、沙尔湖、大南湖等矿区加快开发；库格线与哈罗线、罗若线一起，共同构成"疆煤外运"的辅助通道，有效增强"疆煤外运"的机动灵活性。

参考文献

李华：《疆煤外运相关问题分析及对策研究》，《煤炭工程》2023 年第 3 期。
程大龙：《新疆煤炭外运铁路运输增量对策探讨》，《铁道货运》2023 年第 4 期。
马萍萍：《疆煤外运的运输保障工作研究》，《大陆桥视野》2023 年第 7 期。

B.5
我国露天煤矿发展现状及趋势分析

姜　琳*

摘　要： 本文总结了当前我国露天煤矿分布、产能产量、开采工艺、安全生产、保供、智能化建设及生态环保等情况，分析了露天煤矿面临的资源安全、生产模式、采剥失调和人才短缺等主要问题，对新发展阶段我国露天煤矿发展趋势进行展望，分析了未来露天煤矿大型化主导、优势地区矿群化、智能化、绿色化等发展特征，为引导我国露天煤矿安全、绿色、高质量发展提供参考。

关键词： 露天煤矿　开采工艺　智能化　绿色矿山

露天煤矿具有生产安全可靠、资源回收率高、生态环境恢复性好等特点。世界主要产煤国家露天煤矿产量占比平均在80%以上。近20年来，我国露天煤矿也得到全面发展壮大，全国露天煤矿产量从2002年的0.56亿吨增加到2022年的10.57亿吨，占全国煤矿产量比重从6.9%提高到23.2%。

一　我国露天煤矿发展现状

（一）基本情况

截至2022年底，我国共有露天煤矿354处，其中，小型176处、中型

---

* 姜琳，高级工程师，中国矿山安全学会技术交流部副主任，研究方向为矿山安全生产咨询、规划。

114 处、大型 47 处、特大型 17 处，主要分布在内蒙古、新疆、山西和云南等省份，2022 年全国露天煤矿总产能达 11.6 亿吨（见表 1）。

表 1　2022 年全国露天煤矿产能、数量情况

单位：处，%，万吨

露天煤矿规模		数量	占比	产能	占比
小型	产能<100 万吨/年	176	50	9511	8
中型	100 万吨/年≤产能<400 万吨/年	114	32	19570	17
大型	400 万吨/年≤产能<2000 万吨/年	47	13	39750	34
特大型	产能≥2000 万吨/年	17	5	47100	41
合计		354	—	115931	—

资料来源：作者统计整理。

2022 年，全国露天煤矿产量达到 10.57 亿吨，其中，内蒙古、新疆、山西是我国露天煤矿产量最高的 3 个省区，产量分别达到 5.3 亿吨、3.2 亿吨和 1.2 亿吨，分别占全国露天煤矿产量的 50.1%、30.2% 和 11.4%（见表 2）。

表 2　2022 年我国主要省份露天煤矿产量

单位：处，亿吨，%

省份	数量	产量	占全国产量比重	占本省区产量比重
内蒙古	226	5.3	50.1	45
新疆	42	3.2	30.2	77
山西	25	1.2	11.4	9
云南	19	0.33	3.1	49
其他	42	0.54	5.1	3.4
全国	354	10.57	100	—

资料来源：作者统计整理。

（二）开采工艺

单斗—卡车是我国露天煤矿应用最广泛的开采工艺，为我国露天煤矿产

能的快速增长做出了重要贡献，目前全国共有矿用卡车 3 万余台。

单斗—卡车—半固定破碎机—胶带机半连续工艺在大型露天煤矿的应用占比达到了 80% 以上，目前全国共有单斗—半固定破碎站半连续系统 70 余套，半固定破碎机在降段延深、缩短运距方面的优势明显。

自移式破碎机半连续工艺也取得积极进展，2007 年，伊敏河露天煤矿投入国内第一套自移式破碎机半连续工艺用于煤炭开采，推动了我国露天煤矿单斗—自移式破碎机—带式输送机半连续工艺的发展。此外，还有元宝山、扎哈淖尔和新疆疆纳矿业公司等使用轮斗连续开采工艺，黑岱沟露天煤矿是国内唯一使用无运输倒堆开采工艺的露天煤矿。

（三）安全生产

安全高效一直是煤矿露天开采相对于井工开采最为突出的优势，以往，露天煤矿交通事故较为频繁，大部分为人的不安全行为导致，很少造成大量人员伤亡。但近几年接连发生了几起小型露天煤矿边坡事故，这些小型露天煤矿多是只为追求经济利益，将采剥工程承包给施工队伍冒险蛮干，不按设计施工，形成超高超陡边坡，最终酿成惨剧，给露天煤矿健康发展带来负面影响。

（四）稳产保供

露天煤矿因安全系数高、开采活动机动灵活等特性，相较于井工煤矿更容易实现产能扩增。2021 年 9 月以来，全国煤矿的产能核增，露天煤矿约占 60%。另外，我国露天煤矿煤质主要为褐煤，多用作发电和供暖，地处内蒙古东北部地区的露天煤矿在保障东北能源运行平稳方面具有明显的区位优势。因此，在释放先进产能、煤炭能源安全保供方面，露天煤矿表现出的弹性和韧性非常明显，在煤炭产能调节中，露天煤矿具有重要的"缓冲仓"作用。

（五）智能化建设情况

我国露天煤矿开采设备基本实现了自动化和国产化，近年来，在智

能化建设方面也取得了瞩目成绩。5G 技术在露天潜孔钻机、大型电铲智能化远程操作上成功应用，工作现场画面实时传回操控室，实现人工远程智能操作。

2010 年后，国产矿用卡车开始朝智能化和无人驾驶方向发展，矿用卡车无人驾驶技术及装备已陆续投入国有大型露天煤矿生产。2022 年，国内新增近 20 个矿区无人驾驶项目，目前全国已有 30 余处露天煤矿共 600 余台无人驾驶矿卡运行。

（六）生态环保

我国露天煤矿主要分布地区属干旱、荒漠、高原以及草原地带，干旱少雨，整体生态脆弱，生态系统弹性力小。在习近平生态文明思想的科学指引下，我国露天煤矿坚持"绿水青山就是金山银山"理念，全方位、全过程加强生态环境保护，成绩斐然。平朔、准格尔、伊敏河、霍林河、宝日希勒等矿区逐步形成了适合不同区域、气候特点的复垦与生态重建理论、经验和实践，创新和发展了适合不同矿区特别是生态脆弱矿区的土地复垦与生态重建技术体系。

二　当前存在的主要问题

（一）资源安全问题

露天煤矿在开采过程中，形成永久端帮，端帮下部压覆大量残煤，端帮残煤造成资源浪费、经济损失。如果端帮残煤治理失效，会导致大量端帮煤自燃，污染环境，同时影响边坡的稳定性。尤其是在同一矿区内，相同矿权人和不同矿权人的相邻露天煤矿端帮压煤严重，由于相邻露天煤矿时空位置关系的差异性，当相邻煤矿同时内排压帮时，将造成矿区内相邻露天煤矿永久压煤，资源不能合理高效开发。因此，回收、治理露天煤矿端帮煤是露天煤矿需要面对和解决的问题。

（二）生产模式问题

在单斗—卡车成为主流开采工艺背景下，坑内设备多，多设备体之间交互影响大，生产组织难度大，如"蚂蚁搬家"式开采；此外，当前我国露天煤矿大多采用外委施工作业模式，外委工程量占全矿采剥总量的80%左右，这些外委施工设备型号小，人员、设备数量多，人员素质参差不齐、流动性大，安全投入不足，都给露天煤矿的管理带来极大考验，容易导致"三违"事件、卡车碰撞事故，增加安全风险。

（三）采剥失调问题

从政策等客观因素方面看，当前露天煤矿用地审批周期长、程序复杂问题突出，一些露天煤矿土地保有期不足1年，征地滞后严重制约露天煤矿均衡生产。此外，一些民营煤矿为了短期内追求经济效益，尽可能多出煤，导致生产过程中局部帮坡角超过设计角度，剥离量滞后导致剥离洪峰的出现。以上两种情况，都将导致露天煤矿出现采剥失调，都需要牺牲露天煤矿的生产参数，直接的影响就是缩小平盘宽度、增加边坡角度。随着开采深度的不断增加，边坡稳定问题突出显现，给露天煤矿带来了安全风险，易引发滑坡事故。

（四）专业人才短缺问题

人才是企业进行生产经营活动最重要的核心资源，高素质的专业人才队伍是企业发展的先决条件。虽然煤矿露天开采的安全性远高于井工开采，但露天煤矿生产仍属于艰苦行业，地处偏远，高素质青年人才更倾向到城市和新兴产业就业，高素质专业人才短缺在各类型露天煤矿中都不同程度存在。从另一个角度看，20世纪80年代初，我国露天煤矿年产量2000多万吨、占全国煤炭产量不足3%，在当时全国高校招生不足30万人的情况下，尚能招收露天开采专业本科生60多人。现在露天煤矿年产量达到10.57亿吨、占全国煤炭产量的23.2%，全国高校每年招生超千万

人，但每年露天开采专业本科毕业生不足 50 人，除去考研和转行，真正到露天煤矿工作的更是寥寥无几。

三　露天煤矿发展趋势

（一）大型露天煤矿占据主导地位

当前我国一半的露天煤矿都是小型煤矿，但仅贡献了 8% 的露天煤炭产能，这些小露天煤矿端帮压覆资源比重大，资源回收率低，同时人员素质整体较低，技术管理、安全管理薄弱，存在较大安全风险，近几年发生较大以上事故的都是小型露天煤矿。我国露天煤矿高质量发展水平不断提高，定会更加注重矿权规划，科学划分矿田，更多地建设大型露天煤矿，加大中小型露天煤矿整合力度，避免边角、零星资源浪费，推广矿群协调开采技术，提高资源回收率，企业发展竞争力和露天煤矿安全水平将得到大幅提高。

（二）采剥自营比例大幅提高

生产成本低是外包模式的最大优势，但也带来了较大的安全隐患，不利于露天煤矿行业的高质量发展。当前已有不少大型露天煤矿着手推动提升采剥自营比例。今后一个阶段，会有更多的露天煤矿通过不断加大采剥离设备、技术人才及生产辅助设施的投入，大幅提高露天煤矿的采剥自营比例和自营能力，从根本上解决外委施工单位管理"老大难"问题，提高露天煤矿安全管理水平和现代化水平。

（三）低能耗工艺推广应用优化开采工艺布局

露天煤矿在生产能源的同时，本身也是一个能源消耗体，当前，卡车运输在我国露天煤矿广泛应用，每个露天煤矿都有百台乃至数百台卡车在矿坑内运行，在消耗大量燃油的同时产生大量的二氧化碳。今后应对我国露天煤矿开展连续、半连续等低能耗工艺的可适性研究，加强连续、半连续开采工艺的推广应用，优化我国露天煤矿整体工艺系统的结构布局，降低生产环节能源消耗。

（四）智能装备、低碳装备推广应用

露天煤矿已成为大型装备智能发展的重要载体，近年来煤炭行业实现数字化、智能化发展，无人驾驶和设备远程操控等重大技术取得突破，在露天煤矿常态化可靠运行，推动我国露天煤矿智能化建设迈上新台阶。此外，我国电动矿用卡车的研发已经起步，同力重工、三一重装、徐工、柳工、博雷顿等制造厂家均已推出100吨级电动矿卡，未来，会有更高吨位电动矿卡和氢能矿卡得到研发应用，发展前景十分广阔。

（五）绿色矿山向"金山银山"转化

绿色矿山建设是认真贯彻落实习近平生态文明思想的实际体现，当前我国绿色矿山建设还处于矿山生态修复、绿水青山建设阶段，今后一个阶段，露天煤矿企业将基于绿色矿山的理念构建生态产业化经济体系，探索一条从绿水青山向金山银山转化的通道。打造"生态+特色农业""生态+文旅""生态+民生"等多种生态产业模式，实现借"绿"生金，服务人民群众、提升企业形象、增加社会效益。

（六）露天煤矿产能展望

改革开放以来，露天煤矿为保障我国煤炭能源安全做出了重要贡献。随之而来的是一些老矿区已开采到服务年限的中后期，未来我国煤炭主产地会逐渐从内蒙古转到新疆。新疆作为国家重要的能源基地，适合露天开采的煤炭资源储量1274亿吨，具备建设年产8亿~10亿吨露天煤矿基地的资源条件，可建设一批世界一流的特大型现代化露天煤矿群。

当前我国正处于能源结构转型的新时期，在"双碳"目标下，虽然煤炭主体能源的地位和作用不会改变，但非化石能源在未来整个能源系统中所占的比重会不断提高。未来10~20年，由于露天煤矿具有安全高效等特点，以

及新疆大型露天煤矿群的开发建设，露天煤矿年产能将会增长到 15 亿吨左右，届时产能将占全国煤矿总产能的 30% 左右。

参考文献

赵浩：《露天煤矿高质量安全发展形势分析与对策措施》，《煤矿安全》2022 年第 7 期。

杨晓伟等：《我国露天煤矿发展现状及展望》，《中国煤炭》2023 年第 6 期。

黄润秋：《深入学习贯彻党的二十大精神　奋进建设人与自然和谐共生现代化新征程——在 2023 年全国生态环境保护工作会议上的工作报告》，2023 年 2 月 16 日。

B.6
煤炭深部开采关键技术与发展展望

翟德元[*]

摘　要： 本文聚焦煤炭深部开采问题，分析了我国煤炭深部开采面临的矿压增加破坏巷道、冲击地压风险加大、矿井热害等关键问题，梳理了冲击地压发生机制、围岩控制技术与装备研发、深度开采矿热防治技术与装备、岩溶承压水防治技术、深井火灾治理技术等方面的实践研究成果，并从基础理论、矿井支护、冲击地压预防等方面展望了煤炭深部开采技术研发方向。

关键词： 煤炭深部开采　冲击地压　矿井热害

　　井工煤矿深部开采带来的高温、高压与岩石塑化，是井工煤矿开采的重大隐患，成为制约深部开采的关键因素。目前，我国开滦、新汶、枣庄、鸡西、抚顺、平顶山、徐州和淮南等煤矿企业的部分矿井，均已进入深部开采的范畴。据统计，目前我国有近200处矿井开采深度超过800m，全国煤矿开采深度以每年8~10m的速度递增。近年来，东部矿区大部分矿井进入深部开采的范畴。

　　为确保深部开采安全，《煤矿安全规程》明确规定："新建非突出大中型矿井开采深度（第一水平）不应超过1000m，改扩建大中型矿井开采深度不应超过1200m，新建、改扩建小型矿井开采深度不应超过600m。"

---

* 翟德元，博士，教授，鄂尔多斯市煤炭学会理事长，伊泰集团原副总经理，研究方向为采矿工程和安全工程。

一 深部开采面临的关键技术问题

目前，国内外对矿井深部开采范围的界定不一致，比较一致的观点为采深大于800m为深部开采。值得关注的是，对于裂隙发育、中等稳定以下的岩层，采深500m时就具有深部开采的主要特征。

深部开采具有高压力、高地温、高岩溶水压和强围岩变形的主要特征。西德通过数据模拟计算，得出煤矿采深1000m的垂直应力为23~25MPa，采深1200m时为30MPa，即原始应力与开采深度呈线性关系。国内外专家一致认为，岩层的压力大于岩石强度时，岩石的形变和破坏性显著增大。苏联采用rH/σ指标衡量深井巷道的稳定性，其中r为上覆岩层的平均容量，H为采深，σ为岩石的单向抗压强度，其比值为0.4~0.65时，巷道处于不稳定状态。研究表明，从采深600m开始，每增加100m，巷道底板相对移进量平均增加10%~11%。因此，深部矿井采煤会面临一些关键技术问题。

（一）矿山压力增加，巷道破坏严重

国内外深部开采实践证实，开采深度为800~1000m时，巷道变形量可达1000~1500mm，甚至更大。深部开采的井巷返修率（损坏率）可达40%~80%，甚至高达100%。据新汶矿业集团孙村矿实测，开采深度600m时，工作面支承压影响范围是100m左右，当采深增加到800m时，影响范围增加到120m。同样，支承压力在底板岩层中的影响范围也大幅增加，实测数据达到300m。

底鼓量增大是深部开采的又一显著特征，苏联对深部开采矿井中产生底鼓巷道的统计结果见表1；西德200多条深部开采巷道实测获得的顶底板相对移近量u、底鼓量u_1平均值见表2。法国对深部开采的研究表明，开采深度每增加100m，底鼓率增加3.9%，采高每增加1m，底鼓率增加约3.7%；采深1000m，当顶底板的收敛量达到巷道的50%时，底板鼓起占收缩率的65%。

表1　苏联实测深部开采矿井产生底鼓巷道的比例

单位：m，%

开采深度	底鼓巷道比例
600~800	25
900	40
1000	约80

资料来源：史元伟等编著《国内外煤矿深部开采岩层控制技术》，煤炭工业出版社，2009。

表2　西德实测深部开采巷道顶底板相对移近量及底鼓量平均值

单位：m，%

巷道类别	开采深度	u	u_1
开拓与准备巷道	1000	22	18
回采巷道	922	40	32

资料来源：史元伟等编著《国内外煤矿深部开采岩层控制技术》，煤炭工业出版社，2009。

（二）冲击地压发生频率和强度增加

深部开采条件下，煤岩中积聚了巨大能量，在矿井巷道和采场周围突然释放，会造成煤岩破坏，形成冲击地压，采场支架和设备会受到严重损坏，危及人身安全，甚至引起瓦斯、煤尘爆炸和火灾事故，严重时会造成地面建筑的损坏。

冲击地压是深井矿压采场的动力显现方式，对采场安全生产有巨大危害。冲击地压多发生在采场周围并多在采场来压期间。据统计，1994~1999年开滦唐山矿共发生50次冲击地压，1995~2001年徐州三河尖煤矿发生25次冲击地压，鄂尔多斯红庆河煤矿、石拉乌素煤矿也多次发生冲击地压，并造成地震。

冲击地压是指井巷或采煤工作面周围岩体，由于弹性变形能的瞬时释放而产生突然剧烈破坏的动力现象，其特点为：一是具有突发性，过程短暂。冲击地压发生前一般没有明显的宏观前兆。冲击地压一般过程短暂，相当多的冲击地压是由爆破、顶板来压等引起的，但也有很多是覆岩长期作用达到极限跨度或承载强度时发生的。二是具有强震动性。在冲击地压发生的短暂过程中，多伴有巨大声响和强烈的震动，有的地面几公里范围内都有震感。

三是巨大的破坏性。顶板明显下沉、底板突然开裂底鼓，煤壁破碎，造成支架破坏，危及人身安全。四是伴有煤与瓦斯突出。主要是在高应力条件下，煤和瓦斯压缩而积聚的能量突然释放。

冲击地压类型如下。一是按作用的动力源可分为重力型、构造型和综合型。重力型冲击地压是煤矿深部开采冲击地压的主要类型，如开滦唐山矿、华丰矿、徐州三河尖矿等。构造型冲击地压主要是指煤岩体受构造应力作用产生的冲击地压，如抚顺龙凤矿、四川天地煤矿、开滦唐山矿等。二是按冲击位置分为煤层冲击、顶板冲击及地板冲击。煤层冲击是当煤层的应力集中达到煤体强度极限时，煤层中储存的弹性能突然释放而造成的。煤层结构在高压下被迅速破坏，煤块会突然喷出。顶板冲击表现为两类：一类是坚硬顶板在高压作用下突然断裂；另一类是坚硬顶板岩层超出其极限跨度突然折断。底板冲击地压是底板岩石弹性能量的突然释放。底板岩层坚硬或下方有断层形成的构造应力积聚的弹性能，在采掘空间突然释放，底板岩层以松碎的状态向巷道内猛烈移动。三是按冲击地压强度，可分为强冲击、中等冲击和弱冲击。四是按发生冲击地压的地点不同，可分为工作面冲击、巷道冲击或井筒及主要井巷设施冲击。五是按显现强度可将冲击地压的震级分为 ML0.5~1.0、1.1~1.5、1.6~2.0、2.1~2.5、2.6~3.0 和不小于 3.1 共 6 级。

（三）矿井热害也是深部开采的重大隐患

据统计，目前已有 130 对矿井采掘工作面风流温度超过 30℃。在深部矿井采掘过程中，矿井高温热害及其防治是国内外采矿界公认的科技难题。

采深增加导致的高温高湿环境造成井下工人工作中注意力不集中、心跳加快、头晕等现象，严重的甚至出现中暑而晕倒，极易引起安全事故。据南非多年调研统计，当矿井内作业地点空气湿球温度达到 28.9℃（相当于干球温度 30℃）时，开始出现死亡事故。据苏联统计资料，在风速 2m/s、气温 30℃时，劳动生产率降至 72%，32℃ 时降至 62%，采煤工作面的气温每超过规定指标（26℃）1℃，劳动生产率降低 6~8 个百分点。

另外，高温引发机电设备故障率增加。我国矿用机电设备工作环境温度 ≤

40℃，矿用隔爆型机电设备的工作环境温度≤45℃。如果机电设备长期处于上述限值，故障率会大大增加。日本调查统计表明，机电设备在相对湿度90%以上、气温30~34℃的工作地点，故障率比低于30℃的工作地点高3.6倍。

除上述问题以外，深部开采矿井在高应力集中突然释放时，还会引起煤尘爆炸和水灾、火灾等事故。

二　深部开采实践取得的主要研究成果

（一）冲击地压发生机制研究成果显著

1. 掌握了煤岩体的破坏机理

冲击地压产生于煤岩体集聚的弹性能突然释放，原因在于煤岩体具有突然断裂的特征。根据国内外专家研究，衡量冲击地压强度的关键指标主要有煤样动态破坏时间、弹性变形指数和冲击能量参数等，并由此构成判断冲击倾向的准则。

（1）煤样动态破坏时间

煤科总院北京开采所通过大量实验认为，煤样动态破坏时间 DT 是反映冲击倾向的主要指标。其判据为：$DT \leqslant 50\text{ms}$，冲击倾向强烈；$50\text{ms} < DT \leqslant 500\text{ms}$，冲击倾向中等；$DT > 500\text{ms}$，无冲击倾向。

（2）弹性变形指数

弹性变形指数 W_{ET} 是单位体积受力过程中所储存的变形能与消耗的变形能之比，即：

$$W_{ET} = = A_1 / A_2 \tag{1}$$

式中，A_1 为试件储存的变形能，A_2 为加载过程中消耗的能量。当 $W_{ET} \geqslant 5$ 时，煤层有强烈冲击倾向；当 $2 \leqslant W_{ET} < 5$ 时，煤层有弱冲击倾向；当 $W_{ET} < 2$ 时，煤层不具有冲击倾向。

该指数作为冲击地压倾向性的判别准则，是波兰在20世纪50年代提出的，并在波兰、法国、日本得到推广应用。

（3）冲击能量参数

煤是脆性材料，其全应力—应变曲线如图1所示。

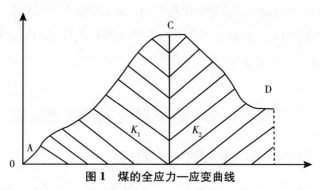

图1　煤的全应力—应变曲线

说明：C——强度极限；AC——峰前强度；CD——峰后特性
曲线；D——全破坏点尚保留一定的残余强性。

煤的全应力—应变曲线前后段面积之比可作为冲击能量参数 K，即：

$$K = \frac{K_1}{K_2} \tag{2}$$

式中，K_1 为加载工程中集聚的能量，K_2 为破坏过程消耗的能量。前段
面积越大，表明积聚的弹性能量越大；后段面积越小，表示破坏过程耗损的
能量越小，在这种情况下极易发生冲击地压。其判别指标为：$K \geqslant 5$，冲击
倾向强烈；$1.5 \leqslant K < 5$，冲击倾向中等；$K < 1.5$，无冲击倾向。

我国煤炭工业系统以上述准则为基础，制定了煤层冲击地压倾向判别标
准（见表3）。

表3　煤层冲击地压倾向判别标准

单位：ms

评判结果	动态破坏时间	强性能指数	冲击能量指数
无冲击倾向	$DT > 500$	$W_{ET} < 2$	$K < 1.5$
弱冲击倾向	$50 < DT \leqslant 500$	$2 \leqslant W_{ET} < 5$	$1.5 \leqslant K < 5$
强冲击倾向	$DT \leqslant 50$	$W_{ET} \geqslant 5$	$K \geqslant 5$

资料来源：史元伟等编著《国内外煤矿深部开采岩层控制技术》，煤炭工业出版社，2009。

2. 冲击地压数值分析与采动应力模拟为深部开采提供了充分可靠的依据

多年的采矿实践证明,分析冲击地压区域内的应力分布状态和应力值大小是防治冲击地压的基础。目前,世界上比较通用的分析模拟程序有 FLAC、UDEC、AESYS 等,采用的方法主要是有限元法、边界元法、离散元法等。

模拟方法可提前确定冲击地压防治的重点区域,对于未开采区域,可提前预测冲击地压危险状态,得出大范围的空间信息,并能确定在工作面回采过程中出现最大应力的时间和地点,以及预测开采空间的大小、开采参数、开采历史对冲击地压的影响。多年实践证明,数值模拟结果对于确定冲击地压危险区域是有效的。

3. 微震的研究和推广应用对预防冲击地压具有显著效果

矿山开采引起的震动,是岩体断裂破坏的结果。与大地震相比,这类震动震中浅、强度小、震动频率高、影响范围小,故称为微震。采动微震震动能量小,从 1×10^2J(很弱)到 1×10^{10}J(很强)不等,对应地震里氏震级 0~4.5 级;震动频率低,大约 0~50Hz;震动范围宽,从弱的几百米到强的几百甚至几千公里。能量级别为 1×10^6J 的冲击地压最多,当能量达到 1×10^9J 时,几乎每次矿震都会发生冲击地压灾害。

微震法是一种区域性监测方法。微震监测系统的主要功能是对全矿范围内进行微震监测,自动记录微震活动,进行震源定位和微震能量计算,为评价全矿范围内的冲击地压危险提供依据。

微震监测已成为矿山地震预报的重要手段,目前,南非、波兰、捷克和加拿大等国已形成国家级矿山地震监测网,并在冲击地压预报中得到了广泛应用。我国也已广泛应用微震法预测冲击地压,2022 年山东能源集团进行微震法预监预报全国招标,目前已在全集团进入推广应用阶段。

早在 1986~1990 年,门头沟煤矿就利用了微震监测技术,并对记录的 6321 次微震进行了分析,归纳出冲击地压的规律。一是微震活动的频率急剧增加;二是微震总能量急剧增加;三是爆破后,恢复到爆破前微震活动的时间增加。根据微震活动的变化、震源方位和活动趋势可对冲击地压危险做出评价。一是无冲击危险的微震活动处于低能量稳定释放状态(小于 $1 \times$

10^4J），未发生过大的震动冲击。二是有冲击地压危险的微震活动。①微震活动的频率和能级急剧增加；②微震活动保持一定水平（小于 $1×10^4$J），突然出现平衡期，持续 2~3 天后，会出现大的震动和冲击。

早在 2004 年，我国就从波兰 EMAG 公司引进了 ARAMIS/MA 与 ARP2000 微震系统，并在华丰煤矿应用中取得良好效果，定位精度（X，Y ±20m；Z±50m）完全满足了冲击地压的监测要求，达到国际先进水平。

4. 地音法在冲击地压监测方面的应用得到长足发展

采矿活动引发的动力现象分为两种：一种是强烈的，属于采矿微震的范畴；一种是微弱的，如声响、震动、卸压等，即采矿地音，也称为岩石的声发射。

地音法主要有两种形式：一是连续地音监测；二是流动激发地音监测。

（1）连续地音监测

这种监测方式与微震监测类似，有固定的监测站，可以连续监测煤岩体内发声的连续变化，预测冲击地压的危险性及危险程度。地音监测系统的特点包括：能自动、连续和远距离实时处理数据；可监听任意一个或几个通道所接收的震动声响。

（2）流动激发地音监测

采用流动激发地音法对冲击地压的危险性进行监测时，探头一般布置在 1.5m 深钻孔中，距探头钻孔 5m 处打一深 3m 的钻孔，装上激发所用的标准质量炸药（110g），布置方式如图 2 所示。记录炸药爆炸前后一段时间内产生的微裂隙的弹性波脉冲。炸药爆炸产生的微裂隙，部分可通过地音仪器监测到，并以脉冲的形式记录下来。通过比较爆破前后地音活动规律，确定应力分布状态，从而确定冲击地压危险状态。

5. 电磁辐射法监测取得实效

煤岩电磁辐射是煤岩体受载变形破裂过程中向外辐射电磁能量的一种现象，与煤岩体的变形破裂过程密切相关。

电磁辐射可用来预测煤岩灾害动力现象，其主要参数是电磁辐射强度和脉冲数。电磁辐射强度主要反映了煤岩体的受载程度及变形破裂强度；

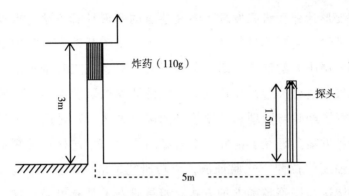

图 2 流动激发地音法探头及炸药布置示意

脉冲数主要反映了煤岩体变形及破裂的频次。电磁辐射还可用于检测煤岩动力灾害防治措施的效果、评价边坡稳定性、确定采掘工作面周围的应变等。

电磁辐射和煤的应力状态有关，应力高时电磁辐射信号就强，应力越高，冲击危险越大。电磁辐射法对冲击地压进行预测预报主要有两种方式。

一是临界值法。在没有冲击地压危险，压力比较小的地方观测 10 个班的电磁辐射最大值、平均值和脉冲数据，取平均值的 K 倍（一般 $K=1.5$）测临界值，公式为 $E_{临界}=KE_{平均}$

二是偏差值法。分析电磁辐射的变化规律，分析当班的数据与平均值的差值，根据差值和前一班数据的大小，对冲击地压危险性进行预测预报。山东能源集团济三煤矿采用偏差值法，初步确定了电磁辐射的预测指标：电磁辐射强度的临界值为 100mV，脉冲临界值为 1600Hz，超过该临界数值时，表明该处有冲击危险；电磁辐射变化率超过 100%，也表明该区域存在冲击危险，必须立即采取解危措施。

另外有钻屑法（煤层围岩压力—变形预测法）、综合预测法等，统筹兼顾、一矿一策，上述方法均取得了令人满意的效果。

（二）围岩控制技术与装备的研发为深部开采提供了可靠的保障

1981～2006 年，德国在煤矿巷道围岩控制方面的主要研究成果如下。

一是巷道变形计算。研究发现了各类巷道的变形计算方法，重点表现在顶底板收敛量（包括掘进收敛量、蠕动收敛量和开采影响收敛量）的计算。二是岩层压力的计算。确定了水平应力对巷道工程变形的影响，研究了开采破坏过程及塑性变化规律，借助计算机研发了煤岩层压力计算模型，研究了经验与物理和数学模型的耦合方法。三是确立了深部开采的全面支护方案。研发了锚杆与围岩黏结更优的黏结材料及测定锚杆与围岩黏结强度的拉伸方式验证法，成功研究了滑动和延伸多功能锚杆、长锚杆和浇注锚杆等各种支护方式。四是研发了具有可靠支撑力、可伸缩的支撑式支架，满足了深部开采的需求。五是成功研发了架后充填工艺和材料。六是系统分析和资料分析软件研究成果具有很强的适用性和可靠性。

德国研发的刚性和延伸组合锚杆，随着承载力升高相应地提高拉紧力，具有刚性锚杆和柔性锚杆的共同特性；研发的滑动组合锚杆，由于锚杆芯是由高延伸率的硌—镍钢制成，围岩运动首先使锚杆芯和外套管相互挤压，外套管在载荷为 350kN 时断裂，然后带有近似螺纹的锚杆芯与预先旋拧在一起的滑动元件共同发挥对围岩的阻力作用，围岩得到了有效控制；研发的马蹄形组合锚杆与刚性锚杆相比，具有明显优点（90°剪切实验达到的剪切行程是 183mm，50°剪切实验时为 118mm）。德国还创新研发了锚杆布置新系统，此系统安装和受力顺序为：第一步，由钢带弯成的马蹄形元件与锚杆一起将背板网与岩石固定；第二步，将一个碗形锚杆推盘与一个矩形外套从已安装的马蹄形元件上面推入，并进行 90°旋转，使其压紧马蹄形元件的肩背，相当于锁紧机构；第三步，锚杆托盘的凸起部分对围岩形成压力，达到围岩控制效果。德国研制的新一代"一步式"锚杆工艺简化了工序，提高了掘进速度，避免了人工安装锚固剂导致黏结质量差等缺陷。对于大断面巷道，德国还研发了支护强度达到 1000kN/m² 以上的喷射混凝土—锚杆支架联合支护方式，有效地防止了围岩的破坏。另外，德国研发的锚杆、架后充填与 U 形支架联合支护方式，也取得令人满意的效果。

在防治底鼓方面，德国、英国、俄国、比利时等国都进行了不同参数的底板锚杆实验，得到了底板锚杆长度约为底板宽度 3/4，最大达到巷道全长的关键数据，为深部开采底板支护提供了可靠依据。同时，各国实践了底板压力注浆与锚固相结合的方式，效果显著。专家借助回归方程，成功得出在采深 1100m 以上时，当支护强度小于 1500kN 难以避免地板破坏的结论，为防治底鼓提供了支护强度依据。

深部煤层开采工程实践还创造性地提出了塑性煤柱系统，塑性煤柱宽度一般为 8.5~10.5m，高度为 2~3.9m，其优点为可将塑性煤柱转移峰值手段用于安全开采深度较大及有冲击地压的煤层。美国塑性煤柱研究得出的塑性煤柱宽度为 7.9~15.2m，长度为 24.4~45.7m。

美国煤矿深部开采多采用全黏结树脂锚杆，占比在 70% 以上。在复杂条件下可采用锚索树脂全胶结方式，实验表明该方式可有效进行围岩加固。典型的锚索由 7 根直径约 1.5cm、最小拉断载荷 254kN 的钢绳组成。锚索与岩石锚固件相比，具有较大伸缩量、较大的承载力和抗剪能力。

在提高锚杆支护能力和锚杆构件强度方面，俄罗斯提出支护能力达到 $200~450kN/m^2$，初撑力达到 $40~90kN/m^2$ 的支护方案，可减少回采巷道顶板位移 34%~67%。

美国、英国、澳大利亚、南非、法国等国，针对煤矿深部开采、区域高水平应力和软弱围岩等条件，发展了主动预应力锚杆和锚索、高强度与高刚度锚杆和锚索，均在不同地质条件下得到了发展和应用。

我国在煤矿深部大断面软岩巷道，使用高强度锚杆、金属网、喷射混凝土控制巷道表面及松动圈围岩，取得了丰硕成果，再配以锚索效果更佳。对于软岩巷道，可利用锚杆兼做注浆管方式，对围岩进行注浆加固，实现锚注一体化，解决软岩巷道的支护问题。

在采场顶板控制方面，我国研发的工作阻力达到 18000kN 的液压支架，可充分满足深部开采的需要，采场支护强度的大大提升既满足了工作面支护的需求，又可大大减少工作面巷道破坏程度，对巷道支护有利。

（三）深部开采矿热防治技术与装备得到长足发展

随着矿井开采深度的增加，岩石温度也相应增加，全球地温梯度平均值为 3℃/100m，我国地温梯度为 2.7~4.5℃/100m。围岩温度计算通常从恒温带开始，其深度为 20~40m。

美国、波兰等国一般采用井下集中降温和地面集中制冷降温相结合的方式进行高温矿井治理。南非在地面制取碎冰并向井下输送，而美国等国在地面集中制冷（冷水），之后向井下输冷。

目前，我国主要采取井下局部制冷降温方式和地面集中降温方式。矿内热害治理技术主要有两大类：一是优化矿井通风系统等非人工制冷降温技术；二是采用制冷设备进行制冷降温的人工制冷降温技术。

成功实施的非人工制冷降温技术一般是增加风量、改变通风方式或优化矿井通风系统（采用混合式通风路线比中央式通风或多巷掘进更有利于降温）。另外，使用全部充填法管理顶板，可减少采空区岩石散热的影响，降低采空区漏风量，改善工作面的气候条件；同时充填物可吸热，起到冷却空气的作用。实验表明，全部充填法的冷却效果相当于 1 台功率 400~500kW的制冷机。

人工制冷降温技术发展迅速并得到成功应用。人工制冷降温技术主要有三种。一是井下局部制冷降温技术，制冷设备安装在拟降温的工作地点；二是井下集中制冷降温技术，制冷设备安装在井底车场或采区车场附近，承担矿井或某一开采区域的采掘工作面制冷降温工作；三是地面集中制冷降温技术，制冷站布置在地面，满足全矿井或部分区域采掘工作面的制冷降温需求。

（四）岩溶承压水和深井火灾防治

煤矿深部开采岩溶承压水防治遵循"预测预报、有疑必探、先探后掘、先治后采"的原则。岩溶承压水防治采取防、堵、疏、排、截的综合治理措施，在矿井生产中已经取得成功的防治措施均适用于深部开采。目前，矿井采取的火灾防治措施同样适用于煤矿深部开采的火灾治理。

三　煤矿深部开采发展与展望

据统计，在我国已探明煤炭储量中，约 2.95 万亿吨处于地表 1000m 以下，储量丰富，开采价值巨大。深井煤层的安全开采事关重大。对此，国内外专家前期进行了多年的基础理论研究和工程实践，并取得了丰硕的研究成果。多年的深部开采实践证明，在加强基础理论研究的基础上，充分认识并明确深部开采的技术特征，认真实施安全技术措施，深部开采既是可行的，也是安全可靠的。安全高效地采集深部开采区域宝贵的煤炭资源，对国家能源安全保障和经济建设十分重要。

值得关注的是，深部开采也需要坚持健康稳定可持续发展，要坚持深化理论研究，坚持技术创新，坚持适应深部开采的高新技术和装备研发，尤其关键的是加强科技人才和研发团队建设，从根本上解决深部开采所面临的诸多工程技术问题。

（一）支护方面

第一，进一步优化锚杆结构和支护参数。面对复杂多变的矿井工程地质，要研制适用不同地质条件的锚杆结构和参数，规范深井支护工艺流程，制定规范适用的支护标准体系和操作说明书。

第二，针对深部开采矿压突出特征，进一步深化锚杆支架可伸长量的结构，如高延伸率锚杆、组合滑动锚杆等，同时提高锚杆构件的抗冲击能力。

第三，开发柔性锚杆，以满足各类不同煤层围岩控制的需求。

第四，研究不稳定围岩条件下大断面巷道使用组合支架（锚杆和具有架后充填的拱形支架）的必要性和使用条件以及减小底鼓的技术措施。

第五，借鉴乌克兰和俄罗斯采用的浇注式墩柱，解决不稳定围岩环境下二次使用的巷道支护的防漏风问题。

第六，完善无煤柱开采条件下组合支护加固（包括注浆锚杆）的结构参数和巷道两帮防止漏风的密闭工艺。

（二）预防深部开采冲击地压方面

第一，进一步完善冲击地压监测预报和防治技术，实现科学化、标准化和法制化，降低冲击地压危险和发生率，实现采掘工作面安全生产。

第二，进一步研究区域解突关键技术，在确定的关键层极限跨度内，将顶板内掘进用于预裂专巷，使顶板在极限跨度内预裂泄压；或采用在专巷中爆破预裂的方式，使顶板压力降低到不积聚较高动能的状态，消解冲击地压。区域解突的面积一般以 3~5 个工作面为宜，也可在开采煤层两巷或专巷内使用顶板爆破预裂或水压致裂的方式，实现深井开采解突的目标。

第三，加强回采工作面端头支护装备的研究，提高液压支架的可靠性和稳定性，对于倾角较大的煤层，尤其要加强支架防滑、防倒的研究。

第四，促进综采工作面采空区充填材料、工艺和装备的机械化、自动化。

第五，建立国家级矿山地震网监测体系，与国家地震台网一起形成可靠的预测预报安全保障体系。

第六，建立"国家+省级+矿区级"相互支撑和共享的深部开采安全态势评估决策体系，统筹全国一盘棋研究，为深部开采提供宏观技术和政策支持。

（三）深部开采基础理论研究方面

第一，深入研究深部开采条件下巷道围岩变形与支架相互作用理论，为围岩控制提供可靠理论依据。

第二，深入研究深部开采锚固理论及不同条件下锚杆参数优化准则。

第三，继续开展二次支护的适用条件及合理支护结构参数和工艺研究。

第四，深入研究冲击地压监测系统，提高监测预报的可靠性和成功率。

第五，开展深部开采放顶煤围岩位移规律和工艺参数的优化研究。

第六，研究上引开采的岩层移动变化规律和合理开采参数。

参考文献

史元伟等编著《国内外煤矿深部开采岩层控制技术》，煤炭工业出版社，2009。

袁亮主编《煤矿总工程师技术手册》，煤炭工业出版社，2010。

袁亮主编《煤矿安全规程解读》，煤炭工业出版社，2016。

转型发展篇

Transformation and Development Section

B.7

煤矿智能化发展趋势研究

强辉 李猛钢 王雷*

摘　要: 煤炭是我国能源安全稳定供应的"压舱石",煤矿智能化是实现
行业高质量发展的必由之路。本文从智能化相关政策、各省份煤
矿智能化建设主要做法、智能化建设的阶段性成果三个方面,分
析了我国煤矿智能化发展现状;探讨了目前煤矿智能化建设的基
本路径,指出新一代ICT技术深度融合、端—边—云巨系统集
成、规范与示范引领、创新驱动、产学研结合是煤矿智能化建设
的新特点;指出智能化基础理论研究薄弱、系统接口数据协议不
统一、难以实现对矿井各业务系统的综合协同管控、运维机构不
健全、人才储备严重不足是当前煤矿智能化建设存在的主要问
题;提出在加强顶层设计基础上,推进技术创新、建立智能化标

* 强辉,高级工程师,应急管理部信息院战略所副所长,研究方向为煤矿工程技术咨询、安全
管理咨询;李猛钢,博士,中国矿业大学讲师,硕士研究生导师,研究方向为煤矿机器人;
王雷,教授级高级工程师,国家能源集团技术经济研究院企业战略研究部副主任,研究方向
为煤炭经济、企业发展战略规划等。

准体系、推进多产业集成、加强人才培养、探索新型商业模式等煤矿智能化发展思路。

关键词： 煤矿智能化　技术创新　多产业集成

智能化是新一轮产业革命核心驱动力，能够有效释放科技革命和产业变革积累的巨大能量，对生产、分配、交换、消费等各环节经济活动进行有效重构，形成宏观至微观各领域的智能化新需求，推动生成新技术、新产品、新产业、新业态、新模式，优化经济结构、提高经济动能，深刻改变人类生产生活方式和社会组织模式，从而实现社会生产力的整体跃升。煤矿智能化是近年来全球工业技术发展的重要趋势之一，尤其在中国，随着科技的快速发展和产业升级，煤矿智能化的进程正逐步加快，尽管已经取得较大进展，但仍面临诸多挑战。本文旨在深入研究和探讨煤矿智能化的发展现状、特点、成效，分析存在的问题，进而提出未来的发展思路。

一　煤矿智能化发展现状

（一）煤矿智能化相关政策

煤炭行业作为传统能源行业，具有专业环节多、装备类型多、生产系统复杂和技术管理多元耦合等特点，具备智能化的巨大空间，发展前景广阔。通过应用先进装备和技术，加快煤炭生产技术变革，全面提升煤矿智能化水平，提高煤炭行业全要素生产效率，实现生产过程少人化、无人化，有助于降低开采运营成本、提高生产经营能力，以及解决煤矿企业招工难等问题。围绕煤矿智能化建设，相关部门出台了一系列政策予以支持（见表1）。

表1　煤矿智能化建设相关文件

序号	发布时间	文件名称	相关要求
1	2016年4月	《能源技术革命创新行动计划(2016—2030年)》	将煤炭无害化开采技术创新列为重点任务之首,要求加快隐蔽致灾因素智能探测、重大灾害监控预警等关键技术装备研发及应用,实现煤炭安全开采;加强煤炭开发生态环境保护,重点研发井下采选充一体化、绿色高效充填开采等关键技术装备,基本建成绿色矿山;提升煤炭开发效率和智能化水平,研发高效建井和快速掘进、智能化工作面等技术,重点煤矿区基本实现工作面无人化,全国采煤机械化程度达到95%以上
2	2019年1月	《煤矿机器人重点研发目录》	提出了5类38种机器人重点研发目录。大型矿井综合掘进机器人等3个煤矿机器人项目列入科技部国家重点研发计划"智能机器人"2020年度重点专项;矿山机器人关键共性技术、标志性产品等内容纳入工信部《机器人产业发展规划(2021—2025年)》
3	2020年2月	《关于加快煤矿智能化发展的指导意见》	到2021年,建成多种类型、不同模式的智能化示范煤矿;到2025年,大型煤矿和灾害严重煤矿基本实现智能化,形成煤矿智能化建设技术规范与标准体系;到2035年,各类煤矿基本实现智能化,构建多产业链、多系统集成的煤矿智能化系统,建成智能感知、智能决策、自动执行的煤矿智能化体系
4	2020年4月	《全国安全生产专项整治三年行动计划》	推进煤矿安全科技创新和"四化"建设,全面推进煤矿智能化建设。贯彻落实加快煤矿智能化发展的指导意见,指导各地结合实际制定实施方案,进一步争取相关政策及资金、科技立项支持,争取将煤矿智能装备和煤矿机器人研发应用列入国家"十四五"科技发展规划。重点推进大型煤矿开展系统性智能化建设,对冲击地压、煤与瓦斯突出等灾害严重矿井,优先开展智能化采掘(剥)和危险岗位的机器人替代,建设一批智能化示范煤矿,建成一批100人以下少人智能化矿井

序号	发布时间	文件名称	相关要求
5	2020 年 7 月	《关于开展首批智能化示范煤矿建设推荐工作有关事项的通知》	加快推动智能化技术与煤炭产业融合发展,发挥智能化示范煤矿的引领带动作用,加快煤矿智能化建设,提升煤矿安全生产水平
6	2020 年 11 月	《关于开展首批智能化示范煤矿建设的通知》	确定 71 处煤矿作为国家首批智能化示范建设煤矿
7	2021 年 6 月;2021 年 12 月	《煤矿智能化建设指南(2021 年版)》;《智能化示范煤矿验收管理办法(试行)》	突破智能化煤矿综合管控平台、智能综采(放)、智能快速掘进、智能主辅运输、智能安全监控、智能选煤厂、智能机器人等系列关键技术与装备,形成智能化煤矿设计、建设、评价、验收等系列技术规范与标准体系,建成一批多种类型、不同模式的智能化煤矿,提升煤矿安全水平
8	2023 年 6 月	《智能化矿山数据融合共享规范》	包含基础共性、数据编码、数据采集、数据治理、数据安全、数据应用六大专题 40 项规范,以智能化矿山数据编码、采集、传输、存储、融合、分析、共享的规范化、标准化需求为牵引,建设和完善智能化矿山数据融合共享体系,强化矿山数据规范的先进性、适用性和有效性
9	2023 年 8 月	《矿山智能化标准体系框架》	构建覆盖智能化矿山建设各业务领域、全生命周期的标准体系框架,包括基础通用、数据与模型、生产系统与技术装备、决策与应用四大类标准子体系,具备科学性、指导性、系统性和前瞻性

近年来,各产煤省份深入贯彻落实党中央、国务院关于能源转型升级和高质量发展的决策部署,大力实施煤矿智能化建设,针对智能化建设研究提出一系列指导方案,加快推进"机械化换人、自动化减人、智能化少人",煤矿技术装备、创新能力、管理水平得到明显提高。山东省制定了《关于加强全省煤矿智慧化建设和智能化改造的指导意见》《山东省煤矿智能化建设实施方案》;山西省出台了《山西能源革命综合改革试点行动方案》《山西开展能源革命综合改革试点 2019~2020 年工作任务清单》;河南省、贵州省等结合发展实际和特点,研究制定智能化建设标准,河南

省研究制定了《河南省煤矿智能化建设验收办法（试行）》和《河南省煤矿智能化建设标准（试行）》，贵州省出台了《贵州省煤矿智能机械化建设与验收暂行办法》。

（二）煤矿智能化建设阶段性成果

根据国家矿山安监局数据，截至 2023 年上半年，全国煤矿智能化采掘工作面已经达到 1300 余个，有智能化工作面煤矿达到 694 处、产能约 21 亿吨/年。智能化建设投资规模近 2000 亿元，已完成投资超过 1000 亿元。现场应用的带式输送机巡检、水仓清淤、喷浆等煤矿机器人 31 种、1000 台套，约 300 台无人驾驶车辆在 30 余处露天煤矿开展试验。228 处非煤矿山在破碎、运输、给水排水、在线监测监控与研判等环节实现智能化。智能化煤矿百万吨死亡率为 0.024，不到平均水平的 50%。国家发改委、财政部、国家能源局、国家矿山安监局等部门围绕投资支持、项目核准、产能核增等方面出台一系列支持政策，并将煤矿智能化建设投入列入安全费用使用范围、纳入 3000 亿元煤炭清洁高效利用专项再贷款支持领域，形成支持智能化发展的长效机制。

各产煤省份结合自身实际情况，坚持"典型示范、分类推进，因地制宜、因矿施策"，大力推进煤矿智能化发展。山西以采掘工作面改造为重点推进智能化建设，截至 2023 年 6 月底，已建成 46 座智能化煤矿、1161 个智能化采掘工作面，煤矿先进产能占比达 80%。山东采取"冲击地压矿井率先开展、省属煤矿全面铺开、市县煤矿不断延伸"的做法，已推动省内产能 90 万吨/年以上煤矿全部实现智能化开采。安徽在固定岗位无人值守、采掘及辅助系统智能化等方面明确了示范项目具体目标，推动省内智能化建设向纵深发展。宁夏、辽宁注重发挥辖区重点煤炭企业创新引领作用，以智能化建设先进煤矿为标杆，组织开展技术交流会、现场推进会，带动辖区智能化建设全面铺开。陕西针对各地区不同的地质条件，分门别类组织开展智能化建设与升级改造，成功打造了智能化发展的融北模式、黄陵模式、咸阳模式；陕煤化集团打造黄陵矿业、彬长矿业、榆北煤业等"5G+智慧矿区"，建成黄陵一号矿、曹家滩等多个标杆煤矿，目前智能化产能已占总产能的95%。内蒙古、新疆重视探索露天煤矿智能化建设，在智能采剥、卡车无人驾驶与编组化运行等方面，探索出了卓有成效的建设经验。总之，煤矿智能化建设在国家政策支持和各地煤炭企业的努力下，取得了阶段性成果。技术创新推动了矿山通信、信息传输和数据分析等方面的发展，提高了安全生产水平和资源利用率，降低了企业成本，但仍需继续加大政策支持力度，以推动煤矿智能化建设的深入发展。

二　当前煤矿智能化建设路径及特点

目前，一批智能化示范煤矿对采掘、供电、通风、运输等系统进行了智能化升级，按照"全面自主感知、实时高效互联、智能分析决策、高效自主学习、动态预测预警、精准协同控制"的目标深入推进，阶段性地实现了生产、安全、经营等全过程的高效智能运行。

（一）当前煤矿智能化建设路径

根据《煤矿智能化建设指南（2021年版）》，智能化煤矿将人工智能、工业互联网、云计算、大数据、机器人、智能装备等与现代煤炭开发技术进行深入融合，形成全面感知、实时互联、分析决策、自主学习、动态预测、协同控制的智能系统，实现煤矿开拓、采掘（剥）、运输、通风、洗选、安全保障、经营管理等全过程的智能化运行。

新建煤矿及生产煤矿应根据矿井建设基础，制定科学合理的煤矿智能化建设与升级改造方案，明确智能化煤矿建设的总体架构、技术路径、主要任务与目标。智能化煤矿应基于工业互联网平台的建设思路，采用一套标准体系、构建一张全面感知网络、建设一条高速数据传输通道、形成一个大数据应用中心，面向不同业务部门实现按需服务。井工煤矿、露天煤矿开展智能化建设可参考图1中的技术架构。

2023年3月发布的《矿山大数据标准化白皮书》，系统诠释了工业互联

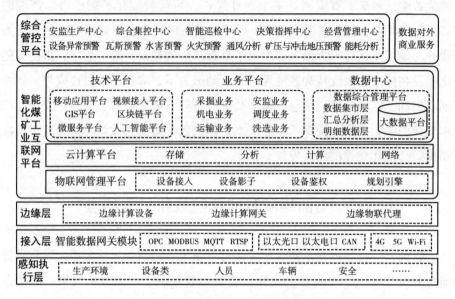

图1　智能化煤矿建设参考技术架构

网架构下的"三个统一、七个转变"，为指导智能矿山建设、落实工业互联网架构和分层解耦提供标准体系牵引。

2023年6月，国家矿山安监局发布了《智能化矿山数据融合共享规范》，包含基础共性、数据编码、数据采集、数据治理、数据安全、数据应用六大专题40项规范。

2023年8月，国家矿山安监局公布了《矿山智能化标准体系框架》，系统梳理了矿山智能化领域的标准化需求，从开采工艺、技术装备、数据治理、安全保障等多维度，构建了覆盖智能化矿山建设各业务领域、全生命周期的标准体系框架，明确了智能化矿山建设各部分的具体标准研制方向。

在完成基础总体框架之后，煤炭行业结合智能化发展的技术路径，强化企业创新主体地位，完善创新机制，呈现多样化的发展建设路径。贵州积极运用"揭榜挂帅"制度，攻关复杂地质条件下采掘工作面无人少人、智能采掘技术装备应用等难题。华为煤矿军团采用"车—网—云"协同架构，整合车（智能驾驶计算平台+感知系统+算法）、网（5G+V2X）、云（自动驾驶云服务、高精地图云服务、智能卡调系统）等领域技术，解决露天煤矿无人驾驶商用面临的安全、效率、可靠性等难题。中国煤炭工业协会牵头组建煤矿智能化创新联盟，发布《5G+煤矿智能化白皮书》，引导5G等新一代信息技术在行业内加快应用。国家能源集团通过自主创新，突破掌握了"5类智能采煤、5类智能掘进、3类卡车无人驾驶、5类机器人"等关键技术，并携手华为公司研究开发"矿鸿系统"，推动国产操作系统的工业化应用。陕煤集团红柳林矿业有限公司与华为携手打造的"5G+工业互联网"智能矿山解决方案，利用5G、云计算和人工智能等技术及相关数字应用有效提升了矿山生产效率和安全运营水平，打造了煤炭行业首个三级架构工业互联网平台，通过陕煤集团、矿业公司、煤矿三级协同管理，实现了协同管控、智能感知、高效决策的智能化运行体系。中国煤科集团牵头开展了67项智能化专项技术攻关，突破100余项核心技术及装备，主导编制技术标准120余项。中国矿业大学（北京）专门开设智能化煤矿建设本科专业，开创了煤矿智能化专业人才培养新模式。山东能源集团通过与华为、云鼎科技强强联合，打造盘古矿山大模型并实现快速规模化复制推广。

（二）煤矿智能化建设路径特点

1.新一代ICT技术深度融合

逐渐形成工业互联网、云计算、大数据、人工智能、机器人和智能装备等现代煤炭开发技术，形成全过程智能化运行新局面。

2.端—边—云巨系统集成

基于工业互联网平台的建设思路，逐步构建标准体系、感知网络、数据通道、数据应用一体化的端—边—云协同作业的煤矿巨系统，面向不同业务部门逐步实现按需服务。

3.一体化管控

构建智能一体化管控平台，逐步实现采掘、提升运输、排水、供电、通风等生产环节之间的信息共享和协同作业，实现对整个煤矿的统一管理和调度，提高生产效率和管理水平。

4. 多源感知数据驱动

以数据采集和分析为基础，通过各种传感器、监测系统和通信设备采集煤矿各环节的数据，经过处理和分析，为生产管理和决策提供及时准确的数据支持。

5. 安全性能优先

煤矿生产环境复杂，安全生产风险大。煤矿智能化建设始终坚持安全优先的原则，采用先进的安全监测和监控技术，确保生产过程的安全可控。

6. 规范与示范引领

以国家和行业发布的煤矿智能化标准和技术规范为依据，为煤矿智能化建设提供明确指导；通过企业打造智能化矿山示范工程、展示先进经验成果，为其他企业提供借鉴和参考。

7. 创新驱动

煤矿企业正在积极加强自身创新主体地位、完善创新机制，逐步实现关键智能化技术装备的自主研发。

8. 灵活性与适应性并重

煤矿智能化建设应因地制宜，结合不同的地质条件和生产特点进行灵活调整，优化资源配置，适应不同的生产环境和生产要求。

9. 产学研结合

高校、科研院所与企业的良性互动增加，推动了产学研深度融合，形成了共同攻关煤矿智能化发展难题的趋势。

10. 可持续发展

煤矿智能化建设应考虑可持续发展，注重环境保护和资源节约，减少对环境的影响，促进煤矿的可持续发展。

三 当前煤矿智能化建设存在的不足

尽管煤矿智能化建设取得了一些成效，但总体处于研发应用的初级阶段，发展还不充分、不平衡，仍然存在不少问题和不足。

（一）智能化基础理论研究薄弱

冲击地压防治关键技术、煤岩界面识别技术、矿井多系统融合综合智能监测预警技术、基于井下地质环境精准探测的"三维透明地质"技术等仍未实现显著突破。

（二）系统接口、数据协议不统一

各种生产设备接口不统一，IT 应用与设备操作技术（OT）制式多样，跨系统集成复杂度高，IT 与 OT 的融合问题突出；生产数据没有统一格式无法及时上传，海量 OT 数据也不能通过 IT 手段进行分析与建模，严重影响了数据价值的释放。

（三）难以实现对矿井各业务系统的综合协同管控

存量信息系统及生产综合管控平台依赖传统的信息化矿井技术架构进行建设，数据采集、数据解析、数据存储、业务呈现体系"烟囱式"建设，造成服务器资源浪费、系统打通困难，普遍存在信息孤岛、信息烟囱等问题。

（四）技术装备还存在短板

复杂条件智能综采、智能快速掘进、重大危险源智能感知与预警等关键技术有待突破；高精度传感器等关键元器件质量亟待提高，且国内缺少成套装备集成供应商，没有统一的协同平台；不同类型煤矿机器人研发进度差异较大。各类科研、生产制造等创新资源不能科学合理有效配置，造成各自为战、重复研发，协同创新、跨界融合发展的"一盘棋"局面还未形成。

（五）煤矿生产组织架构与智能化发展要求不适应

煤炭企业现有生产组织架构中缺少专门的智能化管理部门，智能化系统建设与运维管理流程不畅，日常运维主要依赖厂家，传统管理模式限制了智能化技术与装备提升全矿生产效率。

（六）煤矿智能化建设人才储备不足

煤矿智能化建设是多领域、多系统、多技术、多工种相互交织关联、相互匹配融合的过程，需要培养建立一支科学基础雄厚、创新能力强、综合素质高的智能化专业人才队伍。职工队伍的知识结构、年龄结构与智能化建设需求不匹配，智能化专业人才短缺，管理与技术力量薄弱，现有培训模式、设施、教材等滞后于智能化建设进程，严重影响煤矿智能化发展。

四 未来煤矿智能化建设发展思考

根据国家能源局和国家矿山安监局发布的《煤矿智能化建设指南（2021年版）》，煤矿智能化建设需要进一步加强顶层设计、推进标准化建设、加快技术创新、推动产业升级、提高安全保障能力等。煤矿智能化建设的可行思路如下。

（一）建立健全智能化标准体系

推动煤矿智能化建设标准化和规范化，鼓励煤矿企业、科研院所、行业组织等开展或参与企业标准、团体标准和国际标准的制定，健全煤矿智能化标准体系。探讨建立更加符合煤矿智能化发展需求的监管体系，加快相关监管标准制修订，使之与煤矿智能化建设配套。

（二）推进多系统、多产业链集成

加强工业物联网建设，建立统一的生产体系信息化标准，推动人工智能、大数据服务平台建设。将煤矿智能化与煤炭深加工、清洁生产、经营管理等环节深度融合，构建多产业链、多系统集成的煤矿智能化系统，实现煤矿生产过程的全面优化和协同运行。产业链延伸方面，从煤炭生产数字化，向煤矿生产经营数字化，再向煤化工、煤电、物流等整个产业链数字化延伸；应用系统集成程度方面，从单一系统集成向部分业务局部集成，再向相关系统全面集成应用拓展；操作手段方面，从人工近距离操作，向无人远程遥控，再向系统自适应调控延伸；发展层次方面，从技术应用向劳动组织优化、系统优化甚至更高层次的管理模式创新、商业模式创新提升，实现煤炭行业转型升级。

（三）着力攻破关键核心技术

智能掘进需要突破自主移动导航、定姿定形定向截割、多工序智能协同控制、数字孪生远程智能监控等关键技术，积极构建掘、支、锚、运一体化与智能化技术体系，基于自动驾驶技术、智能地图与导航技术的智能化快速掘进与采准系统。智能采煤重点研发集"智能感知、自主导航、5G 传输、精确定位"于一体的工作面找直系统、煤岩识别智能开采系统"一图两系统"。攻克地质条件超前精细探测、开采条件实时预测与处置、设备位置及姿态精准感知等技术，攻克液压支架围岩耦合自适应控制、煤岩界面智能识别、煤岩高效自适应截割、多机协同控制、故障智能诊断处理等技术。智能运输环节重点推进采用具有无人驾驶、智能感知、智能调度、防撞避让、自主运行功能的机器人智能运输系统。在冲击地压综合监测技术基础上，以大数据技术为手段，结合机器学习、深度学习等方法，深入开展冲击地压致灾因子的精准识别以及超前预警研究，形成数据监测分析一体化管理模式，研发具备冲击地压数据实时监测、在线分析、超前预警、决策生成等功能的专业化系统。机器人研发领域重点研究爆炸性气体环境下煤矿机器人防爆设计，解决煤矿机器人井下动力及充电问题，提高井下 GPS 拒止条件下机器人定位导航精度，加快煤矿机器人专用智能传感器的研发，建立复杂工况下煤矿机器人可靠性测试与评估平台。对煤矿机器人伺服系统、传感器、末端执行器、伺服电机、减速器等关键部件开展针对性研发，研究关键元器件失效模式与故障机理，构建关键部件及系统可靠性评价体系，攻克关键元器件材料和制造工艺。

（四）强化人才培养，提升人员素质

大力推进煤矿智能化建设，需要具备煤炭开采、信息技术、软件管理、人工智能等相关知识的复合型技术人才，需要一支技术过硬、富有创新精神

的技能型人才队伍。建议煤矿企业围绕现场设备使用、维护，联合厂家技术服务人员，探讨"AB 班"轮岗轮训新模式，以提升现有从业人员技术水平为目标，充分利用现有智能化模拟平台、AI 培训体系等，创新培训形式，开展互动性、情境化、体验式技能培训。高校可以此目标为导向，持续优化课程安排、师资力量配备，动态修订完善配套教材，切实培养适应多学科交叉融合与系统集成要求的技术人才；科研院所要加强与高校合作，根据研发需要，以科技目标为导向，与高校联合培养，实现教育、科研优势互补，定向输送人才，切实提升科研水平。

（五）构建开放、包容、共享的产业生态链

遵循"打通信息壁垒"、消除"信息孤岛"、避免"重复建设"的技术思路，打造多元化产业生态，拓展智能化发展空间，形成开放、包容、共享的煤矿智能化发展格局。鼓励不同领域、不同机构、不同专业的跨界合作，加快各行各业新技术在煤矿的推广应用，使平台真正成为核心技术创新"催化器"、战略合作"助推器"、商业模式"孵化器"。

总之，未来煤矿智能化建设的思路应是以技术创新为驱动，以标准化和规范化为基础，以多产业集成为方向，以人才培养为保障，以探索新型商业模式为亮点。

参考文献

葛世荣、胡而已、李允旺：《煤矿机器人技术新进展及新方向》，《煤炭学报》2023年第 1 期。

张建国等：《煤矿智能掘进关键技术探讨及工程实践研究》，《地下空间与工程学报》2023 年第 2 期。

王国法、孟令宇：《煤矿智能化及其技术装备发展》，《中国煤炭》2023 年第 7 期。

B.8
发挥煤电基础保障作用助力能源电力清洁低碳转型

周正道　刘旭龙*

摘　要: 在构建新型电力系统、促进能源电力清洁低碳转型形势下,各类电源的定位和角色发生根本性转变,新能源将成为装机和发电的主体,煤电由电量型电源转变为电量和电力调节型电源。为保障新型电力系统调节容量的充裕,需要统筹电力系统清洁发展和安全保供的关系。在现有技术条件和能源资源禀赋下,煤电是煤炭清洁高效利用的主要方式,是最经济、最安全、最可靠的支撑保障电源和调节电源。为充分发挥煤电的新型电力系统保障支撑和灵活调节作用,需要逐步完善电力市场机制,进一步完善辅助服务市场和容量补偿市场机制,体现煤电保障系统安全和灵活调节能力价值;同时,要统筹规划好煤电的新建、改造、延寿和关停。

关键词: 煤电　清洁低碳转型　新型电力系统

党的二十大报告指出,立足我国能源资源禀赋,坚持先立后破,有计划分步骤实施碳达峰行动;加强煤炭清洁高效利用,加快规划建设新型能源体系。为保障能源供应安全,习近平总书记强调,"能源的饭碗必须端在自己

---

* 周正道,高级工程师,中国电力企业联合会电力市场分会(派驻)副秘书长,研究方向为发电厂生产管理和电力营销;刘旭龙,中国电力企业联合会规划发展部改革处职员,研究方向为电力体制改革、电力市场、电价等。

手里"。① 要基于我国以煤为主的基本国情，做好煤炭的清洁高效利用，增强新能源消纳能力；传统能源的退出，要建立在新能源安全可靠替代的基础上。

长期以来，煤电是煤炭清洁利用的主要途径，是我国电力供应体系的重要组成部分，发挥着能源安全保供"压舱石"的关键作用。在碳达峰碳中和、建设全国统一电力市场和构建新型电力系统的目标引领下，我国新能源装机量快速增长，煤电逐步从电量型电源向基础保障型和系统调节型电源转变，为大规模、高比例新能源接网提供了有力支持，承担了安全保供和系统调节的重要任务。

一　我国煤电发展现状

截至 2022 年底，我国发电总装机容量 25.6 亿千瓦。其中，煤电的装机容量 11.2 亿千瓦，占总装机容量的 43.8%，8 年下降了 14.8 个百分点；非化石能源装机量已接近总装机容量的 50%，非化石能源装机量首次超过煤电，如果算上天然气发电，我国清洁能源装机量占比已达到 56%。

2022 年，全国全口径发电量 8.69 万亿千瓦时。其中，煤电发电量 5.08 亿千瓦时，同比基本持平，占全国总发电量的 58.5%，8 年下降了 8.8 个百分点。非化石能源发电量占全国总发电量的 36.2%，同比增长 8.7%；新能源发电量首次突破万亿，达到 1.19 万亿千瓦时，占到全国总发电量的 13.69%。

未来，在"双碳"目标背景下，我国能源结构及电力系统都将发生巨大的变革。2022 年，国家发展改革委、国家能源局印发的《关于促进新时代新能源高质量发展的实施方案》已明确，2030 年新能源（风电+太阳能）总装机容量要达到 12 亿千瓦以上。从目前新能源发展的态势来看，自 2020 年起我国已连续三年新投产新能源装机超过 1 亿千瓦，以传统煤电为主的电

---

① 《大河奔涌，奏响新时代澎湃乐章》，《人民日报》2021 年 10 月 24 日，第 1 版。

力系统将加速向以新能源为主体的新型电力系统转变。

未来，随着新能源发展规模的壮大以及用电需求的增长和负荷特性的变化，煤电要主动为新能源发电"让路"，更多地参与系统调节，额定运行工况时间减少，多数时间运行在低于额定功率下，煤电的利用小时数将呈下降趋势。2022年，全国煤电平均利用小时数已降至4300小时左右。面对在新型电力系统中定位的转变，煤电机组利用小时数长期处于较低水平正在成为一种"新常态"。

二 煤电在能源电力清洁低碳转型中的地位和作用

（一）煤电是保障电力系统安全稳定运行的主力电源

1. 煤电在电力系统中发挥着重要支撑作用

我国以煤为主的基本国情，决定了在今后相当长的一段时间内，煤电仍将承担保障我国能源电力安全稳定供应的重要作用，短时间内不可能被其他电源完全替代。煤电在新型电力系统中提供基础电量、顶尖峰、深度调峰和绝大部分的辅助服务，能起到保障电力电量供应的兜底作用。从全国看，煤电以占比不足五成的装机规模，贡献了将近六成的发电量，提供了超七成的电网顶峰、调峰负荷，承担了超八成的供热任务，关键时刻发挥了"顶梁柱"和"压舱石"作用，为经济社会发展和电力系统安全稳定运行做出了巨大贡献。

2. 煤电是电力系统灵活调节的主力电源

新型电力系统下，新能源高比例并网，由于新能源发电具有波动性、随机性和间歇性的出力特点，对电力系统提出了更高的调节要求，对灵活调节能力的需求种类更多、时间尺度更丰富，对应对随机性和极端情况的要求更高，不仅包括短期的调频、调压、备用和快速爬坡的需求，也包括中长期的发电容量充裕度要求。

截至2022年底，全国灵活调节电源装机量5.12亿千瓦，占全国总装机

容量的 20% 左右，其中火电占比 57%。从现阶段我国各类灵活调节电源情况来看，水电以径流式电站为主，具有长周期调节能力的流域龙头电站建设相对滞后，并且受到水资源综合利用的制约，调节能力有限；抽水蓄能电站受站址资源限制，开发建设难度大、建设周期长；气电受气源、气价和碳减排约束，不具备大规模建设条件；核电受安全性和经济性约束，不宜频繁参与调节；新型储能受技术成熟度和经济性影响，尚不具备大规模市场化的条件。而煤电机组经过灵活性改造后，可以在较大范围内调整负荷，在现有技术条件和能源资源禀赋下，是最理想、最经济的支撑保障电源和调节电源。

（二）煤电是推进煤炭清洁高效利用的有效途径

近年来，电力行业通过开展煤电机组上大压小、供热改造、节能改造和管理提升，多措并举推进行业清洁、高效、低碳转型，煤电成为我国化石能源清洁高效利用的典型。

1. 煤电装机结构持续优化

目前，我国煤电装机以大容量、高参数、节能环保型机组为主。火电 30 万千瓦及以上机组容量占比从 2010 年的 72.7% 上升到 2022 年的 80.9%，累计提高 8.2 个百分点；2022 年，百万千瓦机组占比达到 14.4%；热电联产机组占比从 2010 年的 24.8% 提高到 2022 年的 47.8%，累计提高 23 个百分点。

2. 煤电清洁化生产技术处于世界领先水平

燃煤发电主要燃烧劣质煤，还能掺烧煤矸石、污泥和城市垃圾，具有煤炭高效燃烧、污染物集中治理的优势。同时，我国执行着世界最严格的污染物排放标准，煤电氮氧化物、二氧化硫、粉尘实现超低排放，排放指标已优于燃机排放水平，火电大气污染物排放得到了有效控制。从近几年的数据来看，电力行业消费了全国近五成的煤炭，但污染物排放量在全国大气污染物排放总量中占比不到 10%。

2022 年，6000 千瓦及以上火电厂供电标准煤耗为 300.7 克/千瓦时，单位火电发电量二氧化硫、氮氧化物、烟尘排放量分别为 83 毫克/千瓦时、133 毫克/千瓦时、17 毫克/千瓦时，主要大气污染物排放指标优于美国、欧盟等西方发达经济体，处于世界先进水平。

3. 电力行业碳排放持续减少

2022 年，全国单位发电量碳排放约为 541 克/千瓦时，同比下降 17 克/千瓦时；单位火电发电量碳排放约为 824 克/千瓦时，同比下降了 4 克/千瓦时。2005 年以来，电力行业已累计减少碳排放 247.3 亿吨，为我国碳减排和煤炭的清洁利用做出了杰出贡献。

（三）煤电是我国清洁能源供应体系的重要组成部分

我国加快构建现代化产业体系、持续推进城镇化、实施乡村振兴战略，将带动能源电力需求保持刚性增长。"电联万家、电系百业"，电力安全已成为能源安全的核心内容，保障电力安全稳定供应是底线，是我国经济安全和国家安全的战略基石。

非化石能源对化石能源的替代将是一个渐进性、长期性过程，在这一进程中，我国以煤为主的资源禀赋决定了煤电是未来多元清洁能源供应体系的重要组成部分，煤电仍是煤炭清洁、高效利用的主要方式，是能源供应的主力。我国已有接近 95% 的煤电机组实现超低排放，成为全球最大的清洁煤电系统。煤电通过热电联产和余热余压综合利用，进一步提升了能效利用水平；通过燃料掺烧，促进了能源梯级利用和区域产业循环经济发展；通过污染治理、节能减排和综合利用，促进了减污降碳协同控制。

三 推进电力市场建设，以市场机制助力 煤电清洁低碳转型

电力作为一种同质化商品，具有电能量价值、可靠性价值、灵活性价值、绿色价值等多维价值。作为电力的供应方，各类发电主体由于技术特性、成本特性的不同，能够提供的价值也不同，需要在特定的电力市场进行交易和定价。

随着新型电力系统的加快构建，新能源逐步成为装机和发电主体，煤电将

由电量型电源转变为电量和电力调节型电源，回报模式也会同步转变。随着可靠性和灵活性价值变得愈发重要和稀缺，我国需要在完善电能量市场的基础上，进一步完善辅助服务市场，体现系统灵活调节能力的价值；同时，要建立完善容量补偿机制或容量市场，反映系统容量充裕度和调节充裕度的价值，引导各类电源协调发展，保障电力系统的安全稳定运行。

（一）完善辅助服务市场建设

当前，辅助服务费用长期在发电侧内部平衡，需要改变现有辅助服务费用来源和疏导方式，逐步实现辅助服务成本的合理疏导和公平分担。国家已出台相关政策，明确了辅助服务费用分担的基本原则和要求。《电力辅助服务管理办法》指出，为电力系统运行整体服务的电力辅助服务，补偿费用由发电企业、市场化电力用户等所有并网主体共同分摊，并逐步将非市场化电力用户纳入补偿费用分摊范围。但在实际操作中，辅助服务费用向用户侧合理疏导仍然难以落地，目前只有山西、山东等省份，将调频辅助服务费用在发电侧和用电侧按比例分担。

辅助服务费用占全社会总电费的比重，是衡量市场对系统调节能力激励程度的重要指标，说明了市场能够在多大程度上激励系统调节资源发挥其调节能力。根据国际市场成熟经验，辅助服务费用一般占全社会总电费的3%以上，且该比例应随着新能源的大规模接入不断提高。2022年，我国辅助服务费用占全社会总电费比重仅为0.64%，距离国际平均水平还有较大差距。与国外主要电力市场对比，美国PJM市场新能源装机占比5%，辅助服务费用占总电费的比重为1.6%左右；英国新能源装机占比超过40%，系统平衡服务费用占总电费的比重为5%左右。

（二）完善容量保障机制建设

目前，在容量保障机制缺失的情况下，随着新能源大规模进入电力市场，新能源低边际成本的特性势必会增加市场价格波动和出现低价格的频次，对火电等高边际成本机组产生"挤出效应"。火电较低的利用小时数将成为新常态，现有的单一电量电价无法回收其固定成本，发电企业缺乏回收固定成本的稳定预期，最终将抑制火电等调节保障性电源的投资意愿，导致部分地区系统充裕度不足、保供能力下降。应将可持续的容量保障能力作为当前市场建设的重心，分阶段推进容量保障机制建设。

容量补偿机制能够反映市场对容量的需求，体现不同发电机组对系统的容量贡献差异。在电力市场建设初期，要为各类发电机组容量成本的回收提供稳定预期，进而引导发电资源的优化配置。同时，在容量补偿机制下，电力用户对发电容量电费支出也易于理解和估算。应按照"统一补偿标准、公平疏导费用"的原则，分地区合理确定容量补偿成本和统一的基准容量电价，并综合考虑基准容量电价、机组可用容量、利用小时数等因素，确定各类型机组容量电费。同时，容量电费作为系统运行费，向消纳地区所有用户进行公平疏导。

在具体实施过程中，容量补偿机制的设计和实施应结合各地电力市场建设情况，市场建设初期可先从煤电机组入手，试点先行、积累经验。长远来看，所有能够提供长期可靠容量的电源都应纳入容量补偿范围，以激发各类型电源提供容量服务的积极性。

四 深入挖掘现有煤电机组潜力，统筹规划好煤电机组的新建、延寿和退役

我国现役煤电机组能耗和环保指标水平均满足国家政策要求，通过综合升级改造和提升管理水平，运行可靠性不断提高，经过评估挖掘现有煤电机组的潜在寿命是安全经济可行的。煤电机组延寿能够减少新增装机规模，同时节约能源资源，防控产能过剩风险，特别是防控煤电投资损失风险，具有良好的经济效益和社会效益。

（一）煤电机组具备较大延寿空间，到期关停退役存在能源资源浪费问题

国内火电机组设计寿命一般确定为 20~30 年，但国外煤电机组服役时

间普遍超过这一年限。美国现役煤电机组平均服役年限为 39 年，日本为 38 年，欧洲多数煤电机组服役年限在 30 年以上，部分机组服役年限超过 60 年。目前，我国煤电机组平均服役年限仅有 12 年，远低于欧美国家的平均年限，运行超过 30 年的煤电机组不足 1.1%。近几年，将有一大批 20 世纪 90 年代投产的 30 万、60 万千瓦等级的亚临界或超临界煤电机组达到或接近设计寿命。这些机组在服役期间投入了大量资金，进行安全、节能、环保等方面的技术改造，大多数保持着良好的设备健康状况，环保指标、能耗指标和可靠性指标均满足国家要求。但部分地区对这部分设备健康状况良好、生产运行指标满足要求的机组，在运行期满 30 年后采取了"一刀切"的强制关停退役措施，造成了社会资源的巨大浪费。

（二）无论是从发电成本还是碳减排的角度看，机组延寿运行都优于新建机组，具有显著的经济效益和社会效益

目前，我国大部分的煤电机组已完成节能及污染物超低排放改造，锅炉系统、汽轮机系统、电气系统及附属系统都得到更新换代，能耗和环保指标均满足国家政策要求。并且，通过管理提升和机组综合升级改造等措施，机组运行的可靠性有效提高，能够继续安全稳定运行。

建议国家尽快出台煤电机组延寿政策，制定并完善煤电机组延寿评估的技术标准和规程规范。发电企业按相关规定和评估标准，开展煤电机组延寿工作，承担相应的安全、环保、节能和可靠性等方面的责任，避免资产损失和资源浪费。

综上所述，在构建新型电力系统、促进能源电力清洁低碳转型形势下，需要统筹电力系统清洁发展和安全保供的关系，充分认识煤电在我国实现"双碳"目标以及构建现代能源体系和新型电力系统中的价值和作用。在推动煤电转型的过程中，应更好地发挥有效市场和有为政府的协同作用，建设能够反映电力产品多维价值的电力市场体系，统筹规划好煤电的新建、改造、延寿和关停，助力煤电在构建新型电力系统过程中发挥更大的作用。

参考文献

袁家海、苗若兰、张健：《碳中和背景下我国火电行业低碳发展展望》，《中国国情国力》2022 年第 12 期。

于崇德等：《逐步建立适应新型电力系统的电价形成和疏导机制》，《中国电力企业管理》2022 年第 34 期。

李宏远：《电力保供实践对煤电企业健康发展的启示》，《中国电力企业管理》2023 年第 10 期。

B.9

新形势下中国现代煤化工产业
高质量发展路径分析[*]

王　强[**]

摘　要： 中国现代煤化工产业经过20多年的发展，已经初具规模，技术
　　　　装备整体处于世界先进水平，且创造了较好的经济效益。随着
　　　　《黄河保护法》等法规政策的出台以及"双碳"目标的推进，产
　　　　业面临的资源环境约束显著增强，加之煤炭成本提高、炼化项目
　　　　产能扩张加速等，产业发展面临的竞争压力加大。但是随着煤化
　　　　工技术的不断突破、能源转化效率的提升，发展煤化工产业仍然
　　　　是富煤地区煤炭产业延伸、拉动地区经济发展的重要路径。同
　　　　时，西部地区新能源的大规模发展也要求煤化工作为不稳定电源
　　　　的消纳载体，产业仍有较大的发展空间。本文通过分析产业发展
　　　　的经济性、资源环境和智能化等新形势，提出了未来产业应注重
　　　　煤化一体化、产品终端化、绿色低碳化、全面节水化、智能少人
　　　　化五个方面发展的建议。

关键词： 煤化工　高质量发展　碳排放

---

[*] 本文得到如下项目支持："碳中和背景下能源企业转型发展战略研究"（GJNY-21-139），
"国家能源集团煤电化运产业高质量发展战略路径研究"（GJNY-21-130）课题"三煤制油
煤化工产业高质量发展战略路径研究"。

[**] 王强，高级工程师，国家能源集团技术经济研究院煤化工产业评价部主任，研究方向为现代
煤化工发展战略、技术经济评价和对标体系。

中国现代煤化工产业经过 20 多年的发展，已经初具规模，技术装备整体处于世界先进水平，且创造了较好的经济效益。但是，产业发展必须适应新的政策形势，满足国家对于环境和资源保护的要求，同时，要通过技术创新、智能化等措施降本增效，提高产业的经济竞争力，实现产业的可持续发展。

一　中国现代煤化工产业发展概况

现代煤化工产业根据产品类型可以大体分为两类，分别为煤制燃料（煤制天然气、煤制油等）产业和煤基化学品（煤制烯烃、煤制乙二醇等）产业。由于中国石油与天然气相对匮乏的资源禀赋，现代煤化工自出现便受到了广泛关注。为了提升中国的油气供应和保障能力，利用煤炭提供部分石油与天然气、促进石化行业多元化，国家积极推动现代煤化工产业的发展。

产业整体沿黄河流域建设，且集中在黄河中上游。表 1 展示了中国主要的五类现代煤化工产业的产能情况。可以看出，截至 2022 年底，四类现代煤化工产业与 2015 年相比取得了显著成绩。2015~2022 年，中国煤制油产业的产能增长近 550 万吨，上升近 2 倍，煤制天然气、煤制烯烃和煤制乙二醇产业产能则都实现了"翻倍"。其中，黄河流域是我国现代煤化工产业发展的主战场，煤制油产能占比 100%，煤制天然气产能占比 44.9%，煤制烯烃产能占比 87.1%，煤制乙二醇产能占比 34.6%，低阶煤分级分质利用产能占比 54.5%。

表 1　2015 年、2022 年全国和黄河中上游地区主要现代煤化工产业产能状况

单位：万吨，亿立方米

类别	2015 年全国产能	2022 年全国产能	2022 年全国产量	2022 年黄河中上游产能
煤制油	278	823	732.8	823
煤制天然气	31	61.25	61.6	27.5
煤制烯烃	729	1772	1655.7	1544
煤制乙二醇	212	1083	405.6	375
低阶煤分级分质利用	—	550	—	300

注：低阶煤分级分质利用产能按煤炭加工量计算。

资料来源：《中国石油和化学工业联合会煤化工产业发展报告》。

技术整体处于世界先进水平。中国已经掌握具有自主知识产权的煤直接液化、煤间接液化、煤气化、甲醇制烯烃、甲醇制乙二醇、甲醇制芳烃等工艺技术，整体达到世界领先或先进水平（见表2）。现有示范项目的建设和运行证明，我国现代煤化工工艺技术、能效、环保等水平还在不断提高。随着大型示范项目的陆续建成和稳定运行，我国现代煤化工工艺技术、环保技术等还将有更大的进步空间。

表2 现代煤化工项目及关键技术情况

序号	项目	关键技术		评价
		国外技术	国内技术	
1	大型先进煤气化技术	单炉投煤量1500~3000吨/日，水煤浆气化压力可达8.7兆帕	单炉投煤量1500~2500吨/日，正在开发8.7兆帕压力水煤浆气化技术	世界先进水平
2	气体净化和分离技术	单系列有效气处理量每小时50万标准立方米	单系列有效气处理量每小时40万标准立方米	接近世界先进水平
3	大型甲醇合成技术	单系列甲醇合成规模180万吨/年	单系列甲醇合成规模60万吨/年	与国外技术有较大差距
4	甲醇制烯烃技术	单系列规模30万吨/年	单系列规模60万吨/年	世界领先
5	甲烷化技术	单系列规模每年13亿标准立方米	中试阶段	与国外技术有较大差距
6	费托合成技术	单系列规模70万~80万吨/年	建成16万吨/年工业化示范项目	与世界先进水平有一定差距
7	煤直接液化技术		建成百万吨级工业化示范项目	世界领先
8	合成气制乙二醇技术	可部分掺混用于纤维级聚酯	只能用于冷冻液或瓶级聚酯	接近世界先进水平
9	甲醇制芳烃技术		建成万吨级中试装置	世界领先
10	空分	单台设备制氧能力每小时12万标准立方米	单台设备制氧能力每小时8万~10万标准立方米	与国外先进技术水平差距正在缩小
11	特种材料及装备		低温/高温材料、叶片材料以及煤浆泵、低温泵、大型压缩机制造设计能力不足	与国外技术有较大差距

资料来源：《国家能源集团技术经济研究院煤化工高质量发展报告》。

产能利用率高，盈利能力较强。2022 年，与石化装置因原料价格大幅上涨而亏损，开工率明显下降不同，现代煤化工生产受原料价格波动的影响相对较小，装置基本处于高负荷运行状态，煤制烯烃、煤制油和煤制天然气产能利用率同比分别提高 3.2 个、6.4 个和 27.9 个百分点至 104.4%、89% 和 100.6%，为近五年最高。因产能集中投产、产品价格下跌，煤制乙二醇产能利用率下降至 37.5%。2022 年，现代煤化工产业营业收入合计 2017.9 亿元，同比提高 24%；利润总额 131.9 亿元，同比提高 58.9%。2022 年，煤制油利润大幅增长，达到 71.7 亿元；煤制天然气和煤制烯烃利润总额分别为 60 亿元和 30.1 亿元；煤制乙二醇亏损 29.9 亿元。

二 产业发展面临的新形势

（一）煤炭成本和炼化产能增加加剧了产业竞争

2023 年 3 月 24 日，经过 386 轮限时竞价，中石化长城能源化工（内蒙古）有限公司成功以 301.5 亿元竞得内蒙古自治区纳林河巴彦柴达木井田探矿权，以此测算的煤炭开采成本为 350~400 元/吨，成本较之前项目大幅增加。虽然只是个例，但煤炭开采成本总体呈现上涨趋势，对煤化工项目的经济性产生较大影响。当煤化工项目的用煤价格达到 400 元/吨时，在 60 美元/桶国际油价情景下，煤制油项目面临亏损，煤制化工品项目效益大幅下降（见表 3）。

表 3　煤价 400 元/吨（60 美元/桶油价情景）煤化工经济性

单位：元，%

项目类别	单位产品利润	项目全投资内部收益率（税前）	项目全投资内部收益率（税后）	资本金内部收益率
煤制烯烃	811	9.54	9.06	11.90
煤直接液化	-161	5.17	3.25	2.33
煤间接液化	-314	2.32	2.32	-1.21
合成氨尿素	104	7.04	6.61	9.19
煤制乙二醇	460	9.55	9.04	11.86

资料来源：国家能源集团技术经济研究院整理测算。

此外，我国大宗化工产品产能增长较快，中短期内供应充足。以聚烯烃为例，预计 2023 年我国投产的聚乙烯产能约 300 万吨，投产的聚丙烯产能约 500 万吨，且在 2028 年之前，每年都有大规模产能投产，主要为大型炼化一体化项目、丙烷脱氢和煤化工项目等。此外，国内炼化行业普遍实施了油转化工程，在未来聚烯烃新增产能中，有 15%～30% 来自油转化工程。炼化项目的大规模建设导致大宗化工产品的供应增加，市场竞争更加激烈。

（二）《黄河保护法》等法规政策的实施及"双碳"目标推进增强了外部资源环境约束

2023 年 4 月 1 日，我国开始实施《黄河保护法》，其中第八条要求：国家在黄河流域实行水资源刚性约束制度，坚持以水定城、以水定地、以水定人、以水定产。现代煤化工项目耗水量较高（见表 4），在现有技术条件下，百万吨级别的煤制油项目耗水量为 600 万～700 万吨/年，以包头地区为例，其年新增工业用水量约为 6000 万吨，建设一个大型煤化工项目的用水量将占其新增工业用水量的约 10%，用水压力较大。

表 4　现代煤化工项目单位产品水耗

序号	项目类型	单位	水耗
1	煤直接液化	t/t	6.5
2	煤间接液化	t/t	7.0
3	煤制烯烃	t/t	16
4	煤制乙二醇	t/t	15
5	煤制天然气	t/kNm³	6
6	低阶煤分级分质利用	t/t	0.4

资料来源：采用典型项目实际值测算。

2023 年 7 月 11 日召开的中央全面深化改革委员会第二次会议审议通过了《关于推动能耗双控逐步转向碳排放双控的意见》，表明我国"双碳"目标有了进一步的落地措施。现代煤化工产业碳排放强度较高

（见表5），未来减碳压力较大，从当前的技术发展水平考虑，减碳的措施主要包括绿电、绿氢、碳捕集与封存技术（CCS）等，或通过碳交易转移，但这些路径将对项目的经济性造成较大影响。表6为减碳10%情景下不同减碳路径对典型煤制烯烃项目经济性的影响，可见实现降碳和经济性的平衡是产业未来发展最大的难点。

表5　现代煤化工项目碳排放因子（典型项目）

序号	项目类型	单位	工艺排放因子	热电排放因子	直接排放因子
1	煤直接液化	t/t	3.58	3.78	7.36
2	煤间接液化	t/t	5.38	2.07	7.45
3	煤制烯烃	t/t	6.33	3.18	9.51
4	煤制乙二醇	t/t	2.10	3.50	5.60
5	煤制天然气	t/kNm^3	—	—	4.3
6	低阶煤分级分质利用	t/t	—	—	0.24

资料来源：采用典型项目实际值测算。

表6　减碳10%情景下不同减碳路径对典型煤制烯烃项目经济性的影响

指标	基准情景	减碳路径（减碳10%）			
		绿电+电驱	绿氢	CCS	碳交易
项目报批总投资（亿元）	166	171	187	182	174
项目年总利润（亿元）	8.53	2	2	5	5
单位主产品成本（元）	6357	7370	7443	6983	6938
单位产品利润（元）	1398	384	312	772	817
项目全投资内部收益率（税前）（%）	11.88	7.84	7.42	9.24	9.53
项目全投资内部收益率（税后）（%）	11.11	7.60	7.24	8.80	9.06
资本金内部收益率（%）	15.88	9.07	8.37	11.40	11.89

注：绿电价格取0.3元/千瓦时，碳交易价格取200元/吨。
资料来源：国家能源集团技术经济研究院整理测算。

（三）地方政府经济需要和技术不断进步推动产业进一步发展

稳增长、调结构是中国进入经济发展新常态、进行发展方式转型的主要任务，也将是"十四五"期间的重点任务。受新冠疫情的影响，近年来，我国主要产煤省份中，山西、内蒙古、新疆、陕西、宁夏、甘肃个别年份GDP增速回落明显（见表7），未来这些地区也面临资源城市如何转型的问题，需要通过煤化工重大项目投资和高附加值项目拉动地区经济发展并延伸产业链，以保障民生。

表7　2018~2022年中国主要产煤省份GDP增速

单位：%

序号	省份	2018年	2019年	2020年	2021年	2022年
1	新疆	6.1	6.2	3.4	7.0	3.2
2	甘肃	6.1	6.2	3.8	6.9	4.5
3	宁夏	6.8	6.5	3.9	6.8	4
4	内蒙古	5.2	5.2	0.2	6.7	4.2
5	陕西	8.1	6	2.1	6.5	4.3
6	山西	6.6	6.1	3.6	9.3	4.4

资料来源：国家统计局。

作为新兴产业，煤化工产业技术研究活跃，在大型长周期煤气化、煤直接液化二代技术、费托高效催化剂、MTO高效催化剂、煤基军用油品、煤基可降解塑料、煤基润滑油和α烯烃等方面不断取得突破，也在合成气一步法制烯烃、大规模地下气化等颠覆性技术方面加紧攻关。高端技术耦合地区的煤炭资源优势，将成为资源型城市经济转型的重要支撑。

（四）新能源产业快速发展要求煤化工项目成为消纳载体

近几年，随着新能源产业的大规模发展，新能源电力的消纳成为产业发展的热点。为解决新能源波动性的难题，各地方政府相继出台了配套政策。例如，内蒙古发布了《内蒙古自治区风光制氢一体化示范项目 实施细则》，某种意义上讲是要求新建新能源项目80%自行消纳；新疆发布了《关于加快推进新能源及关联产业协同发展的通知》，实质是要求新建新能源项目100%自行消纳。这些政策的出台，倒逼新能源项目与化工项目协同发展。

风电、光伏等可再生能源发电项目耦合制氢，将氢气用于煤化工项目，不仅可以发挥氢能的储能和快速功率调节优势，降低高比例可再生能源并网的不稳定性，提高可再生能源发电的利用小时数，还可以充分利用弃风弃光，提高风电、光伏发电制氢的经济性，未来耦合发展的空间较大。

（五）智能化应用起步较晚要求产业深度融合

现代煤化工项目基本实现了自动化，但智能化才刚刚起步，产业的智能化水平仍有较大的提升空间。一是关键分析仪表的配置及检测频次不足。现代煤化工项目部分流量、质量、成分检测及分析等计量不准或缺乏检测设施问题比较严重，煤质的实时分析数据库尚未建立，存在煤气化灰组分分析频次不足、缺少合成气（一氧化碳+氢气）流量计算、碳平衡计算器具不足等问题。二是数据资源尚未形成有效生产力。大部分项目已经实现数据的采集和展示功能，但现场数据与决策数据的关联度仍不足，通过数据的智能化分析实现提质增效还有待加强。三是通过智能化达到减人增效的能力有待提升。煤化工项目多处于西部地区，人才相对匮乏，通过智能化运行，煤电项目已经实现大幅减员，而煤化工项目的减人增效效果尚不明显。

三　产业高质量发展建议

（一）煤化一体化

通过煤化一体化，减少运输成本和技术成本，提高煤炭利用效率，提高产业对煤炭价格波动的控制能力。建议煤化工项目锁定一定的原料煤供应，避免因为煤炭价格的大幅波动，造成项目效益下滑。建议参照煤电项目，实施煤化一体化项目，将煤矿作为煤化工项目的车间，保障煤化工项目原料煤的低成本供应，稳定的盈利能力能够支撑项目开展持续性研发工作，形成良性循环，不断增强企业竞争力。

（二）聚焦终端产品

我国大宗产品整体过剩，以往的发展模式难以为继，煤化工产业必须面对市场、面对终端，通过解决终端需求、差异化发展，打通有关体制机制障碍，实现可持续发展。高端的终端产品对提升项目效益具有较好的促进作用。但是，目前煤化工高端产品占比仍然较小，多数项目不足10%，而中石化聚烯烃新牌号和专用料比例达到约70%，国外化工巨头的高端牌号占比更高、更新更快。建议煤化工产业未来重点攻关茂金属聚烯烃、聚烯烃弹性体（POE）、高端润滑油、军用油品、高端碳材料、可降解塑料等产品，试点大宗商品和小众产品不同的产销机制，促进产业多元化发展。

（三）绿色低碳

积极推动化工产业应用绿电。借鉴德国巴斯夫与华润电力在广东的绿电交易模式，从企业层面推动新疆、陕西等地区绿电交易机制的创新和发展。加快研究自发电比例降低对锅炉规模、全厂蒸汽平衡的影响，稳妥推进绿电替代。持续开展节能减碳攻关，践行高效清洁发展。积极探索绿氢、碳捕集利用与封存（CCUS）等具有低碳经济特征的新型产业与煤化工产业的耦合发展，降低装置能耗和碳排放。借鉴延长榆能化在工艺路线上采取的"煤油气共炼"、绿氢耦合等措施，加快绿氢与煤化工耦合示范，加快推进实施"CCUS项目+减排技术"耦合模式示范项目。

（四）全面节水

节水的主要措施包括开源和节流两种，开源重点是采用煤矿疏干水替代地表水、大力实施中水回用等，但目前煤矿疏干水等的成本较高，应进一步考虑矿井水和煤化工下游的协同耦合，减少中间过程，降低成本；节流主要是采用节水技术实现节水，节水技术包括先进的节水工艺、空冷技术、循环水系统优化等，例如，采用节水消雾型冷却塔系统可节水18%~20%，采用闭式循环水系统可节水约60%，但相应地增加了投资和运行成本。

（五）智能少人

通过智能化改造，实现西部地区煤化工项目的减人目标，逐步实现部分装置的少人、无人值守，部分实现远程操作、黑屏操作。结合生产运营实际，将装置生产运行信息与公司经营管理信息深度结合，对现有生产装置的信息收集、监测点位进行排查梳理，务必做到"应测尽测，应检尽检"。切实重视经营管理过程中的"数字资产"，重视生产运营数据的安全、收集、归纳、整理和应用。收好数据资源、管好数据资源、用好数据资源，力争做到用数据发现问题、用数据记录问题、用数据回答问题，并最终做到用数据提出"新问题"并解决问题。重视提高生产现场的自动化、智能化水平，提高生产系统运行稳定性和可靠性，减少用工人数，提高人工效能。利用好自身的综合能源管理系统、生产制造执行系统、生产实时化数据管控系统等信息化系统，让信息化工具切实成为帮手，解放人类双手。

参考文献

刘春萌、安广萍、余中云：《我国煤制油产业发展前景展望》，《辽宁化工》2018年第6期。

曹蕾等：《风电耦合制氢技术进展与发展前景》，《中国电机工程学报》2021年第6期。

丁剑等：《碳中和背景下西部新能源传输的电氢综合能源网构想》，《电力系统自动化》2021年第24期。

B.10
"双碳"目标下新型绿色智能煤矿建设进展与展望

张建明 刘 峰*

摘 要： 当前，我国煤矿已实现较高水平发展，正在向高质量发展迈进。
文章总结了我国绿色矿山和煤矿智能化建设的现状，比较了绿色
矿山和智能化示范煤矿的评价指标体系，提出了绿色化、智能化
融合建设新型绿色智能煤矿的思路，研究了新型绿色智能煤矿的
内涵，从理念、政策、标准、技术和示范等方面对新型绿色智能
煤矿的建设路径进行了分析。研究指出，建设新型绿色智能煤矿
是煤矿高质量发展的必由之路，是煤矿助力"双碳"目标实现
的必然要求，需要行业管理部门、煤炭企业、科研院所以及其他
社会力量共同推动。

关键词： 碳达峰 碳中和 绿色矿山 煤矿智能化

为应对全球气候变暖，我国主动提高国家自主贡献力度，提出二氧化碳
排放力争 2030 年前达到峰值，力争 2060 年前实现碳中和的碳减排目标。在
"双碳"目标下，我国能源绿色低碳转型迫在眉睫，尤其是化石能源的清洁
高效利用更成为重中之重。煤炭是我国的基础能源和重要工业原料，长期在
国民经济和社会发展中发挥重要的保障作用。然而，煤炭开发利用不可避免

* 张建明，工学博士，教授级高级工程师，中国煤炭工业协会科技发展部副主任，研究方向为
矿山智能化、科技管理等；刘峰，研究员，中国煤炭工业协会副会长、中国煤炭学会理事
长，研究方向为煤炭行业科技管理。

地带来了资源浪费、生态破坏和环境污染等问题。作为我国能源绿色低碳转型的重要桥梁，煤炭正逐步由基础能源、传统能源向保障能源和清洁能源转变，将为非化石能源的高质量跃升发展提供有力支撑。

当前，我国煤矿已经实现较高水平发展。一是现代化煤矿建设取得成效。目前，全国有煤矿4200处左右，年产120万吨以上大型煤矿1200处以上，产量占85%左右；年产千万吨煤矿79处，产能12.8亿吨/年；安全高效煤矿1146处，产量占70%以上。二是生产开发布局持续优化。西部地区原煤产量占比达60.7%，中部地区占比33.7%，东部和东北地区占比5.6%，晋陕蒙新四省（区）原煤产量占比80.9%；"两心引领、四区提升、五极保障、全国支撑"[①] 生产开发空间布局初步形成。三是煤矿生产效率大幅提升。全国煤矿平均单井（矿）产能达120万吨/年以上，人均生产效率1800吨/年；大型煤炭企业原煤生产综合能耗9.7千克标准煤/吨，综合电耗20.0千瓦时/吨。四是安全生产形势明显好转。2022年全国煤矿事故总量168起，无重特大事故，死亡人数245人，百万吨死亡率0.054，实现了煤矿事故总量、重特大事故、死亡人数、百万吨死亡率"四个大幅下降"。[②]

我国煤矿正迈向高质量发展，迫切需要向绿色智能煤矿转型。近年来，我国政府制定了一系列政策措施，大力推动绿色矿山和煤矿智能化建设，绿色矿山和智能化建设已成为我国煤矿转型升级和高质量发展的重要方向。我国绿色矿山建设于2010年正式启动，煤矿智能化建设于2020年启动。由于启动时间不同且分别由不同的部门主管，煤矿企业在绿色矿山和智能化建设时未能实现一体化设计和推进。因此，面对"双碳"目标，非常有必要对新型绿色智能煤矿的内涵、建设路径等内容展开研究，推动我国煤矿向新型绿色智能煤矿转变。

一　绿色矿山建设现状

绿色矿山是指在矿产资源开发全过程中，实施科学有序开采，对矿区及

---

① 两心指鄂尔多斯、榆林，四区指晋陕蒙新，五极指五大供应保障基地。
② 中国煤炭工业协会：《2022煤炭行业发展年度报告》，2023年3月。

周边生态环境扰动控制在可控范围内，建设矿区环境生态化、开采方式科学化、资源利用高效化、管理信息数字化和矿区社区和谐化的矿山。绿色矿山的"绿色"是涵盖矿山开采、安全、生产、管理、环保、资源利用、科技创新、社区和谐、企业文化等全产业链深层次的"绿色"。[①] 绿色矿山建设是一项系统工程，专业性、技术性较强，既要求宏观层面的政策把握，更需要微观层面的技术支撑，包含理念方法、工程技术、规范标准、制度管理等多个层面。[②]

2008 年 12 月，国务院批准实施《全国矿产资源规划（2008—2015年）》，明确了"到 2020 年，绿色矿山格局基本建立，矿山地质环境保护和矿区土地复垦水平全面提高"的规划目标。2010 年 8 月，国土资源部正式印发《关于贯彻落实全国矿产资源规划发展绿色矿业建设绿色矿山工作的指导意见》，明确了绿色矿山建设的思路、原则、目标和路径，标志着我国绿色矿山建设正式启动。2017 年 3 月，国土资源部、财政部、环境保护部、国家质检总局、银监会、证监会六部委印发了《关于加快建设绿色矿山的实施意见》，明确了新形势下建设绿色矿山的指导思想、总体目标和主要任务。2019 年，自然资源部组织了绿色矿山遴选工作，555 处矿山通过遴选，加上 398 处原国家级绿色矿山试点单位，共 953 处矿山纳入全国绿色矿山名录。2020 年，经遴选共 301 处矿山纳入全国绿色矿山名录。

我国已发布实施多项绿色矿山建设标准，包括 1 项国家标准《煤矿绿色矿山评价指标》（GB/T 37767—2019），4 项行业标准《煤炭行业绿色矿山建设规范》（DZ/T 0315—2018）、《煤炭井工开采绿色矿山建设规划编制基本要求》（NB/T 10373—2019）、《煤炭井工开采绿色矿山建设技术要求》（NB/T 10374—2019）、《煤炭井工开采绿色矿山建设评价规范》（NB/T 10375—2019），3 项团体标准《煤炭行业绿色矿山建设实施方案编制指南》（T/CNCA 010—2021）、《煤炭行业绿色矿山建设评价准则》（T/CNCA

---

① 欧凯等：《"双碳"目标下绿色矿山的发展研究》，《煤炭经济研究》，2023 年第 6 期。
② 侯华丽等：《新时代我国绿色矿山建设规划的思考》，《中国矿业》2019 年第 7 期。

013—2022)、《煤炭行业绿色矿山建设自评估要求》（T/CNCA 016—2022)。[①]

截至2021年6月，我国建成一批国家级和省级绿色矿山，入选自然资源部全国绿色矿山名录的煤矿有282处、省级地方绿色矿山名录的煤矿有463处。绿色矿山建设理念深入人心，绿色开采技术取得重要突破，绿色矿山建设成效显著，提出了采煤沉陷区城市服务功能开发理念，创建了采煤沉陷区中高层建筑群建设技术体系，构建了矿区生态环境与地质灾害时空信息多尺度监测技术体系，发明了煤矸石山自燃污染物控制与生态修复关键技术，研发了采煤沉陷区土壤重构、植被恢复和区域尺度农业景观再塑技术，开展了集瓦斯治理、抽采、发电、制冷、热害治理于一体的瓦斯综合治理与循环利用技术研发与示范，发明了瓦斯自适应混配和自回热蓄热氧化技术、低浓度瓦斯蓄热氧化井筒加热技术和焦化厂荒煤气高温余热回收技术，建成了徐州贾汪潘安湖国家湿地公园、淮北国家矿山公园、开滦国家矿山公园等一批矿区生态文明示范基地。

目前，我国绿色矿山建设已实现从被动建设到主动建设、试点示范到全面推进、行政推动到标准引领的转变。但列入全国绿色矿山名录和地方绿色矿山名录的煤矿仅占所有煤矿的约1/5，绿色矿山建设任务依然艰巨，仍面临对绿色矿山内涵理解不全面、建设基础薄弱、技术装备保障不足、标准体系不健全等问题。

二 煤矿智能化建设现状

煤矿智能化是将AI、工业物联网、云计算、大数据、机器人、智能装备等与现代煤炭开发利用深度融合，形成全面感知、实时互联、分析决策、自主学习、动态预测、协同控制的智能系统，实现煤矿开拓、采掘（剥）、

[①] 吴晓华、郑厚发、李岩彬：《煤炭企业绿色矿山建设标准体系研究》，《中国煤炭》2022年第6期。

运输、通风、洗选、安全保障、经营管理等过程的智能化运行。[①]

2019 年 1 月，国家煤矿安全监察局发布《煤矿机器人重点研发目录》，包括掘进、采煤、运输、安控、救援五大类 38 种机器人。2020 年 2 月，国家发改委、国家能源局、应急管理部、国家煤矿安全监察局、工信部、财政部、科技部、教育部八部委发布《关于加快煤矿智能化发展的指导意见》，明确了我国煤矿智能化建设的总体目标、主要任务和保障措施，标志着我国煤矿智能化建设正式启动。2020 年 11 月，国家能源局、国家煤矿安全监察局发布了《关于开展首批智能化示范煤矿建设的通知》，启动了国家首批智能化示范煤矿建设工作，共包括 71 处煤矿，其中智能化升级改造煤矿 63 处、新改扩建智能化煤矿 8 处，露天煤矿 5 处、井工煤矿 66 处。2021 年 5 月，国家能源局、国家矿山安全监察局发布《关于支持鼓励开展煤矿智能化技术装备研发与应用的通知》，鼓励煤炭企业、高等学校、科研院所、高技术企业产学研用深度融合，加快煤矿智能化技术装备研发与应用。2022 年 4 月，国家能源局印发了《关于开展首批智能化示范煤矿验收工作的通知》，启动了首批国家智能化示范建设煤矿的验收工作。

我国政府部门和协会已发布实施一批煤矿智能化建设规范和标准。2021 年 6 月，国家能源局、国家矿山安全监察局发布了《煤矿智能化建设指南（2021 年版）》，明确了煤矿智能化建设的设计要求和技术内容。2021 年 12 月，国家能源局发布了《智能化示范煤矿验收管理办法（试行）》，明确了智能化示范煤矿验收程序和评分标准。2023 年 6 月，国家矿山安全监察局发布了《智能化矿山数据融合共享规范》，8 月发布了《矿山智能化标准体系框架》，推动建立统一的智能化矿山数据编码，规范数据通信接口和协议。标准方面，包括国家标准《智慧矿山信息系统通用技术规范》（GB/T 34679—2017）、《煤炭工业智能化矿井设计标准》（GB/T 51272—2018）；行业标准《智能化综采工作面设计规范》（NB/T 10742—2021）、《智能化综采工作面验

[①] 王国法等：《煤矿智能化——煤炭工业高质量发展的核心技术支撑》，《煤炭学报》2019 年第 2 期。

收规范》（NB/T 10743—2021）、《煤矿井下供电无人值守监控系统技术要求》（NB/T 11106—2023）、《煤矿综采工作面机电设备 EtherNet/IP 通信接口和协议》（NB/T 11118—2023）等。中国煤炭工业协会发布了《基于动态地质模型与自主规划开采的采煤工作面设计规范》（T/CNCA 017—2022）、《基于动态地质模型与自主规划开采的采煤工作面验收规范》（T/CNCA 018—2022）、《智能化综采工作面回撤规范》（T/CNCA 019—2022）、《智能化综采工作面操作规范》（T/CNCA 020—2022）、《智能化综采工作面运行质量规范》（T/CNCA 021—2022）、《基于掘锚一体机的煤巷快速掘进系统设计规范》（T/CNCA 029—2022）等团体标准。中国煤炭学会发布了《智能化煤矿（井工）分类、分级技术条件与评价》（T/CCS 001—2020）、《智能化采煤工作面分类、分级技术条件与评价指标体系》（T/CCS 0022—2020）等团体标准。中国煤炭加工利用协会发布了《智能化选煤厂建设 通用技术规范》（T/CCT 005.1—2020）、《智能化选煤厂建设 分级评价》（T/CCT 008—2023）等团体标准。这些文件和标准的发布为指导规范煤矿智能化建设发挥了重要作用。

当前，我国煤矿智能化建设取得显著进展。截至 2023 年 6 月底，已有 50 余处国家首批智能化示范建设煤矿通过专家现场验收，绝大多数验收等级为中级；配套建设选煤厂完成验收 30 余座，绝大多数验收等级为中级。陕西、内蒙古、河北、河南等主要产煤省（区、市）完成了一批省级智能化示范建设煤矿的验收，国家能源集团、中煤能源集团、山东能源集团、陕煤集团也完成了一批企业级智能化示范建设煤矿的验收工作。可以说，目前我国已建成一批多种类型、不同模式的智能化示范煤矿，实现了国家发改委等八部委发布的《关于加快煤矿智能化发展的指导意见》中的煤矿智能化建设第一阶段目标，也为后续规模化推广奠定了基础。但我国煤矿智能化发展尚处于初级阶段，存在建设理念不够清晰、建设主动性不够、标准规范缺失、智能化人才匮乏等问题，地质保障、智能掘进、灾害预警等关键技术仍有待突破，这些都严重制约着我国煤矿智能化发展。①

---

① 王国法等：《煤矿智能化（初级阶段）研究与实践》，《煤炭科学技术》2019 年第 8 期。

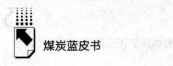

三 绿色矿山与智能化示范煤矿评价指标分析

绿色矿山评价指标体系包括一级评价指标、二级评价指标和三级评价指标，其中一级评价指标体现绿色矿山建设的总体要求和建设内容，包括矿区环境、资源开发、资源综合利用、节能减排、科技创新与数字化矿山，以及企业文化、管理与责任。二级评价指标是一级评价指标下的概况性指标，共19项（见图1）；三级评价指标是在二级评价指标下具体的可操作、可考核的指标，共56项。绿色矿山评价指标适用于井工煤矿和露天煤矿，包含选煤厂。

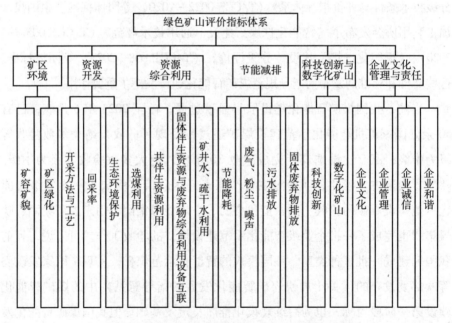

图1 绿色矿山评价指标体系一级、二级评价指标

资料来源：《煤矿绿色矿山评价指标》，全国标准信息公共服务平台，https：//std. samr. gov. cn/gb/search/gbDetailed？id=8AA1F5D36ECDA8DBE05397BE0A0AB19B。

智能化示范煤矿评价指标体系分为智能化井工煤矿、智能化露天煤矿、智能化选煤厂3个子体系。智能化井工煤矿一级评价指标共10项，包括信息基础设施、地质保障系统、掘进系统、采煤系统、主煤流运输系统、辅助运输系统、通风与压风系统、供电与供排水系统、安全监控系统、智能化园区与经营管理系统，下设二级评价指标 32 项；智能化露天煤矿一级评价指标共 7 项，包括信息基础设施、矿山设计、智能穿爆、矿山工程、智能辅助、管理与决策、智能化园区，下设二级评价指标 22 项；智能化选煤厂一级评价指标共 4 项，包括基础平台、基础自动化、智能控制、智能管理决策，下设二级评价指标 15 项。①

比较绿色矿山和智能化示范煤矿的评价指标可以发现，首先二者存在重合之处，如绿色矿山的二级评价指标数字化矿山包括数字化资源管理、安全监测监控系统和生产经营信息化 3 个三级评价指标，在智能化示范煤矿评价指标体系中分别对应智能化井工煤矿评价指标中的信息基础设施、安全监控系统、智能化园区与经营管理系统等，以及智能化露天煤矿评价指标中的信息基础设施和智能化园区。其次二者侧重点不同，绿色矿山评价指标更加侧重矿区生态环境保护、资源利用和节能减排等，智能化示范煤矿评价指标侧重煤矿生产系统和生产辅助系统的自动化执行和智能化决策。

四　新型绿色智能煤矿建设路径

煤矿绿色化、智能化并不矛盾，二者能够相互促进，是实现煤矿高质量发展的两翼。因此，建设新型绿色智能煤矿是煤矿高质量发展的必由之路，是煤矿助力"双碳"目标实现的必然要求。新型绿色智能煤矿是绿色化和智能化的深度融合，将具备少人无人、绿色智能、和谐共生等明显特征。

（一）新型绿色智能煤矿内涵

新型绿色智能煤矿应是煤矿的未来形态，其内涵是自主感知、泛在联

---

① 《国家能源局关于印发〈智能化示范煤矿验收管理办法（试行）〉的通知》，国家能源局网站，2021 年 12 月 7 日，http://zfxxgk.nea.gov.cn/2021-12/07/c_1310417597.htm？eqid=cd8aceb000004bac0000000664887af8。

结、数据驱动、智能开采、绿色共生。自主感知是指能够通过智能传感设备实现对人、机、环的多维主动感知；泛在联结是指能够通过高速网络实现人与人、人与物、物与物的广泛联结；数据驱动是指能够通过数据采集、汇聚与智能分析实现数据驱动的决策；智能开采是指能够通过智能生产管控实现煤炭资源的智能化开采；绿色共生是指最终达到地下与地上共绿、人与自然共生的煤矿新形态。

（二）新型绿色智能煤矿建设路径

绿色矿山建设和煤矿智能化建设虽有部分内容重合交叉，但远未实现一体化和融合化。下面从理念、政策、标准、技术等方面对新型绿色智能煤矿建设路径进行勾勒，期望能够提供有益的参考。

1. 树立新型绿色智能煤矿建设理念

绿色矿山建设旨在降低煤炭开发对生态的扰动，减少煤矿碳排放和污染物排放，提高能源利用效率，实现资源的最大化利用和循环利用。煤矿智能化建设旨在实现"减人、增安、提效"。无论是绿色矿山建设，还是智能化建设，二者的最终目的都是实现人与自然和谐共生。另外，二者具有相互补充作用，绿色矿山建设强调资源开发过程中减少对自然的扰动，煤矿智能化建设强调资源开发过程中减少对人的扰动。因此，建设新型绿色智能煤矿是煤炭行业践行习近平生态文明思想的具体行动。

2. 加大主管部门政策协调力度

绿色矿山与煤矿智能化建设都被纳入国家发展战略，上升为国家行动。绿色矿山建设重点贯彻《关于加快建设绿色矿山的实施意见》，各省（区、市）也出台了相应的实施意见。煤矿智能化建设重点贯彻《关于加快煤矿智能化发展的指导意见》，主要产煤省（区、市）也陆续出台了相应的实施方案。国家也就绿色矿山建设和煤矿智能化建设出台了相应的支持政策。建设新型绿色智能煤矿，需要自然资源、能源、矿山安全等主管部门加大协调力度，做好政策衔接，建立长效机制。

3. 构建新型绿色智能煤矿标准体系

绿色矿山建设标准与煤矿智能化建设标准相互独立，各具体系。煤炭生产企业在绿色矿山和智能化建设过程中往往是单独规划、分开建设、分别验收，未能一体化设计、整体推进，在一定程度上造成了人力物力的浪费。因此，需要对新型绿色智能煤矿的建设、评价等标准开展研究，厘清相关建设内容的逻辑和因果关系，便于煤矿在资金、组织等方面进行总体规划，开展一体化设计和建设。

4. 加速绿色矿山与煤矿智能化技术融合

目前，绿色矿山与煤矿智能化建设已出现技术融合现象，如煤矿采煤、掘进正从机械化迈向智能化，采选充一体化技术装备逐步实现智能化，采用智能手段监测碳排放和废弃物排放，采用智能变频技术实现大型装备节能等。智能技术装备的应用有力提升了绿色矿山建设水平，因此，非常有必要加速绿色矿山建设与云计算、大数据、人工智能等新一代信息技术的融合，加大绿色智能开采、能耗管理、能源调度、碳排放大数据平台等技术的研发力度，加快先进成熟智能技术装备的推广应用。

5. 开展绿色智能低碳示范矿区建设

研究发现，以煤为主的化石能源分布区域往往也是太阳能、风能、地热能等新能源富集区，适宜在富煤区大规模开发新能源。① 构建矿区综合能源利用系统，实现煤—电—风—光—热—储一体化的煤炭与新能源耦合格局，建立多能互补、清洁绿色、智慧互联的矿区运行体系，对于降低化石能源消耗、实现"双碳"目标具有重要意义。尤其是随着电动矿卡、电动工程车辆等设备和无人驾驶技术的规模推广应用，在露天矿山建立智能绿色低碳矿区更具有示范作用。

五　结语

经过多年努力，我国绿色矿山建设和煤矿智能化建设均取得了显著成

---

① 王双明等：《"双碳"目标下赋煤区新能源开发——未来煤矿转型升级新路径》，《煤炭科学技术》2023年第1期。

效。绿色矿山建设已从被动建设走向主动建设，煤矿智能化建设正从试点示范走向规模推广。无论是政策标准还是技术层面，面对"双碳"目标，绿色矿山建设和煤矿智能化建设融合已具备基础条件。

　　新型绿色智能煤矿是绿色化和智能化的深度融合，具备少人无人、绿色智能、和谐共生等明显特征，具有自主感知、泛在联结、数据驱动、智能开采、绿色共生的内涵。建设新型绿色智能煤矿，需要理念更新、政策支持、标准保障、技术融合、示范引领，更离不开管理部门、煤炭企业、科研院所以及其他社会力量的共同推动。

B.11

煤炭枯竭矿区转型可持续发展研究

摘　要： 本文针对煤炭枯竭矿区转型这一世界性命题，从产业转型、就业安置、要素资源利用、企业高质量发展等方面分析煤炭枯竭矿区转型发展的必要性；指出煤炭枯竭矿区转型可持续发展的各种主观与客观以及内外部有利条件，并从最佳时间节点选择、资源配置、产业项目、治理模式、动力机制五个方面提出煤炭枯竭矿区转型发展新路径和新模式。本文以济宁能源集团矿区转型为例，总结了战略布局、机遇把控、实干创业、创新发展、队伍建设和领导领航等方面的成功经验和有益启示。

关键词： 煤炭枯竭矿区　可持续发展　济宁能源集团

　　煤炭枯竭矿区转型是一个世界性命题，但凡资源类企业迟早都会面临开采资源枯竭后如何转型可持续发展的大问题。当前，我国中东部地区受煤炭资源日益枯竭、国家化解过剩产能政策实施、安全开采条件限制、城市规划压覆和生态环保要求不断提升等诸多因素影响，越来越多的煤炭矿区正逐步进入关闭状态。尤其是在"双碳"背景下，煤炭枯竭矿区采用什么样的新理念、新思路、新方法、新途径和新模式实施转型可持续发展，是一个亟待解决的重大战略性问题。

---

　　* 牛克洪，高级经济师，中国煤炭经济30人论坛（CCEF-30）成员，兖矿集团战略研究院原院长，研究方向为能源企业发展战略、煤炭企业管理。

一 为什么要进行转型可持续发展

煤炭枯竭矿区转型可持续发展问题具有特殊性和紧迫性。新时代，煤炭枯竭矿区转型可持续发展具有以下强烈动因。

（一）寻找创建替代新产业的需要

煤炭矿区一旦资源枯竭，就意味着生存条件消失，不进行转产和转型发展这个矿区的生存就难以为继。所以，转产和转型发展是其生死存亡之抉择，不是可做可不做的事情，而是势在必行的大事。

（二）解决员工新就业岗位的需要

一般煤炭老矿区都有几万名员工和十几万名员工家属，这是一个庞大的社会群体，以往大家都靠煤"吃"煤，依赖煤炭产业从事各项工作，获取经济收入。一旦煤炭资源开采枯竭，员工就失去了工作岗位，也就没有了经济来源，如果不转产转型发展，矿区员工无法就业，就会造成社会不稳定的大问题。

（三）盘活存量要素资源（资产）的需要

煤炭枯竭矿区虽然煤炭资源枯竭了，但矿区多年开发建设形成的土地、厂房、楼房、设备、道路、设施等有形存量要素资源（资产）都还存在，多年累积的技术专利、品牌形象、市场关系、文化积淀等无形资产价值也仍然存在，如何挖掘、激发、盘活、创新、运营这些有形和无形要素资源（资产）也是急需解决的大问题。

（四）响应党和国家高质量发展号召的需要

新时代，党和国家对能源企业尤其是煤炭老矿区提出了绿色低碳、数字化转型等一系列高质量发展的新战略、新政策和新要求。所以，新时代煤炭枯竭矿区转产转型不仅包含推动常规性传统意义上的转型可持续发展，而且所选择转型可持续发展的新产业、新技术、新业态、新模式更应体现高质量发展的新内涵，以客户升级需求为导向，超前谋划、高端定位、高价值发展。

二 转型可持续发展需要什么条件

煤炭枯竭矿区推进转型可持续发展必然会受多种制约因素的影响。必须正视这些影响因素，有针对性地运作、创造和积累实施转型可持续发展的各种主观与客观、内部与外部有利条件，为顺利实施转型可持续发展战略提供强有力支撑与保障。

（一）需要解放思想创造勇于转型、善于转型的主观条件

思想决定行动，主观上的能动性能克服客观上的被动性。煤炭枯竭矿区在长期传统生产经营中形成的许多惯性思维和惯性行为模式以及思想观念较陈旧，迷恋煤炭生产心结较深、畏难发愁情绪较重，这将有形或无形地影响矿区的转型发展。面对困难，首先应在全体员工特别是领导团队思想上，解决敢不敢转型发展的思想认识问题，只有树立敢想、敢干、敢于转型的坚强意愿，才会出现"只要思想不滑坡、办法总比困难多"的新局面。

（二）需要运作益于转型的存量要素资源（资产）的客观条件

煤炭枯竭矿区规划实施转型可持续发展战略，需要筹集大量要素资源（资产、资金），要全面清点矿区有形和无形要素资源（资产、资金）的家底，结合矿区未来转型新产业开发需要，对矿区土地、地面建筑、设备、人员及资信品牌等进行统筹研究，挖掘其利用价值，做到该利用的利用、能变现的变现、可升值的升值，真正做到物尽其用、改造使用、嫁接优配，为矿区转型发展提供基础支撑。

（三）需要凝聚矿区一切有利于转型的内部积极力量

俗话说，事在人为。要规划和有效实施煤炭枯竭矿区转型可持续发展这

一重大战略任务，人的因素非常关键。矿区内部上上下下、方方面面都要团结起来，调动聚集一切积极力量，消除各种消极因素，凝心聚力、统一认识、振奋精神，心往一处想、劲往一处使，有力的出力、有谋的出智，同心同德，共同努力创新创业，为实现矿区成功转型发展而奋斗。

（四）需要调动政府、金融、行业、智库等助力转型的外部因素

矿区转型发展是一项非常艰巨的任务，除矿区企业自身努力之外，还应从外部争取多方关心、帮扶和支持。例如，从政府方面争取扶持矿区转型发展的各项政策和良好的营商环境，从煤炭行业协会方面争取矿区转型发展的业务指导和公关协调，从金融方面争取低息资金信贷和融资支持，从大学及科研机构方面争取技术研发和智库谋划支持，从转型产业上下游客户方面争取建立诚信商务合作关系。

三 怎样实现转型可持续发展

国内外有不少煤炭枯竭矿区成功转型发展的案例，但考虑到当今中国高质量发展的历史特性，煤炭枯竭矿区转型发展样式又必然含有新时代的特色内涵，为此，应注意从时间节点、资源配置、产业项目、治理模式、动力机制等方面入手，谋划转型发展的新路径和新模式。

（一）选择转型发展的最佳时间节点

一般意义上讲，煤炭矿区选择转型发展的最佳时间节点是，在煤矿产量达到设计产能顶峰后刚开始进入产量降低的阶段。这个阶段表现为两个特点，一是煤炭主业虽然因资源储量不足而转为降产，但仍可维持几年甚至十几年的继续生产周期，在这个周期内煤炭产业将担负掩护矿区转型开发新产业的重任；二是此周期内煤炭产业仍将是矿区盈利的主体，有了利润收入即可投资支持矿区转型发展新产业。所以，这个周期是煤炭枯竭矿区转型（转产）的最佳时间节点，矿区拥有煤炭产业的有力掩护，就具备了一定的自我调节要素资源能力，推进矿区转型发展的压力就小得多。

（二）选择最优的要素资源配置方式

矿区转型发展要素资源的最优配置总的原则是"充分、节省、高效"。所谓"充分"就是，充分利用矿区现有（存量）人、财、物、土地、资信、品牌、社会关系等各类要素资源，深入发掘存量要素资源的剩余价值。所谓"节省"就是，一方面在现有煤炭生产及经营中，实施精益化管理，消除一切浪费现象，降本提效；另一方面在开发建设新产业项目中，优化项目选择、优化建设方案，节约投资。所谓"高效"就是，按照一切可以使价值最大化的原则，运用创新链做强产业链和价值链，实现投入产出的最好结果。

（三）选择市场需求前景最好的产业项目

煤炭枯竭矿区转型发展中最重要的一个环节，就是如何精准选择产业项目，选定的产业项目好与差直接关系矿区转型可持续发展的成败。在新时代"双碳"和高质量发展背景下，煤炭枯竭矿区转型选择产业项目应遵循四条基本准则。一是新建产业项目应尽量与煤炭产业有关联。比如，与煤炭产业关联的煤电（国家政策允许）、煤化工等项目，为煤炭产业服务的煤炭物流、煤机制造等项目。二是选择国家战略倡导的绿色低碳、数字化、智能化新兴产业。比如，新能源、新材料、高端制造、生产服务或社会各类服务业等。三是选择能够利用矿区存量要素资源且可安置富余人员就业的产业项目，使闲置要素资源就地转化产生新价值。四是选择符合市场需求且当地资源条件可配置支撑的产业项目。比如，利用本区域公路、铁路、水路便利交通条件开发相关项目，利用当地特有资源（矿产、农产、水产）开发相关项目，利用当地特色旅游资源和传统名牌产品开发相关项目等。

（四）选择最适宜转型发展的企业治理模式

煤炭枯竭矿区转型发展产业项目采取的治理模式，应根据产权结构、产业结构和运营要求确定，一般有三种。一是依据转型产业项目的投资股权结构情况，设计项目建设治理模式和生产运营治理模式，包括公司股东会、董

事会及经理层的治理体制设计；二是依据产业结构、产业布局及产业规模情况，设计管理体制和管控模式，原则上可采用"集团化管控、专业化管理、模块化运营"的治理方式；三是依据产业特性、产业政策和运营管理等情况，设计工业园区化治理模式或专精特新"小巨人"企业式治理模式。

（五）创新建立转型发展的强大动力机制

煤炭枯竭矿区转型发展任务繁重，不仅涉及产业格局的调整变化，更需要改革创新，塑造有利于矿区转型发展的动力机制。要不断深化改革，使改革和发展互相促进。通过深化改革人事竞争聘用制度和激励分配制度，为矿区转型发展提供强大动力、注入生机活力，把大批想干事、能干事、干成事的人吸引到矿区转型发展创业的第一线；通过理念创新、战略创新、产业优化、体制创新、机制创新、管理创新、技术创新及业态创新等，为矿区转型发展树立新理念、谋划新战略、布局新产业、创建新体制、注入新动能，凝聚转型发展的强大内生新力量，推动矿区转型可持续高质量发展。

四 济宁能源集团矿区成功转型可持续发展的启示

转型背景：济宁能源集团是山东省济宁市地方国有煤炭企业，2013年该企业有 5 处中小型煤矿，年总产量 538.56 万吨，营业收入达 32.57亿元，利润 4.08 亿元。企业产业结构单一，经济规模小，盈利能力弱，煤炭资源储备日渐枯竭（山东省内煤炭资源储量少，而去省外、国外开发煤矿，一则资源购买成本高，二则企业资金缺乏），陷入资源接续断层、持续发展后劲不足的严重困境。面对此种困难境地，济宁能源集团在外部专家帮助下，于 2013 年审时度势、果断决策，实施矿区转型发展新战略，即在全国煤炭市场低迷之际，凭借济宁运河大通道的地理区位优势、瓦日铁路干线即将开通的时机和鲁西南及江浙地区煤炭市场需求潜力巨大等有利条件，快速实施企业产业结构调整转型发展战略，开启了企业新的发展征程。

产业布局：该公司实施转型发展战略 10 年来形成了"两主两辅"产业格局，即煤电产业（主）、港航物流产业（主）、高端制造产业（辅）、现代服务业（辅）。现共有生产运营煤矿 9 处，核定年产能 1160 万吨；1 家电厂，年发电量 10 亿千瓦时；7 个港口，年吞吐能力 4300 万吨，集装箱年吞吐能力 30 万标箱。同时依靠港口，按照"前港后厂"开发模式，先后建设了金属材料加工厂、集装箱生产厂、新能源船舶生产厂、粮食储备加工厂等工业园区 5 个。现形成精密制造和加工制造两条产业链，拥有 4 个国家级高新技术企业和 2 个省级知名品牌。现共有金融、教培、餐饮等多个类型服务业板块。

取得成果：2022 年济宁能源集团实现营业收入 576 亿元、利润 35.24 亿元，分别较 2013 年增长 16.68 倍、7.64 倍。此外，2022 年煤炭产量达 1080 万吨，年发电量 10 亿千瓦时，港口货物吞吐量 4270 万吨，集装箱吞吐量 20 万标箱，高端制造业形成精密铸造、阀门制造、加工制造、再制造等业态，现代服务业初步形成金融保理、教育培训、酒店餐饮、写字楼租赁、园区物业等业态。

未来规划：到 2025 年末，煤炭产量保持在 1200 万~1500 万吨，建成六大百亿产业园区，资产总额超 600 亿元，营业收入超 1000 亿元，利润超 60 亿元；进入中国企业 500 强前 300 名，培育 3 家上市公司。到 2035 年，企业营业收入超 2000 亿元，形成煤电、港航物流、大宗贸易、高端制造、金融服务、物业服务等多产业链条延伸与协同发展的新格局，进入世界 500 强企业行列。

借鉴启示：济宁能源集团从一个单纯靠煤生存发展的企业，成功转型为以港航物流为主体多产业协调可持续发展的新型企业，其成功经验及探索实践给诸多老煤炭矿区转型发展提供了借鉴和有益启示。

（一）煤炭枯竭矿区转型发展必须未雨绸缪进行战略谋划与布局

一个没有战略的企业必定是一个短视的企业，而短视企业是不可能有长远发展前途的。尤其煤炭等资源类企业，是超前谋划转型，还是等待资源开

采枯竭后再被迫转型，结果是不一样的。济宁能源集团提前感知生存危机启动企业战略转型行动是英明的，转型做法值得学习借鉴。

（二）煤炭枯竭矿区转型发展必须是善于借势、借智、借力抢抓机遇的

济宁能源集团在实施矿区转型战略时采取善谋"六借"策略。一是借大势，即借政府扶持之力、产业政策倾斜之势、煤炭行业面临转型拐点之势及企业员工盼转型求发展的迫切愿望等；二是借智慧，即听取专家的转型发展路径建议，聘请咨询机构帮助制定战略转型的发展规划等；三是借资金，即借助银行贷款、合作方投资等；四是借人才，即外部招聘专业人才、内部竞聘能做事人才等；五是借地利，即借助瓦日铁路贯穿本地之路利，借助运河交通之地利，借助山东及华东地区缺煤之市利等；六是借平台，即借助融资平台、咨询平台、信息智能平台等的优势资源。

（三）煤炭枯竭矿区转型发展必须具备勇往直前创业实干的韧劲

好的战略必须靠真抓实干来完成，战略一旦确定，剩下的事情就是实干加苦干。济宁能源集团的做法，一是实行强有力的契约化管理，采用挂图作战方式，针对重点项目、重点工作，明确目标、限定时间、责任到人、真抓实干、督察考核、定期通报，实施结果与每个责任人的职位升迁和经济分配紧密挂钩，激发超强团队协调战斗力和高效执行力；二是坚持问题导向工作法，定期举办中层以上管理人员民主生活会，自律反省查找思想认识上、工作措施上、业务知识上、行为作风上及协调配合上的不足和短板，有针对性地制定整改计划；三是锲而不舍补短板强培训，经过不同类型、不同层次人员的培训教育，不断提升各产业从业人员的新业务操作技能，应会必会，增强干成事的综合素质；四是开展灵活强有力公关，围绕矿区战略转型需要，及时有力地加强与政府相关部门汇报沟通、与驻地农村协商公关、与上下游客户交流合作等，为顺利实施矿区转型发展战略排除了障碍、争取了政策、创造了良好工作环境。

（四）煤炭枯竭矿区转型发展必须围绕主体目标勇于创新变通

战略转型是一项极具挑战性、极具创新性的艰巨任务，将面临不熟悉的产业运作、市场开拓、工作流程和运营业态等新情况、新挑战，过去单纯做煤矿工作的那一套经验做法不适合了，必须树立新理念、拓宽新思路、探索新路径，着力构建新的产业格局经营模式。济宁能源集团抢抓转型发展及新产业布局的良好机遇，及时制定战略转型的发展规划，多渠道筹集和配置要素资源，坚韧不拔地推进企业战略转型规划的落地。

（五）煤炭枯竭矿区转型发展必须有高素质人才队伍来支持保障

事业都是靠人做出来的，再好的战略规划如果没有一支爱岗敬业、素质过硬的员工队伍来做也是不会成功的。因为，企业转型发展一般是开发新的产业，原从事煤炭产业的人员都必须重新学习新知识、新技术，以适应新产业生产运营操作技术和管理技能的要求。济宁能源集团在战略转型中，注重不断加强员工队伍的操作技能培训，加强营销人员、港航人员等的业务能力培训，加强中高层管理人员的管理素质培训，从而保证各项产业项目的顺利高效建设与运营管理。

（六）煤炭枯竭矿区成功转型发展必须有主要管理者的领航

火车跑得快，全靠车头带，济宁能源集团的主要管理者具有强烈的事业心、责任心，创业发展的拼搏奋进意识，透析企业环境变化的强烈生存危机感，目光远大、统筹规划、锲而不舍、永不言败的精神，这是矿区成功转型发展的关键因素。

参考文献

牛克洪：《济宁能源战略转型带来的启示》，《中国煤炭报》2023 年 3 月 18 日。

实践探索篇
Practical Exploration Section

B.12
奋力谱写煤炭产业可持续发展新篇章

国家能源集团技术经济研究院课题组*

摘　要： 国家能源集团拥有煤炭、电力、化工、运输等全产业链业务，在中国式现代化新征程上积极践行"六个担当"。同时，国家能源集团是世界最大的煤炭公司之一，煤炭是国家能源集团的核心产业、基础产业。长期以来，国家能源集团以大基地建设和一体化运营保障煤炭供应安全，以科技赋能和绿色开发推动煤炭高质量发展，以产业链深度融合和低碳转型助力煤炭产业可持续发展。

* 课题组组长：孙宝东，博士，国家能源集团技术经济研究院（以下简称"国能技经院"）党委书记、董事长，研究方向为能源系统、能源经济、煤基能源战略规划。课题组副组长：倪炜，国能技经院副总经理，研究方向为能源经济、市场与技术经济评价；朱吉茂，国能技经院能源市场分析研究部主任，研究方向为煤炭工业发展战略、煤炭市场与政策。课题组成员：吴璘，管理学博士，国能技经院能源市场分析研究部三级主管，研究方向为煤炭经济与政策；门东坡，工学博士，国能技经院能源市场分析研究部三级主管，研究方向为煤炭战略与政策；魏文胜，工学博士，国能技经院能源市场分析研究部主管，研究方向为煤炭、碳市场；姜大霖，经济学博士，国能技经院能源市场分析研究部三级研究员，研究方向为低碳经济；李涛，工学博士，国能技经院能源市场分析研究部三级主管，研究方向为能源与电力市场；刘大正，国能技经院能源市场分析研究部三级主管，研究方向为电力市场与政策；张东青，工学博士，国能技经院能源市场分析研究部三级主管，研究方向为电力与碳市场。

锚定"双碳"目标，国家能源集团将进一步优化产业布局、强化安全生产、深耕绿色开发、深化产业融合、加强科技引领，继续走稳走好煤炭产业可持续发展之路。

关键词： "六个担当"　产业布局　一体化　绿色转型　可持续发展

国家能源投资集团有限责任公司（以下简称"国家能源集团"）于2017年11月28日正式挂牌，是经党中央、国务院批准，由中国国电集团公司和神华集团有限责任公司联合重组成立，集央企联合重组、国有资本投资公司改革、创建世界一流示范企业、国有企业公司治理示范企业"四个试点"于一体的中央骨干能源企业。拥有中国神华、龙源电力2家"A+H"上市公司，国电电力、长源电力、英力特、龙源技术、西部创业5家A股上市公司，以及1000余家生产单位、12家科研院所、20家科技企业。自2017年重组成立以来，国家能源集团连续6次获得中央企业负责人经营业绩考核A级，在2022年中央企业负责人经营业绩考核A级企业名单中位居第七；在2023年世界500强中排名第76位。

国家能源集团拥有煤炭、电力、化工、运输等全产业链业务，产业分布在全国31个省份以及印度尼西亚、俄罗斯、南非等10多个国家和地区。截至2022年底，集团员工总数为31.1万人，资产总额为1.9万亿元，煤炭产能为6.5亿吨/年，发电总装机2.9亿千瓦，自营铁路2408公里，港口设计吞吐能力为2.9亿吨/年，煤制油化品产能为2939万吨/年。2022年，完成煤炭产量6.0亿吨、煤炭销量7.9亿吨、发电量1.1万亿千瓦时、铁路运量4.7亿吨，含主要中间品的化工品产量为2934万吨，实现营业收入8179亿元、利润总额1100亿元、净利润802亿元，资产负债率为58.41%。

国家能源集团积极服务国家战略、保障国家能源安全、助力国民经济稳增长，认真贯彻"四个革命、一个合作"能源安全新战略，深入实施"一个目标、三型五化、七个一流"发展战略，即围绕建设具有全球竞争力的世界一流能源集团这一战略目标，打造创新型、引领型、价值型企业集团，推进清洁化、一体化、精细化、智慧化、国际化发展，实现安全一流、质量一流、效益一流、技术一流、人才一流、品牌一流、党建一流。作为煤炭、火电、风电、煤化工产业规模均为世界第一的能源企业，国家能源集团认真落实习近平总书记提出的"四个革命、一个合作"能源安全新战略[①]，积极对标"双碳"目标，加快推动产业结构调整和绿色低碳转型，形成了煤炭绿色开发、煤电清洁高效、运输物流协同一体、现代煤化工高端多元化、新能源创新规模化发展等独特优势，在为中国式现代化提供能源支撑保障的同时，走出了一条能源产业中国式现代化的特色之路。

一　积极践行"六个担当"支撑中国式现代化发展

作为我国能源保供的中坚力量，国家能源集团深入学习贯彻党的二十大精神，在中国式现代化新征程上积极践行能源基石、转型主力、经济标兵、创新先锋、改革中坚、党建示范"六个担当"，加快建设具有全球竞争力的世界一流清洁低碳能源领军企业，奋力走好具有国能特色的能源央企高质量发展道路。

（一）担当能源基石，全力以赴保障国家能源战略安全

坚决扛起能源保供责任使命，坚持以煤炭保能源安全、以煤电保电力稳定，全力做好煤炭增产增供和产能核增工作。2022 年，国家能源集团煤炭销量约占全国的 18%，电煤供应量占全国的 1/4，以不到全国 11% 的装机贡献了全国约 14% 的发电量，圆满完成党的二十大和"两奥"[②] 等重大活动任务及迎峰度夏和迎峰度冬等重要时段、东北和川渝等重点区域能源电力保供任务，把能源的饭碗牢牢端在自己手里。巩固一体化优势，完善"年方式、

---

① 《落实能源安全新战略引领能源高质量发展》，国家能源局网站，2018 年 12 月 10 日，https://www.nea.gov.cn/2018-12/10/c_137663795.htm。
② 指 2022 年北京冬奥会、冬残奥会，下同。

月计划、周平衡、日调度"管控模式，推动运输物流协同一体、安全畅通，核心区煤炭日调出运量突破107万吨，一体化供应链辐射范围延伸2500公里以上。

（二）担当转型主力，大力推动绿色低碳发展

深入践行习近平生态文明思想，落实国家"双碳"目标，科学实施集团公司"十四五"规划和"碳达峰"行动方案。坚持做强存量、做优增量，加快构建清洁低碳、安全高效的现代能源体系。加快煤炭产业全要素效能提升、全产业提质增效，积极推动"两个联营"，稳步实施"三改联动"，布局高效清洁煤电。坚决打好"三大保卫战"，持续加强矿区生态治理和长江、黄河等流域生态保护。牵头开发宁夏腾格里、甘肃巴丹吉林大基地，加快近海海上风电项目开发，超前布局深远海上风电项目，推进海上光伏发电项目。组团发展大渡河、金沙江、西藏水电项目。全面实施化工产业2022~2030年系列规划方案，加快推进"六大基地"建设，推动煤化工高端化、多元化、低碳化发展。

（三）担当经济标兵，充分发挥国有经济战略支撑作用

积极助力稳定宏观经济大盘，率先示范执行国家煤炭价格政策，带头签约履行电煤中长期合同"3个100%"，为煤电供热企业大幅让利，其中2021年向社会让利超600亿元。积极服务国家战略，扩大有效投资，2022年集中开工3批40个、总投资超2100亿元的优质能源项目，加强优质煤炭资源储备，稳定社会预期，建设支撑保障性电源。积极履行央企社会责任，严格落实中小企业清欠和小微企业减免房租政策，2022年开展乡村振兴扶贫项目，共投入3亿元，连续5年获得最高等次评价，向四川泸定地震灾区及新疆、内蒙古等抗疫救灾地区紧急捐赠1.37亿元。

（四）担当创新先锋，加快实现高水平科技自立自强

加强科技创新顶层设计，构建开放协同的科技创新体系，2家实验室成

功入列全国重点实验室，4家平台顺利纳入国家能源局"十四五"首批"赛马争先"创新平台名单；建立加强科研投入长效机制，将研发投入、发明专利、科研任务等指标纳入企业年度经营业绩考核。着力打造能源行业原创技术策源地，加快国家科研任务攻关，9项国家重点研发计划项目通过验收，2项获评优秀；在国际上首次开发验证40兆瓦燃煤锅炉35%比例混氨燃烧技术，国资委1025专项一期任务70兆帕氢气压缩机研制成功，煤矿无人巡视工作面、煤直接液化二代技术、重载铁路货车智能"状态修"技术等取得标志性成果；两家企业成为国家级专精特新"小巨人"企业。全年获授权专利3809件，同比增长45.6%，新获1项中国专利奖金奖，主导发布3项国际标准，获省（部）级及行业级科技奖励126项。

（五）担当改革中坚，全面建设世界一流清洁低碳能源领军企业

国企改革三年行动圆满收官，高质量完成国企改革三年行动74项任务，完善职位职级、全员绩效考核、薪酬激励三大体系，完成29家省公司区域电力改革、18家企业同质化业务重组。国有资本投资公司改革加快推进，实施深化国有资本投资试点改革工作方案，优化"战略+运营"管控模式，全面提升投资规划和资本运营能力，打造具有国能特色的能源化工领域的综合性投资公司。世界一流企业建设蹄疾步稳，实施"领先、创先、争先、培先、优化"5个世界一流企业创建专项行动，深化"学先进、抓落实、促改革"专项工作，对标世界一流管理提升行动获国资委考核满分。

（六）担当党建示范，以高质量党建引领保障企业高质量发展

坚持和加强党的全面领导，推动党的领导融入公司治理制度化、规范化、程序化，集团系统党建进章程实现"应进尽进"，全部实现党委书记、董事长"一肩挑"。巩固完善"大党建"工作格局，建强组织体系，深化党建统领型总部建设，激发基层党建活力，加强基层党建分类指导；严格落实意识形态工作责任制，坚持党对统战群团工作的全面领导。深入推进

全面从严治党，全覆盖、从严从实开展党建责任制考核和党组织书记述评考核；开展"四查四看四深化"等工作，以"严的标准、严的措施"扬正气、树新风；健全完善"大监督"工作格局，切实把查办案件与深化改革、完善制度、促进治理贯通起来，与思想教育、党性锤炼、固本培元相结合。

二 煤炭产业可持续发展实践与探索

国家能源集团是世界最大的煤炭公司之一，煤炭是国家能源集团的核心产业、基础产业。长期以来，国家能源集团坚持服务国家战略，坚守主责主业，面向世界科技前沿、国家重大科技需求、产业高质量和可持续发展，坚持以煤炭保能源安全、以煤电保电力稳定，打造大基地、建设大矿井，持续推动"大一体化"发展，在"双碳"目标下不断探索煤炭产业可持续发展路径。

（一）做强四大煤炭基地，依托一体化保障能源供应安全

国家能源集团立足我国"富煤贫油少气"的资源禀赋，坚决做好煤炭这篇大文章，巩固资源及区位优势，提升一体化运营和精细化管理效能，不断在以煤炭保能源安全上展现新作为。

一是 4 个亿吨级绿色矿区开发格局加速形成。在内蒙古、陕西、山西、宁夏和新疆等煤炭资源富集的优势地区形成神东、宁乌、蒙东、新疆四大煤炭基地。一体化核心区以神东、准能为代表，打造了亿吨级矿区及千万吨级现代化矿井群，产能超 3 亿吨，成为我国西煤东运、大范围跨区能源供应的坚强后盾；蒙东区以雁宝、胜利、平庄三大产区为代表，辐射蒙东、东北、华北三大区域，产能达 1.5 亿吨，持续助力区域"保供应、保民生"；宁夏乌海区加快稳产达产步伐，强势支撑大型煤电基地、能源化工基地建设；新疆区产能快速破亿吨，大幅提升产业接续能力，拓展"疆煤"保供空间。与此同时，国家能源集团积极践行"四个革命、一个合作"能源安全新战

略，推动境外煤炭资源开发合作，拓宽蒙煤俄煤进口通道，用好国际、国内两种资源、两个市场。

二是路港航一体化运营"生命线"高效畅通。国家能源集团不断完善由铁路、港口、航运构成的运输体系，包神、神朔、朔黄、大准、黄大等铁路构成西煤东运大动脉，黄骅港、天津煤码头、珠海煤码头以及航运船队连接南北煤炭大供需。国家能源集团运输产业不断增强集疏运能力，优化运输组织，各运输板块生产单位不断完善路网"毛细血管"，扩大对核心矿区煤炭资源的装运优势，确保煤炭"产得出、收得上、运得出"。面对近年来复杂严峻形势带来的影响，各单位主动作为，精心组织，运输通道始终保持高效畅通，确保了党的二十大、"两奥"等重大活动和迎峰度夏、迎峰度冬等重要时段的能源保供运输，多项指标创佳绩。2022年，集团公司一体化铁路货运量为4.7亿吨，朔黄2万吨列车单日最高开行43列，实现满图运行；两港装船量为2.5亿吨，黄骅港煤炭下水量居全国煤港首位；航运公司年度装运量高达2.4亿吨，创历史最高水平。与此同时，国家能源集团不断深化"大一体化"运输格局，积极推动中蒙跨境铁路项目，拓宽西煤东运、疆煤出区等通道，在持续提升疆煤外运量、支持宁夏及一体化区域保供等方面取得显著成效。

三是以煤炭保能源安全的央企责任有效落实。作为骨干能源央企，国家能源集团坚决落实国家能源保供决策部署，成立保供工作专班，完善保供工作机制，深化拓展"大一体化"调运格局，持续提高生产效率，做实常态化、长效化能源保供，以煤为基，做好"大国顶梁柱"。全力保安全、增产量，自产煤连续保持月均5000万吨以上峰值水平，2022年煤炭产销量约占全国的18%，充分发挥煤炭作为主体能源的兜底保障作用，充分保障能源供应链安全可靠运行。以相当于全国火力发电量1/4的电煤供应量和不到国际动力煤1/4的销售价格，筑起阻断国际能源价格飙涨向国内传导的"防火墙"，稳住国内煤炭市场"基本盘"。圆满完成重要时段煤炭保供任务，安全生产形势保持总体平稳，持续发挥能源保供"压舱石"和"稳定器"作用，以稳定的能源供应助力经济发展，赋能社会稳定。

（二）数智赋能科技支撑，助力煤炭产业升级跑出加速度

煤炭产业示范引领离不开科技创新的助力，高质量发展得益于科技创新的赋能。国家能源集团坚持把科技创新作为产业发展的主要动能，持续开展传统产业转型升级科技攻关，推进煤矿智能化纵深发展，提升煤炭智能清洁高效开发动力，深化低碳化数字化转型，打造原创技术策源地，做好科技创新的"先锋队"。

一是建成世界最大的亿吨级智能大型矿井群，实现资源智能配置，引领煤矿智能化发展方向。煤炭智能清洁高效开发是全产业链绿色低碳转型的关键一环，国家能源集团加快推动井工矿数字化建设和露天矿无人化、低碳化发展。截至 2022 年底，国家能源集团共建成智能化示范煤矿 13 座，建成智能采煤工作面 71 处、智能掘进工作面 76 处、智能选煤厂 30 座，智能化技术及建设覆盖率达到 100%，煤矿月均单进、回采工作面月均单产、全员工效分别达到全国平均水平的 2.0 倍、3.5 倍和 5.0 倍；黑岱沟露天煤矿"5G+无人驾驶"已编组运行，效率达到人工效率的 85%；布尔台煤矿一次成巷高机动性快速掘进工作面、大柳塔煤矿"5G+"连采机器人群协同作业系统、神东选煤厂智能决策系统等 15 项案例入选全国煤矿智能化建设典型案例，覆盖信息基础设施、智能掘进、智能开采、智能露天、智能运输、智能防灾、智能洗选等 7 个方向。

二是突破 8.8 米超大采高智能综采技术。为提升特大型煤矿的开采效率及资源回收率，国家能源集团联合西安煤矿机械有限公司研发了 8.8 米超大采高智能综采技术，建成神东上湾 8.8 米超大采高智能综采工作面。该技术填补了国内外特厚煤层开采的技术空白，提升了综采装备研发能力及制造水平，攻克超大采高工作面智能化开采面临的围岩控制、开采工艺评估、支架姿态控制、支护状态评价、设备协调联动控制等难题，在当时实现了装机功率世界第一（15842 千瓦）、综采一次采全高采高世界第一（8.8 米）、设备总重量世界第一（16679 吨）、回采工效世界第一（1050 吨／工），为中国乃至世界类似赋存条件厚煤层的安全、高效、绿色、智能开采提供技术示范，

意义深远。

三是开创矿鸿煤矿生产控制新路径。国家能源集团牵手华为，聚焦高水平科技自立自强，共同探索煤矿数字化转型、智能化建设的新路径，以国能神东煤炭集团为示范，联合打造了拥有100%自主知识产权的矿鸿系统，攻克了井下设备互联、远程遥控、数据共享等难题，示范矿井乌兰木伦煤矿全矿1800多台（套）设备接入矿鸿系统，实现长时间稳定运行。目前矿鸿系统已经从示范矿建设阶段进入大规模商用阶段。

四是首创露天矿开采扰动效应量化评价理论。准能集团聚焦半干旱生态脆弱区露天开采扰动强烈的问题，构建了涵盖高效、安全、生态保护3方面23个评价指标的露天矿全生命周期开采扰动效应评价指标体系，创建了开采扰动效应综合评价模型，确定了6个评价等级的开采扰动指数区间划分标准，形成了完整的量化评价理论，以此理论为指导，构建了"采—复—农—园"的"四位一体"发展模式。

五是突破极寒工况"5G+"矿用卡车无人驾驶先进技术。为降低冬季极寒条件下道路结冰、大雪大雾天气以及扬尘等恶劣条件的影响，宝日希勒能源公司联合移动公司开发了矿用卡车无人驾驶网络通信系统、应急管理系统和协同作业系统，利用5G大宽带、高速率、低延时等优势，结合摄像头、毫米波雷达、激光雷达等感知设备，攻克极寒型复杂气候环境下无人驾驶技术的精准感知与反馈技术，首次实现无人驾驶综合运输效率达到有人驾驶效率、全天候不间断投入现场生产作业，且实现无人驾驶矿卡驾驶室内无安全员状态下的稳定运行，成为世界首个极寒环境无人驾驶卡车实现编组运行的项目。该技术通过国家工业性示范运行安全评审和科技成果鉴定，进入工业性示范运行阶段，成果达到国际先进水平。

（三）践行煤炭绿色开发，厚植煤炭高质量发展绿的底色

国家能源集团深入践行习近平生态文明思想，把提升生态环境治理现代化水平作为落实党的二十大精神的重要举措，聚焦煤基产业和生态环境保护协调发展，坚持"绿水青山就是金山银山"的发展理念，通过不断的科技

创新，攻克一批共性关键技术，创新生态环境治理模式，提高了矿井水资源利用率和矿区植被覆盖率，大幅提升集团公司煤炭绿色开发水平。

一是坚持绿色低碳发展理念，加快推进绿色矿山建设。国家能源集团严守生态环保红线，深入开展生态修复治理，加快推动煤炭产业采煤沉陷区治理、露天矿山生态修复和绿色矿山建设。截至 2022 年底，国家能源集团建成绿色矿山 53 座、生态林 20 万亩，露天矿排土场复垦率、井工矿沉陷区治理率均达到 95%以上，矿井水资源利用率达到 68.43%，矿区工业绿化率达到 83.37%；建成"上湾煤矿红石圈全国水土保持生态建设示范工程""大柳塔煤矿国家水土保持科技示范园""哈拉沟煤矿国家水土保持生态文明工程"等生态示范工程，为绿色矿山建设贡献国能力量。

二是原创煤矿地下水库关键技术。为解决西部矿区煤炭开发、水资源保护利用问题，国家能源集团以神东矿区为载体，首次提出了利用煤矿井下采空区构建地下水库、储存利用矿井水的理念，攻克了煤矿地下水库水源预测、水库选址、库容确定、坝体构筑、安全运行、水质控制等六大技术难题，形成了安全、大规模、低成本的矿井水井下储用的理论框架和技术体系，构建煤炭开发水资源保护利用的原创性技术。利用该技术，世界唯一两亿吨级的神东矿区建成 35 座煤矿地下水库，年供水超 6000 万吨，年直接经济效益超 10 亿元，供应了矿区 95%以上的生产、生活和生态用水，使昔日荒漠变成绿洲。

三是构建寒旱煤矿区开采扰动生态效应与修复关键技术。为解决煤层开采扰动生态环境演变规律不清、生态供水量不足、生态修复难度大、生态要素现场观测不便等问题，国家能源集团联合中煤科工集团等研发了寒旱煤矿区开采扰动生态效应与修复关键技术，提出了第四系松散层—露天排土场地下储水策略，研制了适配寒旱煤矿区的新型矿山生态修复技术，筛选了适配寒旱煤矿区生态修复的植被，提升了寒旱煤矿区生态修复成效；开发了矿区生态远程智能监测平台，实现了对生态监测数据与植被长势的在线监测。该技术在新疆公司黑山、乌东煤矿连续 2 年进行示范试验，试验区矿井水资源利用率提高 30%，植被覆盖率超过 80%，节省生态成本 8810 万元。

四是攻克东部草原区大型煤电基地生态修复与综合整治技术。为实现东部草原区大型煤电基地开发与生态环境保护的协调，国家能源集团牵头实施"东部草原区大型煤电基地生态修复与综合整治技术及示范"重点研发项目。该项目首次量化并揭示了大型煤电基地开发的生态影响规律与累积效应，研发并创建了大型露天开采生态减损型采—排—复一体化、露天煤矿"地下水库—近地表含水层—分布式保水控蚀设施—地面水库"立体保水和大型露天开采水—土—植被一体化修复技术体系，宝日希勒露天煤矿生态修复示范区面积达 10394 亩，露天煤矿排土场植被覆盖率较本底值提高37.96%，废迹地治理率达到 100%，提升了酷寒草原区大型煤电基地区域生态安全保障与生态修复技术水平，为我国露天煤矿绿色开采和东北地区能源保供提供了科技支撑。

五是创新建设矿山"生态+光伏"发展模式。为加快矿区生态环境建设，促进煤炭与新能源耦合发展，国家能源集团布尔台煤矿通过开展矿井水生态灌溉与湿地建设技术、"零水泥"柔性防护技术、光伏板下种植技术等一系列专项技术研发，有针对性地解决原生脆弱生态环境的生态治理、大型煤炭开采沉陷治理和光伏板影响下的生态建设三重叠加的难题，创建采煤沉陷区"光伏+生态"修复利用新模式。布尔台及其周边煤矿生态治理区以采煤沉陷区"光伏+生态"修复利用模式为依托，种植樟子松、油松等生态树种 70 万株，种植果树、大果沙棘等经济树种 34 万株，生态治理总面积达 6万亩，建成 6 万亩生态林基地；依托"林光互补"和"农光互补"发展模式，实现年总产值 2788 万元。

（四）聚力延链补链强链，做好煤炭清洁高效利用大文章

国家能源集团立足以煤为主的基本国情，坚持先立后破，有序开展煤炭清洁开发利用，积极适应能源需求新形势新要求，在高标准做好能源保供的基础上，大力推动煤基产业转型发展。

一是着力发挥以煤电保电力稳定的作用。截至 2022 年底，国家能源集团火电装机容量达到 1.99 亿千瓦，其中 99%左右为煤电机组，装机结构以

大容量、高参数、低排放先进机组为主。煤电机组在全国范围内分布广泛，主要集中在煤炭基地和负荷中心。在内蒙古、山西、宁夏等煤炭资源富集区域占据较大份额，有利于强化煤电一体化协同优势。在江苏、河北、山东、浙江等用电负荷集中区域，有利于依托高电价、高利用率优势，保障煤电生产运营良好状况。立足能源电力稳定大局，在迎峰度夏和冬季保供的关键时期，国家能源集团煤电机组应启尽启、应发尽发、稳发满发，发挥了基础保障性电源作用。在基地化、一体化、风光火储协同发展的背景下，坚持按需布局、稳妥开发，积极投建先进高效清洁煤电机组，为确保区域电力稳定供应、支持新型电力系统建设、发挥煤电兜底保障作用提供有力支撑。

二是做好煤电绿色转型排头兵。国家能源集团积极推动煤电升级改造、绿色发展，高效灵活二次再热发电机组研制及工程示范项目攻克了高效灵活、污染物超低排放、智能化控制、机组快速启停、深度调峰等关键技术。2022年，国家能源集团高标准投运先进清洁煤电机组，稳步实施煤电"三改联动"，供电煤耗同比下降1.1克/千瓦时。截至2022年底，国家能源集团所有常规煤电机组均实现超低排放，1.2亿千瓦煤电机组实现"三改联动"，机组调节能力和发电效率有效提升。泰州、布连、三河电厂被评为"国家煤电节能减排示范电站"，宿迁热电、东胜热电、高安屯燃机等智能发电领域重大技术研发和集中攻关成效显著。其中，泰州百万千瓦二次再热超超临界燃煤机组综合指标为全球最优；宿迁发电有限公司高效灵活二次再热发电机组工程示范项目被科技部评为科技创新重大成果典型案例，机组效率达48.11%，项目核心设备和控制系统均实现自主可控，奠定了我国二次再热技术发展的主导地位，走出一条煤炭高效清洁化利用之路，把能源安全牢牢掌握在自己手里。

三是聚焦煤化工高端化、多元化、低碳化发展。现代煤化工是煤炭清洁高效利用的重要途径。2021年9月13日，习近平总书记在国家能源集团榆林化工视察时，对我国煤化工产业发展做出重要指示，指出"煤化工产业潜力巨大、大有前途，要提高煤炭作为化工原料的综合利用效能，促进煤化工产业高端化、多元化、低碳化发展，把加强科技创新作为最紧迫任务，加快关键核心技术攻关，积极发展煤基特种燃料、煤基生物可降解材料等"①。国家能源集团立足煤炭清洁高效转化，以煤直接液化制油、煤间接液化制油和煤制化学品为三大方向，通过产品深加工实现"延链"、耦合新能源实现"补链"、重点发展煤基新材料和煤基特种燃料实现"强链"，建成多个国家级示范工程，成功实现商业化运行，产能规模位居前列，引领煤化工行业发展。截至2023年，世界首套、全球唯一的百万吨级煤直接液化制油示范工程——鄂尔多斯108万吨/年煤直接液化项目已安全稳定运行14年；2023年上半年，煤基航天煤油首次应用于火箭发射；宁夏煤业全球单体规模最大的400万吨级煤间接制油项目以及"煤制油品/烯烃大型现代化煤化工成套技术开发及应用"获国家科学技术进步奖一等奖，包头煤制烯烃扩建70万吨/年升级示范项目于2023年9月开工建设；陕西榆林循环经济煤炭综合利用项目（一阶段工程）、榆林化工40万吨/年合成气制乙二醇项目成功投产并开展商业化运营，打通煤炭"由黑到白"全产业链条；积极开发煤基特种燃料、生物可降解材料、碳素新材料等高端产品，榆林化工5万吨/年PGA煤基生物可降解材料示范项目建成投产，"油—化—新材料"多元化产品体系更加完善。

（五）奋力攻关低碳技术，拓展煤炭产业未来发展新空间

国家能源集团对标"双碳"目标，以绿色低碳技术为支撑，提升煤基产业绿色发展能力和水平，为高质量转型提供绿色动能，增强能源转型韧性，拓展煤炭产业可持续发展空间。

一是煤电清洁高效发展多点突破。稳步推进煤电节能减排，全集团所有常规煤电机组均实现超低排放。攻克燃煤锅炉混氨燃烧技术，可降低二氧化碳排放比例35%以上。攻克大型燃煤机组资源化处置多种污泥固废关键技术，对集团系统乃至行业推进综合能源服务和循环经济发展起到重要示范作

---

① 《煤化工：寻求能源结构转型时，煤制油、煤制气等产业不断兴起》，贤集网，2023年2月24日，https：//www.xianjichina.com/news/details_299051.html。

用。开展燃煤电站炭基催化法烟气多污染物协同控制与硫资源化技术工程示范，为实现催化剂可再循环使用、副产物可资源化利用，成功开发了基于"脱硫—提浓"解耦的硫资源化新工艺，建成了国内首台基于"脱硫—提浓"解耦的湿法氧化镁法燃煤电站烟气多污染物协同控制与硫资源化工程。为探索提高燃煤机组热端参数、进一步提升燃煤电站效率，创新发展了汽轮发电机组高位布置技术，自主研发了成套技术装备和系统，并依托国能锦界三期工程开展技术和工程应用研究。为解决国内外老旧煤电机组低参数、高耗能和临近退役问题，全面提升老旧煤电机组运行安全性、可靠性、经济性和灵活性，延长机组运行寿命，盘山电厂在合理利用原有系统、设备和主厂房框架的基础上，突破了项目设计、设备选型、钢结构加固、专有设备研制和新旧设备衔接等一系列难题，将现有俄制超临界机组升级改造为国产高效超超临界机组。江苏常州电厂主动参与周边城市垃圾、污泥等各种固废处理，向社会提供电、热、冷、气、水等"火电+"综合能源服务。

二是聚力攻关煤炭产业低碳技术。依托鄂尔多斯 10 万吨 CCS 示范项目，率先布局全流程地下咸水层碳永久封存示范工程，项目开发并集成了 CCS 领域先进的注入及监测技术，将煤化工项目煤制氢过程中产生的高浓度二氧化碳进行捕集并成功注入地下封存。截至 2015 年，累计注入封存二氧化碳超过 30 万吨，圆满完成项目任务。发挥先行优势，持续推进大规模 CCUS 技术研发，相继投产锦界 15 万吨级二氧化碳捕集和封存项目，国内首套化学链矿化 CCUS 项目以及亚洲目前捕集规模最大、综合指标最优、消纳利用最全的煤电 CCUS 项目——泰州 50 万吨/年 CCUS 项目。其中，锦界 15 万吨/年燃煤电厂二氧化碳低能耗吸收法捕集技术为煤电行业实现"双碳"目标提供了技术方案。大同公司化学链矿化 CCUS 项目每年可将 1000 吨二氧化碳气体转化为碳酸钙固体。泰州 50 万吨/年 CCUS 项目完全由我国自主设计、制造、安装，每吨二氧化碳捕集热耗小于 2.4 吉焦、电耗小于 90 千瓦时，二氧化碳捕集率超 90%，产出干基二氧化碳纯度超 99%，各项指标均处于行业领先水平。该项目立足百万吨规模以及全机组的低成本碳捕集和资源化能源化利用，为支撑火电厂低碳化转型积累了经验，具有普遍示

范作用。煤炭产业耦合 CCUS，为解决煤炭利用碳排放问题提供了有效途径，将助力推动减碳固碳规模化产业化发展，有力支撑"双碳"目标下煤炭产业的可持续发展。

三 迈向煤炭产业可持续发展新征程

"双碳"目标给国家能源集团煤炭产业带来深远影响，能源结构加快调整，面临的市场竞争压力将进一步加大；煤炭调运格局深度调整，煤运一体化优势将有所衰减；煤炭清洁高效利用深入推进，煤矿分类保护和布局优化面临新的考验；"双碳"行动不断走实走深，煤矿绿色低碳生产压力将随之增大。锚定"双碳"目标，国家能源集团将通过优化产业布局、强化安全生产、深耕绿色开发、深化产业融合、加强科技引领等方式，继续走稳走好煤炭产业可持续发展之路。

（一）持续优化布局，夯实可持续发展根基

立足全局全产业链，坚定能源保供战略布局，坚持 4 个亿吨级绿色矿区同步建设。加强晋陕蒙核心产区资源开发接续，加快打造新街现代化矿井群，确保自产煤长期、稳定、可持续发展；稳步推进宁乌、蒙东地区产能提升，巩固区域可持续和绿色保供能力；加快新疆亿吨级煤炭基地建设，增强跨区能源保供能力。建设大交通、大港口，发展新航运，优化路港航综合性布局。围绕主责主业，持续完善运输物流协同一体和集疏运体系。抓好铁路重点工程扩能升级，继续完善核心区路网系统，加速神朔 3 亿吨、朔黄 4.5 亿吨矿区扩能改造，大幅提升主通道能力，谋划新增连接煤源地专用线，提升集运端资源获取能力。加强港口资源整合融合，加速推动综合枢纽港能力提升。巩固航运内部保供运输基础，加强外部市场开拓和多元化发展。进一步拓展一体化覆盖面和境外能源资源合作空间。持续开拓疆煤出区和蒙东煤南下等物流渠道，促进一体化协同范围扩大和保障能力提升。坚持以一体化数字化保综合能力提升，增强核心区一体化运营的韧性，着力打造新疆、宁

夏、蒙东等区域一体化运营新模式。加快获取境外优质煤炭资源，加强资源开发、贸易等领域合作。

（二）强化安全生产，筑牢可持续发展保障

以夯实安全生产基础为根基，打造本质型安全企业。聚焦重点领域，深化煤矿安全专项整治，做好隐蔽致灾因素普查、重大灾害防治、采掘接续布置、依法合规管理等工作。聚焦重大安全隐患，常态化开展煤矿安全生产大排查，坚决遏制生产安全事故发生。完善安全生产投入等保障机制，健全安全管理体系，强化重大安全风险管控，抓好安全生产标准化建设，加强现场安全管理。以加强科技创新为动力，将科技创新作为提升安全管理水平的重要抓手，部署一批科技兴安工程项目，实施一批重大安全科技攻关项目，保障投入，按期实施。高质量实施安全技术攻关，创新安全科技示范工程，加快煤矿深部开采与复杂耦合重大灾害防治、重大灾害自动预测预警等核心技术攻关。以维护员工职业健康为己任，积极建设健康企业。聚焦工作现场职业危害辨识、评估、监测，多措并举防治职业病。将"关爱职工生命、关爱职工安全"作为重要职责，大力实施"健康国能"工程，推动"健康企业"建设。大力推广应用先进技术、装备、经验，提高个体防护标准，严格职业健康检查，妥善安置、治疗职业病患者，切实增强职工群众的安全感、幸福感、荣誉感、获得感。

（三）深耕绿色开发，扩展可持续发展深度

持续推进绿色矿山建设。守住生态环保红线，树牢"两山"理念，加大绿色矿山建设力度，推进现代井工矿、露天矿清洁高效开发，实现环境生态化、开采方式科学化、资源利用高效化、管理信息数字化、矿区社区和谐化。加强矿井水资源保护利用。推进煤炭绿色开采、保水开采，加强矿井水保护利用，减少矿井疏干水量；布局实施矿井水保护利用重大科技攻关，积极参与标准制定，推进矿井水分质利用、优水优用，稳步提升矿井水利用率。加快"无废集团"建设。积极推进煤矸石规模化处置利用，因地制宜地推广充

填开采工艺，努力实现产废最小化、消纳最大化、利用最优化、处置无害化、治理规范化，打造固体废物治理标杆。深入开展生态修复治理。坚持山水林田湖草沙一体化保护，创建生态文明示范，着力打造一批绿色矿山、国家矿山公园、"两山"理论实践创新基地；持续开展"国家能源集团生态林"等系列行动。筑牢生态安全防线。加强生态环保系统治理，继续打好"三大保卫战"，在黄河流域生态保护方面做好表率，有效防范生态环境风险，杜绝较大及以上生态环境事件，遏制一般生态环境事件。

（四）深化产业融合，丰富可持续发展内涵

深化煤电化一体化发展模式。依托煤炭产业布局，着力打造区域综合能源基地，推进煤化工与新能源产业融合发展，榆林地区按照高端化、多元化、低碳化发展路径，推进煤化工基地建设；新疆地区加快哈密"煤—油—化—新材料"一体化基地规划布局，积极参与疆电外送三通道、四通道配套电源和疆煤外运新通道规划建设；宁夏地区推进煤电一体、"风光火储"一体示范工程建设。拓展煤电联营范围和方式。发挥一体化优势，突出规模化、专业化发展，巩固煤电联营优势，巩固行业领先地位，以煤电联营为突破口，大力推进煤电一体化发展，加快敏东一矿与温克电厂建设；同时在核心区、新疆等集团煤炭资源集聚区规划布局一批煤电联营项目。持续推进煤炭与新能源优化组合。重点从矿区多元能源系统构建入手推动煤炭与新能源优化组合，依托矿区排土场、沉陷区等土地资源优势，大力发展光伏、风电、光热、地热以及瓦斯发电等，发挥煤电灵活性调峰作用，提高矿区及周边可再生能源消费占比，减少弃风、弃光等，促进可再生能源发电更多实现就地就近消纳转化，打造"风光火储一体化""源网荷储一体化"开发模式。

（五）加强科技引领，积蓄可持续发展动能

打造煤矿智能化建设原创技术策源地。发挥集团煤矿智能化建设行业引领作用，全力开展煤矿智能化关键核心技术攻关，研发应用高端智能绿色低

碳的新型煤矿装备，统筹协调力量，建立健全煤矿智能化标准体系，推动煤矿智能化管理模式和组织机构变革，提供地质透明可视、灾害预警精准、采掘作业少人、险重岗位机器替代的智能煤矿方案。加强煤基能源低碳转型关键技术研发和工程示范。加大绿色科技创新力度，加快推动煤炭清洁高效利用，在煤炭清洁高效发电、综合低碳转化领域攻关一批核心关键技术，力争在 CCUS 等低碳零碳负碳领域实现更多突破；加大 CCS、CCUS 产业培育力度，加强 CCS 和 CCUS 项目运行和建设管理，分区域开展"传统煤电+CCUS"和"现代煤化工+CCUS"等规模化集成工程示范。着力提升科技创新能力。加快完善科技创新体系，打造高水平科研机构和研发平台，持续推动产学研协同合作创新，打通科研成果内外部转化渠道，打造科技品牌；深化与中煤科工等企业的合作，加强水、瓦斯治理，加强冲击地压和"三软"煤层研究合作，以实际需求推动问题解决。强化科技人才队伍建设。坚持培养和引进并举，加强全过程选育评价管理，在重大项目中锻炼人才，重视青年科技人才培养，以人才成就推动项目成功，以项目培养人才成长，实现建成一个项目、涌现多名领军人才、培育多个创新团队、培养一批科研骨干和卓越工程师的人才队伍建设目标。

参考文献

刘国跃：《在中国式现代化新征程上践行"六个担当"》，《当代电力文化》2023 年第 7 期。

宋畅等：《国家能源集团"五步循环"创建世界一流企业》，《企业管理》2022 年第 9 期。

《国家能源集团：保障能源安全　推动绿色转型　走好能源产业中国式现代化道路》，《人民政协报》2023 年 3 月 4 日。

国家能源集团：《国家能源集团 2022 年可持续发展报告》。

B.13

"双碳"目标下山东能源集团
煤炭产业布局与转型发展

山东能源集团课题组*

摘　要： 在世界能源格局深度调整下，煤炭在我国能源体系中的兜底保障作用更加凸显，经济发展、民生底线、能源保障在很大程度上还依赖煤炭。同时，煤炭又是碳排放大户，在"双碳"目标约束下，煤炭产业的开发节奏、布局优化、转型发展、低碳清洁等需进一步明确。山东能源集团系统研究、适度超前谋划，结合煤炭产业发展实际，在做好增产不增碳的前提下助力新能源发展，拓展煤炭产业布局，创新应用科学技术，实现煤炭产业高质量发展。

关键词： "双碳"　新能源　"外电入鲁"　智能化

实现碳达峰碳中和（以下简称"双碳"）是党中央统筹国内国际两个大局做出的重大战略决策，是立足新发展阶段、贯彻新发展理念、构建新发展格局、推动高质量发展的内在要求。国家已把推进"双碳"工作纳入生态文明建设整体布局，陆续出台"1+N"政策体系文件和顶层设计方案，从"十四五"时期开始重点实施"碳达峰十大行动"。这将是一场广泛而深刻的能源供给消费系统性变革，对煤炭产业发展产生重大而深远的影响。山东

---

* 课题组组长：李伟，山东能源集团党委书记、董事长。课题组副组长：徐西超，山东能源集团董事会秘书、保密总监、战略研究院常务副院长。执笔人：尹东风，山东能源集团战略研究院副院长；田德凤，山东能源集团战略研究院院长助理。

能源集团（以下简称"山东能源"）作为以煤炭为核心主导产业的山东最大的省属企业和我国国际化程度最高的煤炭企业，既肩负着保障山东能源安全、优化能源布局、优化能源结构（以下简称"一保障两优化"）的主体责任，也承担着服务国家"双碳"目标大局、引领全省高质量发展的历史使命。为抓住、用好"双碳"战略倒逼传统能源企业绿色低碳转型的重大时代机遇，发挥绿色低碳转型先锋、示范和引领作用，山东能源提出"双碳"目标下的煤炭产业发展思路、基本原则和产业布局，制定煤炭产业转型高质量发展的路径措施，全方位、多角度谋划山东能源煤炭产业高质量发展的时间表、路线图和施工图。

一 山东能源基本情况

山东能源历经两次重组，抢抓"走出去"战略机遇、乘借"一带一路"倡议东风，统筹国内国际两种资源、两个市场，经过 20 年的省外、国外开发，初步形成"一核心五基地"发展格局，成为我国唯一的境内外四地上市和国际化程度最高的煤炭企业。

（一）山东能源简介

山东能源由原兖矿集团有限公司（以下简称"兖矿集团"）、原山东能源集团有限公司（以下简称"原山能集团"）于 2020 年 7 月联合重组成立，是山东能源产业的国有资本投资公司。

兖矿集团前身是兖州矿务局，成立于 1976 年，1996 年整体改制为国有独资公司，1996~2002 年保持销售收入、利润总额全行业第一，1995~2004 年保持综采单产全国纪录。1998 年，全资子公司兖州煤业股份有限公司先后在美国纽约及中国香港、上海三地成功上市，成为中国第一家在境外境内成功发行股票的煤炭企业。1999 年，成立兖矿集团。2015 年，经山东省委、省政府批准成为首批实体企业改建国有资本投资公司试点。截至 2020 年 7 月，兖矿集团是我国唯一的拥有境内外五地上市平台的煤炭企业，居 2019

年世界 500 强第 318 位，先后获得第二届中国工业大奖、全国"走出去"先进企业、全国优秀企业"金马奖"等荣誉。

原山能集团于 2011 年 3 月 21 日由新汶、枣庄、淄博、肥城、临沂和龙口的 6 家矿业集团重组而成。当时，原山能集团以 8300 多万吨的煤炭产量稳居国内大型煤炭企业前 5 位。2015 年，经山东省委、省政府批准在全省首批改建为国有资本投资公司。原山能集团居 2019 年世界 500 强第 211 位、中国企业 500 强第 52 位、煤炭工业 100 强第 2 位。

联合重组后，山东能源拥有兖矿能源、新矿集团、枣矿集团等 20 多个二级企业，境内外上市公司 10 家，分布在国内 22 个省份和境外 12 个国家（地区），从业人员 22 万人。2022 年营业收入为 8277 亿元，利润总额为 427.34 亿元，居中国能源企业 500 强第 5 位、中国 500 强第 23 位、世界 500 强第 69 位。面向未来，山东能源将坚持以党的二十大精神为引领，认真贯彻习近平总书记做强做优做大国有企业①重要指示精神，顺应"双碳"战略要求，坚决扛起中国式现代化国企使命，聚焦聚力绿色低碳高质量发展，力争"十四五"末发展成资产营收"双万亿元"的企业集团，建成清洁能源供应商和世界一流企业。

（二）煤炭产业发展历史沿革

山东能源早在 2000 年就明确提出参与国际竞争，实施国际化战略。2004 年 10 月，兖矿集团投资 3200 万澳元成功收购因自然发火先后 5 次关闭停产、9 次易主的澳思达煤矿，成为中国第一家"走出去"开发海外煤炭资源的企业，是兖矿集团开发澳大利亚煤炭资源的"排头兵"。2005 年 5 月，兖矿集团与德国鲁尔工业集团 DBT 公司签订"两柱式综采放顶煤液压支架"专利技术转让协议，获得技术转让费 1600 万美元，改写了国外单一向我国输出先进采煤技术的历史。2009 年 12 月，兖矿集团以资本运

---

① 《非凡十年　国企篇章｜第一篇章：做强做优做大国有企业，"国家队"战略支撑作用更加突出》，"国资小新"百家号，2022 年 11 月 6 日，https：//baijiahao.baidu.com/s？id＝1748759885817094180&wfr＝spider&for＝pc。

营为主要手段，成功收购菲利克斯 100% 的股权，这是中国企业在澳大利亚最大的投资交易之一。2012 年 3 月，兖矿集团以借壳上市为目的，成功收购新泰克、普力马、格罗斯特，为澳大利亚产业基地规模化发展奠定坚实基础。2017 年 1 月，兖矿集团通过股权融资方式，以兖煤澳大利亚为收购主体，利用兖煤澳大利亚配股和兖州煤业 A 股非公开发行进行融资，以 24.5 亿美元收购力拓联合煤炭公司 100% 的股权及附属资产，使兖煤澳大利亚成为澳大利亚最大的煤炭生产公司。

山东能源自 2002 年响应国家"西部大开发"号召，实施资源开发战略，先后赴山西、陕西、内蒙古、贵州、新疆成立能化公司，拉开跨区域资源整合和产业结构调整帷幕。2002 年，兖矿集团在内蒙古锡林郭勒盟签订控股开发煤田意向书，揭开进驻内蒙古开发的序章；2010 年 12 月，安源煤矿正式接管，它是兖矿集团在鄂尔多斯地区整合的第一对生产矿井，后续有文玉煤矿、石拉乌素煤矿、营盘壕煤矿、转龙湾煤矿等。2007 年 12 月，原山能集团新矿集团成立新矿内蒙古能源有限责任公司，在鄂尔多斯上海庙、棋盘井及锡林郭勒盟乌拉盖三大区域开发建设煤矿。2002 年，兖矿集团响应"西电东送""大煤保大电"号召挥师入黔，青龙煤矿是兖矿贵州能化有限公司接管的第一对生产矿井。2001 年，原山能集团新矿集团在伊犁哈萨克自治州注册成立区域化公司伊犁能源。2002 年，兖矿集团将新疆作为接续发展的重要战略支撑基地，在乌鲁木齐市注册成立区域化公司新疆能化。

二　山东能源煤炭产业发展实践

山东能源在煤炭"黄金十年期"开拓省外国外煤炭资源和市场，优化煤炭产业布局；在煤炭供给侧结构性改革期稳妥退出低效无效产能，调整煤炭产业结构；在"双碳"战略攻坚期响应国家号召发展新能源，夯实新能源发展基础；在山东省煤炭产量逐年下滑、能源保供压力逐渐增大的趋势下，以"外电入鲁"为契机配套发展煤炭、煤电、新能源，扛起全省能源保供主体责任。

（一）拓展煤炭产业开发布局

山东能源煤炭产业由省内向省外、国外资源富集区拓展，逐步形成"稳固省内、以外补内""以大中矿井为主、小型矿井为辅"的生产格局。从区域分布来看，煤炭产业主要分布在中国山东、陕西、内蒙古、甘肃、新疆、贵州、山西等地以及澳大利亚，基本覆盖国内外主要煤炭生产供给地，初步形成中国山东、陕西—甘肃—内蒙古以及澳大利亚 3 个亿吨级基地以及新疆 2000 万吨级生产基地，其中陕西、内蒙古、山西、新疆等更是国家重要煤炭生产基地和电煤保供基地，基地布局与国家战略意图高度一致，资源开发精准度高、资源调控针对性强、未来发展决策风险低。从矿井产能结构来看，以中大型矿井居多，120 万吨以上矿井数量约占 65%、产能约占 70%，高于全国 60% 左右的平均水平，煤炭产能结构得以提升优化。

截至 2021 年末，山东能源煤炭地质储量为 915.8 亿吨，其中可采储量为 184.6 亿吨，资源总量位居国内行业前列，可采储量占全国的 1/10。截至 2022 年底，山东能源在国内共有生产矿井 79 对、在建矿井 5 对，产能为 3.33 亿吨/年，国内产能约占全国总产能的 1/17，其中省内产能为 9517 万吨/年，占全省总产能的 85% 以上。2022 年，煤炭产量为 2.65 亿吨，位居全国第三，仅次于国家能源集团、晋能控股集团，为国内 7 家亿吨级煤炭企业之一。

（二）退出低效无效产能

山东能源抓住 2015 年煤炭价格回升机遇，扎实做好煤炭产能置换，加快退出低效无效产能，努力实现结构调整和布局优化。根据国家要求，以落后矿井产能及外部关闭煤矿产能置换未审批但已开工建设的先进矿井产能。为做好煤炭产能置换工作，山东能源组建工作专班，分为综合、经济、技术、实施 4 个小组，明确各组职责分工，其中综合组负责与国家、省有关部委汇报沟通，做好煤炭产能置换政策咨询和落实，协调政府关系；经济组负责置换产能煤矿企业的资产核准、法律事务、转让合同编制、商务谈判和手续办理等工作，积极采取股权收购、兼并重组等方式获取退出煤矿产能指标；技术组负责煤炭产能置换实施方案技术工作，开展省内调剂和省外收购煤矿产能评估；实施组负责煤炭产能置换方案的具体实施，完成先进煤矿项目核准及证照办理工作。

为稳步顺利推进矿井关闭工作，山东能源在充分考虑安全保障性、技术可行性、经济合理性和政治稳定性的前提下，按顺序做好矿井关闭退出工作。按照关闭退出顺序，严控关停时间节点，做好井下设备、设施回撤工作。针对不同区域、不同环境、不同工作任务，制定安全经济的回撤方案，细化工作任务清单，合理安排施工工序和劳动组织。强化安全技术保障，做到一工程一措施，严禁无措施施工。建立高效协调机制，统一指挥、统一协调，确保回撤工作有序开展。加强回撤期间的顶板、通风、供电、运输和起吊管理，杜绝各类违规违章现象。据统计，截至 2022 年底，山东能源累计关退矿井 14 处，去产能 1357 万吨/年。

（三）优化新能源开发布局

近年来，山东能源坚持海上与陆上并重，积极拓展省内与省外两个市场，大力推动新能源资源获取，有序布局一批风电、光伏发电、生物质发电等绿电项目。全力主导开发渤中海上风电基地，参股开发半岛南和半岛北基地项目，率先建成评价示范点。积极参与鲁北盐碱滩涂地风光储一体化开发，对接地方政府洽谈合作、共同开发。大力发展采煤塌陷区光伏，打造百万千瓦级鲁西南采煤塌陷区光储一体化基地。稳妥有序发展分布式光伏，高标准建设沂水整县分布式光伏试点项目。利用矿区、企业厂房、居民区屋顶资源建设分布式光伏，推动"自发自用"、就地消纳。

海上与陆上风电、集中与分布式光伏等产业在较短时间内实现从无到有、从小到大的跨越式突破，规模跃升到百万千瓦级别，呈现"晚发先至"产业发展强劲"爆发力"。截至 2022 年底，山东能源运营及在建风电机组 140 万千瓦，运营及在建光伏机组 20.3 万千瓦，运营及在建生物质发电规模 22 万千瓦。预计到"十四五"末，山东能源风电、光伏等新能源绿电规模将达到 2000 万千瓦，真正形成绿电与煤电"齐头并进、平分秋色"的格局。山东能源新能源产业运营及在建机组项目分布见图 1。

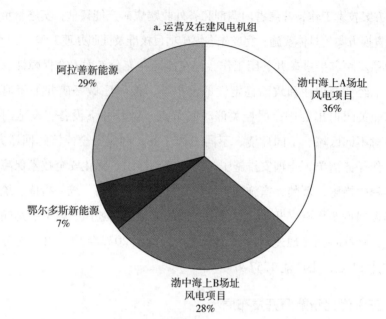

a. 运营及在建风电机组

阿拉善新能源
29%

渤中海上A场址
风电项目
36%

鄂尔多斯新能源
7%

渤中海上B场址
风电项目
28%

b. 运营及在建光伏机组

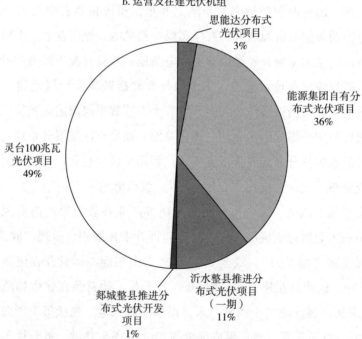

思能达分布式
光伏项目
3%

能源集团自有分
布式光伏项目
36%

灵台100兆瓦
光伏项目
49%

郯城整县推进分
布式光伏开发
项目
1%

沂水整县推进分
布式光伏项目
（一期）
11%

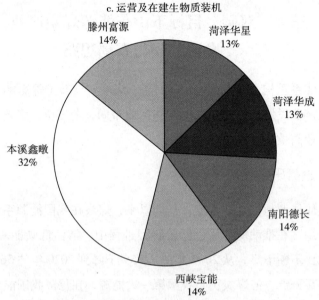

图 1　山东能源新能源产业运营及在建机组项目分布

（四）积极融入"外电入鲁"通道

山东能源积极争取"外电入鲁"煤电、光伏发电、风电项目，协同开发煤炭资源。在山东省内，争取省政府及电源端政府支持，积极争取电源端一定的煤电、新能源装机比例，布局煤电、光伏发电、风电和储能等项目，发展"风光火储一体化"基地。在山东省外，"蒙电入鲁"通道配套建设鄂尔多斯杭锦旗 100 兆瓦风电项目、阿拉善盟 400 兆瓦风电项目、盛鲁电厂 2000 兆瓦煤电项目、红墩界 1320 兆瓦煤电项目；"陇电入鲁"通道配套建设台 100 兆瓦光伏项目，开工建设灵台电厂 2000 兆瓦煤电项目、配套 1500 兆瓦白银新能源项目。同时，积极争取甘肃、内蒙古、吉林等省份"外电入鲁"电源点新能源建设指标。

截至 2022 年底，建成的盛鲁 2000 兆瓦电厂累计向山东省输送电力 374 亿千瓦时。按照规划，"十四五"末，"外电入鲁"煤电、风电、光伏发电、储能等装机容量将达到 7420 兆瓦，届时山东能源"外电入鲁"作用将更加凸显。

三 "双碳"目标下山东能源煤炭产业 发展趋势与布局思路

在能源体系重构、"双碳"战略倒逼、煤炭发展转型等影响下，山东能源提出煤炭产业发展思路、基本原则和产业布局，全方位、多角度推动山东能源煤炭产业高质量发展。

（一）趋势研判

一是主体能源地位短期难变。长期以来，煤炭在我国能源系统中发挥着主体能源作用。在推动能源绿色低碳转型进程中，清洁低碳能源加快发展，煤炭消费占比不断下降，从 2007 年的 72.5% 下降到 2020 年的 56.8%，年均下降 1.2 个百分点，但煤炭仍是我国第一大能源，在保障我国能源供应安全方面起到"压舱石"作用。近年来，能源安全保供形势日趋复杂严峻。"双碳"目标背景下，作为高碳能源的煤炭被逐步替代是大势所趋。能源转型不可能一蹴而就，"先立后破"成为保障能源安全的战略选择，未来 10~15 年是我国能源转型过渡期，清洁低碳、安全高效的能源体系尚在构建过程中，加之国际能源形势错综复杂，需统筹能源发展与安全，发挥传统能源对我国能源安全的基础保障作用。我国"富煤贫油少气"的能源资源禀赋及稳定经济增长的能源需求，决定了煤炭在近中期仍将处于主体能源地位，长远期必将成为兜底保障和调节能源。

二是开发布局集聚趋势明显。我国东中部地区煤炭资源开发历史长、强度大，资源逐步枯竭，总体上步入开发中后期，且整体赋存不均衡、埋藏深、构造复杂，安全开采难度大、开发成本高，全国煤炭开发向西部资源富集地集中。2020 年，山西、陕西、内蒙古、新疆 4 省份煤炭产量全国占比达 78.3%，较 2015 年提升约 10.0 个百分点；煤炭净调出约 19 亿吨，较 2015 年翻番。2021 年全国核增产能 2.2 亿吨，2022 年新增产能 3 亿吨，核增和新增产能中绝大部分来自山西、陕西、内蒙古、新疆等煤炭资源富集地。随着浩吉、瓦日等运煤专干线建成投用，我国"北煤南运""西煤东运"规模日益扩大，煤炭开发布局将进一步向中西部主要产煤区集聚，"东减中控西增"仍是煤炭开发主要趋势。

三是绿色转型发展成效显著。绿色转型是煤炭产业、煤炭企业发展的根本方向和必然选择。近年来，我国煤炭产业绿色矿山建设持续推进，充填开采、保水开采、煤与共伴生资源共采等绿色开采技术普遍应用，绿色低碳建设成效显著。2020 年，原煤入洗率、矿井水综合利用率、煤矸石综合利用率、井下瓦斯抽采利用率、土地复垦率分别达到 74.1%、78.7%、72.2%、44.8%、57.0%，分别比 2015 年提高 8.2 个、11.2 个、8.0 个、9.5 个、9.0 个百分点。随着"绿色矿山+生态"等绿色转型模式的推广应用，矿区开发与生态环境协调发展水平不断提高，煤炭产业绿色低碳、安全高效发展协同推进步伐明显加快。

四是智能矿山建设方兴未艾。安全生产与高效开采是煤炭企业必须全力确保的目标，依托信息化、智能化技术，变革传统生产方式与劳动组织模式是煤炭产业转型的必经之路。"十三五"时期，大数据、人工智能、5G、区块链等新技术不断被推广应用，煤炭产业朝"一盘棋、一张网、一张图、一个库"智能矿山方向发展，智能应用场景不断扩大，"有人巡视、无人值守"逐步实现，井工矿智能化开采技术世界领先。截至 2020 年，全国首批 71 处煤矿列入智能化建设示范目录，建成 400 多个智能化采掘工作面，采煤、钻锚、巡检等 19 种煤矿井下机器人开始使用。随着"矿鸿"智能操作系统及"大坡度、快推进、远程化、智能化"盾构技术设备等逐步推广，煤矿生产"减人提效"加速，个别矿井综采工作面产能超 6.5 万吨/天，全员工效最高提升至 220 吨/工，行业整体吨煤生产能耗和碳排放强度稳步下降。

五是与新能源发展加快融合。"双碳"目标背景下，持续推动煤炭与新能源融合发展，既为新能源创造了更大的发展空间，也为煤炭产业转型升级开辟了新途径。"十三五"以来，我国煤炭行业加快与新能源融合发展，在山西、内蒙古、安徽等地采煤塌陷区建成光伏领跑者项目，成为行业规模化发展样板，在淮南采空区建成全球最大的渔光互补项目，在大同利用云冈废弃煤矿巷道开展压缩空气储能示范，大规模发展风能、太阳能和氢能，为"煤都变氢都"奠

定坚实基础，创造了一批具有煤炭行业特色的低碳转型发展新模式。这些有益探索和成功模式，为煤炭企业加快低碳转型发展提供标杆示范和有力支撑。

（二）发展思路

以落实"双碳"目标为指引，以高质量发展为主题，以安全生产为底线，抓牢保障能源供应和绿色低碳转型主线，聚焦安全、绿色、低碳、智能、高效发展方向，通过"两优、两建、两协同"（优化产业布局和矿井结构，建设智能矿山和绿色矿山，协同内部延伸和外部拓展），努力实现煤炭产业"增产不增碳""高碳产业低碳发展"，助推山东能源建成清洁能源供应商和世界一流企业。

（三）基本原则

坚持系统谋划、统筹推进。发挥"一盘棋"优势，加强统筹协调，将"双碳"要求贯穿煤炭产业生产经营全过程和各环节，处理好发展和减排、长期和短期、优化存量和发展增量、煤炭和新能源的关系，统筹推进绿色低碳转型发展。

坚持节约优先、循环高效。坚定不移把节约能源放在首位，推动矿区生产生活用能清洁高效，大力推进资源循环利用，提高投入产出效率，持续降低单位产品能源资源消耗和碳排放，着力提升煤炭产业市场竞争力和发展质量。

坚持科技赋能、示范带动。加强科技创新，聚力突破绿色低碳和智能矿山建设关键核心技术，系统谋划部署新技术、新业态、新模式试验示范，推动与新能源产业融合发展，打造绿色低碳转型核心竞争力，为绿色低碳转型积蓄新动能。

坚持严守底线、安全生产。以保障能源安全供应和安全生产为基点，立足产业发展实际，加强风险研判和防控，多措并举、综合施策，推动灾害治理攻关提质、系统装备升级提速、安全基础强化提标、应急能力明显增强，保障能源生产安全、绿色、智能、高效。

（四）产业布局

跟踪研究国家煤炭相关政策，及时调整煤炭生产布局。山东能源煤炭生产基地与国家大型煤炭建设基地高度重合，在"一中心五基地"区域布局中，中国山东、内蒙古以及澳大利亚煤炭产能、产量基本各占1/3，是当前煤炭生产的重要基地；陕西、甘肃、新疆是未来煤炭增量保障基地，要适度超前谋划煤炭生产接续布局安排，优化省内开发布局，加大省外资源开发力度，逐步构建内外协同、强劲有力的煤炭供应链。2025年，山东能源煤炭产量确保3.5亿吨，力争4亿吨。

山东：巩固提升省内煤炭产量，以济宁、枣庄、菏泽、泰安等市为重点，巩固省内产能规模。

内蒙古：加快千万吨矿井群建设，运用核增产能、新建煤矿、兼并重组等手段，扩增煤炭产能，推动内蒙古矿业沉没资源开发，增加煤炭产量。

陕西：以煤化工项目为引领和依托，积极获取榆林市煤炭资源；瞄准神府南区300亿～400亿吨煤炭资源储量，加强与陕西省政府主管部门的沟通，全力申请神府南区煤炭资源开发建设权，全面建设大型千万吨矿井。

甘肃：以平凉市为基点，以"陇电入鲁"为契机，发挥全国输电通道枢纽作用，争取煤炭资源开发权，建设大型煤矿。

新疆：将战略储备基地调整为战略核心基地，加大投资建设力度，以煤化工项目为抓手，围绕哈密、准东、伊犁、昌吉等煤炭供应基地，积极建设千万吨级煤矿。

澳大利亚：实施优质煤炭资源兼并重组，扩大资源储备。

四 "双碳"目标下山东能源煤炭产业转型发展路径

"十四五"以来，山东能源煤炭产能、产量保持双增长。在"双碳"目

标下，为控制煤炭生产碳排放，煤炭产业通过优化产业、井型、用能结构，建设智能、绿色、低碳矿山，外拓新能源、内延煤化工，助力减碳、控碳、固碳，实现转型升级和高质量发展。

（一）产业升级

1.优化煤矿结构

优化调整产业结构和井型结构，坚持"稳省内""增省外""拓海外"，着力建设现代化大中型矿井，提高煤炭综合开采效率，推动产业集约化、规模化、低碳化发展，努力实现"增产不增碳""结构性降碳"。一是构建"以省内为基、省外为主"的区域发展格局。持续推进省内产能优化。针对省内煤炭开发进入中后期、剩余资源不足、枯竭型矿井偏多、安全环保问题多发等现状，统筹产能优化与安全保供，稳定安全可采产能规模，逐步淘汰落后产能，推进省内煤矿产能储备和弹性产能建设，避免产能断崖式下降给全省经济社会发展造成巨大冲击。加大省外先进产能建设力度。立足近1/3煤炭产能位于陕西、甘肃、内蒙古等地的实际，充分发挥兖矿能源、新矿集团、西北矿业等权属企业管理、技术及资源储备优势，重点加强彬长矿区及鄂尔多斯、榆林等地先进产能建设，提升生产能效。用好兖矿能源澳大利亚公司国际化运营平台，适时并购海外优质资源，以"资源储备、资源开发、资源转化"一体化发展思路提升合作层次和质量。紧紧抓住新疆煤炭资源开发战略机遇，推动新疆能化等权属企业加强资源储备、加快产能建设，进一步提升优质煤炭产能占比。二是调整优化"以大矿为主、小矿为补"的井型结构。科学调整省内井工矿规模。针对山东省内煤矿全部为井工矿且产能产量普遍偏小的现状，科学稳妥推进资源枯竭、不具备安全生产条件的煤矿关闭退出，根据政策审慎退出产能小于30万吨/年的煤矿，禁止新建高危矿井。依托兖矿能源、鲁西矿业、枣矿集团等加快后备产能、弹性产能建设，加快滕东煤业、岱庄煤矿、株柏煤矿等煤矿产能置换步伐，强化剩余资源精采细采，有效延长矿井服务年限。稳步推进"老旧小危"矿井淘汰退出，推动省内煤矿吨煤生产能耗快速下降。推进省外大中型煤矿建设。加快陕西、甘肃、内蒙古等省外优质资源开发，推进资源并购获取，保障金鸡滩、营盘壕、转龙湾等大型煤矿稳产，打造世界一流现代化矿井集群。加强新疆矿区千万吨级大型露天矿建设，推动伊犁一矿、伊新煤矿、北塔山一号露天矿、黄草湖一号等煤矿达产。加快澳大利亚沃克山矿井、威尔平娜露天矿、莫拉本矿井（井工4号矿）等大型项目建设，拓展印度尼西亚、南非、哥伦比亚等国煤炭资源并购。

2. 建设智能煤矿

加强煤矿智能化建设，按照山东能源"155、277、388"原则（即一类矿井单班下井人数不超过100人，综采和综掘工作面不超过5人；二类矿井单班下井人数不超过200人，综采和综掘工作面不超过7人；三类矿井单班下井人数不超过300人，综采和综掘工作面不超过8人），推广煤矿智能化系统升级改造和技术装备应用，分类施策推动智能矿山建设，协同推进"减人增安、提效降碳"。一是推动矿井智能化基础设施建设。着力建设"四型矿井"，大力开展采掘系统"智能少人化"、辅助运输系统"连续高效化"、机电装备控制"远程地面化"、灾害预警系统"动态实时化"、煤炭洗选系统"集约智能化"等"五化"升级改造，全面提升智能管控效能与水平。配套升级工业互联网系统中心和数据库，加快建成万兆级工业互联网。积极推广煤矿专用"电子封条"，构建高级别防火墙、网闸、网络安全审计等防护体系，全面升级低时延、高可靠、广覆盖的煤矿融合传输基础网络。借助国家、山东省等重大科技专项，加大智能化快速掘进成套装备、井下机器人等自主研发力度，提升配套装备水平，打造掘、支、锚、运一体化快掘作业线，有效实现机械化换人、自动化减人、智能化无人过渡。二是分类施策建设智能化矿山。根据权属煤矿实际，选择先进适用的技术装备，实事求是、"因矿制宜"地开展智能化建设。山东省内煤矿重点推进煤矿重大灾害监测与预警平台、应急管理平台建设，力争全面实现危险源、危险场景智能分析、预测和预警；陕西、甘肃、内蒙古、新疆等省外权属煤矿全面提升千万吨级矿井先进装备比重，重点推进陕西、内蒙古基地厚煤层、中厚煤层智能化综采等关键技术示范。

（二）绿色转型

1. 优化用能结构

加强节能管理，推进清洁能源替代，全面降低生产生活用能强度和碳排放强度，推动用能结构优化调整。一是提高能源利用效率。强化煤矿建设节能评估，确保节能工程与主体工程同步设计、同步施工、同步投入使用；强化能源消费总量控制，促进能源合理使用和分配，鼓励开展合同能源管理。推动工艺技术改进和系统节能改造，提升采煤、掘进、运输、通风、供排水、压风、洗选等生产环节用能效率，实现全过程节能降耗。推广应用高效节能设备，推进洗选煤厂驱动电机、矿井提升机、传送运输等大型设备节能改造。二是加快清洁能源替代。实施矿区生产生活用能升级改造，因地制宜地推广循环流化床锅炉、电锅炉、天然气锅炉等，替代中小型燃煤锅炉，逐步减少直至取消煤炭散烧。推进矿井瓦斯、低温地热等的利用，减少矿区用热取暖煤炭消费。开展挖掘机、装载机、叉车、提升机等重型机械和固定机具电气化改造，重点推进露天矿大中型载具"以电代油"，加快新能源防爆车辆示范应用。在内蒙古、新疆等大型煤矿适时开展氢能重载货车试点。三是建设低碳零碳示范矿井。紧盯"双碳"目标要求，谋划"高碳产品、低碳产能、零碳矿井"建设，打造低碳标杆矿井。发挥煤炭产业技术优势，鼓励省内济宁、菏泽等矿区开展低碳示范，推动兴隆庄煤矿等绿色低碳改造；省外以准东五彩湾四号露天矿、伊犁一矿、伊新等煤矿为重点实施低碳改造，创新煤矿低碳发展模式。

2. 循环利用资源

全面提高资源利用效率，加大煤炭洗选加工力度，推动能量梯级利用、物料循环利用、煤矿瓦斯抽采利用，为下游煤化工、煤电等产业链煤炭清洁高效利用提供保障，强化资源循环高效利用。一是实施煤炭分质分级梯级利用。在大型煤炭基地重点建设一批具有国际先进水平的大型洗选煤厂，做到"能洗尽洗"，提升商品煤质量。以技术创新为动能，推动除矸、脱硫、降灰、提质一体化发展，实现转龙湾煤矿等末煤向高炉喷吹煤粉产品转化，提升鲁新煤矿等优质褐煤的综合利用水平，打造低阶煤高价值利用示范基地。加强固体废物协同处置，促进煤矸石、粉煤灰、煤渣、煤泥等废弃资源循环利用，推动煤矸石、粉煤灰作为原料制备混合材料和特种水泥，探索煤泥、尾矿煤渣高效掺烧发电。研究示范煤炭原料化、材料化应用，打通煤油气、化工和新材料产业链，推动煤炭由燃料向燃料与原料并重转变。二是推动煤矿瓦斯资源综合利用。开展矿井瓦斯资源评价，因地制宜地推动煤与瓦斯共采、井下瓦斯抽采（放）和煤层气地面开发，制定高浓度瓦斯发电等综合利用方案，积极引进矿井乏风氧化和低浓度瓦斯直燃技术，形成多层次、宽领域、全浓度段煤层气（瓦斯）利用新格局。以亭南、正通、邵寨、水帘洞、硫磺沟等煤矿为试点，推进高浓度瓦斯矿井综合开发利用。以三河口矿业、唐口等权属煤矿为试点，推动低浓度瓦斯抽采利用、乏风利用示范。

3. 建设绿色矿山

持续推广绿色发展模式，坚持开发和保护并重、污染防治和生态修复并举，综合采用农业复垦、植树造林等方式，推进矿区及周边绿色、可持续发展，提升绿色矿山建设水平。一是加快煤炭绿色开发步伐。按照安全绿色开发标准进行煤矿设计、建设和改造，做到资源开发与生态环境保护工程同步设计、同步实施，不断提高矿区开发与生态环境协调发展水平。在井工矿重点推广充填开采、保水开采、井下分选等技术应用，加快普及井下采选充一体化等先进装备，实现煤矿井下"边采边选边填充"，有效防止地面塌陷沉降。在露天矿推广自移式开采等技术，加快矸石、土渣等固废资源化利用，提升矿区绿色低碳生产能力。二是全面实施生态保护治理。积极参与济宁—枣庄环湖生态建设、泰安—莱芜农光互补、菏泽边采边复综合治理、济南—德州土地复垦与城市功能区开发、龙口农渔生态治理与高新产业发展区等五大采煤塌陷区治理，打造采煤塌陷区综合治理"齐鲁样板"。因地制宜地促进陕西、甘肃、内蒙古、新疆等省外权属煤矿与当地生态有机融合，重点推进"几字湾"区域矿区保水开采，发展灌草生态产业、清洁化智慧化设施农业以及露天矿复垦区生态农牧业和生态旅游业，协同推进黄河流域煤炭资源高质量开发与生态环境高水平保护。

（三）多元协同

以建设新型能源体系为契机，调整优化新能源区域布局，加快做大光伏发电、风电和储能装机规模，配套发展煤炭、煤电、煤化工产业，实现煤炭产业协同发展。

1. 拓展新能源

围绕"一核心、五重点"，坚持海陆并进、集散并举，大力发展风电、光伏发电，配套发展储能，坚持自建和并购双轮驱动，推动清洁能源成为电力增量主体。风电方面，以海上风电、"外电入鲁"通道电源端配套风电和中国新疆、澳大利亚风电资源为重点，坚持集中规模化开发与分散式开发并举，运用自建、并购、合作等方式，加大新能源、煤电、煤矿项目资源获取和建设力度，推动风电快速实现规模扩张。光伏发电方面，按照海上风电建设开发模式，围绕鲁北盐碱滩涂地、鲁西南采煤塌陷区、"外电入鲁"电源端和中国新疆、澳大利亚等重点区域，以送端配套煤炭、煤电项目为基础，沿线布局光伏发电项目，推动煤电、风电共同发展，全面推进"风光火储一体化基地"建设，加快光伏发电规模扩张。储能方面，加快推动储能发展，快速提升储能装机规模，实现可再生能源电力调峰调频，保障电力稳定。

2. 畅通"外电入鲁"

紧抓"外电入鲁"政策机遇，重点推动省外大型煤炭、煤电项目建设，以内蒙古、陕西、甘肃、新疆大型现代化矿井为依托，发挥"外电入鲁"输电通道及煤炭资源优势，加强与电力企业的战略合作，采取相互参股方式实施煤电一体化，推动"外电入鲁"电源点煤电项目建设，择机布局大容量、高参数、清洁高效的大型煤电项目。一是围绕"外电入鲁"布局。抓住山东省强化"外电入鲁"的机遇，紧紧围绕陇东至山东特高压直流输电通道、第五条直流通道、"疆电入鲁"等输电通道，提前谋划布局煤炭、煤电资源。二是强化通道电源支撑。重点围绕既有直流通道配套电源基地建设，积极建设鲁固直流通道千万千瓦级"风光火储"一体化电源基地,加快建设煤炭、煤电、风电、光伏发电、储能项目;推动昭沂直流通道配套电源建设,优化银东直流通道配套电源结构,持续提高通道送电能力和可再生能源电量比例,加快建设配套煤电、风电、光伏发电项目。

3. 发展现代煤化工

推动煤炭由燃料向原料转变,实施煤化工产业高端转型升级。一是大力推动产业精细化差异化发展。加快完善煤化工产业链布局,逐渐退出甲醇、醋酸等初级化工产品销售。以鲁南化工成为山东省煤基精细化工品产业链"链主"企业为契机和模板,根据自身资源、技术等实际,科学精准选择工艺路线、差异化发展方向,培育"一企一主导产品、一地一主导业务"个性化竞争优势,重点打造鲁南化工氨基醇基综合新材料产业链、陕西高低温费托合成耦合煤基新能源新材料产业链、内蒙古醇基新材料新能源产业链、新疆煤化一体化产业链。二是加快打造新型融合高端化工集群。严格落实能耗"双控"新政策,坚持"以时间换空间",推动煤化工高端化发展与新型产业开拓协同联动。以"靠近原料、靠近低碳能源、靠近市场、进入园区"为原则,推进基地化生产、规模化外送,提高产业集中度,打造鲁南高端化工新材料深加工、鄂尔多斯煤基化工新材料、新疆煤化一体化等化工集群基地,释放规模效益、协同效益,实现节能降碳。

(四)科技支撑

针对各区域矿井煤层赋存条件和环境约束,以安全、绿色、智能、高效"四型矿井"建设为目标,以智能化为手段,着力突破智能、安全、绿色开采及重大灾害治理等关键共性技术。

1. 智能开采技术

研发矿山物联感知技术装备、复杂条件智能综采技术装备、智能快速掘进技术装备、井下和露天矿无人驾驶技术装备。着力突破复杂地质条件下精准地质探测、精确定位与数据低延时连续高效传输、液压支架智能跟机、采煤机智能截割、智能化集成供液控制、智能支护、工作面视频辅助系统、机

a

器人巡检、智能防碰撞及人员安全保护、全工艺链条智能决策与耦合控制信息平台等关键共性技术。研发复杂条件下智能掘进关键技术与成套装备，先期实现掘进机远程遥控截割、井下及地面可视化集中控制、危险区域人员识别与自动保护，后期实现掘进自主导航、自动截割、智能支护作业等，建立智能掘进工作面技术规范和成套装备支撑体系。

2. 灾害防治技术

持续开展冲击动力灾害、顶板水害、瓦斯、火灾等重大灾害发生机理研究及防治关键技术攻关，加强深井高温环境控制与降温治理、防灭火技术研究。健全煤矿重大灾害综合监测智能预警平台，持续完善重大灾害防治智能化技术和装备保障体系。引进"基于 LORA 技术的井下窄带物联网技术应用""煤矿安全生产物联网关键设备及技术应用"两项重点技术，集成井下生产集控、人员定位、通信保障、地面工厂区大数据智能分析、重大灾害在线监测等信息系统，升级打造多系统、多网络耦合的矿井云数据中心和综合调度监控平台，实现矿井人员、设备、环境动态实时监测，事故灾害超前预警，应急指挥辅助决策和可视化综合展示。

3. 清洁低碳技术

立足煤炭开发利用全过程，持续深化煤炭清洁生产，清洁加工、洗选，清洁燃烧，超低排放以及提效减量等关键技术研究。研发井下矸石分选及协同充填开采、膏体充填高效开采、长壁逐巷胶结充填开采、边角煤开采等关键技术与智能化成套装备。加快煤矸石、矿井水资源化、协同化、无害化利用技术创新，达到近零排放或零排放要求。重点开发煤炭除矸脱硫降灰提质一体化的全粒级全流程高效精选、多煤种混合入选、智能化多系统轮选、高效干选、粉状煤炭加工提质、有害微量元素脱除等关键技术工艺与高效智能设备，研发应用先进的固液分离、煤泥干燥、新型热源替代、低温干燥等技术。聚焦燃煤工业锅炉超低排放、小区域清洁供热、居民生活采暖"三大领域"，开发新一代超低氮煤粉工业锅炉、CFB 锅炉及节能超低排放成套技术与智能装备，研发民用自控供暖炉具、分级热解气化燃烧区域供热系列炉具及其配套一体化烟气净化技术与智能装备。

五　面临问题及相关建议

"双碳"目标下，山东能源煤炭产业高质量发展既面临煤炭产能调控、安全生产规定等政策影响，也受制于项目投资紧张，亟须从以下方面推动煤炭产业高质量发展。

（一）审慎出台政策，综合管控政策叠加效应

2021年下半年出现的大面积缺煤现象，尤其是电煤供应紧张、煤炭价格非理性上涨，固然有市场需求恢复超预期、资本投机炒作等因素影响，也与前期去产能、关退煤矿等政策叠加效应密不可分。

建议建立政策效应综合评估机制，对职能部门出台的监管政策加强调研论证与效应评估，并做好各类影响对冲及风险防范预案。特别是在有全局性影响的安全生产政策出台时，及时征询其他相关职能部门和企业的意见，避免单纯从本部门职能出发致使政策缺乏系统性，切实做到保安全与保供应统筹兼顾。

（二）协调手续办理，依法合规释放先进产能

今后较长时期内，煤炭仍然是我国能源安全保障的坚强基石，应保持战略理性与定力，千方百计保障与经济社会发展相匹配的煤炭生产与供给能力，避免出现涉能涉煤政策"硬调整"带来煤炭产量"急下降"，进而导致经济社会发展"急刹车"。近年来，国家陆续出台一系列推动释放优质煤炭产能的政策。国务院《扎实稳住经济的一揽子政策措施》要求依法依规加快保供煤矿手续办理，尽快调整产能核增政策。

建议国家有关部委落实相关政策，推进纳入保供增产名单的优势矿井产能尽快核增到位；加大与内蒙古、陕西、山西等主要产煤区域的协调力度，加快纳入保供增产名单矿井的手续办理。

（三）加强财税支持，增强能源企业发展活力

在经济下行压力持续加大的背景下，国家坚持把稳增长放在更突出的位置，突出保市场主体以保就业保民生，确保经济运行维持在合理区间，关键环节就是保企业。鉴于能源企业正处在由传统能源企业向新能源企业转型发展的关键期，且存在新能源项目投资大、投资回收期长等实际情况，亟须加大财税支持力度。

建议：一是适度加大对能源企业的资金和财税支持力度，对能源保障型业务给予一定财政补贴或者相关资金补偿；二是减免能源交易过程中涉及的增值税、所得税等相关税费，进一步减轻企业税费负担；三是引导国有资本投资支持，激发民营、海外资本活力，助力能源企业拓宽融资渠道、降低融资成本；四是对接国际金融机构合作资源，提供针对国外贷款项目备选规划入选和项目资金申请的指导和支持，协助新开发能源项目的银行贷款等优质海外资金的申请。

参考文献

〔美〕理查德·L. 达夫特、多萝西·马克西：《管理学原理》，高增安、张璐、马永红译，机械工业出版社，2018。

田德凤：《兖矿集团产业转型结构优化途径研究》，《煤炭经济研究》2018 年第4 期。

《山东能源集团煤矿智能化建设探索与实践——专访山东能源集团副总经理刘健》，《智能矿山》2023 年第 9 期。

李君清、李寅琪：《煤炭产业经济走势及煤炭企业对策研究》，《中国煤炭》2023 年第 3 期。

黄雄明：《企业质量成本控制方法与实践》，中国标准出版社，2009。

陈俊荣：《欧盟促进企业跨国经营政策研究》，《当代经济管理》2010 年第 4 期。

改革创新　厚积优势
陕西煤业化工集团创建世界一流企业

陕西煤业化工集团课题组 *

摘　要： 为深入贯彻习近平新时代中国特色社会主义思想和党的二十大精神，陕西煤业化工集团改革创新、厚积优势，将加快创建世界一流企业作为改革发展的新方向、新目标。本报告结合陕西煤业化工集团的发展现状，根据能源化工行业的发展规律及趋势，对照世界一流企业的内涵特征与总体要求，论述了陕西煤业化工集团在强化战略引领、优化产业布局、巩固改革成效、实施创新驱动、开展对标提升等实践探索中持续提升一流企业综合实力、打造高质量发展核心竞争力、完善现代企业治理体系、强化各类创新要素集聚和探索创建一流路径实践的成效，阐明创建世界一流企业是一个长期持续的实践过程，需要不断激发企业发展活力，创新企业经营体制机制，优化产业布局，加快产业结构调整和转型升级，提升企业的核心竞争力与综合实力，增强企业影响力、创新能力和抗风险能力，提升企业发展质量，以实现国有资本做强做优，加快迈入世界一流企业行列。

关键词： 陕西煤业化工集团　改革发展　世界一流企业

* 课题组组长：张文琪，陕西煤业化工集团党委书记、董事长，正高级工程师；赵福堂，陕西煤业化工集团党委副书记、总经理，正高级会计师。课题组成员：袁广金，陕西煤业化工集团副总经理，高级工程师；杜平，陕西煤业化工集团董事会秘书、企业管理部总经理。执笔人：屈凌，陕西煤业化工集团企业管理部主任。

党的二十大站在新的历史起点上，对国企改革发展做出重大部署，提出"加快建设世界一流企业"总要求。面对能源结构转型、"双碳"目标、能耗"双控"等硬约束，更好地对接国家和陕西省产业战略、深化改革创新，在原有赛道持续做精做优做强，在新赛道中抢占先机，成为陕西煤业化工集团（以下简称"陕煤集团"）必须要面对的挑战。为此，陕煤集团不断改革创新、厚积优势，加快创建世界一流企业。

一 强化战略引领，持续提升一流企业综合实力

陕煤集团按照创建世界一流企业的战略目标，形成了"煤炭、化工、发电、钢铁、装备制造、铁路物流、科技研发、金融服务"等上下关联又多点支撑的产业格局。经过近 20 年的发展壮大，2022 年末拥有全资、控股企业 60 余家，上市公司 5 家，员工总数超 13 万人，资产总额近 7500 亿元；居全球煤炭企业核心竞争力第 2 位、世界 500 强第 209 位。2023 年上半年，面对全球震荡、经济下行的压力和严峻挑战，陕煤集团基本实现了时间任务"双过半"，呈现"变"中求"稳"、"稳"中谋"进"的良好发展态势。煤炭、化工、发电等实物量指标同比分别增长 9.8%、3.0%、19.3%；实现营收 2624 亿元，同比增长 13.7%；实现利润 204 亿元，完成进度计划的104%；经营规模、劳动生产率等部分指标已经达到世界一流企业水平。

二 优化产业布局，持续打造高质量发展核心竞争力

面对国际宏观经济发展形势多变、能源结构调整、煤炭行业集中度增强、行业内企业间竞争日趋激烈等因素，陕煤集团积极落实陕西省委、省政府提出的"稳、控、转"产业转型升级要求，以服务国家和全省经济发展战略为使命，持续优化产业结构，以不断提升产业竞争力为目标，突出主责主业，增强产业协同优势。

（一）因时而"进"，推动产业结构调整升级

持续推进产业结构优化，坚持传统优势产业和新兴产业协同推进，巩固煤炭、化工、电力等传统产业优势。通过产能置换，曹家滩、小保当等千万吨级矿井群迅速崛起，不断推动煤炭绿色智能低碳高效开采，在国家能源保供稳价中发挥了积极作用。加快煤化工高端化、多元化、材料化、园区化发展，促进"风光水火储"一体化融合，推动化工、钢铁产能科学有序释放，促进装备制造智能化升级和服务化转型，世界最高 10 米超大采高国产智能化成套设备、国内最长 450 米超长智能化工作面和快速掘进机器人陆续成功实践。陕煤集团新旧产业深度融合与协同发展的基础得到进一步巩固。

（二）因势而"新"，推进绿色低碳转型发展

围绕国家"双碳"目标，全力以赴开辟新赛道。抢抓风光新能源布局，积极开展"源、网、储、荷"综合能源管理，助力碳纤维、新材料等产业发展；加快产业数字化建设，建成一批智能化矿山、智能化工厂和车间，截至 2022 年底，累计建成 28 处智能矿井、7 对全国智能化示范煤矿、5 个智慧矿区，煤炭智能化产能占比达到 95% 以上，探索数字产业化发展，力争形成一定规模的数字经济；加大产业转型力度，推进产业链价值集中的重点项目践行绿色发展理念，围绕较大规模的固废、废液推进综合利用，既保障现有产业绿色发展，又培育发展新型产业。

（三）因业而"退"，集聚优势要素提质增效

持续推动资源要素向竞争力优势明显的核心主业和战略性新兴产业集聚。分类施策，强化"两非""两资"清理，降低"两金"占比，促进企业"瘦身健体"、提质增效。推进成本和预算"双管控"、融资和有息负债总量"双管理"，压减有息负债 290 亿元，资产负债率降至 64.6%，创历史最低水平，新增贷款加权平均利率低于 3%，节约财务费用近 10 亿元。按照陕西省国资委专项行动安排，紧扣集团三年亏损企业治理目标，确保亏损企

业治理见成效。持续落实"一利五率""一增两降四提升"要求，充分激发各级企业市场主体活力和价值创造力；在集团层面建立健全以规划投向、资本流动、收益评价等为主的闭环投资管理运营机制；在内部经营管理上优化市场化经营机制，强化内控合规、大监督体系建设，加强风险管控。

三 巩固改革成效，持续完善现代企业治理体系

陕煤集团根据国务院国资委提出的"三个领军、三个领先、三个典范"世界一流企业核心特质，在完成《深化改革对标提升争创世界一流企业实施方案（2020—2022年）》14个重点方面48项重点任务的基础上，按照世界一流企业"产品卓越、品牌卓著、创新领先、治理现代"的能力要求，根据新一轮国企改革深化提升行动的部署，持续加力变革、创新图强。

（一）加强党的领导，完善现代企业治理体系

全面落实两个"一以贯之"，坚持把加强党的领导融入企业治理各环节，贯穿创建世界一流企业全过程。持续巩固法人治理结构体系和运行机制成效，按照陕煤集团完善现代企业法人治理结构等16项改革文件与"四会一层"及各专业委员会议事规则等制度，推进党委会、董事会、经理层各治理主体协调运行；用好授权放权清单化管理、闭环评价和动态调整机制，落实各治理主体责任、激发各层级活力；探索提炼陕煤集团创建世界一流企业的新经验、新措施、新文化，引导企业文化与管理制度协同，形成推动陕煤集团改革发展的特有模式和企业文化新优势。

（二）加强统筹衔接，释放改革综合效益

根据陕煤集团国有资本投资公司功能定位，统筹推进各类改革发展工作。全面深化管理创新与体制机制改革，强化集团战略管控；统筹推进专业化整合和产业化整合，提高集约化管理效能；加强制度流程管理，进一步提升管理效能，持续在经营体制机制上形成目标导向，向一流标杆企业

推进。同时，陕煤集团通过"高质量项目提升年""管理效能提升年""干部作风能力提升年"3个活动的开展，制定项目管理、效能提升、干部作风能力提升等一揽子措施，不断提高企业发展效率效益，推动企业高质量发展。

（三）持续深化专项改革，提升企业发展动力

围绕深化市场化改革六项重点任务，持续推进"三项制度"改革成果落实落地，真正建立健全高效的市场化经营机制。深化陕钢集团、北元化工、开源证券"双百企业"改革，积极参与陕西西安区域综改，助力陕煤集团创建世界一流企业；推进陕煤研究院、西煤机融入"科改示范行动"企业改革，打造国有科技型企业的改革样板和创新尖兵。以符合陕煤集团发展大局为前提，持续推进混改企业公司治理体系制度化、规范化建设，全面加强混合所有制企业的管理，提升企业发展动力。

四　实施创新驱动，持续强化各类创新要素集聚

全面落实习近平总书记关于创新驱动、人才战略等的重要讲话精神，集聚人才创新、科技创新、合作创新等各类要素，打造创新驱动竞争力。

（一）集聚"人才保障"，打造一流人才队伍

创新人才集聚机制，围绕国企干部"二十字"方针，突出"四个扎实"推进班子建设，打造坚强有力的领导班子和人才队伍；拓宽选人用人渠道，扎实推进干部队伍年轻化、交流常态化、素质综合化、作风优良化建设。实施创建世界一流企业人才发展计划，推进世界一流企业人才队伍建设三年实施方案；推进经营管理、专业技术、技能操作3支人才队伍建设，加强工程、管理、技术、技能等多序列岗位管理体系建设，建立人才队伍纵向晋升、横向贯通机制，激发干部人才队伍发展活力，有力支撑集团战略。

（二）全面激活创新要素，构筑科技发展新模式

陕煤集团围绕产业链部署创新链，围绕创新链布局产业链，不断完善科技创新"资金、平台、人才、技术、机制"五大核心支撑要素，增强自主创新能力，加强科技成果转化。围绕行业重大关键核心技术，在煤炭、化工、钢铁、装备制造等领域取得了 38 项成果技术突破，促进传统产业转型升级；不断提高质量品牌及标准化建设水平。围绕新能源、新材料、新经济，打造原创技术策源地，积极开展基础研究，积极参与"陕煤—秦岭基础科学研究五年行动计划（2021—2025 年）"，依托秦创原创新驱动平台，瞄准聚合物领域世界领先技术，立足原创性技术成果，在高端弹性体、特种多元醇、可降解材料等 3 个方向不断打造研发与应用一体化产业链。

（三）创新合作模式，打造发展要素整合竞争力

陕煤集团优化资源配置，发挥资本、技术、管理等优势，创新合作模式，促进产业之间协同发展，扩大多途径多领域合作。围绕主业不断加强与央地企业的合作；持续巩固区域能源战略合作，以"产能置换+煤炭保供+常态储煤+物流服务"开启渝陕、鄂陕、赣陕、湘陕、川陕能源战略合作新模式，探索非煤矿山、新能源、新材料等领域的合作机会，增强集团转型发展竞争力。

但客观来看，陕煤集团的产品市场占有率、新产品贡献率、科技研发强度等指标有待提升，价值创造、自主创新、资源配置、品牌建设等方面的广度和深度还不够，依然存在"大而不强、全而不优、产业控制力不强、全球影响力不够"等短板。为此，陕煤集团将以承担好国有企业的经济责任、政治责任和社会责任为基础，持续围绕世界一流企业"产品卓越、品牌卓著、创新领先、治理现代"能力建设，在巩固"规模大"的基础上，持续向"质量好""效益高""竞争力强""影响力大"奋进开拓，提升企业综合实力和核心竞争力，加快创建世界一流企业。

五 开展对标提升，持续探索创建一流路径实践

陕煤集团将通过对标国内外 28 家标杆企业的先进理念与实践经验，找准差距，分 3 层 9 类在重点领域对标国内外一流企业，实现"优中达优"，做好 5 个方面的工作。

（一）对标一流提升企业核心竞争力

持续聚焦主业优化发展，推进产业绿色低碳转型发展，稳步推进新兴产业及海外布局，切实提升煤炭、化工、电力和钢铁等主业的核心竞争力和可持续发展能力；构建战略协同体系，不断提升企业发展质量效益和经营效率，提高价值创造力，提升经营管理水平。

（二）对标一流创新人才培育支撑

打造坚强有力的企业家和人才队伍；聚焦做精做优做强主业和新赛道、新产业，加大高技能人才培养和高精尖人才引进力度；实施创建世界一流企业人才发展计划，推进世界一流企业人才队伍建设；激发干部人才队伍发展活力，支撑集团高质量发展。

（三）对标一流加强科技创新

不断推动科技创新赋能主业发展，加强成果转化；充分发挥科技创新引领优势，围绕集团主业进行延链强链补链，提升主业的竞争力；围绕新赛道，在科技研发和成果转化上统筹推进，持续加大创新要素投入力度，加快科技成果转化，尽快在新赛道中实现"量"变带动"质"变，将新赛道变为转型发展的"主赛道"。

（四）对标一流提升治理水平

以党的领导护航世界一流企业创建，贯穿创建世界一流企业全过程。在

党的建设和改革发展上深度融合，促进改革形神兼备、质量双优。加大对标管理工作力度，引导所属企业对标达标创标；充分发挥集团战略管控引领作用，以市场化、精益管理为导向，创建先进管理模式。

（五）对标一流提升品牌影响力

促进品牌建设机制体系更加健全，培育一批品牌管理科学规范、影响力大、带动作用强的一流品牌企业，形成一批质量卓越、优势明显、拥有自主知识产权的企业品牌、产业品牌、区域品牌，使品牌价值位居国内外同行前列，力争进入世界品牌全球 500 强。

六　有关对策建议

（一）加强地方国企创建世界一流企业的政策支持

在国家已经出台《关于加快建设世界一流企业的指导意见》的基础上，国家相关部委及地方政府出台支持地方国企创建世界一流企业的相关政策，明确落实地方国企在产业整合、科技创新、项目投资管理等方面的支持措施。

（二）完善促进煤炭资源协调开发的相关政策

科学合理解决自然保护区、水源地保护区、煤与油、气矿权重叠的协调开发及伴生资源的合理利用等问题，建立完善相关机制。

（三）加大产业转型升级和政策支持力度

煤炭产业作为传统的能源产业，产业转型升级、结构调整任务艰巨，应对其在发展新兴产业、科技创新产业及优质企业上加大财税、金融支持力度，为推动煤炭产业转型升级、实现能源清洁高效利用做出有益探索。

（四）建立高层次境外投资领导综合协调机制

建立省级政府综合协调机制，将分散在商务、国资、发改、财政、外汇管理等部门的有关境外投资的相关业务职能集中优化，实现综合管理协调。同时，加大对企业"走出去"的财政税收支持力度，进一步拓宽企业境外融资渠道，为企业境外投融资和资金业务提供全方位、多功能服务，有力推进企业境外投资发展，充分实现国际资源配置的优化。

总之，创建世界一流企业是一个长期持续的过程，也是企业不断做精做强做优做大乃至实现基业长青的奋斗过程。随着国家宏观经济发展、能源行业变革、国企改革的不断深化，陕煤集团作为特大型能源化工企业集团，将以培育世界一流企业为使命，不断强化实践探索，全面激发企业发展活力，创新企业经营体制机制，优化产业布局，加快产业结构调整和转型升级，提升企业的核心竞争力与综合实力，增强企业影响力、创新能力和抗风险能力，提升企业发展质量，以实现国有资本做强做优，早日迈入世界一流企业行列，成为具有国际竞争力的清洁能源供应商、新材料与高端制造服务商。

参考文献

屈凌：《新时代陕煤集团高质量发展迈向世界一流企业的探索思考》，《中国煤炭》2019 年第 11 期。

岳福斌主编《中国煤炭工业发展报告（2019）：煤炭产业高质量发展研究》，社会科学文献出版社，2020。

梅方义、卫庆华、贺飞：《十年奋进路　启航新征程——陕煤集团高质量发展纪实》，《中国煤炭工业》2023 年第 1 期。

B.15
"双碳"目标下潞安化工集团高质量
转型发展的实践与探索

潞安化工集团课题组[*]

摘　要： 本报告介绍了潞安化工集团的基本概况，从"聚焦主责主业、优化产业布局，深化改革创新、增强动力活力，锚定精益管理、推动提质增效，强化党建引领、凝聚发展合力"等四方面总结了潞安化工集团转型发展的实践成效。结合"双碳"目标背景下对煤炭需求趋势的研判，明确潞安化工集团构建以"强煤、优化、育新"为特征的现代产业体系的转型发展布局思路和"五个一体化"协同发展体系的科技研发方向；布局精益化、数智化、科技创新、资本运营、科学治理、安全稳定、绿色低碳、和谐幸福等8条企业高质量转型发展支撑路径；从金融、税收等方面提出了推进企业高质量发展的对策建议。

关键词： 潞安化工集团　高质量发展　转型升级　科技创新

一　企业基本概况

潞安化工集团是山西省委、省政府贯彻习近平总书记视察山西时提出的

---

* 课题组组长：王志清，潞安化工集团党委书记、董事长，正高级工程师；马军祥，潞安化工集团党委副书记、副董事长、总经理，正高级工程师。课题组成员：常跃刚，潞安化工集团办公室副主任，经济师；田文香，潞安化工集团综合服务中心主管，经济师；王伟，潞安化工集团办公室主管，高级经济师。执笔人：郭成刚，潞安化工集团办公室（董事会办公室）主任，高级经济师。

"在转型发展上率先蹚出一条新路来"① 指示精神，推进专业化战略重组，以原潞安矿业集团煤化产业为主体，整合重组相关省属企业化工资产和配套煤矿而建成的煤化一体省属重点国有企业。

潞安化工集团是一个有着光荣传统和红色基因传承的企业。1945年8月，石圪节煤矿成为华北地区第一个"红色"煤矿。1959年，潞安矿务局成立。20世纪60年代，石圪节煤矿被选树为全国工交战线五面红旗之一，"艰苦奋斗、勤俭办矿"的石圪节精神闻名全国。20世纪80年代，潞安率先建成全国第一个现代化矿务局，2000年8月改制为潞安矿业集团公司。2009年3月，习近平同志对潞安党建工作做出重要批示："潞安集团党委的实践为探索现代企业制度下国有企业党的建设规律提供了有益参考。"②

潞安化工集团于2020年7月组建，2020年11月26日正式挂牌，注册资本为200亿元，在册职工12万人。拥有各级控股子公司181个、分公司100个，含潞安环能等2个上市公司，分布在山西、北京、上海、香港、河北、河南、山东、新疆等10多个省（自治区、直辖市）。截至2022年末，集团资产总额为3438亿元。现有矿井36座，煤炭产能为9460万吨/年，其中生产矿井30座，产能为8470万吨/年。化工产业涉及传统煤化工、现代煤化工和其他化工产品。2022年，主要化工产品产量为1794.21万吨，商品量为1317.97万吨。

二 转型发展实践成效

自成立以来，潞安化工集团坚持以习近平新时代中国特色社会主义思想为指引，在山西省委、省政府的坚强领导下，深刻践行"双碳"战略，以高质量发展为主题，以产业转型升级为主线，以科技创新为支撑，积极探索资源型企业的高质量发展之路。

---

① 《在转型发展上率先蹚出一条新路来》，澎湃网，2020年5月15日，https://m.thepaper.cn/baijiahao_7408937。
② 《潞安集团交出"答卷"献礼新中国成立70周年》，搜狐网，2019年4月3日，https://www.sohu.com/a/305674525_400764。

（一）聚焦主责主业，优化产业布局

坚持发展是第一要务，聚焦煤炭、化工"双主业"，确立"全面建设高质量发展的一流能化企业集团"战略目标。一是持续推进煤炭智能绿色安全开采和清洁高效综合利用，煤炭先进产能持续保持全省领先水平，严格落实能源保供政治责任。二是优化以煤基清洁能源公司为核心的"上下游一体化"、余吾煤业和煤基合成油协同发展的"煤化一体化"发展生态；国泰新华一期20万吨/年BDO、6万吨/年PTMEG、140万吨焦化等重点项目建成投产。三是大力发展战略性新兴产业，47兆瓦分布式光伏发电示范项目一期开始建设，金源煤层气收购王村—夏庄区块煤层气探矿权并转让采矿权，集团瓦斯利用量创新高。同时，开发了煤基PAO基础油风电齿轮油等润滑油新产品。四是制定实施《2023年能源双控行动方案及2024—2025年行动规划》，推动建立能耗双控标准化建设体系，主要用能单位能源消费总量、万元产值能耗较2022年预算指标同口径分别下降7.8%和49.0%。

（二）深化改革创新，增强动力活力

一是在深化改革上，国企改革三年行动高质量收官，"'六位一体'决策工作模式建设与运作"入选国务院国资委"国企改革三年行动典型案例"。各级法人企业将党建工作要求写入公司章程，实现了应入尽入、应建尽建、应派尽派。二是在深化创新上，培育形成了6个国家级创新平台、15个省级科技创新机构、13个国家高新技术企业和多个技术孵化型公司一体化创新平台体系，潞安环能重新通过国家高新技术企业认定，煤基全合成润滑材料山西省重点实验室具备验收条件，潞安化机被评为山西省煤基科技成果转化示范基地，晋华炉3.0获得山西省科学技术进步奖一等奖。

（三）锚定精益管理，推动提质增效

一是树立市场导向，坚持以精益思想指导下的"算账"文化为抓手，创新实施"全面预算—绩效考核—薪酬分配"一体化融合模式，初步构建全覆盖、全维度、全员化、全链条预算体系和分类分级、全员绩效考核体系，实现了差异化薪酬分配。二是聚焦全级次开展对标挖潜，坚持以系统化、数据化、具体化为原则，构建对标挖潜工作体系，推动从财务分析转变为经营分析，营销、集采、投资等领域投入产出意识逐步树立，管理流程不断优化，企业生产方式和商业模式发生深度变革。"价值成就你我"核心价值观成为"潞安人"共同的情感认同和行动自觉。三是稳妥推进数智化建设，加快"人财物产供销"核心业务一体化的数字化运营管控平台建设。

（四）强化党建引领，凝聚发展合力

深入学习贯彻党的二十大、习近平总书记考察调研山西重要讲话重要指示精神，深刻领会"两个确立"的决定性意义，坚决做到"两个维护"。将深度推进党的领导与完善公司治理相统一，修订了党委会议事规则，推动党组织"三重一大"决策、前置研究讨论经营管理重大事项督导检查常态化。全面建设清廉国企，选定"人财物产供销"等重点领域试点推进，打造阳光治理生态。

集团自成立以来，取得了一系列历史性成就。2022 年跨入全国亿吨煤炭企业行列，实现煤炭产量突破 1 亿吨、利润达到 100 亿元以上"两个历史性突破"，居世界 500 强第 468 位。入选国务院国资委"国有企业公司治理示范企业"，为山西省唯一入选的企业。高河、新元建成"国家首批智能化示范建设煤矿"，潞安化机被国务院国资委评为"科改示范行动优秀企业"，晋华炉 3.0 入选第六批国家级制造业单项冠军（产品）。

三　高质量转型发展的产业布局思路

2020 年，我国提出"二氧化碳排放力争于 2030 年前达到峰值，努力争取 2060 年前实现碳中和"的"双碳"目标。同时，为保障我国经济可持续发展，必须以国家能源安全与稳定供应为前提，积极稳妥推进"双碳"目标稳步实现。党的二十大报告提出"立足我国能源资源禀赋，坚

持先立后破，有计划分步骤实施"的碳达峰行动策略。我国"缺油、少气、相对富煤"，煤炭在能源消费中的占比长期高于 50%，煤炭作为我国能源安全"压舱石"的地位短期内不会发生改变。2022 年的中央经济工作会议强调，要通过替代压减低效燃煤消费、强化煤炭清洁高效利用，夯实能源安全供应基石，增强能源系统转型韧性。以国家能源安全与稳定供应为前提，立足以煤为主的基本国情，积极稳妥推进"双碳"目标逐步实现，已成为能源工业可持续化发展的根本遵循。《BP 世界能源统计年鉴 2022》显示，2021 年我国二氧化碳排放量突破 100 亿吨，其中约 80% 来自煤炭的消费产出。因此，"双碳"目标下，如何在确保煤炭国家能源安全兜底地位的同时，实现绿色开采、低碳利用，已成为新时代煤炭企业高质量发展亟须面对的重大课题。

"十四五"时期，潞安化工集团勇担"能源安全保供、煤炭清洁高效利用、转型发展蹚新路"三大使命，以高质量发展为主线，秉持"价值成就你我"核心价值观，全面推进价值创造一体化融合管理，系统构建以"强煤优化育新"为特征的现代产业体系，以及以价值型、效益型、安全型、创新型、内涵型及一体化、精益化、绿色化、数智化、现代化"五型五化"为标志的特色发展体系。立足当前，致力打造具有区域竞争力的能化企业集团；着眼长远，全面建设高质量发展的一流能化企业集团。

高质量发展首先是转型发展，转型发展的关键是产业转型，核心是质量变革、效率变革、动力变革，实现量的合理增长和质的有效提升。应把优化产业布局作为高质量发展的重要抓手，锚定转型方向，发挥自身优势，抓住重要时间窗口，着力构建以"强煤、优化、育新"为特征的现代产业体系。

（一）全面构建以"强煤、优化、育新"为特征的现代产业体系

1. 坚持落实"煤八条"，坚定不移"强煤"

"煤八条"是山西省委、省政府提出的煤炭产业转型发展的重要要求：一是巩固煤炭资源整合成果，不能走回头路；二是做好煤炭企业重组后半篇文章，提高企业竞争力；三是坚持新增产能但不增加市场主体；四是坚持煤

电、煤化工一体化发展；五是保障国家能源安全；六是加强煤炭清洁高效利用；七是加快 5G 智慧矿山建设；八是坚决守住安全生产底线。潞安化工集团把煤炭产业作为战略发展的基点、转型发展的支撑，秉承"安全、环保、低耗、高效"的发展原则，持续推进精益化集约高效矿井建设三年行动，在坚决完成保供任务的基础上，持续增强煤炭托底保障作用。坚决完成保供任务，实现煤炭"产运销"一体化调度和产销衔接，健全储备体系，确保均衡生产。加快争取接续资源。对接省矿业权竞争出让机制，"应争必争""能拿尽拿"；加快在建矿井规划建设，确保取得实质性成效。推进绿色高效开采。持续推广应用保水开采、充填开采、沿空留巷、关键层注浆等新工艺；探索新建矿井井下选煤厂建设，推动产业绿色发展；统筹压煤村庄搬迁、矸石山生态治理、沉陷区恢复治理，确保矿区生态治理整体化推进。做好产销储运大文章，加快古城、寺家庄、新元等主力煤矿储煤能力建设，提升铁路煤炭集疏运能力。

2. 坚持"高端多元低碳"，坚定不移"优化"

始终把"煤化一体化"作为转型方向、攻坚重点，紧盯煤炭清洁高效利用的政策与产业形势，对标挖潜、补欠赶超，不断提升化工专业化运营管理能力、风险防控能力和可持续发展能力。围绕"合成氨—化肥、煤—合成油—高端精细化工产品、煤—焦化—化工"等重点产业链，研究制定化工产业转型项目计划，谋划储备前景好、潜力大、拉动性强、附加值高的优势项目，提升产业链供应链支撑和带动能力。潞安化机探索建设"灯塔工厂"，逐年提升自动化装备水平，逐步用信息系统加强管理，重点提高效率、品控水平、交付能力、制造能力，进一步做强晋华炉品牌，推动煤气化技术和装备升级换代。主动对接国家、省出台的政策和试点方案，推动 180公司纳入国家能源应急能力建设体系，享受中央财政资金支持、税费减免等方面的优惠和支持。

3. 坚持"六新"部署要求，坚定不移"育新"

始终把产业作为发展方向、培育重点，主动对接山西"十大新兴产业链条"，积极调研谋划并适时推进新兴产业项目，尽早开辟新的经济增长点。一是立足现有产业布局，跟踪前沿科技，重点在二氧化碳利用、新能源与传统化工耦合、α烯烃下游高值利用、特种尼龙、绿电—绿氢、可降解塑料等领域深入分析、有序探索，勇于开拓"蓝海市场"，赋能高质量发展。二是以寺家庄矿为重点，推进防突示范、煤气一体化开采示范"两个基地"建设，把"采煤采气一体化"作为重点战略产业进行培育，助推企业低碳转型。三是加快煤制油下游高端精细化工产品开发，做精特种蜡、高档润滑油、军用油、专属化学品等。四是依托国泰新华 BDO 项目，筹划延伸PBAT/PBS 生物可降解材料项目。五是依托产业研究院，加快特色材料助剂产业基地项目建设。六是搭建催化剂研究室，做好催化剂的评价和研究，推动大型煤气化技术演进。

（二）全面构建"五个一体化"协同发展体系

"五个一体化"是山西省委、省政府着眼全省能源产业高质量发展做出的系统部署，也是集团着眼长远必须重点谋划的转型路径。要以"强煤、优化、育新"为基础，聚焦产业协同发展，找准产业协同的方向和重点，规划好产业协同的项目和路径。

一要聚焦煤炭和煤化工一体化。巩固"煤化一体化"发展基础，稳定集团内部原料煤、燃料煤和长协煤供应。持续完善余吾煤业、煤基合成油协同发展的"煤化一体化"发展生态及 180 公司、下游油品深加工公司协同发展的"上下游一体化"产业链生态。持续深化"煤—化（油）协同销售"合作，根据煤化工对煤种的差异化要求，提升长协煤和其他低成本煤的使用效率。推动销售一体化，在销售煤炭的同时，积极销售润滑油、尿素等客户需要的化工产品。在"双碳"背景下，利用潞安化机气化炉的废锅优势，实现从卖气化炉到卖煤制气的转变。适时推进煤炭和化工产业战略性重组，着眼"双主业"可持续发展，积极争取煤炭资源，并谋划新的"煤化一体化"项目。

二要加快推进煤炭产业和数字技术一体化。落实省委同步推进产业转型和数字转型的部署要求，推进集团数字化转型。产业数字化的重点是推进智能化矿井建设。在总结高河、新元两个国家首批智能化示范矿井经验的基础上，围绕安全、高效、绿色、智能的要求，全方位推进产业数字化建设，2023 年完成 10 座 180 万吨/年及以上生产煤矿、20 个综采工作面、76 个掘进工作面的智能化建设，2024 年完成 7 座智能化矿井建设，2025 年完成剩余 7 座生产矿井的智能化建设，实现全覆盖。数字化转型的重点是在优化流程的基础上，建设核心业务"业财一体"的数字化运营管控平台，同时把清廉企业建设嵌入管理流程，通过平台固化流程、赋能授权。

三要加快推进煤炭产业和降碳技术一体化。实施能耗"双控"行动方案，并将其纳入价值创造一体化融合管理体系考核，推动煤炭和化工的生产、运输、存储全流程节能降碳。结合低碳发展趋势，密切跟踪 CCUS 等技术发展和商业应用的前沿动态，因地制宜地开展技术攻关和试点示范，重点在"产业协同平碳、结构调整减碳、能效提升节碳、技术创新用碳、绿色发展去碳"等 5 个方面发力，努力探索一条符合集团产业实际和可持续发展方向的降碳路径。

四要探索布局煤炭和煤电一体化。站在"讲政治"的高度，完成好常态化能源保供任务。与电力战略合作伙伴企业开展"电煤供应—购电优惠"战略合作，在上市公司层面尝试相互交叉持股，实现优质煤电资产融合。结合资源申办，谋划布局煤炭和煤电一体化项目。发挥好配售电公司优势，探索煤价和电价的协同机制。

五要探索布局煤电和新能源一体化。视分布式光伏发电一期项目运行情况，充分利用矸石山、沉陷区、渣场、屋顶、露台等废弃和闲置分布式资源，分阶段布局光伏电站项目。同步进行增量配电网和电力系统的智慧化数字化升级改造，从电源布局等方面升级完善集团增量配电网网架结构，形成市场化运作的新型绿色智能电网模式。适时推进空气能、乏风氧化、地热能、瓦斯发电，并探索新能源制氢。

四　高质量转型发展的支撑路径

高质量发展是一项系统性、战略性、复杂性、长期性工程，需要立足使

命、愿景、定位，围绕思路、目标、体系，多维度、多渠道、多路径统筹推进。

一是走好精益化发展路径。坚持精益思想指导下的"算账"文化，瞄准"精益管理+数字化"发展方向，遵循市场规则和企业规律，推动商业模式和生产方式转变，持续提升企业核心竞争力，推动企业高质量发展。树牢"以客户为中心"理念，以营销"六本账"（内外部市场账、客户分类账、供需关系账、竞争对手账、生产方式账、绩效考核账）为突破口，以集团利益最大化为目标，以满足客户需求为导向，建设阳光透明、适应市场、灵活高效、充满活力的商业模式，以商业模式的变革动态满足市场需求，实现集团收入的可持续增长。用好"利润＝收入－支出"这一基本公式，突出"人机料法环"等关键要素，推动精益思想指导下的"算账"文化体系化、系统化落地，实现综合效益最大化。贯通全面预算、绩效考核、薪酬分配，实施"价值创造一体化融合考核"。坚持系统化、数据化、具体化"对标挖潜"，配套完善考核体系和薪酬体系，将考核结果与中高级管理人员"面子、票子、位子、帽子"全面挂钩，并设立验证组、督查组、仲裁组，保证考核结果的准确性、公允性、合理性。

二是走好数智化发展路径。落实省委、省政府推动能源领域"五个一体化"融合发展战略部署，聚焦煤炭、化工两大板块协同发展，以"精益管理+数字化"为方向，通过补齐基础要素数字化短板，推动全域全场景的数据连接和数据资产积累，促进人财物等资源的共享，提升集团"算细账"运作水平，进而打造数字化转型下的新型企业治理体系，达到数据赋能产业一体化发展、转型升级推动企业商业价值精益化的目标。

三是走好科技创新发展路径。坚持科技是第一生产力、人才是第一资源、创新是第一动力，把科技创新摆在关系集团战略全局的突出位置，深入实施创新驱动发展战略，以提高自主创新能力为中心，以体制优化、机制创新和科技创新人才队伍建设为保障，实施煤炭、化工、绿色低碳、数字化转型"四大创新工程"，全力贯通创新链、产业链、价值链，打造省属企业原创技术策源地，助力能源化工领域科技自立自强，发挥好国有企业的主力军和顶梁柱作用。启动矿山压力与围岩控制、瓦斯综合防治与利用、催化剂评测等"专业实验室"建设。"十四五"规上工业企业研发活动覆盖率要达到90%以上，科技成果转化率要达到60%以上。高度重视科技人才引育留用，建设"自主专职研发队伍、实战型工程技术队伍、现场小改小革队伍"3支科技创新人才队伍。培育创新文化，营造创新氛围。

四是走好资本运营发展路径。健全"十看、七控、四评、一书"的项目全生命周期投资管控机制。严格项目审批，新增项目投资必须围绕"政策、供需关系、竞争对手、投入产出"4个维度全面分析。健全投融资风险识别和预警机制，动态监测投融资管理数据，强化风险预判、过程监督和结果后评价，不断提升集团投融资管理质量。加大资产证券化力度，坚持存量资产注入、增量项目投资、发行股份募资等多渠道并用，推动资产证券化目标取得实质性突破。

五是走好科学治理发展路径。完善中国特色国有企业现代公司治理体系，进一步厘清党组织、董事会、经理层之间的权责边界，形成权责法定、权责透明、协调运转、有效制衡的治理机制；按市场化机制运营，形成集团总部"引领价值创造"、事业部"赋能价值创造"、子分公司"实现价值创造"的格局，切实打造动力强劲、支撑有效、管控到位的三级组织构架，持续提升企业运营效率。

六是走好安全稳定发展路径。更好地统筹发展和安全，不断健全安全生产责任、执行、预控、技术、培训、监管"六大体系"，提升本质安全水平，实现安全生产持续稳定。压实企业主体责任、落实业务安保责任、强化安全监管责任、强化领导干部责任，进一步健全全员安全责任体系。全面推行"六查"工作方法，进一步强化安全风险源头管控和隐患精准排查治理。持续开展安全生产标准化巩固提升行动，进一步强化安全生产治理体系和治理能力。实施安全帮扶、开展专家会诊、实行精准监管，进一步强化"三级安全管控体系"建设。持续抓好安全管理团队建设和干部作风建设，进一步强化安全执行力。扎实开展安全培训和安全宣传教育，进一步提升员工素质，坚决防范和遏制重特大事故发生。

七是走好绿色低碳发展路径。深入实施节能降碳"管理提升、技术改造、结构调整"3条路径措施，提升能耗双控标准化管理水平。强化用能预算管理，将3项定量指标纳入全面预算。按照能耗及碳排放统计数据的科学化、规范化、合法性、统一性要求，提升能耗双控及碳排放统计信息化水平。强化能源计量管理，建立规范化的能源监测、分析、化验体系，推进能耗双控向碳排放总量和强度双控转变。

八是走好和谐幸福发展路径。践行"以人民为中心"的发展思想，坚持在发展中保障和改善民生。广泛开展劳动和技能竞赛、"师带徒"技能传承、"五小"竞赛活动，全面造就有理想守信念、懂技术会创新、敢担当讲奉献的产业工人队伍。紧紧抓住职工群众最关心、最直接、最现实的利益问题，谋划实施一批民生项目，让职工群众共享高质量发展成果，不断提升职工群众的获得感、幸福感、安全感。创新实施"全员体检+免疫力提升行动"，持续精准开展金秋助学、大病互助、劳模慰问、职工疗休养等帮扶救济活动，不断提升职工群众的获得感、幸福感。

五 推进高质量发展的相关建议

（一）建议金融行业加大对煤炭清洁高效利用重点示范项目的支持力度

2022年以来，国家开发银行等金融机构实行了煤炭清洁高效利用专项再贷款政策，持续加大对清洁能源、能源保供、煤炭清洁高效利用等能源重点领域发展的支持力度，有力支持了能源绿色低碳转型。但支持主要针对新建项目，对存量项目置换和补充流动资金暂不予考虑。建议金融机构将符合条件的已建成、在建及新建项目全部纳入煤炭清洁高效利用专项再贷款政策范围，大力支持绿色低碳清洁能源发展，助力涉碳能源产业转型升级，支持探索低碳技术创新，为构建清洁低碳、安全高效的能源体系做出新的贡献。

（二）建议国家相关部门出台煤制油项目消费税在一定时间内减免的优惠政策

推进煤炭清洁高效利用是实现"双碳"目标的重要途径，而煤化工是推动煤炭清洁高效利用和低碳能源发展的途径之一。油品消费税是国家针对原油炼化产品制定的税种，用于抑制油品过度消费，促进环境治理、节能减排和能源替代，稳定经济社会发展的调控杠杆，与国际原油价格紧密相关。建议国家相关部门出台针对煤制油项目的税费减免政策，主要有以下3个原因。一是煤制油不同于传统的石油炼化产品，属于现代煤化工产品，具有石油基产品的不可替代性、高清洁环保性、节能性及高端产品延展性。二是煤制油企业生产的稳定轻烃不同于石油化工类的石脑油，绝大多数产品用在化工原材料上，主要用于生产化工产品，不能将煤制油企业生产的稳定轻烃全部纳入消费税征收范围。三是煤制油可以作为国家战略储备，具有特殊意义。因此，在税收政策上不应将煤制油产品与石油化工产品等同起来。

鉴于上述原因，建议相关部门在对煤制油项目进行充分调研的基础上，对煤制油项目给予一定期限且有条件的消费税减免；或充分考虑煤制油行业产品的下游实际用途，考虑出台"减免退"、差别化征收消费税等财税政策；同时在其他类别的税收上予以政策扶持，以助力企业"轻装快跑"，促进企业转型并形成新的效益增长点。另外，建议国家相关部门制定间接液化煤制油各类标准，区别于石油化工产品，从根本上推进煤制油产业发展，促进煤炭清洁高效利用。

参考文献

《习近平：高举中国特色社会主义伟大旗帜　为全面建设社会主义现代化国家而团结奋斗——在中国共产党第二十次全国代表大会上的报告》，2022 年 10 月 16 日。

田文香：《"双碳"目标下大型能化企业集团高质量发展思考——以潞安化工集团有限公司为例》，《经济师》2023 年第 3 期。

王双明等：《"双碳"目标下煤炭能源地位变化与绿色低碳开发》，《煤炭学报》2023 年第 7 期。

新时代背景下传统能源企业
转型发展的探索和实践

——以淮河能源控股集团为例

淮河能源控股集团课题组[*]

摘　要： 为认真贯彻党的二十大精神，深入落实"四个革命、一个合作"能源安全新战略，淮河能源控股集团聚焦煤炭、煤电、清洁能源三大产业，加快推进产业结构调整和转型升级，奋力建设"绿色、清洁、和谐、美丽、安全、高效、智慧、低碳"现代新型能源集团，成为全国14个亿吨级煤炭基地和6个大型煤电基地之一，中国企业500强和中国煤炭企业50强之一，安徽省煤炭产能规模、电力权益规模最大的企业以及华东和长三角区域重要的能源保障基地。

关键词： 淮河能源　转型发展　煤炭　煤电　清洁能源

淮南曾是全国闻名的"五大煤都"之一，素有"华东煤都""动力之乡"的美誉。淮南煤矿于1897年建矿，至今已走过120多年的风雨历程，先后经历淮南煤矿局、淮南矿路股份公司、淮南矿务局等变革，1998年3月改制为淮南矿业（集团）有限责任公司（以下简称"淮南矿业"）。进入21世纪，企业抓住宏观经济持续向好的历史机遇，迅速发展壮大，由单

---

* 课题组组长：王世森，淮河能源控股集团党委书记、董事长、总经理。课题组副组长：韩家章，淮河能源控股集团副总经理，淮南矿业集团党委副书记、总经理；汪天祥，淮河能源控股集团副总经理。课题组成员：张文才，淮河能源控股集团战略投资部部长；李松，淮河能源控股集团战略投资部副部长。执笔人：闻兵，淮河能源控股集团战略投资部总监。

一的煤炭企业逐步发展成煤炭、电力、物流、房地产、金融、技术服务等产业并存的综合型能源集团，成为全国 14 个亿吨级煤炭基地、6 个大型煤电基地之一，是安徽省煤炭产能规模、电力权益规模最大的企业。2018 年，经安徽省委、省政府批准，淮河能源控股集团（以下简称"淮河能源"）成立，作为淮南矿业的控股股东。2019 年 11 月 16 日，淮河能源正式揭牌，标志着淮南煤矿迈进淮河能源时代。

近年来，淮河能源坚持以习近平新时代中国特色社会主义思想为指引，主动适应经济从高速增长转向中高速增长的新常态，认真落实"四个革命、一个合作"能源安全新战略，聚焦煤炭、煤电、清洁能源三大产业，加快推进产业结构调整和转型升级，经受重大考验，战胜重大困难，取得重大成果，企业实力、市场竞争力、抗风险能力显著增强，淮河能源成为华东和长三角区域重要的能源保障基地。淮河能源拥有现代化大型矿井 11 对，核定产能为 7790 万吨/年，电力总装机规模为 4365 万千瓦，权益规模为 2145 万千瓦，基本形成以新能源、天然气、煤层气（瓦斯）为主体的多元化清洁能源产业体系。现有 3 个国家级技术创新平台和 2 个省部级科研机构，获批建设"深部煤炭安全开采与环境保护全国重点实验室"。

一　新时代传统能源企业转型发展的背景

能源是国民经济的命脉。习近平总书记强调："能源安全是关系国家经济社会发展的全局性、战略性问题，对国家繁荣发展、人民生活改善、社会长治久安至关重要。"[①] 近年来，在全球节能减排的大背景下，尤其是随着"双碳"目标的实施，我国能源消费结构持续优化，煤炭作为主导能源的地位虽未改变，但在能源消费中的比重逐步下降。因此，传统能源企业转型发展势在必行、意义重大。

---

① 《能源的饭碗必须端在自己手里》，国家能源局网站，2022 年 1 月 7 日，https：//www.nea.gov.cn/2022-01/07/c_1310413762.htm。

（一）绿色低碳转型是全球能源发展的大势所趋

全球温室气体排放的 3/4 来自能源行业，能源行业成为各国最重视的减排领域。1992 年，《联合国气候变化框架公约》确立了全面控制二氧化碳排放的国际公约，建立了应对全球气候变化的基本合作框架。1997 年，《京都议定书》进一步提出发达国家的减排指标和期限，增强了减排行动的约束力。2015 年，《巴黎协定》设定了"碳达峰""净零排放"等目标，明确了发达国家与发展中国家的差别化责任。世界主要大国早已走上能源转型之路，2019 年煤炭在世界一次能源中占比降至 27%，2020 年全球碳排放量同比下降 6.3%，2021 年风、光发电贡献首次超过 10%。新冠疫情的发生加速了能源结构转型的步伐。2020 年 9 月，习近平总书记在第 75 届联合国大会一般性辩论上宣布中国力争 2030 年前实现碳达峰、2060 年前实现碳中和①，为中国能源绿色低碳转型按下了快进键。

（二）能源高质量发展是经济高质量发展的必然要求

随着中国特色社会主义进入新时代，我国经济转向高质量发展新阶段，以习近平同志为核心的党中央从我国社会主义市场经济运行的实际出发，提出中国特色社会主义事业"五位一体"总体布局和"四个全面"战略布局以及创新、协调、绿色、开放、共享的发展理念等一系列新理念、新论断、新战略，体现了党对绿色发展认识的不断深化，逐步形成了绿色发展的科学理论，并成为衡量高质量发展的重要标尺。2014 年 6 月，在中央财经领导小组会议上，习近平总书记提出"四个革命、一个合作"能源安全新战略②，指引我国推进能源消费革命、能源供给革命、能源技术革命、能源体制革命，全方位加强能源国际合作，实现开

---

① 《"双碳"战略引领绿色变革》，"全国能源信息平台"百家号，2023 年 10 月 10 日，https：//baijiahao. baidu. com/s？id=1779333529664637509&wfr=spider&for=pc。

② 《落实能源安全新战略引领能源高质量发展》，国家能源局网站，2018 年 12 月 10 日，https：//www. nea. gov. cn/2018-12/10/c_137663795. htm。

放条件下的能源安全，为我国新时代能源发展指明了方向，开辟了能源高质量发展的新道路。

（三）转型升级是传统能源企业持续发展的必经之路

2002~2011年是我国宏观经济快速发展的10年，也是煤炭产业的"黄金十年"。这10年，全国原煤产量从13.9亿吨增加到35.2亿吨，增长了1.53倍；煤炭价格从吨煤196.49元上升到556.58元，增长了1.83倍。2006年以来，全国煤矿建设投资2.25万亿元，新增产能20多亿吨，造成全国煤炭产能过剩。2012年以后，宏观经济和煤炭产业形势发生较大变化，经济增速明显回落，经济进入中高速增长新常态，迈入高质量发展新阶段，随之而来的是煤炭经济持续下行、煤炭价格大幅下降、煤炭产能严重过剩、煤炭企业生存压力较大。煤炭市场变化对淮南矿业的经营发展造成较大影响，2013年煤炭产业亏损严重，煤炭库存不断上升，企业资产负债率高达79.48%，远高于省属企业的平均水平，企业生存发展面临较大挑战。在这样的历史背景下，淮南矿业下定决心系统推进企业扭亏脱困、转型发展，更显目光长远。

二 新时代传统能源企业转型发展的内涵和做法

煤炭产业的"黄金十年"，让很多煤炭企业完成原始资本积累和产业扩张，在煤炭等能源主业之外，延伸发展了很多辅业、副业，摊子铺得越来越大，在煤炭效益好的时候，企业日子比较殷实。但2012年下半年，随着煤炭价格的持续下滑，支撑企业生存的根基受到动摇，一些煤炭企业变得举步维艰，一场危机着实检验了企业的抗风险能力，倒逼传统能源企业转型发展。从2017年党的十九大首次提出高质量发展理念，到2020年明确"双碳"目标，绿色低碳转型逐渐成为能源企业的前进方向和发展目标。作为有着120多年历史的能源企业，淮河能源顺势而为、乘势而上，在推动企业扭亏脱困、转型发展上开展了积极探索和有益实践，并取得显著成效。

（一）传统能源企业转型发展的内涵

转型发展不可能一蹴而就，尤其是一个扎根百年的传统煤企，更不能"毕其功于一役"，必须系统谋划、稳步实施；转型发展不能搞"面子工程"、一味求大求全，必须坚持效率优先、效益至上的高质量发展之路；转型发展不能搞盲目跟风、四面出击，只有立足自身优势、因势利导，企业发展才能行稳致远。淮河能源深谙转型发展的艰巨性、系统性、复杂性。

1. 坚持"先立后破、通盘谋划"总体思路

2014年，煤炭经济严重下行，企业面临较大生存压力。淮河能源主动适应新形势，积极应对新挑战，妥善把握"立"与"破"的辩证关系，坚持"立"在"破"前，经过深入分析研判、通盘谋划部署，扎实推进企业扭亏脱困、转型发展。2014年，淮河能源统筹宏观经济形势和企业具体实际，提出了"坚持稳中求进总基调，以推进改革创新为根本动力，以提高发展质量和效益为立足点，确保企业发展健康可持续，确保职工利益稳定可持续"的总体工作思路，对企业未来发展做出通盘考虑与谋划。2016年，淮河能源敏锐抓住国家政策机遇，坚定不移化解过剩产能，不仅甩掉了沉重包袱，还置换了西部先进产能，实现了煤炭板块的升级换代，在企业发展中的"顶梁柱""压舱石"地位更加突出，也为产业转型奠定了坚实基础。在实现扭亏脱困的基础上，淮河能源前瞻性布局天然气产业，坚持全产业链发展，抓住了"十三五"时期省内天然气产业蓬勃发展的历史机遇，逐步成长为安徽省天然气重要运营平台。进入"十四五"时期，在煤、电、气主业蓬勃发展之际，淮河能源深入落实"四个革命、一个合作"能源安全新战略和"双碳"目标，大力发展壮大以新能源发电、天然气发电为代表的清洁能源，推进企业高质量发展迈上新台阶。

2. 坚持"不唯规模、不图虚名"基本原则

从2012年起，我国GDP增速开始回落，经济发展进入从高速增长转为中高速增长的新时期。2017年，党的十九大首次提出"高质量发展"，高质量发展关注经济的活力、创新力和竞争力，是以"速度、规模"为核心向

以"质量、效益"为核心的发展模式的根本转变。淮河能源认真贯彻中央精神和省委、省国资委党委决策部署，始终把提高发展质量和效益作为立足点，把推动企业高质量发展作为总体目标。无论何时，淮河能源始终保持战略定力，自觉把新发展理念、高质量发展要求落实到发展实践中，不唯规模、不图虚名，坚定聚焦煤炭、煤电、清洁能源三大产业发展，通过退出落后产能、剥离房地产业、调整辅业定位等举措，使企业由粗放式发展向集约式发展转变、从规模速度型向质量效率型升级，使得企业经济效益、偿债能力、盈利能力大幅提升，家底更加殷实。

3.坚持"聚焦主业、延伸拓展"发展方向

能源是企业发展的根基，在推进转型发展过程中，淮河能源坚定不移聚焦煤炭、煤电、清洁能源三大产业。2016年以来，在坚持煤电一体化的道路上，淮河能源作为后起之秀，成功进入天然气行业，实现了向清洁能源的成功转型，完善了能源产业链，巩固了自身作为区域综合能源服务商的地位。2020年，紧盯14年的潘集电厂一期正式开工，2022年投产；2022年，潘集电厂二期、谢桥电厂获批核准，"自主办大电"取得实质性突破。2020年以来，集团抓住国企改革三年行动的契机，全面完成"三供一业"及社会职能分离移交改造，企业发展"轻装上阵"。近年来，在能源主业稳步发展的基础上，淮河能源顺应国家能源结构转型趋势，提速布局光伏等新能源产业，集中式、分布式光伏项目迅速落地，淮河能源正在朝着建设现代新型能源集团的方向大步迈进。

（二）传统能源企业转型发展的主要做法

面对煤炭市场下行局势，淮河能源在充分研判企业内外部形势的基础上，提出"扭亏脱困、转型升级"的"两步走"战略，志在打造淮南矿业的升级版。世易时移，正是当年的果断坚决，才让淮河能源闯过了最困难阶段，提前实现扭亏脱困目标，更抓住了2016年后煤炭市场持续向好的有利时机，平稳实现产业结构的优化调整，转型发展取得明显成效。

1. 通过"瘦身健体"，企业发展"轻装上阵"

（1）坚定不移化解过剩产能

2012年下半年开始，受产能过剩、消费增速降低、进口煤冲击及国家实施节能减排政策等综合因素影响，煤炭价格持续大幅下跌，很多中小煤矿因亏损严重或资金链出现问题停产倒闭，一些大中型煤炭企业也采取了裁减人员、降低工资、停建工程等措施。党中央、国务院高度重视煤炭产能过剩、煤炭行业面临困难的形势，2015年12月中央经济工作会议提出推进结构性改革，推进"三去一降一补"，重点做好煤炭、钢铁行业化解过剩产能工作。2016年1月4日，时任国务院总理李克强在山西省太原市主持召开钢铁煤炭行业化解过剩产能、实现脱困发展工作座谈会。2016年2月，国务院制定下发《关于煤炭行业化解过剩产能实现脱困发展的意见》，并配套下发了8个专项政策文件。

淮河能源把化解过剩产能作为一项政治任务，同时将其视为企业扭亏脱困的难得机遇，确定了"产能退得掉、职工安置好、企业能脱困"的工作目标。按照党中央、国务院及省委、省政府的统一部署，淮河能源顶住巨大压力，于2016~2018年对安全威胁大、开采成本高、资源枯竭、扭亏无望的李嘴孜矿、新庄孜矿、谢一矿、潘一矿等4对矿井坚决予以关闭，共计退出落后产能1420万吨，分流安置职工3.4万人，每年减少亏损近30亿元。从长远来看，通过这一轮去产能，剩下的都是效率高、效益好的矿井，使淮河能源可以在更高层面开展竞争。更为重要的是，淮河能源利用国家退出产能指标置换政策，有序将淮南本土产能退出指标置换至西部煤矿，唐家会矿、色连二矿、泊江海子矿核增产能1100万吨，西部煤矿产能由原来的1200万吨/年核增到2300万吨/年，先进产能得到充分利用。此外，淮河能源获得了可观的专项奖补资金，其中人员分流安置专项奖补资金22.86亿元、土地收储资金2.5亿元。

（2）适时退出房地产行业

从2016年中央经济工作会议首次提出"房子是用来住的，不是用来炒的"，到2018年房地产税法列入全国人大常委会立法规划，短短数年，房地

产政策悄然变化，市场逐渐降温。从国务院国资委到地方国资委，都要求国有企业将非主业的房地产剥离，安徽省国资委明确要求不准新增土地储备。2018年，淮河能源坚持有所为有所不为，通过与中国信达置换股权，果断将房地产资产在高位时证券化剥离，为整体上市创造了有利条件，也成为安徽省属企业退出房地产行业的经典案例。

（3）推进港口资产整合

2019年，为顺应安徽省港口一体化总体发展趋势，按照省委、省政府决策部署，皖江物流公司（淮河能源前身）以芜湖港等部分港口资产投资入股安徽省港口运营集团，志在抢抓省内港口改革发展机遇，共享区域港口发展红利。

俗话说"船大难掉头"，通过对原有业务板块做"减法""除法"，淮河能源卸下沉重包袱，面对外部形势变化，轻装上阵，从容应对。

2. 通过"固本培元"，企业发展根深蒂固

在推进企业转型发展的过程中，淮河能源积极顺应宏观经济形势变化和能源生产消费趋势变革，抢抓长三角一体化发展、"三地一区"建设等战略机遇，坚持稳中求进工作总基调，坚守以人民为中心的发展思想，以高质量发展为主题，以改革创新为根本动力，推进转型发展，深化管理提升，强化数智赋能，加快建设"绿色、清洁、和谐、美丽、安全、高效、智慧、低碳"现代新型能源集团。

（1）煤炭产业

煤炭是我国主体能源，要推动煤炭清洁高效利用，发挥好煤炭在能源中的基础和兜底保障作用。对淮河能源来讲，煤炭是企业转型发展的"顶梁柱""压舱石"，在坚定不移去产能的基础上，企业坚持提升以安全高效、绿色智能为特征的煤炭先进产能，对本土煤矿、西部煤矿实施差异化布局。本土实施精煤战略、低成本战略，成立煤业公司作为本土煤矿的专业化运营管理平台，效率、效益大幅提升。开展矿井生产系统的简化、优化、整合，加快转变生产方式，有序推进张集、顾桥、潘三、丁集矿安全改建和二水平延深，以及潘二、潘四东矿资源整合工程。坚持以市场为导向、以效益为中心，大力实施精煤战略，推进煤炭合理配采、配选。随着亚洲单体最大的智能化炼焦煤选煤厂——潘集选煤厂投产，本土精煤产量逐年增长，2022年达721万吨，溢价增收20亿元以上。2009年，淮河能源顺应国家煤电建设加速西移的大势，抓住蒙西规划建设千万千瓦级大型煤电基地的机遇，将煤电能源项目发展重点放在西部，2015~2017年，泊江海子、唐家会、色连二矿相继投产，2017年、2021年先后完成产能置换、核增，西部煤矿新增产能1300万吨。近年来，通过"一减一增"，淮河能源现有11对矿井的平均单井产能近700万吨/年，实现了企业效率、效益的大幅提升。

（2）煤电产业

在2012~2016年煤炭市场持续低迷、煤炭价格持续下滑的困难时期，煤电联营释放巨大红利，电厂盈利有效对冲煤炭亏损，稳定了淮河能源发展的基本面。"煤矿办电淮南模式"获得国家高度认可并推向全国。近年来，淮河能源始终坚持煤电一体化发展战略，2014年承建的"皖电东送"重要战略性电源点——田集、凤台电厂全部建成；参股建设淮南平圩电厂三期工程，电力总装机规模为4365万千瓦，权益规模为2145万千瓦。潘集电厂二期、谢桥电厂项目获批核准，分别于2023年6月、9月开工。此外，2017年淮河能源主动适应电力体制改革，成立售电公司，探索实施发电、配电、售电一体的新模式。进入"十四五"时期，淮河能源充分发挥坑口煤电一体化项目原料成本和运输成本优势，全力推进清洁高效煤电机组建设，高质量建成投运潘集电厂二期、谢桥电厂项目，择优联合重组央企电厂，并通过争取大基地配套电源点等方式积极获取西部煤电项目，确保"十四五"时期1个项目纳入规划并开工建设。

（3）清洁能源

基本构建形成以新能源、天然气、煤层气（瓦斯）为主体的多元化清洁能源产业体系。大力发展壮大新能源，锁定光伏资源100万千瓦，陆续开工11个光伏项目。稳步培育发展天然气，深入贯彻习近平总书记关于推动长江经济带高质量发展重要论述和"气化长江"战略，现有天然气管线总长500公里，建设我国首座长江内河芜湖LNG接收站，参股的江苏滨海

LNG 接收站及配套苏皖管线全面投运，实现"海气入皖"。开工建设安徽省首个天然气调峰电厂滁州项目，特许经营权、车船加注等项目加快推进，初步构建形成"上游有气源、中游有管线、下游有市场"的全产业链发展格局。推进煤层气（瓦斯）高效抽采和综合利用，现有瓦斯发电装机 8 万千瓦，矿区瓦斯地面治理技术取得突破，煤层气（瓦斯）单井日产气量最高超过 6000 方。

近年来，得益于煤炭、煤电、清洁能源三大主业的高质量发展，淮河能源转型发展取得显著成效，产业结构和产业布局更合理，经济效益更好，发展质量更高，为加快建设"绿色、清洁、和谐、美丽、安全、高效、智慧、低碳"现代新型能源集团奠定了坚实基础、提供了有力保障。

3. 通过"转型、赋能"，企业发展未来可期

2020 年 9 月，习近平总书记正式宣布中国力争 2030 年前实现碳达峰、2060 年前实现碳中和[①]。"十四五"时期是淮河能源加快清洁能源低碳转型、推进高质量发展、建成现代新型能源集团的战略机遇期。未来，淮河能源将坚持"1232"高质量发展思路，全面聚焦"四个一"高质量发展目标，坚持战略定力、产业自信，以能源产业为主攻方向，坚定聚焦煤炭、煤电、清洁能源三大产业，一手抓好煤炭清洁高效利用，一手发展壮大新能源，推动传统能源和新能源优化组合，努力建成国家级新型清洁能源基地和转型升级示范企业。

（1）做大做优做强煤炭产业

煤炭作为我国主体能源，在区域能源保供和企业转型发展中发挥着"顶梁柱"作用。"十四五"时期，淮河能源将坚持以发展优质先进产能为方向，深入推进煤炭产业朝安全高效、绿色智能方向转型升级。本土煤业聚焦"确保安全、增加效益、提高效率、激发活力"主线，大力实施精煤战略、低成本战略，当好企业经济发展"顶梁柱"。西部煤炭强力推进第二轮

① 《"双碳"战略引领绿色变革》，"全国能源信息平台"百家号，2023 年 10 月 10 日，https：//baijiahao. baidu. com/s？id=1779333529664637509&wfr=spider&for=pc。

开发，坚持战略引领、目标导向，建设专业化、多元化、现代化新型能源基地，打造企业能源发展"桥头堡"。到 2025 年，力争建成亿吨级煤炭企业，各矿全面建成智能化煤矿，基本建成绿色矿山。

（2）做大做优做强煤电产业

煤电产业在保障能源稳定供应和支撑新能源发展中发挥着重要作用。"十四五"时期，淮河能源将积极推进"清洁高效煤电+新能源"基地建设，抢抓支撑性电源项目建设机遇，将煤电一体化优势、区位优势、资源优势、负荷中心优势转化为经济优势。建成投运潘集电厂二期、谢桥电厂项目，淮南本土完成电力产业"二次创业"，建成"风光火储"一体化千万千瓦级清洁能源示范基地；西部地区实现自主办电突破，建成"风光火储"一体化清洁能源示范基地。到 2025 年，电力权益规模力争达到 3000 万千瓦以上，其中清洁能源规模达到 700 万千瓦左右，控股电力装机规模达到 2400 万千瓦左右。

（3）做快做优做成清洁能源

积极顺应国家能源结构转型及电能占终端能源消费比重大幅上升的趋势，以清洁电力为方向大力发展壮大清洁能源，逐步形成以新能源发电、天然气发电、煤层气（瓦斯）发电为主体，新型储能、抽水蓄能等相配套的多元化清洁能源产业体系，实现清洁能源的规模化、跨越式发展。坚持集中式与分布式并举，统筹采煤沉陷区综合治理和新能源发展，推进分布式光伏、分散式风电能上尽上。科学发展燃气发电，建成滁州天然气调峰电厂。提升瓦斯发电水平，探索发展抽水蓄能、新型储能、生物质能、氢能等。全面落实"气化长江"战略，聚焦芜湖长江 LNG 内河接收（转运）站战略支点项目，统筹国际国内两种资源，打通气源进出通道，依托省内省际天然气主干管网互联互通，一体化推进项目争取、建设和运营，加快建成天然气产供储销全产业链发展格局。到 2025 年，天然气全产业链基本建成，建成投运芜湖长江 LNG 内河接收（转运）站，打造长江 LNG 内河接收（转运）站首个引领示范项目，接卸能力达 100 万吨/年；下游市场基本形成，建成覆盖安徽省、辐射长三角的天然气产供储销体系。

三　新时代传统能源企业转型发展的实施效果

2014 年以来，淮河能源沉着应对我国经济发展方式转变带来的一系列挑战，始终坚持以习近平新时代中国特色社会主义思想为指导，深入贯彻"四个革命、一个合作"能源安全新战略，认真落实省委、省政府决策部署，紧紧抓住"长三角一体化发展""长江经济带""淮河经济带""国企改革三年行动"等发展契机，扎实推进产业结构调整和转型升级，实现了经济效益、社会效益与生态效益的有机统一①。

（一）经济效益

经济质量稳步提升。企业利润总额逐年增长，从 2016 年的 10.0 亿元提升到 2022 年的 77.0 亿元；资产负债率从 2016 年的 79.98%降至 2022 年的69.90%；营业收入从 2016 年的 605 亿元提升至 2022 年的 665 亿元；资本保值增值率从 2016 年的 79%升至 2022 年的 120%（见表1）。

表1　2016~2022 年企业主要经营指标完成情况（一）

单位：亿元，%

年份	营业收入	利润总额	资产负债率	资产保值增值率
2016	605	10.0	79.98	79
2017	757	18.0	78.00	117
2018	445	26.3	76.00	107
2019	460	42.0	75.00	120
2020	408	43.4	72.00	110
2021	600	51.3	71.01	120
2022	665	77.0	69.90	120

---

① 本部分以 2016~2022 年数据作为主要参考依据。

（二）生态效益

近年来，淮河能源累计投入 10 亿元，共实施 63 项环保工程，修复沉陷区面积 5000 余亩。2022 年烟尘、二氧化硫排放量较 2016 年分别降低 73%、58%，COD、氨氮排放量分别降低 26%、57%，工业废水、生活污水排放量 100% 达标。

（三）社会效益

投资发展取得进展。"十三五"期间，淮河能源累计投资 365 亿元，其中固定资产投资 216 亿元、股权投资 150 亿元。产业遍布全省，有效带动了地方经济发展和基础设施建设。

安全根基持续夯实。累计安全投入达 115 亿元，煤矿百万吨死亡率从 2016 年的 0.03 降至 2022 年的 0，保持行业先进水平（见表 2）。"十三五"零星事故起数和死亡人数较"十二五"下降 50%，重大非死亡事故、瓦斯超限事故起数分别下降 72%、43%。截至 2023 年 9 月，淮南本土煤矿已实现安全生产 3 周年。

表 2　2016~2022 年企业主要经营指标完成情况（二）

单位：亿元

年份	固定资产投资	股权投资	煤矿百万吨死亡率
2016	40.84	28.92	0.03
2017	34.98	26.10	0.07
2018	45.99	36.06	0.05
2019	41.69	26.67	0.01
2020	52.08	31.91	0.03
2021	72.71	23.44	0
2022	96.87	23.36	0

社会贡献不断增大。"十三五"累计保供电煤 1.53 亿吨，输送电力 1148 亿度；招聘高校毕业生 1005 人，社会化引进 557 人，累计新增就业岗位 3040 个；缴纳税费 286 亿元。

科技创新成果丰硕。获得省部级及以上科学技术奖 73 项，其中国家科学技术奖二等奖 2 项，省部级科学技术奖一等奖 19 项、二等奖 22 项、三等奖 30 项。获得国家知识产权专利 776 件，其中发明专利 205 件。

参考文献

鲁松：《百年淮南煤矿迈进淮河能源时代》，《淮南日报》2019 年 11 月 18 日。

国家能源局：《新时代中国能源在高质量发展道路上奋勇前进》，《人民日报》2020 年 12 月 31 日。

任平：《能源的饭碗必须端在自己手里》，《人民日报》2022 年 1 月 7 日。

B.17

着力优化发展布局　加快转型升级步伐
全力推进企业高质量发展

河南能源集团课题组*

摘　要：　本报告介绍了河南能源集团发展历程、产业结构调整情况和煤炭板块发展现状，回顾总结了"十四五"以来煤炭板块在优化布局、转型升级、科技创新方面的主要做法及取得的成效。在深入分析"双碳"背景下煤炭市场需求趋势基础上，报告提出了河南能源集团煤炭板块转型发展的思路、方向和重点，即坚持"四有"原则，发挥好全省能源保障主平台作用，加快向智能高效、绿色低碳转型，构建特色优势突出、产业链协同高效、核心竞争力强的现代煤炭产业体系，总体实现"稳中向优"发展，为企业加快推进高质量发展提供有力支撑。

关键词：　河南能源集团　煤炭产业转型升级　高质量发展

* 课题组组长：马正兰，河南能源党委书记、董事长；杨恒，河南能源党委副书记、副董事长、总经理。课题组副组长：宋录生，河南能源常务副总经理；盛天宝，河南能源副总经理。课题组成员：苑茹，河南能源战略发展部高级经理；江琳洁，河南能源战略发展部高级经理；宋立新，河南能源综合办公室副主任；马震，河南能源能源事业部经理；张鑫，河南能源战略发展部经理；徐卫平，河南能源战略发展部经理；裴红姣，河南能源战略发展部经理；倪小刚，河南能源销售公司计划信息部副部长；翟国喜，河南能源焦煤公司规划发展部经理。执笔人：陶进朝，河南能源战略发展部高级经理。

一　河南能源集团发展概况

（一）企业历程与发展现状

河南能源集团（以下简称"河南能源"）是经河南省委、省政府批准组建的大型能源集团。2008 年 12 月 5 日，经河南省委、省政府批准，由原永煤公司、焦煤公司、鹤煤公司、中原大化、河南省煤气集团等 5 家单位战略重组成立河南煤化集团；2013 年 9 月 12 日，与原义煤集团战略重组为河南能源化工集团；2022 年 7 月 8 日，经河南省政府同意更名为河南能源。河南能源注册资本金 210 亿元，拥有员工 15 万人；下属各级子公司共 300 多家，分布于河南省内 16 个省辖市、国内 12 个省（自治区）及澳大利亚、新加坡等；控股大有能源、九天化工 2 家上市公司和濮阳绿宇新材料 1 家新三板挂牌公司；位居 2022 中国企业 500 强第 224 位、中国煤炭企业 50 强第 11 位。2022 年，河南能源实现营业收入 1129 亿元、利润总额 50 亿元，上缴税费 141 亿元，经济效益创 2013 年以来最好水平，圆满完成改革重生任务，乘势转入高质量发展阶段。

（二）产业结构调整情况

"十四五"以来，河南能源将产业转型升级作为改革重生和高质量发展的重点，积极调整产业结构，优化发展布局，推进"瘦身健体"，全面清理处置非主业、非优势业务和低效无效资产，退出了有色金属和房地产等行业，更加突出了企业的主责主业。在此基础上，着力打造"2+2+N"新产业体系，即聚焦发展煤炭、化工新材料两大主责主业，积极培育电力及新能源、现代物贸两大辅助产业，稳步发展医疗健康、金融服务等现代服务业。截至 2023 年 6 月，煤炭板块共有生产煤矿 52 座，总产能 8465 万吨/年，产品以无烟高炉喷吹煤、炼焦精煤为主；化工新材料板块共有规模以上企业 34 家，化工装置 94 套，各类产品总产能近 1000 万吨/年，主要产品有甲醇、乙二醇、醋酸、二甲醚以及化工新材料碳纤维、聚甲醛、BDO（1，4-丁二醇）、PET（聚对苯二甲酸乙二酯）、PBT（聚对苯二甲酸丁二酯）等18个种类。

（三）煤炭产业发展现状

河南能源煤炭板块下属永煤、义煤、焦煤、鹤煤、新疆投资控股有限公司（以下简称新疆公司）、贵州豫能投资有限公司（以下简称贵州公司）等6个煤业公司。省内主要开采矿区为永夏、鹤壁、焦作、义马矿区，其中永夏、焦作矿区是我国优质无烟煤和高炉喷吹煤生产基地；省外资源主要分布于新疆、内蒙古、青海、贵州、陕西及澳大利亚。煤种涵盖无烟煤、贫煤、贫瘦煤、瘦煤、焦煤、气煤、不粘煤、长焰煤，主要产品有高炉喷吹煤、炼焦精煤、化工煤、动力煤等20多个品种。河南能源现有生产煤矿52座，核定生产能力8465万吨/年，其中大型煤矿28座、产能6805万吨/年，中型煤矿21座、产能1546万吨/年，小型煤矿3座、产能114万吨/年；现有选煤厂26座、洗选能力5230万吨/年。

二　煤炭产业布局优化、转型发展的主要做法及成效

近年来，河南能源按照省委、省政府的总体部署，锚定1亿吨/年总产能目标，按照"四有"发展原则，以煤炭科技创新为引领，积极优化煤炭发展布局，加快推动煤炭产业向智能高效、绿色低碳转型，努力实现做精做强和稳中向优发展，全力发挥好全省能源保障主平台作用。

（一）优化发展布局，生产效率显著提高

河南能源按照"稳定河南、发展西部"的布局思路，稳步推进省内煤矿优化整合，实现做精做优、提质增效；加快推进省外优质煤矿释放产能，实现就地转化、做大做强。2016年以来，河南能源累计关闭退出省内矿井103对，退出产能合计2972万吨/年，分流安置职工6万多人。同时，积极

响应国家煤炭保供政策，2016年以来先后推进省内新桥煤矿、新疆中联润世露天煤矿、内蒙古马泰壕煤矿等10座优质煤矿核增产能，新增优质产能1735万吨/年。积极推进生产煤矿"一优三减"，先后攻克了高瓦斯、高承压水、薄基岩条件下厚煤层综放及大采高一次采全高开采技术难题，布置采长超过300米的大采长工作面30余个。截至2022年底，河南能源现有生产煤矿基本实现了100万吨/年及以下矿井"一井一面"、100万吨/年以上矿井"一井一面"或"一井两面"的高效开采模式，煤矿开采效率显著提高，整体生产面貌明显改善。

（二）加快转型升级，核心功能显著增强

一是筑牢安全生产基础。在瓦斯治理上，形成了"开采保护层优先、底抽巷穿层抽采为主"的技术路线，成立瓦斯治理专业化队伍，瓦斯治理能力逐年提升。在水害治理上，以老空水、底板水防治为重点，坚持工程治理、源头治理，年均解放煤量约5000万吨。在冲击地压防治上，坚持"区域治理先行、局部防治跟进"的原则，精准实施卸压、注水、断底、爆破等工程治理方案，有效降低大能量冲击事件频率。

二是积极推进智能化建设。河南能源制定了煤矿智能化建设行动方案，积极有序推进煤矿机械化、自动化、信息化、智能化建设。截至2022年底，河南能源所有生产矿井均实现了主提升系统、副提升系统、主煤流系统、主通风系统、供电系统、主排水系统、压风系统、架空乘人装置8个自动化子系统建设的全覆盖，基本实现了无人值守、自动运行、远程监控，固定岗位人员大幅减少。截至2022年底，河南能源共建成省级以上智能化示范煤矿11个，智能化采煤工作面56个，智能化掘进工作面72个。

三是加快绿色低碳转型。河南能源制定了"绿色矿山"创建实施方案，以争创国家级和省级"绿色矿山"为抓手，通过加大资金和技术等方面的支持，推动所属煤矿企业加快绿色化转型。截至2022年底，河南能源现有52座生产煤矿中，已有永煤城郊矿、义煤耿村矿、焦煤赵固一矿、鹤煤三矿、新疆公司龟兹矿、贵州公司新田矿等44座煤矿获评国家级或省级"绿

色矿山"称号,"绿色矿山"创建比例达到现有生产煤矿总数的约85%。

四是提高清洁原料煤比重。河南能源着眼于煤炭清洁高效利用,按照"能洗尽洗"的原则不断提升原煤入选率,着力提升化工煤、高炉喷吹煤、冶炼精煤等高端产品市场占有率。义煤公司针对矿井原煤发热量较低的特点,通过改造或新建耿村矿、孟津矿、新安矿选煤厂,实现了由单一动力煤生产向动力煤、化工煤、高炉喷吹煤等多产品生产转变,不仅提高了企业抗风险能力,而且提升了清洁原料煤供应能力。

(三)强化科技创新,不断注入发展新动能

河南能源坚持"创新是第一动力"理念,完善科技创新管理体制机制,推行"揭榜挂帅"制、"赛马"制、"项目负责人"制等新兴科研组织方式,与中国科学院过程工程研究所、上海交通大学、郑州大学、河南理工大学等科研院所及院校合作,构建形成"一院四中心"科研创新体系,并持续加大科技研发投入,先后攻克了一批"卡脖子"难题。例如,大力推广切顶卸压沿空留巷技术,年均沿空留巷工程量1万米以上,形成了涉及薄中厚多煤层、多工艺沿空留巷技术体系;成功应用厚煤层托顶煤、底分层、极三软、大倾角等复杂条件下锚网支护技术,巷道锚网支护率提升至95%以上;先后在赵固一、二矿,陈四楼矿等14对矿井试验底板承压水地面区域治理技术,在新田矿试验地面瓦斯区域治理技术,治理效率明显提升;成功在新义矿和义安矿试验了覆岩离层注浆减沉技术,解放"三下"压煤300余万吨;开展智能选矸、煤泥超高压压滤等技术创新和成果应用,取得了显著经济效益。

三　煤炭生产趋势及发展布局思路

(一)"双碳"背景下煤炭市场需求趋势分析

1.河南能源下游客户煤炭需求情况

河南能源煤炭以无烟煤、炼焦煤和长焰煤为主,下游涵盖了钢铁、焦

化、化工、电力、建材、民用等行业客户。近年来，煤炭需求整体保持稳定，其中，冶金煤产销量约 1800 万吨，化工煤产销量约 1500 万吨，电煤及其他行业煤炭年销量约 3400 万吨。2023 年，河南能源与下游客户签订合同量 8500 万吨，分产品看：冶金煤客户签订合同量 2160 万吨，占比约 25%；化工煤客户签订合同量 1800 万吨，占比约 21%；电力及其他客户签订合同量 4540 万吨，占比约 54%。

2. "双碳"目标对河南能源煤炭需求影响

按照"双碳"政策，"十四五""十五五"期间，我国能源消费总量将得到合理控制，受工业化、城镇化持续推进和经济较快发展的拉动，能源需求总量仍将增长，但增速会逐步放缓。2030～2060 年，煤炭在能源消费中的占比将逐步下降，由主体能源转变为基础能源，再由基础能源转变为保障能源，最后转变为支撑能源。从河南能源下游用户需求方面分析，2030 年前下游客户煤炭需求将总体保持稳定，加上河南能源多年来构建了优良稳固的市场布局和客户渠道，2030 年前"双碳"目标对河南能源的煤炭需求影响将非常有限。具体分行业分析如下。

（1）钢铁行业用煤需求分析

从行业发展趋势看，2017～2021 年，钢铁行业产量整体上呈增长趋势，但钢铁产量皆高于钢铁产品表观消费量，并在 2020～2021 年进一步扩大，表明我国钢铁行业存在产能过剩的问题，且有越发严重的趋势。2022 年以来，受钢铁价格大幅回落影响，钢铁行业陷入低利润状态。其中 2022 年，钢铁行业利润为 365.5 亿元，同比下降 91%。从后期趋势看，钢铁行业的需求市场无较大增长潜力，且随着各个传统主流市场的饱和，对于钢铁的需求增长也将趋缓。但作为国家重要的原材料工业之一，其基础产业的性质决定了钢铁行业规模并不会出现较大变动。

从河南能源情况看，河南能源的冶金煤包括无烟喷吹煤、炼焦煤，主要销往华东、华北及东北地区钢厂、焦化厂和镍铁厂。多年来，河南能源深挖产品特性，细分市场，推进差异化战略，并通过高效、便捷、阳光的销售服务，形成了独特的竞争优势，建立了优质的细分市场和稳固的合作关系。与宝武钢铁、中天钢铁、河北钢铁、本钢等均建立了战略合作关系。按照钢铁行业碳达峰工作方案，下一步钢铁行业的兼并重组会进一步加快，宝武钢铁、中天钢铁、河北钢铁、本钢等客户均属行业领先的企业，下一步的产量有望进一步增大。因此 2030 年前，河南能源下游客户的冶金煤需求量将稳中有增。

（2）化工行业用煤需求分析

从行业发展趋势看，近年来，逆全球化因素持续驱动国内化工企业打造产业自主技术核心竞争力，进口替代将成为未来化工市场的主旋律。当前，中国化工企业正持续加速国产替代进程，积极推动领先技术自主研发、供应链重塑、替代性产品筛选等。部分基础化工产品已初步完成替代，中国传统优势产业不满足于国内市场，正逐步寻求出海的机会和可能。同时，由于原料煤不再纳入能耗总量控制，化工煤的需求量将稳中有增。预测 2030 年前后化工行业煤炭需求仍有增长空间，化工煤占我国煤炭消费总量的比重将持续升高，占据举足轻重的地位。

从河南能源情况看，河南能源的化工煤包括无烟块粒煤、无烟末煤和长焰混煤。无烟块粒煤方面，受固定床造气工艺升级影响，需求量呈现持续下降的趋势。但是近年来，河南能源大力开发碳酸钙、镍铁以及民用等行业客户，总体需求保持稳定。其中，永煤公司的永煤精粒因特低磷，可生产食品级不锈钢镍铁，并成功注册了商标；焦煤公司块煤作为无烟洁净煤深受河北地区客户欢迎，与河北省发改委多次签订战略合作协议。无烟末煤方面，其以供应内部化工企业为主，对外部客户供应量比较少，可用于建材行业，需求也将保持稳定。省外的化工煤受化工行业发展重点西移的影响，需求也将稳中有增。

（3）电力行业用煤需求分析

从行业发展趋势看，电力行业转型是实现"双碳"目标的关键。数据显示，截至 2022 年底，我国发电装机容量达 25.64 亿千瓦，居世界第 1 位。其中，非化石能源发电装机容量 12.7 亿千瓦，同比增长 14.03%，约占总装机容量的 48.05%，接近美国非化石能源发电装机容量的 3 倍。其中，并网太阳能发电装机容量 3.9 亿千瓦、并网风电 3.65 亿千瓦、水电等其他非化

石能源 5.15 亿千瓦。2022 年，非化石能源的发电量也不断提升，同比增长
8.48%，约占总发电量的 33.45%，同比提高 1.48 个百分点。随着"双碳"
战略的深入推进，预计电力行业用煤需求将在 2030 年前缓慢增长，之后将
逐步下降。

从河南能源情况看，河南能源的电力行业用煤主要供应河南、内蒙古、
新疆、青海等省和自治区及云贵川等地区的电厂。受西电东送、北电南送等
输电通道的拉动，新疆和内蒙古电力行业用煤量将稳中有增，河南省的电力
行业用煤量将会有所下降，但由于河南省是煤炭净调入大省，年电力行业用
煤量在 1.4 亿吨左右，整体的煤炭需求能够确保河南能源电力行业用煤量的
稳定。同时，由于国家坚持电力行业用煤中长期合同签订和履约制度，河南
能源的电力行业用煤量有望保持稳定。

（二）"双碳"背景下煤炭产业发展思路

结合国家"双碳"政策，"十四五"时期，河南能源煤炭产业总体发展思
路为：立足全省能源供应主平台的战略定位，坚持"四有"原则，做大做精
煤炭生产和洗选加工，贯通矿建工程服务、煤矿装备服务、煤炭生产、洗选
加工全链条，以"生产+服务"促进高质量转型，构建特色优势突出、产业链
协同高效、核心竞争力强的现代煤炭产业体系，建成具有较强竞争力的国内
一流煤炭企业，担当全省煤炭稳定供应"主力军"和能源安全"压舱石"。

在发展布局上：

积极发展先进产能，淘汰落后产能，提高优质增量供给。省内坚持稳扩
规模，实现做精做优，提质增效；省外坚持扩大增量，实现做大做强，释放
产能。以煤炭开发为龙头，带动矿建工程和煤机装备制造业务发展壮大。

河南作为全省保供主力基地，立足大型煤炭基地定位，着力稳量提质增
效。全力做精做优现有矿井的提质增效、升级改造工作，增加优质产能；减
少低效无效产能，调减部分矿井产量，以利轻装前行，精干发展。

新疆作为战略转移承载基地，积极整合优质煤炭资源，以托管或资本运
作方式整合在建和生产煤矿，迅速提高煤炭产量和盈利能力。结合省内煤炭

资源枯竭及化工产业战略西移等现状，新疆布局建设煤电化一体化综合开发基地。

蒙陕作为优质动力煤基地，其内蒙古区域加快苏家沟矿井扩能改造，马泰壕矿有序推进产能核增；其陕西区域推进党家河矿产能核增。积极寻找区域内优质资源、合作开发项目，发展煤矿托管和技术服务业务。

贵州作为西南基地，加快提升瓦斯灾害治理效能，推动矿井稳产达产，实现增产增供。

青海作为西部服务拓展基地，退出木里煤矿，稳定大煤沟煤矿产量。依托煤炭开采专业化、管理团队化的优势，发展煤矿托管和技术服务业务。

在发展重点上：

一是加快煤炭技术进步。坚持清洁低碳、安全高效发展方向，加强与高科技集成技术服务商的沟通交流，加大与科研院所、高新技术企业的跨界合作和技术融合力度，攻克煤炭安全绿色智能化开发和清洁高效低碳化利用关键核心技术，加强煤矿智能化装备攻关，推进创新工程建设，推广先进适用技术，推动煤炭技术革命性进步。

二是强力推进智能煤矿建设。按照河南省"十大战略"总体部署，统筹推进产业数字化、数字产业化，构建新型数字基础设施体系，推进煤炭产业数字化转型，搭建数智赋能决策支撑平台，与华为煤矿军团等单位积极对接合作，加快建设智能煤矿，探索高端智能应用，全方位打造数字能源企业，确保煤矿全面实现智能化。

三是大力实施集约高效生产。推进"一优三减"，分类、分步进行煤矿生产布局优化及系统改造，达到"减头减面减人"目标，形成高效集约生产模式。120万吨/年及以下矿井实现"一井一面"或"一采一备"，120万~300万吨/年矿井实现"一井两面"或"两采一备"，300万吨/年及以上矿井不超过3个采煤工作面。

四是推进产品和服务转型升级。按照"能洗尽洗、能选尽选"原则，规划新建洗煤厂，持续提升原煤入洗率。围绕市场需求，优化商品煤结构，降低动力煤产出比例，更多生产化工煤、高炉喷吹煤及炼焦煤。煤矿装备制

造板块积极融入新型工业化示范基地，向智能化、绿色化、定制化服务转型。矿山建设板块，在巩固矿建业务基础上，从传统矿建业务向矿山环境治理、"绿色矿山"建设转型。

五是推进全过程绿色低碳发展。围绕"绿色矿山"建设目标，统筹煤炭资源开发与生态环境保护。推广应用煤炭绿色开采和洗选技术，降低开采洗选能耗。优化生产系统和生产环节，开展主要耗能设备节能改造工作，降低综合能耗水平。动态优化设计，减少岩巷掘进量，开展矸石回填技术应用。加快煤矿瓦斯、煤矸石、矿井水资源利用，减少源头排放，实现煤炭绿色开采和清洁利用。

（三）"双碳"背景下煤炭生产趋势

根据河南能源现有煤炭资源可采储量和煤矿生产能力规划，结合"双碳"背景下河南能源下游主要用煤行业需求趋势分析，初步判断河南能源煤炭生产趋势总体呈现两个阶段的特点。

第一阶段为2023~2030年，即"十四五"时期中后期和"十五五"时期。这一阶段，河南能源将以亿吨级总产能为目标，坚持稳中求进的总基调，推进省内煤矿新建项目和具备条件的煤矿扩边扩储，稳住省内煤矿产能规模，同时积极推进省外优质煤矿产能核增和新资源获取，提升省外优质煤矿的保供能力，力争到"十四五"时期末将煤炭总产能提升到1亿吨/年的水平，并在"十五五"时期将总产能保持在1亿吨/年以上。总体上，河南能源这一阶段的煤炭生产呈现稳步增长趋势。

第二阶段为2031~2060年，即"十六五"时期及以后。这一阶段，预测随着各主要用煤行业进入碳达峰后的平台期，企业经济增长与用煤需求增长将逐步脱钩，加之主要客户能源消费结构将逐步优化，作为燃料的煤炭需求将逐步下降。从河南能源内部看，随着现有生产煤矿煤炭资源可采储量逐步减少，省内传统主力矿井将逐步进入生产能力衰减期，煤炭产能和产量将逐年下降。总体上，结合内外部因素综合判断，河南能源这一阶段的煤炭生产将呈现逐步下降趋势。

四　煤炭产业转型发展与科技部署方向

（一）煤炭产业转型发展思路

当前及今后一个时期，河南能源将强力推进煤炭产业转型升级，持续提升煤炭产业的核心竞争力。坚定不移地贯彻落实"四有"原则，即守牢安全环保底线，做到"有保障"；加快推动煤矿"一优三减"、智能化建设，做到"有效率"；稳住生产规模，加强经营管理，增强盈利能力，做到"有效益"；围绕1亿吨/年产能目标统筹省内外资源储备与开发，做到"有资源"。全力发挥好全省能源保障主平台作用，加快向智能高效、绿色低碳转型，努力实现省内做精做优、省外做大做强的目标，最终实现煤炭产业"稳中向优"发展，为企业高质量发展奠定坚实基础。

（二）产业转型的方向与重点

1. 积极推进煤炭产业自身转型升级

一是发展基础向本质安全转型。融合完善安全管理体系，从源头上防范化解安全风险，形成"安全管理理念先进、灾害治理超前有效、安全生产标准化动态达标"的安全体系，实现矿井本质安全。超前有效治理重大灾害，形成理念超前、技术先进、装备一流、队伍高效的重大灾害治理体系，保证重大灾害"零"事故。加强安全生产基础设施建设，落实"管理、装备、素质、系统"并重原则，建立健全安全管理体系，全面推进安全生产标准化建设。

二是增长模式向集约高效转型。优化煤矿生产系统，持续推进"一优三减"，分类、分步推进煤矿生产布局优化及系统改造，所有矿井实现"一井一面"或"一采一备"，形成高效集约生产模式。大力推进生产装备现代化，规范采掘装备使用标准，实现采掘设备重型化、规范化；全面推广大功率掘进机，大幅提升岩巷掘进机械化率；试点推进全断面掘进机（TBM）

271

先进设备应用，实现煤矿岩巷掘进工艺的革命性变革；逐步推广锚杆钻车、成套临时支护、远程机器人喷浆等装备。在所有智能化综采工作面全面推广乳化液自动配比集中供液装备；提高工作面供电电压等级，实现远距离供电；推广应用工作面安装和拆除机械化、自动化装备，大幅提高工作效率。持续提升生产效率，采煤工作面通过优化设计、提高装备水平、完善生产系统、强化生产组织等措施，大幅提高单产水平。突出矿井、冲击地压矿井煤巷掘进工作面实施超前灾害治理和智能化远程作业，低瓦斯矿井煤巷采用掘锚一体机、支锚一体机等成套设备，通过合理选择层位、采用综掘工艺及先进支护装备、完善出矸系统等方式，实现矿井的集约高效开采。

三是开采方式向智能智慧转型。以安全实用、减人提效为目标，精准推进自动化建设。主煤流、压风、供电、主排水、架空乘人装置等固定岗位全部实现远程监控和无人值守、有人巡检，主井提升机、主要通风机实现远程监视，矿井系统预警报警、管理预警报警、智能决策能力进一步增强。大力推进智能煤矿建设，推动新一代信息技术与煤炭产业深度融合，实现煤炭开采和洗选加工集约化、智能化。全面实现数智管控，开发应用统一技术架构的智能煤矿综合管控平台，实现各业务系统的监测实时化、控制自动化、管理信息化、业务流转自动化、知识模型化、决策智能化，基本达到生产运行管理过程自动化的目标。

四是发展方式向绿色低碳转型。围绕"绿色矿山"建设目标，统筹煤炭资源开发与生态环境保护。探索创新开采方法，推广应用多种工艺充填开采、覆岩离层注浆减沉、保水开采等技术，减少开采对生态环境的破坏。全面推广应用智能变频控制、低功率永磁装置等节能高效新技术、新装备，加强大型耗能设备运行管理，实现低能耗生产。在具备条件的矿井探索矸石井下充填采空区、掘进矸石不出井或少出井生产模式。拓展矸石资源化、高质化利用途径，减少矸石排放。提高清洁煤炭产品比重，推广新型超高压煤泥压滤处理技术，实现煤泥减量化。应用瓦斯高效发电、超低浓度瓦斯直接氧化热电联供等技术，做到"应抽尽抽、能用尽用"。按照"清污分流、分级处理、分质利用"原则，提高矿井水综合利用率。全面推广矿井水热能利用、压风机余热和瓦斯发电余热利用。

五是发展动力向创新驱动转型。推动透明地质技术突破，充分利用槽波多场耦合等物探技术，开展矿井隐蔽致灾地质因素精细化探测研究，攻克极复杂条件下采煤工作面地质可视化关键技术，形成可供类似矿井推广应用的"地震槽波+精细化探测"技术，实现地质透明化和可视化开采。变革重大灾害治理模式，持续探索推进瓦斯、水害、冲击地压等重大灾害地面区域治理技术研究，实现重大灾害地面超前高效治理，将地质灾害严重矿井治理为低灾害矿井并进行高效开采。探索高端智能应用，逐步实现井下重点岗位机器人作业。在掘进机自主导航、系统联动、人员安防等方面探索智能化综合快速掘进模式；积极探索应用安全生产大数据、5G 技术，真正实现"员工少跑腿、机器多干活、数据多跑路"的目标。

2. 积极探索推进煤与新能源优化组合

按照河南能源新能源产业发展规划，下一阶段将大力培育发展风光储和氢能等新能源产业，积极探索煤炭与新能源优化组合发展的新路径、新模式。

一是依托沉陷区土地、废弃矿井工业广场、氢气等优质存量资源，着力培育风光储新能源及清洁能源产业，加快向高效清洁新能源产业转型。

二是全面融入沿黄绿色能源廊道建设，围绕百万千瓦级风电、光伏发电高质量基地布局，建设光伏、风电、矿区智能电网升级改造项目和增量配电、矿井配电储能、废旧矿井蓄能试点项目。

三是推动新能源产业与现有矿区电网协同发展，积极构建智能电网，向区域综合能源服务中心转型。

四是结合企业现有发展基础，积极布局"制氢—储运—加氢站—应用"完整的氢能源产业链。

（三）煤炭科技创新重点部署方向

河南能源将坚持安全可靠、智能高效、绿色低碳的发展方向，依托"一院四中心"科技创新平台，加强与有关科研院所的研发合作，加强与高

新技术企业的跨界合作，加强与集成技术服务商的技术交流，着力攻克一批煤炭安全绿色智能化开发和清洁高效低碳化利用关键核心技术，加强煤矿智能化装备联合攻关，积极推广应用先进适用技术，推动煤炭技术革命性进步。煤炭科技攻关重点围绕以下四个方面展开。

1. 推广"三下一上"、薄基岩下安全高效开采新技术

推广应用覆岩离层注浆减沉技术，试验井下矸石充填置换开采技术，探索建筑物下采动离层注浆绿色开采技术、特高压输电线下安全开采技术，攻关"井下选矸+充填"、地面矸石处理充填等技术，解放"三下"压覆资源，提高资源回收率，实现矸石"近零排放"。

2. 推进支护改革技术推广与应用

具备条件的采煤工作面，持续推广端头及超前锚索主动支护或自移式液压支架支护技术，取消架棚等被动支护，充分释放工作面高产效能。推广以切顶卸压技术为核心的沿空留巷、沿空掘巷技术，规范沿空留巷工艺，试验"三软"不稳定煤层、厚煤层、大倾角煤层等特殊地质条件下沿空留巷技术。持续推进强力一次支护技术，特殊地段巷道推广应用壁后注浆、全锚索、注浆锚杆（索）、大直径高强度锚索（锚索束）等支护方式，确保巷道一次支护到位，减少巷修工程量。所有巷道推广应用锚网支护技术，重点攻关极三软、高应力等特殊条件下锚网支护技术，逐步淘汰架棚支护。

3. 攻克透明地质关键技术难题

充分利用槽波多场耦合等物探技术，开展矿井隐蔽致灾地质因素精细化探测研究，攻克极复杂条件下采煤工作面地质可视化关键技术难题，形成可供类似矿井推广应用的"地震槽波+精细化探测"技术。重点对开采条件复杂的贵州矿区喀斯特地貌煤层群和豫西等矿区煤层赋存不稳定的采掘工作面开展精细化地质研究，全面推广应用"地震槽波+"综合物探技术，充分发挥地质"尖兵""眼睛"作用，不断扩大透明地质技术的应用范围和程度，突破地质灾害治理靶区不明、精细度不够等技术瓶颈。

4. 加强重大灾害治理技术推广

在瓦斯治理技术方面，开展煤层气资源先导性开发试验及工程示范研

究，试验并完善贵州新田矿"三区联动"地面煤层气开发技术体系。在矿井水治理方面，采用矿井水害地面区域立体治理方法，重点在新安矿等矿井推广实施底板高承压水地面区域立体治理。在冲击地压治理方面，加强冲击地压治理技术攻关和成果应用，提升重大灾害治理水平。

参考文献

梁铁山：《以科技创新引领企业高质量发展》，《中国煤炭工业》2022 年第 10 期。

《同一个河南能源　同样的使命担当》，《河南日报》2023 年 5 月 10 日。

郑向民、孙宏伟：《以创新"关键变量"催生企业发展"最大增量"》，《中国煤炭工业》2023 年第 3 期。

B.18
保障能源安全 打造绿色低碳煤炭产业

内蒙古伊泰集团课题组*

摘 要： 本报告介绍了内蒙古伊泰集团建设安全、高效、集约化现代矿
井，攻坚煤间接液化技术等煤炭产业转型发展实践。分析了
"双碳"背景下，煤炭产业资源接续困难，煤制油产业投资大、
成本高、运行难等挑战。在"双碳"背景下，从保障国家能源
安全角度出发，结合内蒙古伊泰集团煤炭产业实际情况，提出
促进煤炭产业与新能源融合，加快实现煤炭由燃料向原料转变，
打造大型清洁能源综合体和煤基新材料生产基地的转型发展思
路，并就推动煤炭行业绿色、低碳转型提出了政策建议。

关键词： 内蒙古伊泰集团 煤炭产业布局 煤炭产业转型发展

一 内蒙古伊泰集团概况

内蒙古伊泰集团（以下简称"伊泰集团"）创立于 1988 年 3 月，是以
煤炭生产、运输、贸易为基础，集铁路、煤化工于一体的大型清洁能源
企业。

伊泰集团下属的内蒙古伊泰煤炭股份有限公司是我国煤炭行业首家

---

* 课题组组长：张东海，内蒙古伊泰集团党委书记、董事长、总裁。课题组副组长：刘春林，
内蒙古伊泰集团党委副书记、副总裁、总会计师；李俊诚，内蒙古伊泰集团副总裁、总工程
师；刘向华，内蒙古伊泰集团董事会秘书。课题组成员：王新民、柴芳、斯日，内蒙古伊泰
集团行政管理部行政高级经理；周瑜，内蒙古伊泰集团煤炭生产事业部采煤副主任级工程
师。执笔人：杨海军，内蒙古伊泰集团行政管理部副总经理。

"B+H"股上市公司。截至 2023 年，公司拥有 10 座现代化优质煤矿，年产能超过 5000 万吨；自建自营 500 多公里铁路，运力超过亿吨；煤化工产业年产能 200 万吨。公司位列 2022 年度中国民营企业 500 强第 188 位、中国煤炭企业 50 强第 16 位。截至 2023 年 8 月，伊泰集团共有直接和间接控股子公司 63 家，总资产 1027 亿元。

公司被中华全国总工会、原劳动和社会保障部、全国工商联联合评为"全国就业与社会保障先进民营企业"；被中华全国总工会、原劳动和社会保障部、中国企业联合会联合评为"全国模范劳动关系和谐企业"；被评为"全国文明单位"；被国务院授予"全国民族团结进步模范集体"荣誉称号；是全国首批通过两化融合管理体系评定的企业；五次斩获"中华慈善奖"，荣获"全国红十字模范单位"称号，并获得内蒙古自治区首届"主席质量奖"、首届"慈善奖"；以公司具有自主知识产权的"煤基液体燃料合成浆态床工业化技术"为核心的"400 万吨/年煤间接液化成套技术创新开发及产业化"项目荣获国家科学技术进步奖一等奖。

二　伊泰集团煤炭产业开发布局及历史沿革

伊泰集团是鄂尔多斯地区本土企业，先后经历了全民所有制、国有控股、民营股份制企业的变化，煤炭产业主要集中在鄂尔多斯地区。内蒙古自治区煤炭资源政策先后经历了由风险勘探到为项目配置资源再到全面市场化的阶段，伊泰集团煤炭产业开发布局与政策密切相关。2010 年，在新疆维吾尔自治区伊犁哈萨克自治州开始布局煤矿。

（一）1991~2003 年煤炭产业开发情况

1991~2001 年，公司先后投入 8000 多万元通过收购个人或其他单位先锋、阿汇沟、长胜、川龙、大地精、安家坡、宝山、富华、诚意等 30 多座煤矿，获取共计约 100 平方公里煤炭资源。这部分煤炭资源是伊泰集团建立煤炭生产基地的基础，也是支撑公司发展壮大的主要资源。此部分资源由于矿井规模

小、井田面积小，主要采用传统房柱式采煤工艺，大部分已经于 2005 年之前开采完毕，部分未开采完毕的煤矿均被资源整合至其他煤矿。

1994 年，按照伊克昭盟（现鄂尔多斯市）《关于开发出口煤基地煤田地质勘查工作的通知》，伊克昭盟煤炭集团公司（伊泰集团前身）与伊克昭盟煤炭局、准格尔旗煤炭公司共同出资对宏景塔规划区井田进行勘探。公司取得东胜煤田勃牛川普查区、宏景塔详查区 4 个井田及布尔洞沟 5、6、7 号井和忽图沟 3 号井共计 62.18 平方公里的煤炭资源。由于当时煤炭市场疲软，加之 2001 年国有股全部退出，伊泰集团转制为全员持股的民营股份制企业，该部分煤炭资源基本全部丧失。

2003 年 1 月，伊泰集团通过风险勘探取得东胜煤田不拉岱勘探区煤田勘查许可证，井田面积 40.17 平方公里，资源储量 1.7481 亿吨（该井田与凯达煤矿进行了资源整合）。2003 年 8 月，伊泰集团通过风险勘探取得东胜煤田铜匠川矿区塔拉壕（精查）勘探勘查许可证，井田面积为 42.57 平方公里，资源储量 8.7656 亿吨。2003 年 8 月至 2007 年 4 月，伊泰集团分两次取得酸刺沟矿井田探矿权，井田面积共计 44.879 平方公里，资源储量14.1483 亿吨。

在 2004 年内蒙古自治区人民政府为项目配置资源政策出台之前，伊泰集团拥有 27 座生产矿井，井田面积约 90 平方公里，总生产能力 510 万吨/年，单井生产能力不足 20 万吨/年，开采方法为房柱式，采区回采率 30%左右。

（二）2004~2017年煤炭产业开发情况

2004 年，内蒙古自治区人民政府先后印发了《关于进一步加强煤炭资源矿业权设置及重点转化项目资源配置管理工作的意见》（内政字〔2004〕281 号）和《关于加快发展能源重化工业进一步推进煤炭资源优化配置的意见》（内政字〔2004〕436 号），对煤炭资源配置进行了全面系统优化，重点将煤炭资源配置倾向煤化工、煤液化、煤电化等重大煤炭转化项目。

2005 年，伊泰集团与其他企业合作，通过垫资勘探的方式在内蒙古自治区锡林郭勒盟对胜利煤矿（井田面积 35 平方公里，资源储量 32 亿吨）、黑城子煤矿（井田面积 21.05 平方公里，资源储量 6.5 亿吨）进行了勘探，2007 年转让给其他企业，将取得煤炭资源的重心放在鄂尔多斯地区，重点开展伊金霍洛旗红庆河井田勘探工作。

2006 年，按照内政字〔2004〕281 号和内政字〔2004〕436 号重点转化项目资源配置文件精神，内蒙古自治区人民政府同意将东胜煤田红庆河井田煤炭资源配置给伊泰煤制油项目。伊泰集团取得井田面积 140.759 平方公里，资源储量 32.2 亿吨的探矿权。

鉴于伊泰集团在煤间接液化项目上持续投入，承担项目研发和产业化投资风险，且项目实施取得重大进展——伊泰准格尔旗 16 万吨/年煤间接液化工业化示范项目于 2009 年 3 月顺利投产，并启动了百万吨级煤制油项目的实际情况，按照内蒙古自治区煤炭产业政策，鄂尔多斯市人民政府决定为伊泰集团配置 60 亿吨煤炭资源。

2009 年，鄂尔多斯市人民政府同意为伊泰集团百万吨级煤制油项目配置和预留 60 亿吨煤炭资源。鄂尔多斯市原国土资源局划定纳林河矿区面积为 426 平方公里的矿区范围，并出具了相关意见。2011 年，鄂尔多斯市人民政府将该区域内的营盘壕井田配置给其他煤炭企业，将布日奇井田预留给伊泰集团。调整后，纳林河矿区的嘎鲁图井田、巴彦柴达木井田和布日奇井田为伊泰集团煤化工项目的配置和预留资源，三宗井田储量合计约 52.92 亿吨。由于巴彦柴达木井田和布日奇井田地质勘查程度低，不具备编入纳林河矿区总体规划的条件，为推动井田开发，2014 年，伊泰集团以垫资勘探的形式开展两宗井田的详查工作。2018 年，内蒙古自治区全面实施煤炭资源市场化出让政策；2020 年，开展了煤炭资源领域违法违规问题专项整治工作，该部分煤炭资源伊泰集团仅取得了嘎鲁图煤矿（井田面积 76.14 平方公里，资源储量 12.26 亿吨）47.23% 的股权，对应资源储量约为 5.8 亿吨，内蒙古矿业（集团）有限责任公司控股 52.77%。

2010 年 9 月，新疆维吾尔自治区资源管理委员会原则上同意伊犁哈萨克自治州将察布查尔县坎乡以东煤炭普查区和阿尔玛勒矿区煤炭普查区煤炭资源配置给伊泰伊犁能源有限公司作为项目配套资源，煤矿井田面积为

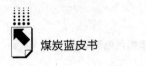

53.585 平方公里，查明保有煤炭资源总量 21 亿吨。2020 年 12 月，国家能源局核准了该煤矿，规模为 450 万吨/年。

（三）2018年至今

2018 年以来，内蒙古自治区全面实施煤炭资源市场化出让后，伊泰集团基本未取得煤炭资源，仅 2019 年 11 月，取得宏景塔二矿东侧 13 号区块边角煤资源 2060 万吨，区块面积 3.65 平方公里，并与宏景塔二矿进行整合。

截至 2022 年 12 月底，伊泰集团煤矿资源情况见表 1。

表 1　伊泰集团现有煤矿资源情况统计

序号	矿井名称	剩余资源储量（万吨）	剩余可采储量（万吨）	核定产能（万吨/年）	剩余服务年限（年）	备注
1	酸刺沟煤矿	115210	74322	2000	15.7	
2	红庆河煤矿	314430	211686	800	189	设计产能为1500 万吨/年
3	塔拉壕煤矿	81643	48547	1200	31.3	
4	宏景塔一矿	4769	1471	390	3	同时实施灾害治理
5	凯达煤矿	17686	11286	280	16.7	同时实施灾害治理
6	大地精煤矿	5692	2825	240	6.8	
7	宝山煤矿	2131	688	180	3.9	
8	白家梁煤矿	479	411	150	3	
9	宏景塔二矿	4550	—	—	—	正在进行资源整合
10	纳林庙 2 号井	5745	5527	—	—	井工开采完毕,实施灾害治理
11	纳林庙 1 号井	1120	1104	—	—	井工开采完毕,实施灾害治理
12	阿尔玛勒煤矿	210051	80200	450	—	在建煤矿
	总计	763506	438067	5690	—	

三　伊泰集团煤炭产业转型发展实践

（一）建设安全、高效、集约化现代矿井，加快煤炭主业高质量发展步伐

1. 高起点、高标准推进小煤矿技改工作，建设高效集约化矿井

伊泰集团创办之初所拥有的煤矿均属于开采工艺落后的小煤矿，采用房柱式炮采工艺，机械化水平为零，工效低、煤炭损失量大，井下作业环境恶劣，地面污染严重。2005 年，按照内蒙古自治区人民政府及鄂尔多斯市人民政府"打好地方煤矿改变生产工艺、提高煤炭资源回采率三年攻坚战"的要求，投资约 30 亿元，率先在内蒙古自治区地方煤炭企业中开展煤矿技改工作，以建设国内一流现代化矿井为目标，利用 3 年时间将 33 座小煤矿资源整合为 13 座矿井，并进行现代化技术改造，实现了高起点、高标准矿井建设一步到位。技改后，伊泰集团的煤炭生产发生了革命性变化，实现了由"游击队"向"正规军"的转变。

（1）产能、效率大幅提升，实现了一矿一面的矿井高效集约化模式。矿井数量由原来的 33 座整合为 13 座，煤矿单井设计生产能力由 18.89 万吨/年提高到 346 万吨/年，全员平均工效由不足 2 吨/工提高到 58 吨/工，达到国际先进水平。

（2）由传统落后的房柱式炮采转变为综合机械化开采，矿井开采装备实现了现代化。

（3）采区回采率由原来的不足 30%提高到 80%以上，煤炭资源回采率大幅提升。

（4）煤矿安全生产条件得到根本改善，安全监测达到国内一流水平。

2. 以建设千万吨级矿井为契机，打造绿色智能化矿山

伊泰集团按照国家政策要求，淘汰 300 万吨落后产能，投资 150 多亿元进行现代化矿井建设，在鄂尔多斯地区形成了以 3 座千万吨级大型矿井

（产能1500万吨/年的红庆河煤矿、产能2000万吨/年的酸刺沟煤矿和产能1200万吨/年的塔拉壕煤矿）为核心的煤炭生产基地。其中，产能2000万吨/年的酸刺沟煤矿，在建矿和生产过程中实施煤电联营、煤矸石综合利用、矿井水循环利用等项目，实现了资源清洁、循环利用和节能降耗，正在探索"光伏+生态治理"模式，助力乡村振兴，带动区域经济发展。

伊泰集团积极落实国家能源局的安排部署，2020年以来启动智能矿山建设工作，对8座生产煤矿全覆盖推进智能矿山建设工作，联合华为等高科技头部企业，将新一代信息技术与煤炭产业深度融合，按照"统一规划、集中集约、互联互通、共建共享、安全可控"的原则，在集团公司统一建设集约共享的私有云、AI核心平台、数据中台、云网融合平台（含GC核心网）等，并依据各矿井业务差异搭建工业互联网平台、综合管控平台，充分整合利用资源，实现了统一集中管理，为矿区赋能。结合公司煤矿实际，对10多个涉及智能化矿井的关键核心技术进行研发，探索出适合不同地质和煤层条件的煤矿智能化建设模式，实现了技术进步、从业人员减少的目标，提升了煤矿智能安全水平。截至2023年，已经建成6个智能化工作面，产能超过3000万吨/年。同时，将先进的技术装备应用在冲击地压、水害、火灾等防治体系中，煤矿安全水平得到质的提升，2015~2022年煤炭生产百万吨死亡率为零。

党的十八大以来，伊泰集团积极响应"绿水青山就是金山银山"发展理念，大力推进"绿色矿山"建设，不断推进煤矸石综合利用技术研发和应用，矿区土地复垦率达到100%，矿区生态环境质量稳定向好，酸刺沟、宝山、大地精3座煤矿被评为国家级"绿色矿山"。同时，积极探索"新能源+采空区治理+乡村振兴"发展模式，在纳林庙矿区实施现代农业和光伏发电项目，通过以工代赈帮助地方百姓增加收入，实现生态效益、经济效益、社会效益"三管齐下"。

3.构建完善的煤炭运销体系，实现煤炭产业可持续发展

伊泰集团以打造高质量现代化供应链体系为目标，加强关键物流节点布局和物流资源管理，建立了完整的公铁联运物流运输体系，拥有自营铁路

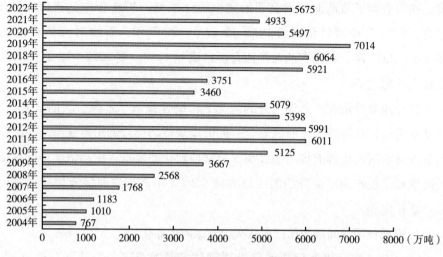

图1 2004～2022年伊泰集团煤炭产量

500多公里，并在铁路沿线设有发运站和快速装车站，煤炭集运能力超过1亿吨/年。参股浩吉、准朔、蒙冀等铁路，并在秦皇岛、京唐港、曹妃甸等港口设有货场和转运站，形成了极具竞争优势的"产运贸"一体化运营模式。

伊泰集团通过供应链结构调整，以客户为核心，采取多种措施，打通从客户需求、煤炭开采、物流运输到客户端的各个环节，实现"点对点"供需匹配，为客户提供"门到门"的煤炭定制装箱服务。与各大物流企业合作，通过统筹煤炭调运、物流运输、销售经营，形成大运销组织和平台"目标一致、无缝衔接、协同作战"优势，这不仅是加强产销协调、实现煤炭产业高质量发展的重要措施，更是在资源供应紧俏时期保障市场煤炭供需平衡、维护国家能源安全的重要措施。

（二）保障国家能源安全，聚焦攻坚具有自主知识产权的煤间接液化技术，推动煤炭产业转型发展

1993年，我国石油进口量超过出口量，成为石油净进口国，对外依存度为6.7%。2000年，石油对外依存度超过30%，为解决石油供应紧张问

题，我国启动了与南非沙索公司的技术转让谈判。2004年原油进口突破1亿吨，中国石油对外依存度达到46.17%。2007年，石油对外依存度为50.5%。2013年，我国石油对外依存度已高达60%。到2022年，石油对外依存度已超过70%。

在石油对外依存度总体上升的情况下，结合我国"富煤、缺油、少气"的基本国情，从保障国家能源安全、促进煤炭清洁高效利用角度出发，按照内蒙古自治区人民政府提出的煤炭部分就地转化的要求，伊泰集团将煤制油的研发和建设作为产业升级的主攻方向，2002年进行煤间接液化技术研发和产业化实践。

1. 推动我国煤间接液化技术从实验室走向工业化

2001年，煤间接液化技术研发得到国家科技部"863计划"的支持，中国科学院山西煤炭化学研究所承担了相关研究任务。为实现煤炭产业升级，促进资源转换，走可持续发展之路，2002年伊泰集团出资1800万元与中国科学院山西煤炭化学研究所联合开展煤制油项目前期研发工作。2003年底，千吨级中试装置试车成功，标志着我国"煤间接液化技术"具备了开发和提供先进成套产业化自主技术的能力。2005年，"费托合成的催化剂、浆态床反应器和工艺工程"核心技术取得重大突破，"煤基液体燃料合成浆态床工业化技术"成果先后通过"863专家组"和中国科学院重大项目验收，具备了工业化的条件。

2006年2月，伊泰集团出资2.27亿元，联合中国科学院山西煤炭化学研究所、神华集团有限责任公司、山西潞安矿业（集团）有限责任公司、徐州矿务集团有限公司等单位，组建了中科合成油技术有限公司，为项目工业化提供支持。

基于中试装置试验成功和核心技术突破，2005年12月，伊泰集团16万吨/年煤制油示范项目获得内蒙古自治区发改委批复，并于2006年5月开工建设。2008年7月，项目竣工，9月开始联动试车；2009年3月产出合格油品。项目决算总投资27.89亿元。

项目主要技术为煤气化、合成气净化、费托合成、油品加工。费托合成是其核心技术，该技术以煤基合成气为原料，在一定的温度和压力下定向催化合成柴油、稳定轻烃、液化气等产品。2010 年 7 月，内蒙古自治区发改委委托中国国际工程咨询公司，组织专家、院士成立考核组对项目进行了第一次 72 小时现场性能标定。标定认为："示范项目是我国首次实施并达到满负荷运行的煤制油项目，作为核心技术的高温浆态床费托合成催化剂、浆态床合成反应器及工艺成套技术已经在示范项目中成功应用，显示出突出的优越性和可靠性。"2014 年 4 月，国家能源局委托国家能源局华北能源监管局、中国石油和化学工业联合会煤化工专业委员会组织专家组到伊泰煤制油公司现场进行了 72 小时连续运行第二次标定。标定认为："工艺技术先进，装置设计合理，设备选择恰当，装置运行稳定、安全可靠，产品质量特点明显，能源转化效率较高，三废排放达到国家标准要求，已取得了明显的社会效益，具有较好的经济效益。"

在 16 万吨/年煤制油示范项目实现安全、稳定、满负荷运行后，伊泰集团加快煤制油工业化步伐，建设 120 万吨/年精细化学品项目，并于2017 年 5 月建成投产，决算总投资 168 亿元，主产品包括液化石油气、煤基合成混合烯烃、稳定轻烃、费托粗液蜡、费托精制蜡、正构费托软蜡等。项目标定结果：每吨产品综合能耗 1.98 吨标煤，每吨产品煤耗 3.48吨，每吨产品水耗 5.12 吨，综合能源转化效率 43.85%，达到国内领先水平和国际先进水平。

2. 以绿色低碳为导向，对煤制油产业进行延链、补链、强链

伊泰煤制油产业以石油替代产品为主，由于工艺流程长、运营成本高，在大多数场景下都难以和石油竞争。16 万吨/年煤制油示范项目和120 万吨/年精细化学品项目无法实现预期效益。在此背景下，结合绿色、低碳、高质量发展的产业发展政策，伊泰集团开始对煤化工产业升级进行布局。一是加快技术创新和产品研发。2017 年，联合清华大学成立伊泰煤基新材料研究院，研发的煤基特种蜡、氧化蜡、α 烯烃等产品已经走出实验室，部分产品进入工业化示范阶段，为产业转型升级提供了重要的技术储备。同时，借助外脑与清华大学、中国科学院大学、北京化

工大学、中海油天津研究院、航空科工集团等知名高校、科研院所、企业合作，开发特种蜡相变材料、高纯单体、高端润滑油基础油等高附加值延链产品。二是对现有煤化工项目进行延链、补链、强链。引入合作伙伴先后投资12.5亿元，围绕120万吨/年精细化学品项目建成了50万吨/年正构烷烃项目、10万吨/年费托精制蜡项目和2万吨/年高碳醇项目等延伸产业链合作项目。

3. 以"绿色、清洁、低耗"为目标，解决化工产业环保难题，改善地方生态环境

伊泰集团积极践行绿色发展理念，针对煤化工项目运行过程中浓盐水处理等环保难题，联合科研机构成立科领环保公司和晶泰环境科技公司，实施工业危险废弃物处置项目和浓盐水零排放技术开发应用项目。同时，投资1.8亿元进行水处理改造。通过实施浓盐水深度处理技术，煤化工单位产品水耗降至6.03吨，处于行业领先水平。

同时，针对鄂尔多斯地区"缺林、少绿、多风沙"的状况，从减少煤化工产业排放 CO_2 的角度出发，伊泰集团累计投资近4亿元，在库布其沙漠建设50万亩碳汇林，种植乔灌木762.8万株，共造林约46.7万亩，防风固沙面积达120万亩，每年可减排 CO_2 8.9万吨，以实际行动践行习近平总书记对内蒙古自治区生态安全建设的指示精神，为"库布其模式"的探索实践提供重要支撑。另外，将碳汇林林权补贴2400多万元全部赠送给当地农牧民，带动近百户农牧民脱贫致富。在治沙造林产业化过程中，累计解决农牧民就业达4000余人次。碳汇林项目的成功实施为沙漠区周边牧民带来了切实的经济利益，增加收入的同时还改善了区域微生态。2013年，伊泰集团荣获"全国绿化模范单位"称号；2018年，荣获"福布斯中国荒漠化治理绿色企业榜优秀企业"称号。

（三）实施创新驱动，为煤炭产业转型升级赋能

2018年至今，伊泰集团共投入40多亿元进行技术研发。截至2022年底，拥有国内授权专利682件，国外授权专利5件，初步形成了以企业为主

体，以市场和政策为导向，产学研相结合的科技创新体系，为转型发展提供技术支撑。

1. 煤炭生产方面

大力推进新工艺、新技术、新装备的推广运用，与国内高校及科研院所联合，先后围绕矿井高产、高效进行了"数字煤矿安全生产综合管理信息系统关键技术的研究与应用""浅埋煤层切顶卸压无煤柱自成巷 110 工法技术研究""全矿井多网融合通信技术及装备"等一系列科研创新工作，并取得了一定成效。

2. 煤化工生产方面

先后投入 350 亿元进行技术研发和项目建设，形成了从技术研发、工程设计到大型设备制造、下游产品研发的产业支撑体系。与清华大学联合成立煤基新材料研究院，开展煤基新材料的科研攻关，在 α 烯烃、特种蜡等精细化学品、新材料方面已取得突破，建设的千吨级烷基苯、万吨级氧化蜡中试项目，已顺利产出合格产品。

四　伊泰集团转型发展面临的挑战

伊泰集团与其他煤炭企业一样，在发展过程中积极推动产业升级和转型发展，特别是在"双碳"背景下，根据企业自身的产业结构，加大对新能源的关注和投资力度，但现阶段仍然存在转型升级不充分的问题。由于市场风险、资金风险和安全风险等因素，转型升级面临着挑战。

（一）煤炭产业资源接续困难，产能将会不断减少

煤炭产业是伊泰集团的主业，是利润之源，也是转型发展的基础。2020～2022 年，煤炭销售收入占总收入的比重分别是 79.35%、81.01%、79.43%。技改的 13 座煤矿由于井田面积小、资源有限，目前仅剩 5 座，产能减少 1200 万吨/年，受制于煤炭产业政策调整等客观因素，新资源获取困难重重。随着技改煤矿的逐步退出和灾害治理项目的

完成，酸刺沟、塔拉壕、红庆河 3 座千万吨级煤矿仅能保持 4700 万吨/年的产能。

（二）煤制油产业投资大、成本高，运行困难

作为我国最早进入煤制油行业的民营企业，伊泰集团在长达 20 多年的探索中得出以下实践经验。

1. 单纯以石油替代产品为目标的煤制油产业发展路子走不通

我国现代煤化工产业是在国际油价高位运行和我国石油对外依存度不断攀升的背景下，以石油替代产品为目标，在自主技术基础上发展起来的重要产业，但没有发展出具有自身特色的产品体系和产业链条，只能被动地服从石油化工产业的市场规则。这意味着现代煤化工产业只有在低煤价、高油价的市场环境下才有较好的经济性，但能源市场更多的时间是高煤价、高油价或低煤价、低油价。而且现代煤化工产业的资产规模、人才储备、技术积累、市场渠道等都与已发展百年的庞大石油化工产业相距甚远，生产同样的产品面临着强有力的竞争，长期处于被动地位。

煤制油项目投资额度高、工艺流程长、运营成本高，难以和石油竞争。以伊泰集团 120 万吨/年精细化学品项目为例，项目总投资在 160 亿元左右（同等投资额可以建设 1000 万吨炼油项目），投资强度是炼油项目的近 9 倍；剔除煤炭成本，该项目 2022 年产品成本为 2610 元/吨（16 万吨/年煤制油项目产品成本 3366 元/吨），而炼油项目剔除原油成本的产品成本仅为 400 元/吨左右，煤制油高额的生产成本在大多数场景下都难以和石油竞争，这也是长期以来煤制油产业亏损的根本原因。另外，在原本与石油竞争不具备优势的基础上，比照石油基准征收消费税，更加压缩了煤制油项目的利润空间。就伊泰集团目前运行的两个煤制油项目来看，若将全部液态产品都比照石油基准缴纳消费税，按 2022 年市场煤价和产品售价（国际布伦特原油每桶 100 美元左右）测算，伊泰集团煤制油项目将增加消费税及附加税费 25 亿元，年度亏损将达到 23 亿元。

表2 伊泰集团16万吨/年煤制油示范项目运行情况

项目	产量	售价 （不含税）	完全 成本	净利 润	原料煤 （不含税）	燃料煤 （不含税）	缴纳消费 税数量	消费税及 附加税费
单位	万吨	元/吨	元/吨	万元	元/吨	元/吨	吨	万元
2009	2.49	5893.17	—	-67.45	302.99	259.83	17189.16	1929.85
2010	9.68	5552.67	—	198.31	267.92	248.96	45485.40	1012.65
2011	15.18	6679.08	6122.46	2652.25	319.09	176.53	54148.19	7278.95
2012	17.20	7070.14	6720.29	-13145.78	367.40	148.35	50985.00	6859.05
2013	18.17	6936.85	5949.33	17417.99	299.20	164.45	47455.81	6509.25
2014	17.83	6368.94	5450.65	17420.72	220.18	117.95	8013.03	767.24
2015	20.22	4285.31	4350.42	1087.45	177.08	112.08	2479.22	349.87
2016	19.45	3921.71	4028.29	-4845.82	228.65	122.45	33.39	4.71
2017	18.82	4618.62	4678.96	-449.58	407.47	234.30		
2018	19.43	4539.24	4492.48	3183.66	366.47	189.90		
2019	21.51	4335.46	4528.74	668.27	381.33	195.12		
2020	20.12	3656.41	4491.19	-13285.61	359.06	201.51		
2021	16.12	4594.88	6892.98	-33424.16	714.69	402.41		
2022	21.00	6397.30	6911.26	-6818.01	684.60	451.96	17238.57	4028.26

注：1. 2009~2010年，项目处于试生产阶段，未统计完全成本；2. 2017~2021年，项目产品全部按照化工品销售，未缴纳消费税及附加税费；3. 2023年初补缴2022年11月和12月消费税及附加税费1139万元，未计入2022年成本中。

2. 在日益严苛的"双碳"政策下，现代煤化工产业必须走与石油化工产业差异化竞争的高质量发展之路

现代煤化工产业具有加工流程长、投资强度大、能源消耗高、CO_2排放量大的特点，"双碳"政策的实施将进一步削弱其竞争力。另外，从长远看，能源体系将最终转向一次能源以新能源为主、二次能源以电力为主的体系，人类对能源、动力的需求不再主要依赖煤、油、气等含碳资源，而是水、风、光等可再生资源以及核能。基于现实情况，现代煤化工产业必须发挥比较优势，发展出具有自身特色的产品体系和产业链条，瞄准含氧化合物、α烯烃、特种油品等石油化工产业难以生产、现代煤化工产业具有比较优势的产品，持续推进技术创新并及时产业化，实现与石油化工产业的差异化发展。

五 "双碳"背景下伊泰集团转型发展思路及实施路径

2021 年 9 月,习近平总书记在调研神华宁煤和榆林煤化工项目时指出:"煤化工产业潜力巨大、大有前途,要提高煤炭作为化工原料的综合利用效能,促进煤化工产业高端化、多元化、低碳化发展,把加强科技创新作为最紧迫任务,加快关键核心技术攻关,积极发展煤基特种燃料、煤基生物可降解材料等。"习近平总书记的指示,为伊泰集团探索现代煤化工产业转型发展指明了方向、坚定了信心。在转型实践中,伊泰集团深入贯彻落实习近平总书记一系列关于高质量发展的重要讲话精神,以"生态优先、绿色发展"为导向,充分发挥在煤化工领域已经形成的人才、技术、管理、产业体系优势,打造具有自身特色的产品体系和产业链条。

(一)总体思路

一个基点:以煤为基。

两个支撑:煤炭产业及现代煤化工产业。

三个方向:一是把握好煤炭资源的战略属性,做好煤炭清洁高效开发利用文章,顺应能源绿色低碳转型革命,打造集煤炭、电力、新能源于一体的大型清洁能源综合体,为国家供应清洁能源,保障国家能源安全和为新能源调峰发挥兜底保障作用;二是立足我国资源禀赋,聚焦煤转化制精细化学品、新材料技术攻关,向煤炭深加工产业链、价值链中高端不断延伸,生产石油化工产业不宜生产的以含氧化合物为主体的精细化学品和新材料,打造以"大型煤气化—醇醛酸酯平台产品—低碳含氧新材料"为主线,产品灵活多变、适应市场需求的大型煤基产业链综合平台,促进现代煤化工产业高端化、多元化、低碳化发展,实现"平战结合"目标,为国家能源安全提供战略支撑;三是紧跟国家的产业发展政策,在房地产、现代农牧业领域不断探索高质量发展模式,打造新的利润增长极,为伊泰集团产业发展提供补充,助推伊泰集团加快实现高质量发展。

（二）发展目标

伊泰集团适应国家能源生产结构性调整和消费升级以形成现代化产业体系的发展趋势，贯彻新发展理念，致力于成为"两个供应商"：清洁能源和煤基高端材料供应商。

清洁能源供应方面：持续释放煤矿优质产能，商品煤产量保持在5000万吨/年，为市场输出清洁煤炭资源；同时，规划煤电联营项目和利用煤矿采空区发展光伏发电，积极探索新能源和实施煤电一体化运营，优化能源组合，减少碳排放和能源消耗。

煤基高端材料供应方面：以现代煤化工产业为基础，加大科研攻关力度，积极探索"零碳化工"，力争在"十四五"期间将60%以上的基础油品和化工品转化为附加值较高的精细化学品和新材料产品，发展成为煤基高端材料供应商。

（三）实施路径

1.煤炭产业与新能源融合，打造集煤炭、电力、新能源于一体的大型清洁能源综合体

在"双碳"战略背景下，发展新能源产业是传统煤炭企业转型的重要方向。从发电的角度看，煤炭与新能源具有良好的互补性，而且煤炭发电的稳定性可以为新能源平抑波动提供基底。而从燃烧和化学转化方面来看，煤炭与新能源也具有耦合性。因此，可以充分发挥矿区的优势，构建以清洁煤电为核心，太阳能、风能协同发展的清洁能源体系，将煤矿建成地面、井下一体化的电、光、风、热、气的清洁能源供应基地。特别是鄂尔多斯地区，地广人稀，煤炭企业发展新能源可以说具有得天独厚的优势。

伊泰集团在煤矿复垦区探索"风光储同场+生态修复+现代农牧业+乡村振兴"融合发展模式，积极推进新能源开发利用，拟在自有煤矿采空区、塌陷区以及周边闲置土地建设风电、光伏发电项目，争取实现集团"十四五"规划的500兆瓦目标，实现还地后农民收入不减，以产业、项目带动

周边村民共同富裕。同时，计划建设两个 2×1000 兆瓦坑口电厂，充分利用低热值煤、煤泥和煤矸石，提高资源综合利用率，通过打造绿色、清洁、循环发展经济体，探索出一条复垦区治理、还地方百姓绿水青山的高质量发展道路。

2. "平战结合"保障国家能源安全，加快实现煤炭由燃料向原料的转变，建设零碳/负碳煤基新材料生产基地

新一代低碳、高效煤化工技术包括结合发电供热以及相应碳排放控制的煤制油，煤制醇、醚以及烯烃等新型多联产煤化工技术，以逐步取代传统煤化工技术。现代煤化工产业应以 CO_2 利用为核心，将含氧化合物及其衍生物作为转型发展的主攻方向，从原子经济学角度做好氧元素这篇文章，把氧留在产品里，既能提升煤化工资源利用率，同样的煤耗可获得更多的产品，也会大幅降低 CO_2 排放，实现现代煤化工产业的绿色低碳转型发展。目前，伊泰集团正与国内技术团队进行合作，联合推进高附加值含氧化合物技术产业化，力争在煤基含氧新材料上取得突破并形成新产业，开发煤化工一步法生产芳烃、α 烯烃的新工艺，该工艺与煤制油生产工艺相比，投资少、流程短，具有明显的成本优势，伊泰集团正开展千吨级中试装置的建设工作。这些技术试验成功具备产业化条件后，将成为煤炭产业转型的另一条路径，并实现"平战结合"保障能源安全目标，在和平时期生产芳烃、α 烯烃等高附加值产品，实现项目赢利和可持续发展；一旦国家需要，通过简单加工处理则可生产油品，为国家能源安全提供保障。

从长远来看，积极探索现代煤化工产业与绿氢耦合，是实现零碳化甚至负碳化的重要途径。现代煤化工产业为获得工艺需要的高氢碳比，需进行变换反应，获得氢气的同时也产生更多的 CO_2。现代煤化工产业可通过与绿氢耦合，探索工艺氢气来源新途径，彻底取消变换工艺，实现近零碳排放，可从源头上解决碳排放量大的问题；积极探索"零碳化工"的发展路径，开发煤基高端新材料，将碳全部固定在产品中，重点推进可降解、新能源等高端新材料项目落地。

六　政策建议

自 2016 年以来，习近平总书记连续 8 年在地方考察中调研煤炭产业，就煤炭产业发展、转型等作出重大部署和安排。习近平总书记在党的二十大报告中指出，"立足我国能源资源禀赋，坚持先立后破，有计划分步骤实施碳达峰行动"，"加强能源产供储销体系建设，确保能源安全"，给出了推进煤炭产业碳达峰碳中和的总体思路和实现路径。

（一）出台煤炭行业碳达峰碳中和行动计划，指导煤炭行业转型升级

国家层面一系列应对气候变化的战略、法规、政策及标准已经陆续出台。行业层面的行动计划还没有发布，距实现 2030 年前碳达峰目标已经不足 10 年，煤炭行业作为"双碳"目标中重要的环节，必须从行业层面拿出目标统一的行动计划，指导企业进行转型升级。同时，还要基于绿色矿业理念，从煤炭产业绿色化发展的技术与安全、制度与政策、法律与文化和人才队伍建设四个层面建立我国煤炭产业发展政策保障体系。建议行业协会牵头尽快推进此项工作。

（二）建立科学的煤炭产能柔性供应机制，保障煤炭产业可持续发展

在"双碳"纳入国家生态文明建设整体布局的情况下，结合我国能源消费格局演变趋势，从长远来看，国家对煤炭的整体需求会逐步降低，但短期内对煤炭需求会出现较大的波动，因此需要从国家层面在科学预测煤炭需求的基础上建立一种柔性供应机制，需要时可快速启动生产满足需求，不需要时可低成本保持一定的生产能力，实现柔性供应。在晋陕蒙主要煤炭产区建立可低成本宽负荷调节产能的智能柔性矿井，实现煤炭的可靠供给。同时，让煤炭价格反映其应有的价值。目前，煤炭价格中未包括生态成本，在

"双碳"目标下，煤炭价格应当反映生态无损害和碳交易的绿色低碳生产的完全成本。建议政府或者行业协会对煤炭成本进行重新测评，并借助"双碳"战略的实施让煤炭价格真正反映其应有的价值，为煤炭企业转型提供物质保障。

（三）出台扶持煤制油产业发展的专项政策，加快煤制油产业向绿色低碳转型

在俄乌冲突对世界能源供应产生深刻影响的背景下，煤制油产业对于保障国家能源安全的重要性更加凸显。煤制油产业作为一个技术密集型、人才密集型、资金密集型产业，在目前的市场情况下，发展困难，无法持续开展自主创新、产品研发等工作，建议出台产品补贴、低息贷款等相关财政支持政策，让企业聚焦煤制油产业核心关键技术，加快技术转化，实现煤制油产业绿色低碳转型。

此外，消费税的征收对于煤制油产业的发展影响重大，而我国目前油品消费税的征收是以石油基成品油为依据的，考虑到煤制油品与石油基成品油的不同特点，以及煤制油产业的特殊性，立足设立油品消费税的初衷，建议实行差别化的消费税政策，进一步扶持煤制油产业发展，进而保障国家能源安全。

参考文献

孙凤君：《中国煤炭产业转型控制的影响因素研究——基于政府、企业和公众的演化博弈分析》，硕士学位论文，太原理工大学，2022。

谢和平等：《碳中和目标下煤炭行业发展机遇》，《煤炭学报》2021年第7期。

中国能源中长期发展战略研究项目组：《中国能源中长期（2030、2050）发展战略研究》（综合卷），科学出版社，2011。

马岩：《煤炭产业发展模式研究——基于绿色矿业理念》，社会科学文献出版社，2015。

B.19
聚焦煤炭产业转型发展与科技创新

四川省煤炭产业集团课题组*

摘　要： 本报告介绍了四川省煤炭产业集团打造以现代能源、矿山建设施工、矿山医疗康养、矿山科技服务为一体的综合型能源企业发展实践。"十四五"以来，四川省煤炭产业集团推进煤炭产供储销一体化、服务型装备制造产业、绿色低碳新型产业、现代建筑综合服务产业、科技治灾型服务产业、特色鲜明现代康养产业、资产运营管理产业发展，开展关键核心技术攻关，深化科技成果转化应用，转型发展与科技创新取得新成效。结合未来煤炭发展形势，四川省煤炭产业集团下一步将继续提高煤炭主业发展能力、加快新能源建设步伐、规模化发展煤机制造产业、做精做优现代服务产业、深入实施国企改革深化提升行动、认真开展对标一流企业价值创造行动，并对煤炭技术攻关、成果推广应用等进行重点部署。

关键词： 四川省煤炭产业集团　转型发展　科技创新

---

* 课题组组长：王昌润，四川省煤炭产业集团党委书记、董事长。课题组副组长：郑和平，四川省煤炭产业集团党委委员、董事、副总经理。课题组成员：肖大强，四川省煤炭产业集团战略发展部部长、技术中心主任；杨春，四川省煤炭产业集团党群人事部副部长、临时负责人；梁洪，四川省煤炭产业集团战略发展部部长助理；邓军军，四川省煤炭产业集团党群人事部部长助理；刘伯军，四川省煤炭产业集团战略发展部业务主管；张骞，四川省煤炭产业集团战略发展部业务主管。

一 四川省煤炭产业集团发展现状及成效

（一）企业概况

四川省煤炭产业集团（下文简称"川煤集团"）是四川省委、省政府为优化调整煤炭工业结构，促进煤炭工业健康发展，于2005年8月28日以省内国有重点煤矿为基础组建的大型企业集团，注册资本30亿元。现有四川川煤华荣能源有限责任公司（简称华荣能源公司）、四川鼎能建设（集团）有限公司（简称鼎能公司）、四川川煤物资产业有限责任公司（简称物产公司）、四川泽润健康管理有限公司（简称泽润公司）、四川省恒升煤炭科技开发有限公司（简称恒升公司）等5个子公司。截至2022年底，川煤集团拥有资产总额282亿元，职工3.15万人，专业技术人才599人；有煤炭生产矿井20对，核定生产能力1438万吨/年，2022年生产原混煤1156.7万吨；2022年全年营业收入157亿元，位列中国煤炭企业50强第39位。川煤集团始终坚持"改革、发展、和谐"理念，坚持"以煤为基、产业相关、产权多元、科学转型"的发展战略，形成了以煤炭生产经营为核心与基础，以现代建筑、现代物流为支柱，以非煤矿产、新能源、机械制造、医疗康养旅游服务业为支撑的产业结构体系。

川煤集团坚定落实推进碳达峰碳中和和煤炭产业转型发展的部署要求，自觉践行四川省委"一干多支、五区协同""四向拓展、全域开放"发展新战略，立足新发展阶段、贯彻新发展理念、构建新发展格局，以保障四川煤炭供应、能源安全为根本责任，以深化企业改革、推进转型发展为根本方向，以构建现代治理体系、重塑企业产业布局为根本目标，以优化产业链条、强化科技创新为根本支撑，加快建成区域性煤炭和清洁能源领域龙头企业，为全面建设社会主义现代化四川提供强有力能源保障，把川煤集团打造成集现代能源、矿山建设施工、矿山医疗康养、矿山科技服务于一体的综合型能源企业。

（二）"十四五"以来煤炭产业转型发展

1. 加快推进煤炭产供储销一体化发展

川煤集团作为川渝地区规模最大、产能最高的煤炭企业，以华荣能源公司为主体，积极推进煤炭产供储销一体化发展。在"产"的方面，川煤集团系统研究总结复杂地质条件下的煤炭开采工艺、技术难题，制定实施一矿一策分类发展规划方案，着力推进"一优三减三提升"，大力推广"五化"融合建设，全面构建生产预控管理体系，全力实施强掘补欠工程，累计投入13.48亿元（含智能化投资7.1亿元），逐步建成6个智能化综采面、1个智能化综掘面。川煤集团共32个综采面、24个综掘面，矿井机械化程度达91.4%，综采率90.4%，综掘率34.7%。2022年，川煤集团共生产原煤2753.08万吨，用约占全省8%的煤矿个数、23%的煤矿产能生产了全省60%的煤炭。在"供"的方面，川煤集团认真发挥全省能源安全应急兜底功能，2022年供主网电厂电煤392.32万吨，完成合同量的122.97%，助力四川成为全国仅有的两个未大规模拉闸限电省份之一。2022年共计供省内电厂电煤496.64万吨，超额完成了电煤保供任务，在2022年四川"8.16~9.30"迎峰度夏电煤保供攻坚战中，川煤集团连续10天保障电煤日供应量1.05万吨，被四川省委、省政府通报表扬为"2022年应对极端灾害天气能源电力保供工作突出贡献集体"。在"储"的方面，川煤集团累计投入5.15亿元加快储配煤基地建设，广安市高兴煤炭储备基地和达州市河市储配煤基地截至2022年已形成98万吨储煤能力，预计2023年建成投运，将形成静态140万吨、年周转1100万吨储煤能力。在"销"的方面，川煤集团按照推进"五个一体化"建设，实行"五个统一"管理，整合优化原有营销、供应体制机制，成立华荣营销、华荣贸易、华荣物资三个专业公司，做好"供、需、运"分析评估，坚持中长期合同和"基础价+浮动价"定价制度，搭建煤炭交易平台，做大贸易经营规模，煤炭供应量达全省需求量的20%左右。

2.构建服务型装备制造产业体系

川煤集团以嘉华机械公司为龙头，先后投资近4000万元，完成装备制造产业的初步整合，对整体设施进行了优化升级。在此基础上，积极参与煤矿智能化建设，重点开展了大倾角（急倾斜）智能化综采装备制造、煤机设备大修及租赁、复杂难采煤层综合技术服务等业务。成功完成了太平煤矿、花山煤矿、石洞沟煤矿、绿水洞煤矿等急倾斜大采高智能化综采成套装备集成技术攻关，在复杂难采煤层智能化综采上取得了一定业内领先优势。

3.发展绿色低碳新型产业

川煤集团围绕"绿色、安全、智能"发展方向，积极布局煤层气、光伏发电等清洁能源产业。煤矿瓦斯实现能采尽采、能用尽用，在"十三五"时期已建成10座瓦斯发电站的基础上，先后开工建设攀枝花片区花山煤矿、大宝顶煤矿及广元片区代池坝煤矿等瓦斯发电站，预计"十四五"期间瓦斯发电装机规模3.02万千瓦，年利用瓦斯量达到1亿立方米。积极布局筠连矿区、芙蓉矿区等川南煤层气开发项目，截至2022年，已建成白皎煤矿地面煤层气开发丛式井组2个，新维煤矿地面煤层气开发项目正在实施新1、新2、维1井组建设，预计2023年底建成，年产气420万立方米。积极发展光伏产业，在"十三五"时期参股建设运营集中式光伏发电站1座的基础上，新开工建设的攀枝花陶家渡5兆瓦分布式光伏发电项目，2023年7月建成投产，年发电700万千瓦时。攀枝花浸水湾5兆瓦分布式光伏发电项目及攀煤屋顶墙面2兆瓦分布式光伏发电项目正协调攀枝花电网公司申请电力消纳意见书和并网接入，力争2024年第一季度实现项目建成发电。

4.发展现代建筑综合服务产业

鼎能公司牵头的现代建筑产业围绕工程施工"一个核心"，筑牢"地产+、矿建+、建材+、金融+"四大支柱，推动"三转"调整，探索"三合"互利，促进"四融"发展。积极探索农业农村市场，川南建工、鼎能路桥、宜能建筑等施工单位跟进并实施了一批农业农村项目，项目合同总金额3416.06万元，深入农业农村取得初步成效。加快转向"两新一重"建设（即新型基础设施建设，新型城镇化建设，交通、水利等重大工程建设）领域，签订合同金额达 10.37 亿元。紧抓新型城镇化战略机遇，实施了一批老旧小区改造施工项目，合同金额达 39.15 亿元。利用较完备的资质体系，积极抢抓成渝双圈建设机遇，在成渝两地实施了一批项目，合同金额 8.2 亿元。同时，积极推进"房开+房建""托管+矿建""基建+运维""资本+产业"的"四融"发展，外部营业收入占比超过 95%，矿建工程获"太阳杯"工程奖。

5. 发展科技治灾服务产业

恒升公司牵头的科技治灾服务产业，坚持"稳、拓、创"的发展理念，坚定走专精特新高质量发展之路，推进"1+3+5"战略顺利实施。一是做精做优煤矿治灾传统服务，拓展非煤检测和省外市场。在稳定传统业务的同时，积极参与智能化工作面、智慧化矿山建设，承接龙滩煤矿"智慧化矿山平台建设"项目，完成荣县大林坝煤矿、乐山白鹤煤矿、荥经丰源煤矿、盐源小高山隧道材料检测和瓦斯参数测定业务，成功开发泸定大成矿业、四川应林企业集团丹棱化工、四川新川眉矿业、四川蓉兴化工有限责任公司、德阳清平昊华磷矿、甘洛大桥矿业等非煤客户。二是以地勘测绘、勘察设计等业务为突破口带动工程治灾、科技治灾服务产业，成功实施贵州龙凤煤矿工作面顺煤层定向长钻孔风动工艺、渝昆高铁云贵段昭通隧道瓦斯抽排钻孔工艺试验。三是积极拓展第三方检测和环保工程市场，成立了隧道工程办公室，设立隧道业务市场开拓专员，大力拓展隧道安全装备技术集成、通风瓦斯管理业务，承揽了中铁二局、中铁八局新建川藏铁路红拉山隧道，九绵高速白马隧道等隧道安全监控系统（自主研发）的安装调试和现场瓦斯检查及灾害治理技术服务。

6. 整合打造特色鲜明现代康养产业

泽润公司牵头的现代康养产业深受疫情影响，为扭转被动局面，泽润公司积极整合资源，布局现代康养产业。一是全面升级医疗产业。广元市第二人民医院健康管理中心 2022 年 8 月顺利投用，组建成立职业病与中毒医学联盟，被评为四川省重症医学质量控制中心优秀单位。二是利用医院富余资

源，联合酒店资产，赋能医养结合发展新格局。宜宾市矿山急救医院"芙蓉康养苑"常住医养人员 90 余人，入住率保持在 96% 左右，被评为 2022 年度四川省第一批老年友善医疗机构。广元市第二人民医院代池坝、唐家河分院 50 余张养老床位基本饱和。达竹医院铁山南分院精神科常住精神病患者 70 余人。三是利用酒店、旅行社、医疗等资源优势，通过转型、融合扩大旅游产业，发展延伸产业链条，采用新发展模式，成功开辟战略投资、产业融合、开放合作、运营管理等 4 条发展渠道。宜宾市矿山急救医院与点明医生集团正式签署专科联盟合作协议；广元市第二人民医院与华西医院、西南医院等川渝标杆医院合作开展手术，与甘肃文县签订医联体合作协议；攀煤总医院与云南宁蒗博康医院建立了医疗联合体医院。开发攀西阳光疗养、天府蓉城疗养、女皇故里疗养、红色山城疗养 4 条疗养线路，推出九寨度假村"感恩回馈"活动，成立泽润酒店管理有限公司，实现了混合所有制改革零的突破。

7. 做专做活资产运营管理产业

物产公司牵头的资产运营管理服务，稳步承接了川煤集团主辅分离后的各类人员及低效、无效资产，发挥了"存量资源培育管理平台"和"低效资产承接处置平台"两大功能，建机制、组机构、带队伍、夯基础、抓改革、促发展，国企改革三年行动圆满收官，实现企业良性健康可持续发展。通过重组改制，川煤集团在原大大小小 109 家企业的基础上组建了 5 个区域优质公司，制定了资产分类处置方案，科学高效处置了低效、无效资产，有序推进了"三供一业"、退休人员社会化移交工作，全面完成大集体改制工作，加大历史遗留问题处理力度，妥善化解了棚户区改造、退休人员医保欠缴等引发的涉稳矛盾纠纷，顺利实现了从"分流安置""稳定兜底"到转型发展的工作重心转移。

（三）煤炭科技创新成果

1. 紧跟行业步伐，开展关键核心技术攻关

开展煤炭安全高效开采技术攻关。组织开展"急倾斜煤层伪俯斜综合机械化开采"技术攻关，解决了大倾角煤层工作面设备下滑和煤矸石向人

行道滚落的两大行业技术难题。该技术在川煤集团各矿井推广应用，斌郎煤矿 4013 工作面和铁山南煤矿 1212 工作面，月推进度由 75 米提高到 95 米以上，太平煤矿 31182 工作面，月产量由不足 2 万吨提升至 3 万吨，同时杜绝了轻伤以上事故发生，达到国内同等资源条件开采领先水平。组织开展大倾角、大采高综采技术攻关，突破了急倾斜松软厚煤层一次采全高技术瓶颈。大宝顶煤矿综采工作面月产量达到 8 万吨，较过去提高 35%；攀枝花片区推广应用该综采新技术效果显著，2022 年采煤单产提高 39%。开展沿空护巷技术研究，形成了"巷内主动支护、巷旁被动支护、采空区切顶卸压"等多种技术与工艺相结合的沿空护巷技术体系。2020～2022 年，川煤集团 76 个采煤工作面累计完成了沿空留巷进尺 3.9 万米，相当于每矿接替工作面掘进时间缩短 5 个月，有效缓解了采掘接替紧张局势，并多回收煤炭资源 164 万吨，创造价值 9 亿元。

开展煤矿灾害防治技术攻关。在瓦斯防治方面，建立一矿一策瓦斯防治体系，因地制宜选用保护层开采、穿层预抽、顺层预抽、顶板高位抽采、Y 形通风等关键技术，推广应用水力压裂增透、千米钻机等先进技术和设备，提高瓦斯治理水平，杜绝了瓦斯事故的发生。成功实施白皎矿区煤层气地面抽采试验项目，单井日产气量稳定在 1000 立方米以上，为下一步实施煤矿瓦斯井上下联合抽采、超前治理奠定了基础。在火灾防治方面，完成"基于 MEMS 技术运输胶带火灾无线监测预警技术研究"项目，攀枝花和广能片区的部分煤矿搭建了运输胶带温度监测和预警系统。开展采空区隐蔽火源定位及预警技术攻关并取得成功，提高了工作面采空区自然发火预防效果，该成果获得 2019 年度四川省科学技术进步二等奖。在水害防治方面，花山煤矿、太平煤矿建立了金沙江水害预警系统，实时监测分析水情动态数据。石洞沟煤矿采用瞬变电磁法查明老空区积水情况，解除了重大水害安全风险。铁山南煤矿开展"三下"开采技术研究，解放压覆煤炭资源量 34.3 万吨，创造价值 1.6 亿元。

开展煤炭加工利用技术攻关。芙蓉片区结合原煤特性优选洗选工艺，3 个矿井选煤厂相继建成投运，实现了煤炭产品定制化加工，经营效益得到明

显提升。龙门峡南矿推广干法选煤技术，以最小投入实现排矸提质、增盈创效。攀枝花片区格里坪选煤厂以重介替代跳汰工艺，精煤产率提高近4个百分点。达竹片区通过选煤厂配煤技术研究与应用，选出8~16级精煤，更好满足不同用户需求。代池坝选煤厂完成选煤全流程节能及污染物近零排放技术研究，构建专项技术体系，实现煤炭洗选全过程的有效控污和高效用能，该成果获得2020年度四川省科学技术进步三等奖。川煤集团与四川大学合作，开展了"煤与瓦斯气微波协同STO直接催化制低碳烯烃和汽油研究"，目前已取得重要进展。

开展采煤装备技术攻关。嘉华机械公司持续开展大倾角、薄煤层、大采高等综采技术及装备研究，多套具有自主知识产权的采煤装备投入生产，填补了多项国内综采装备技术空白；生产的综采支架成功出口欧洲市场，实现全省煤机产品出口零突破；研制的巷旁支护支架搭配柔模护巷工艺，实现采煤与护巷施工平行作业，该成果由中国煤炭工业协会鉴定为达到国际领先水平。2020~2022年，嘉华机械公司累计完成科研项目79项，申报国家专利18件，获得实用新型授权专利6件，科技工作取得丰硕成果。

2. 聚焦产业升级，深化科技成果转化应用

深入实施煤矿"一优三减三提升"。通过技术创新、系统改造和"四新"技术推广应用，推进20对矿井深入实施"一优三减三提升"，持续提升煤炭集约高效开采水平。2021~2022年，共计减生产水平2个、减采区4个、减采煤工作面5个、减掘进工作面2个，减员1140人，占生产一线员工总数的3.9%；采煤工作面平均月单产提高900吨、增幅2.9%，掘进工作面平均月单进提高5.9米、增幅5.7%，煤炭生产全员工效提高36吨/工、增幅6.3%，煤炭稳产增产水平得到进一步提升。

大力推进煤矿智能化建设。以龙滩煤矿为试点，推进全国首批、全省首个智能化示范矿井建设，该建设已进入收尾阶段，预计2023年通过国家智能化矿井验收。用好专项政策支持，建成龙滩煤矿、大宝顶煤矿等4个智能化采煤工作面，形成智能化煤炭产能250万吨/年；正在建设绿水洞煤矿、石洞沟煤矿等5个智能化采煤工作面，预计2023年全部建成投运。在智能

化综采带动下，川煤集团煤炭生产全员工效得到进一步提升，多数矿井达到600吨/工，其中龙滩煤矿达到1200吨/工，再创西南地区最高水平。2020~2022年，川煤集团完成胶带运输远程集中控制、供电智能控制、主排水智能控制、运输自动巡检、压风智能控制、辅助运输远程控制等49个生产辅助系统智能化改造，固定作业岗位减员264人、高危作业岗位减员116人。

积极推广"四新"技术。攀枝花和广能片区，积极推广应用单轨吊车网络化运输系统，大宝顶煤矿已建成3台单轨吊车并实现网络化运行。达竹和广旺片区，积极推广应用无极绳绞车辅助运输系统，辅助运输的效率和安全可靠性得到明显提升。广泛推广应用皮带机永磁滚筒驱动系统和风机变频控制系统，运输系统、通风系统的节能水平、可靠性和适应性得到明显提升。所有矿井推广应用矿井水文监测预警系统，实现水文地质动态观测和水害实时预测，水害防治能力得到全面提升。

大力开展"万众创新"活动。坚持"双创"方针，鼓励"万众创新"，由各级工会组织的合理化建议活动收效显著。2020~2022年，各级单位提出合理化建议283条，其中13条获得一等奖，21条获得二等奖，40条获得三等奖，为川煤集团技术创新提供了群众智慧。华荣能源公司2020年成立以来，共实施"小改小革"1291项，创效近8000万元。

3. 拓展发展空间，广泛开展对外合作交流

开展联合科技攻关。华荣能源公司先后与重庆大学、中国矿业大学等高校合作，开展了"急倾斜大采高伪俯斜智能化综采技术研究"等近20个项目，涵盖开采、安全、选煤、机械制造等相关方面。恒升公司联合北京龙软科技股份有限公司、航天科技股份有限公司四川分公司等科技企业，开展了矿山智能化检测监测装备与技术研究。

推进创新平台共建。华荣能源公司与重庆大学合作，共建了专家工作站，签约了1名进站专家，弹性引进6名高层次专业技术人才，解决了现场高层次人才匮乏的问题。利用川煤集团产业技术研究院，开展省内煤炭行业成果评价工作，加强与兄弟企业交流；承接四川省应急管理厅委托，为四川省煤矿安全生产标准化考评提供技术服务，助力提升四川省煤矿安全生

产水平。

开展科技学术交流。川煤集团参加第七届中国国际矿业展览会、第二届中外矿山产业链发展论坛等国际技术交流会议和论坛；邀请煤矿智能化全国知名专家宣贯煤矿智能化建设标准，并开展煤矿智能化先进适用技术线上交流。华荣能源公司与重庆大学、中煤科工西安研究院等单位，在龙滩煤矿召开了煤矿智能预警技术、地质透明化技术的交流座谈会。

二 下一步转型发展思路与科技部署方向

（一）未来煤炭发展形势

1. 四川煤炭兼具区域保供和产业转型压力

今后较长时期，我国仍然处在社会主义初级阶段，经济社会持续发展，工业化、城镇化稳步推进以及人民生活水平不断提高，必然带来对能源需求的快速增长。富煤、缺油、少气的能源资源禀赋，世界最大能源生产和消费大国等特点，决定了煤炭作为国家主体能源的地位短期内不会改变，煤炭仍将是我国复兴之路保障能源安全的"压舱石"和"稳定器"。西南地区特别是四川受煤炭资源禀赋、地理位置、区域外调入通道等影响，煤炭供需矛盾客观存在，煤炭稳定供应保障形势严峻，四川煤炭仍不可或缺，煤炭稳定供应保障面临诸多困难和挑战。尤其是在极端天气、突发事件（如疫情等）和周边煤炭市场紧张的背景下，这种供需矛盾会进一步凸显，给能源保供带来较大压力，这在2022年7月至8月四川严重电荒中表现得尤为突出，煤炭在四川省能源保供中的应急兜底作用得到了各层各级的高度重视。2023年6月19日结束的中共四川省委十二届三次全会通过了《关于深入推进新型工业化加快建设现代化产业体系的决定》，突出工业当先、制造为重，大力实施制造强省战略，明确了包括电子信息产业、装备制造产业、能源化工产业、医药健康产业等六大产业为主体的优势产业提质倍增行动。川煤集团作为四川省最大的煤炭生产企业，未来在煤炭开发、装备制造、医疗康养等产业发展上面临难得的机遇；随着国家能源结构调整和经济结构调整，传统煤炭在一次能源消费中的占比将会越来越低，需求量将会逐步收窄。"双碳"政策的推行，会进一步促进传统煤炭行业的绿色开采和清洁利用，会进一步增加煤炭开采成本，这会倒逼煤炭行业向新能源转型，也为煤炭行业发展绿色低碳新型产业带来机遇。

2. 新格局下川煤集团挑战与机遇并存

今后一段时间，煤炭生产开发将进一步向晋陕蒙新地区集中，国内特别是北方大型煤炭企业在产业的集中度、市场话语权和行业竞争等方面具有优势，煤炭产业市场集中度进一步提升，市场竞争格局加速改变，既给川煤集团未来发展带来较大挑战，也为川煤集团发挥在薄煤层、急倾斜、大倾角煤炭开采方面的特有优势，大胆实施走出去发展战略提供了机遇。煤炭清洁高效利用水平不断提升，绿色低碳发展稳步推进。充填开采、保水开采、煤与瓦斯共采、无煤柱开采等绿色开发技术在部分矿区得到推广应用，集瓦斯治理、抽采、发电、制冷、热害治理于一体的瓦斯综合治理与循环利用技术研发与示范取得较大进展，给川煤集团绿色低碳转型提供了学习借鉴案例。但同时，煤炭清洁高效开发利用仍然面临一系列难题，部分煤矿特别是类似川煤集团所属的南方煤矿，随着开采深度增加和安全标准、生态环境保护要求提高，开采成本上升压力逐年增大，安全投入、生态修复治理的资金压力不断增加，形势比较严峻。煤矿智能化建设加快推进，科技创新能力迈上新台阶。截至2023年5月底，全国已累计建成智能化采煤工作面1043个、掘进工作面1277个，智能化建设总投资规模近2000亿元，有力推动煤炭生产方式加快实现根本性变革，煤炭技术装备研发应用取得重大突破，为川煤集团以嘉华机械公司为代表的复杂难采煤层智能化综采成套装备研发、市场开拓带来机遇。同时，不断探索国有老矿区与新能源协同发展，国家能源集团神东公司建设了布尔台采煤沉陷区"生态+光伏"示范基地，将光伏发电与矿区生态综合治理有机结合，探索形成"林光互补"和"农光互补"模式，对川煤集团发挥特有优势、发展清洁能源有较强借鉴学习意义。

3. 外煤入川呈扩张趋势

近年来，受供给侧结构性改革和安全环保高压管控，四川省内煤炭产量连年下降，2021年重庆淘汰煤炭产能后，川渝地区煤炭市场"洼地"和价格"高地"迅速形成，需求缺口近1亿吨，其中四川缺口4500万吨左右，区域能源保供任务比较艰巨。随着我国煤炭生产重心加速向西北转移及南渝铁路、宝成铁路运力增加，外煤入川呈"井喷"态势。2022年7月至8月极端天气引发电荒、煤荒引起四川省委、省政府高度重视，四川与新疆能源集团、新疆广汇能源、中铝宁夏能源集团、天池能源、陕煤集团等大型煤炭企业开展深入合作，新疆广汇能源将投资55亿元修建广元综合物流园区（此园区是国家规划的30个2000万吨级物流园区之一），煤炭运营能力年3000万吨，其中一期1000万吨级物流园区将于2024年底建成投运。2023年5月，来自新疆维吾尔自治区的煤炭专列停靠广元站，标志着"疆煤入川"自主可控通道已经开通。与北煤产业低成本、高品质、大产能相比，川煤集团现有煤炭产业量、质、价都有明显劣势，这将对川煤集团区域市场控制力和影响力带来较大压力。但是，川煤集团也可以根据四川煤炭供需实际，利用川煤集团在区域煤种煤质、储煤选煤及市场客户等方面优势，结合煤炭储备机制抢占铁路干线发展煤炭物流贸易，以此稳定省外煤炭调入水平，扩大区域市场份额。

4. 产业景气周期弱化对川煤集团发展提出新要求

2021年正处于煤炭行业发展质量和效益大幅提升时期，煤价大幅上升，产品供不应求，2021年全国原煤产量达41.3亿吨，规模以上煤炭企业实现营收3.3万亿元，利润总额7023亿元。但是，随着国内优质煤炭产能持续释放，国际煤炭进口大幅增加，钢铁、水泥、平板玻璃等下游需求恢复不及预期，从2022年第三季度开始，煤炭价格总体呈波动下降趋势，特别是进入2023年第二季度后，煤炭价格大幅下跌。据相关部门监测数据，2023年5月，秦皇岛港电煤（5500大卡动力煤）长协价格719元/吨，比年初下降9元/吨；5月30日，秦皇岛港电煤现货价格898元/吨，比年初下降约250元/吨，比去年同期下降约300元/吨。全国统调电厂日供煤686万吨、耗煤661万吨，存煤18474万吨，较去年同期增加2559万吨。川煤集团主焦精煤结算车板价由

2021 年 10 月高峰时的 3241 元/吨，下跌到 2023 年 9 月的 1684 元/吨，电煤价格由 2021 年 10 月高峰时的 0.1975 元/大卡下降到 0.1398 元/大卡，价格大幅下降，企业利润空间大幅收窄。预计未来一段时间煤炭价格总体将保持在合理区间（个别特殊时段除外），煤炭行业周期属性趋于弱化，不排除形势进一步恶化的可能，但价格断崖式下跌可能性不大，川煤集团只有进一步扩大规模总量，进一步降低生产成本，才能在激烈的市场竞争中实现生存发展。

（二）下一步转型发展思路

1. 提增煤炭主业发展能力

（1）科技赋能升级提档。开展煤矿地质保障和智能化开采关键技术攻关，开展工作面地质透明化、复杂煤层智能综采、智能化开采机器人等方面科研项目，增强企业复杂煤层开采优势，提升成套技术服务水平。大力推进煤矿智能化建设，将 20 对矿井总体产能利用率提高到 90%以上，实现石洞沟煤矿核增产能 40 万吨/年、龙门峡南矿核增产能 30 万吨/年，到"十四五"时期末，力争建成 2~3 个智能化示范矿井、20 个智能化综采工作面，智能化煤炭产能达到1100 万吨/年，占总产能的 70%以上，煤炭生产全员工效达 700 吨/（工·年）以上。持续推进煤矿安全改造，用好专项政策支持，加快补齐安全投入欠账，实施瓦斯、水害等重大灾害源头治理，增强煤矿系统安全保障能力。

（2）做实煤炭营销贸易。立足市场现状和企业实际，研究制定并实施煤炭营销贸易体制改革方案，推动煤炭营销贸易业务专业化整合。加强已建成的大型煤炭储备基地运营管控，推进"煤炭产能接续、煤炭应急保供"省外基地建设，逐步搭建区域煤炭供销平台，通过产供储销一体化全供应链管理、实质性联营、长期合同协定等方式，加快整合兰渝、襄渝线北向沿线煤炭资源，组织省外高热值、高价值煤入川入渝，扩大煤炭贸易规模，打造立足四川、连接重庆、辐射西南、面向全国的西南地区具有重要影响力的产供储销一体化的煤炭综合供应商。力争到 2025 年，川煤集团自产煤炭产销量达 1500 万吨/年，主导引进省外煤炭入川 1500 万吨/年以上，市场份额达全省煤炭需求 50%以上，应急静态储备能力达 300 万吨以上。

（3）盘活拓展煤炭资源。成立专班，一矿一策推进矿业权申办工作，协调解决矿业权平面投影重叠、矿业权与保护区重叠、采矿权价款缴纳等制约矿权办理的难题。整合省内焦煤资源，在宝鼎、达竹、资威等矿区整合或并购一批灾害较轻、有资源潜力的炼焦煤资源或生产煤矿，利用集团煤炭开采、洗选等方面技术优势，扩大焦煤生产规模，提升煤炭资源储备，增强煤炭产业盈利能力。与省内电力企业合作盘活船景煤矿、龙门峡南矿以及省内其他优质去产能矿井，推进新维煤矿矿井继续建设，将存量煤炭资源盘活转化为增量煤炭产能。

（4）多维延伸产业链条。一是着力向煤化工方向延伸，全面恢复焦化产业自主经营，通过与大中型钢铁企业的煤焦联动合作发展，建立稳定的"煤—焦—钢"产业链，将焦炭产量由年均 15 万～20 万吨提升至 60 万～80 万吨。结合区域燃气供求及氢产业发展形势，加强焦化下游产业链条构建，利用焦炉煤气打造年产 8 万～10 万吨液化天然气或 1 亿立方米氢生产线，建设装机容量 6800 千瓦的发电站，年发电量 4900 万千瓦时。加快推进与四川大学合作的"煤与瓦斯气制烯烃"项目攻关，适时推进项目转化。二是做强煤矿循环经济，探索发展煤基新材料，利用矿区存量及新增煤矸石，联合中煤科工、中建材等，攻关研发并分期建设煤矸石综合利用系统，开展煤矸石制粉煤灰、制陶粒试验，结合现有煤矸石电厂，构建"煤矸—电—建""煤矸—建"产业链。三是开展实质性煤电联营，参股即将开工建设的广元 2×100 万千瓦、达州 2×100 万千瓦支撑性煤电项目。四是开展煤矿托管业务，按照"整体托管、平台精简、依法合规、安全可靠、经济有效"的原则，制定煤矿托管业务发展工作方案，理顺煤矿托管业务运行管理体系，搭建煤矿托管工作平台，充分发挥现有技术、装备、队伍、管理综合优势，积极拓展北方地区复杂条件煤矿托管。

2. 加快新能源建设步伐

抢抓国、省能源结构调整加速期机遇，加强对上级战略、政策及项目的分析研究，适时推进现有新能源业务板块整合，构建专业化管理体系，推动新能源产业规模化、集聚化、专业化发展。

（1）稳步推进煤层气开发利用。做好煤层气开发利用项目统一规划布局，制订当前及长远实施计划，建设项目储备库，递增式推进项目建设、扩大项目规模，为规模化开发利用奠定基础。与四川能投、西南油气田等合作争取煤层气开发相关政策，稳步推进白皎、船景、新维煤矿等地面煤层气抽采、矿权重叠区页岩气抽采，形成煤层气规模化产能。

（2）大力培育光伏产业。积极争取省发改委、攀枝花市政府支持，解决开发权获取问题，推动将拟发展光伏项目纳入地方光伏发展规划。按照"集中式和分布式统筹推进"的思路，以攀煤西区为主体，利用采矿权范围内自有4238亩土地以及有望流转或租赁的5200亩土地，结合采煤沉陷区治理等政策，推动攀枝花陶家渡、浸水湾各5兆瓦光伏发电以及矿区内屋顶墙面2兆瓦光伏发电等分布式光伏发电项目尽快落地投运，同时布局建设集中式光伏发电项目，实现总装机规模200兆瓦的集中式和20兆瓦分布式光伏发电目标，年发电量达3.3亿~3.5亿千瓦时。

3.规模化发展煤机制造产业

（1）坚持煤机制造产业整体布局。围绕"十四五"时期末实现经营总量8亿元/年以上、利润0.7亿元/年、工业总产值20亿元/年、利润2亿元/年的发展目标，制定符合川煤集团煤机制造产业发展实际的中长期发展规划。

（2）提升产品竞争力。优化产品结构，煤矿机械中，要集中发展综合采掘煤机产品。打造核心拳头产品，以嘉华机械公司省级技术中心为基础，以自主创新与技术合作为路径，与科研院所、科技企业、应用单位开展"产学研用"合作，建设煤矿智能化工程实验室，加强关键核心技术攻关，加大通用煤机产品和非煤矿山产品技术研发以及先进制造设备投入，实现从组装产品到制造产品、从产品技术运用到产品技术研发的跨越，形成产业核心竞争优势。

（3）主动合作借力借智。整合内外部矿山机械制造资源，坚持内引外联，吸收合并，寻求有实力、有技术的战略投资者开展产品生产加工制造协作、技术合作、股权合作等，增强煤机制造产业链、供应链自主可控能力。

（4）巩固拓展外部市场。充分利用现有大倾角急倾斜薄煤层机械产品、复杂难采煤层智能化技术、煤矿综采工艺技术服务等优势，采取定做式和保

姆式的服务方式，构建"两级"特色营销服务体系，建立中间商、代理商营销模式，打造煤机装备及配件信息化营销服务平台，在产品设计、制造、销售、安装、使用、维护的全链条树立川煤集团煤机品牌。

4. 做精做优现代服务产业

川煤集团现代服务产业包括现代建筑综合服务、现代技术服务、现代康养、资产运营管理等产业。做大现代建筑产业，根据川煤集团产业结构调整情况，鼎能公司调整完善企业发展规划，重点围绕施工领域，进一步突出主业主责，加快打造以川煤六建为代表的综合施工一流企业和以川南建工为代表的矿建标杆企业，积极参与川煤集团煤矿扩能增产、对外煤矿托管，并以进军成都房地产市场为契机，加大房地产产业转型和品牌培育力度，同时，做好政策研究、市场挖掘，向农业农村、老旧小区改造、矿山生态修复等方向寻求合适机会，适时布局新业态、新赛道，确保获得"长期稳定现金流"项目。做优医疗康养产业，遵循"以医促养、以养兴旅、联合赋能、融合发展"原则，坚持"引入战投，做大做精"总基调，重点推进"医疗+康养""医养+酒店""旅游+文化"融合创新发展，构建发展新模式，将泽润公司打造成区域有影响的医疗、康养、旅游一体化现代综合服务型企业。做实矿山科技服务产业，回归恒升公司主业主责，适当弱化经营职能，进一步整合集团技术研发、工程设计、技术服务资源，承接集团复杂煤层机械化开采工程研究中心职能，开展复杂难采煤层的技术创新、推广和设计，借脑引智、搭建平台，拓展煤矿综合治灾、检测检定、智能矿山、非煤矿山、环境治理、清洁能源、隧道及发展战略咨询等业务，为煤炭主业发展提供坚强支撑。做活物资运营产业，进一步做实资产分类处置，剥离"两非两资"，出清"僵尸企业"，化解遗留问题，在此基础上，物产公司坚持一企一业、一业一企，集中力量发展金属矿山开采、矿区综合性服务、矿山固废处理等业务。

5. 深入实施国企改革深化提升行动

坚持以习近平总书记关于国有企业改革发展和党的建设的重要论述为根本遵循，围绕建设西南地区现代化综合型能源企业战略目标，巩固提升国企改革三年行动成绩效果，坚持问题导向、目标导向、效果导向，以提高企业核心竞争力和增强核心功能为重点，聚焦增强企业产业控制力、科技创新力、安全支撑力，全力打造"治理新、机制新、战略新、党建新、责任新"的现代新国企。优化完善现代企业制度，真正适应川煤集团新的法人治理结构，研究优化总部机构设置和岗位人员管理体系，制定规范子公司管理实施方案，理顺各治理主体权责边界，特别是进一步厘清总部与基层、子公司与厂矿权责边界，明确权责清单、管控事项、行权范围、工作流程，真正把党建引领树得更"牢"、把权责边界厘得更"清"、把董事会建得更"强"。进一步完善市场化经营机制，重点围绕"干部能下、员工能出、营业收入能低"问题，研究进一步深化三项制度改革指导意见，扩大任期制和契约化管理的实施范围，开展中长期激励，激发员工创业活力动力。进一步优化产业布局，针对上一轮资产重组不彻底，或在实际运行过程中同质化竞争问题，在营销贸易、装备制造、清洁能源、技术服务、工程施工等方面进一步"合并同类项"，一企一业推进二次重组。加强科技人才支撑，在维护好现有科技创新平台的基础上，力争再建国家级技术中心；科技研发投入稳步增长，强度达到省属国企中上水平；科技成果产出大幅增加，煤炭智能开采、灾害源头治理、资源清洁利用等关键技术进一步突破，力争到2025年底，科技创新效益达到30亿元，各类专业技术人才保持5000人左右。

6. 认真开展对标一流价值创造行动

以提升发展质量、效益、效率为主线，以对标一流企业为抓手，建立完善价值创造体系和工作机制，持续加强企业价值创造体系建设，全面提升企业价值创造水平。完善全面预算管理体系，落实各层级、各单位行政"一把手"的第一责任人职责，强化预算全过程控制和刚性约束，解决资金预算与经营预算脱节、预算执行和财务核算脱节、考核与财务预算执行脱节问题。优化安全管理体系，强化安全红线意识和底线思维，坚持事故可防可控理念，进一步完善司法重整后的安全管理体系，以优化大系统、防控大风险、消除大隐患、防范大事故为主攻方向，强化源头治理、系统治理和综合治理，持续提升安全保障能力，形成有川煤集团特色的安全管理体系。建设财务共享中心，成立川煤集团财务共享中心，将所属单位的会计核算、费用

报销、资金结算、报表编制等业务归至财务共享中心，以此提高川煤集团集中管控能力，统筹资金管控，减少资金沉淀。强化内部产业协同，按市场化原则，制定关于促进产业协同发展的激励措施，进一步研究内部协同工作细则，明确内部协同内容、标准、资金支付、仲裁规则，完全按合同办事，按市场规律办事。完善物资采购管控体系，进一步下放权力，形成两级采购目录，建立优质供应商库，将部分金额不高但使用量大的设备配件采购权下放到基层厂矿，以此加强厂矿成本管控，发挥基层经营管理积极性。加强合规管理，完善以合规审查为重点的合规管理体系，切实增强合规管理意识，树牢合规理念，强化合规管理，狠抓合规审查，严格考核评价，健全责任体系，以更高要求、更高标准持续提高合规管理工作水平。

7. 全面加强党的领导

弘扬煤炭工人"特别能战斗、特别能吃苦、特别能奉献"精神，高举习近平新时代中国特色社会主义思想伟大旗帜，深入学习宣传贯彻党的二十大精神和习近平总书记重要讲话精神，认真落实四川省第十二次党代会工作部署，全面落实新时代党的建设总要求，始终坚持主动服务大局、聚力主责主业、持续守正创新、着力精准施策这"一条主线"；聚焦突出政治领导更强、基层基础更牢、队伍结构更优、清风正气更浓、干群人心更齐、推动发展更好等"六大目标"，强化坚持以思想建设为先导、队伍建设为重点、制度建设为抓手、目标考核为保障的"四项保证"，大力构建以"九高"为引领的"1649"党建体系，全面推动"1+6+N"红帽子工程党建品牌建设，打造新时代川煤集团党建工作新高地，以高质量党建实效引领西南地区现代化综合型能源企业高质量发展，奋力谱写新时代"七新川煤"高质量发展新篇章。

（三）煤炭科技重点部署方向

1. 技术攻关研究

在煤炭开采及灾害防治方面，着眼于复杂煤层智能高效开采，开展煤矿地质保障和智能化开采关键技术攻关，实施好工作面地质透明化、井下精确定位、复杂煤层智能综采、智能化开采机器人、特殊岗位机器人等方面科研项目和技术推广项目；着眼于矿井本质安全建设，开展煤矿重大灾害源头治理、超前治理技术攻关，实施好长距离瓦斯钻孔及压裂增透、煤层自然发火早期监测、矿井水患预警、煤矿瓦斯井上下联合抽采等方面科研项目和技术推广项目；着眼于清洁低碳转型，开展煤系资源清洁低碳利用技术攻关，实施好智能化高精度选煤、低浓度瓦斯利用、煤与瓦斯气制低碳烯烃、煤基固废高值化利用等方面科研项目和技术推广项目。

在煤机及智能化方面，着眼于煤机装备智能化和装备制造智能化，开展智能化开采成套装备技术攻关，实施好复杂煤层智能化开采成套装备研制、装备生产线智能化改造、装备再制造有效利用、智能工厂建设等方面科研项目和技术推广项目。

2. 成果推广应用

推进运输系统自动化、智能化改造，推广无极绳绞车、单轨吊车，优化采掘工作面辅助运输方式，解决辅助运输安全威胁大的问题。继续抓好采掘智能化和"110工法"的深入推广应用，加大"三大一综一长"、反井煤仓施工、低浓度瓦斯发电、水力割缝、水压预裂等成熟技术的推广应用。在做好自有科技成果转化的同时，积极引进复杂地质构造槽波地震探测、定向控斜大直径反井钻井、煤层气抽采地面远距离钻井、煤矿井下大功率定向钻孔、智能煤矸分选机器人等国内同行先进适用技术。

三 面临问题及政策建议

（一）面临问题

1. 资源禀赋先天不足

四川是我国能源消费主要区域和能源大省，具有"丰水、富气、少油、贫煤、风光集中"的能源资源禀赋特点，区域内煤炭资源虽然品种齐全，但赋存条件相对较差，矿井构造十分复杂，川煤集团开采和掌握的四

川煤炭资源中，薄和极薄煤层占 45%，倾斜和急倾斜煤层占 73%，水、火、瓦斯、煤尘、硫化氢、顶板等灾害交织，治灾成本高，开采成本高，也影响安全发展和智能化改造。煤炭质量总体较差，高硫煤占比 1/3 左右，且随着采深增加，煤质进一步劣化，洗选成本高，影响高附加值应用市场开发。

2. 历史遗留问题繁重复杂

虽然近年来国家实施了"三供一业"分离、离退休人员社会化管理等减轻国企负担的系列政策，四川省委、省政府也通过各种政策资金扶持，但川煤集团所属企业特别是煤炭单位大多历史悠久，远离城市，企业人员特别是困难群众数量多，老工伤、工亡遗属数量多，大集体、政策性破产等遗留问题复杂，前期沉陷区治理、棚户区改造历史欠账金额巨大，部分矿区"三供一业"及其他社会职能仍未彻底移交，依靠川煤集团自身解决难度极大。

3. 人才人员短板比较突出

和全国大多数煤炭企业一样，川煤集团面临人员失衡、人才短缺等实际问题，在劳动资源方面，劳动资源总量丰富但结构失衡，生产一线特别是采掘一线员工较少，一线职工年龄结构老化，文化程度普遍偏低，企业招工难、留人难问题从 20 世纪 90 年代就开始显现且越来越严重。在人才资源上，人才总量占比偏低，经营管理人才特别是高层次的财务管理、资本运营、法务合规等人才不足，引进困难，煤矿采掘、机运、通风专业技术人员数量偏少，且年龄偏大，新招大中专毕业生流失较多，还不能完全支撑主责主业高质量发展。

（二）政策建议

四川经济社会发展长时间内离不开煤炭，四川国有重点煤矿在保障能源安全、经济发展、创造税收、解决就业等方面发挥了主力军作用。建议制定落实四川煤炭工业扶持政策，在安全技改资金、安全生产发展资金、改革发展资金、产业转型升级资金、税收优惠政策等方面给予大力支持。支持利用矿区土地及其他资源，发展光伏、风力发电项目，将煤层气作为新能源纳入碳交易市场，帮助企业转型升级。支持国有重点煤矿作为外煤入川的承接平台和实施主体，鼓励对外托管煤矿，整合异地资源，发挥四川能源保供兜底功能。推动部分已去产能但仍保留采矿权的优质国有新建、改扩建煤矿存量资源的开发和整合，促进国有资产保值增值。

参考文献

中国煤炭工业协会编《中国煤炭工业改革开放 30 年回顾与展望：1978～2008》，煤炭工业出版社，2009。

郝成亮：《煤炭与新能源协同发展的路径研究》，《煤炭经济研究》2023 年第 2 期。

B.20
打造创新驱动强引擎
赋能行业高质量转型发展

中国煤炭科工集团课题组*

摘　要： 中国煤炭科工集团是国务院国资委监管的中央企业，是我国煤炭工业科技创新领域的"国家队"和"排头兵"，致力于煤炭安全绿色智能开发和清洁高效低碳利用。近年来，面对我国"双碳"背景下能源结构加速调整、煤炭行业市场竞争加剧的形势，中国煤炭科工集团确立"1245"总体发展思路，坚定不移实施"创新驱动、做强主业"战略。在具体做法上，强化科技创新，持续提高产业科技引领力；优化转型发展，持续提升产业质量；全面深化改革，有效激发产业发展活力动力。在未来发展方向上，将强化科技创新核心地位，推动向基础原创、价值创造、数字智能和绿色低碳转变；更大力度布局前瞻性、战略性新兴产业，推进新一轮改革深化提升行动，加快建设世界一流科技创新型企业。

关键词： 中国煤炭科工集团　"1245"总体发展思路　创新驱动　绿色低碳

* 课题组组长：赵永峰，中国煤炭科工集团党委副书记、总经理。课题组成员：闫勇，天地科技股份有限公司副总经理、中国煤炭科工集团改革发展部部长；汪有刚，煤炭工业规划设计研究院有限公司党总支书记、执行董事；姜明，煤炭工业规划设计研究院有限公司副总经理；李健康，中国煤炭科工集团改革发展部主管；麻晓博，中国煤炭科工集团改革发展部主管；郭建利，煤炭工业规划设计研究院有限公司经济研究分院院长；丁孙亚，煤炭工业规划设计研究院有限公司经济研究分院博士。

中国煤炭科工集团（下文简称"中国煤炭科工"）坚守保障国家能源安全初心，担当煤炭科技创新使命，紧紧围绕煤炭开发利用重大科技需求，集中优势资源开展应用基础研究，开展关键核心技术、前沿引领技术、战略新兴技术攻坚，在矿山安全、煤矿智能化、矿区生态治理等领域形成了全系统核心技术和高端装备，以科技创新优势驱动形成产业发展竞争优势，产业发展质量和品牌影响力持续提升。

一　基本情况

中国煤炭科工是国务院国有资产监督管理委员会监管的中央企业，是我国煤炭工业科技创新领域的"国家队"和"排头兵"，拥有涵盖煤炭行业全专业领域的科技创新体系，致力于煤炭安全绿色智能开发和清洁高效低碳利用，肩负着引领煤炭科技进步的光荣使命。经过 70 余年的发展，已建设形成矿山安全、智能装备、设计建设、绿色开发、清洁低碳、新兴多元六大板块。拥有省部级以上科研条件平台 143 个，其中全国重点实验室（国家重点实验室）3 个、国家工程研究中心（国家工程实验室）4 个、国家工程技术研究中心 1 个、国家认定企业技术中心 4 个。拥有 1 个"矿业工程"博士后科研流动站、6 个博士后科研工作站、4 个博士学位授权点、12 个硕士学位授权点。现有员工 2.7 万人，其中专业技术人才 1.4 万余人；培养两院院士 10 人，在职中国工程院院士 5 人，其中长聘院士 2 人；培养国家级勘察设计大师 10 人，在职 2 人；在职国家百千万人才工程国家级人选 27 人，享受国务院政府特殊津贴累计 697 人。所属百余家子企业分布于北京、上海、重庆、西安、沈阳、武汉等城市。

二　企业高质量发展成效显著

近年来，面对我国"双碳"背景下能源结构加速调整、煤炭行业市场竞争加剧的形势，中国煤炭科工坚持以习近平新时代中国特色社会主义思想为指导，深入学习贯彻党的二十大精神，强化使命意识和政治担当，胸怀"两个大局"，心怀"国之大者"，立足新发展阶段，完整、准确、全面贯彻新发展理念，服务和融入新发展格局，确立"1245"总体发展思路①，坚定不移实施"创新驱动、做强主业"战略，落实制造强国、数字中国战略，持续加大智能制造力度，加快推动数字化转型和国际化发展，提升产业发展基础能力，持续优化产业布局，巩固提升优势业务，加快拓展转型业务，企业发展质量显著提升。

（一）强化科技创新，产业科技引领力持续提高

中国煤炭科工深入贯彻习近平总书记关于科技创新重要论述，大力实施创新驱动发展战略，积极践行科技创新"三个极端重要性"理念，聚焦煤炭重点领域和关键核心技术，打造原创技术策源地和战略科技力量，产业科技引领力持续提高，在国务院国资委2019～2021年任期考核中荣获"科技创新突出贡献企业"称号。

1. 行业领军地位持续凸显

中国煤炭科工研发投入不断加大，科技研发投入年均增速超过10%，2018～2022年累计研发投入超过100亿元，基础研发投入占比由5.5%提升到7.8%。科研实验平台能力持续提升。新获批煤炭智能开采与岩层控制、煤矿灾害防控2个全国重点实验室和4个国家矿山安全行业重点实验室，成功申报国家企业技术认定中心。承担国家重大项目展现担当作为。2020～2022年承担国务院国资委"1025"工程项目9项，获批国家重点研发计划项目11项、国家自然科学基金92项，承担国家重大专项"煤矿区煤层气抽采利用关键技术与装备"项目研究。科技创新成果丰硕。2018～2022年，

---

① "1245"总体发展思路："1"是树立以科技为核心，以人才为根本，以市场为导向，以客户为中心，引领行业进步的一个理念；"2"是实施"创新驱动、做强主业"战略；"4"是推动四大转变，即科学研究向基础原创转变、技术研发向价值创造转变、产业升级向数字智能转变、企业布局向绿色低碳转变；"5"是实施五大举措，即资源配置市场化、企业管理平台化、营销模式一体化、人力资源资本化、绩效管理结果化。

聚焦煤矿智能化高端引领技术，围绕煤矿安全开采、绿色开采、智能开采、高效开采等领域，获得国家级科技奖励 7 项、省部级科技奖励接近 900 项，其中特等奖、一等奖获奖数量占行业总数的 40% 以上，3 项成果入选中国科协 2021、2022"科创中国"先导技术榜单；连续两次在中央企业熠星创新创意大赛斩获一等奖，居于央企前列；获中国专利奖银奖 2 项、优秀奖 24 项，授权专利 2020~2022 年实现 40% 以上增长，累计有效专利近 7000 项。

2. 重点领域关键技术取得突破

中国煤炭科工充分发挥煤炭开采优势，在安全、绿色、智能、高效领域取得了一系列的突破性成果，引领了行业科技发展的方向。

（1）安全开采领域。西安研究院研制的大功率定向钻进技术及装备，创造了井下顺煤层定向钻进孔深 3353 米的世界纪录；煤矿井下钻孔瞬变电磁技术与装备打破了煤矿井下掘进工作面最远水害超前探测世界纪录，标志着我国"长掘长探"超前探测技术世界领先。常州研究院打造了行业领先的矿用切片工业环网，实现了智能矿山井上下生产业务"一张网"综合承载。机器人公司研发的煤矿机器人，井下成功应用 600 余台，实现了井下重体力、危险性、环境恶劣等岗位的机器人替代。开采研究院煤矿巷道抗冲击预应力支护关键技术，荣获国家技术发明奖二等奖，解决了冲击地压、深部高应力及强采动巷道支护难题。重庆研究院在难抽煤层有效抽采瓦斯技术研发方面取得重要进展，现场增透后瓦斯抽采纯量较普通钻孔提高 2.3 倍；尘源智能跟踪降尘、三压带注水减尘、喷雾抑降尘等技术取得突破，实现综采面、掘进面粉尘治理达标。

（2）绿色开采领域。科工生态研究院等单位承担的抚顺西露天矿地质灾害综合治理项目入围自然资源部项目库；青海木里矿区示范工程植被复绿返青率达到 90% 以上，有力支撑祁连山南麓青海片区生态环境综合整治；济宁任城模式入选央企"我为群众办实事"百项特色项目，被央视"焦点访谈"专题报道。重庆研究院突破新疆准噶尔、三塘湖盆地中低煤阶煤层气资源与开发技术，初步形成符合新疆主要高瓦斯矿区特点的煤层气抽采、利用的关键技术和典型模式，入选中国"十大地质科技进展"项目；西安

研究院突破矿山区域超前治理保水采煤关键技术，实现由治水为主向治保结合的转变。中国煤炭科工多个单位在煤矿矸石和矿井水处理利用上实现技术突破，北京中煤开展了"大同矿区特厚煤层放顶煤工作面地面高位钻孔矸石充填开采技术研究"项目，取得了矸石返井充填示范效应；杭州研究院高盐矿井水多级膜浓缩与蒸发结晶处理关键技术研究与应用通过科技成果鉴定，标志着我国在煤矿高盐矿井水"零排放"关键技术和工程应用方面取得新突破。

（3）智能开采领域。中国煤炭科工牵头起草并推动国家八部门联合发布《关于加快煤矿智能化发展的指导意见》，布局煤矿智能化标准582项，搭建了煤矿智能化标准体系框架，主导编制煤矿智能化标准120余项。作为煤矿智能化建设的主力军，研发了多项现场应用技术，在国家发改委组织建设的第一批智能化示范矿中，中国煤炭科工二级单位组织或参与建设的项目占比超过60%。天玛智控研究实施的榆家梁煤矿智能化项目，建成了全国首个无人工作面，实现生产期间井下无人监护，做到了无人开采常态化生产。

（4）高效开采领域。太原研究院国内首套掘支运一体化智能成套快速掘进装备入选"坐标中国"，列入党的十八大以来国资央企30个标志性成果之一，煤巷智能化快速成巷成套装备入选国资委"央企杀手锏"；开采研究院首套钻锚一体化智能装备入选"2022年度央企十大国之重器"，康红普院士牵头研发的世界首套10米超大采高综采成套技术与装备，于2023年10月在曹家滩煤矿试生产；天地奔牛成功研发国内首套480米超长工作面综采成套技术装备，在小保当煤矿平均2.5米煤层年产量达到1300万吨；北京中煤国内首台超大直径竖井掘进机"金沙江1号"，实现了井内掘进机械化、智能化、无人化。

3. 强化科技人才队伍建设

加强人才引进培养，坚持"以人才为根本"，着力打造科学家队伍。构建了一支包括院士、首席科学家、设计大师、青年领军人才等在内的3000余人长期从事科学研究的专职研发人才队伍。2020~2022年，中国煤炭科工引进特聘院士 2 人，海外高层次人才 3 人；引进硕博士 2040 人，其中，清北毕业生达 70 人，"双一流"院校毕业生 1150 人，留学生 200 人；博士后科研流动站已吸引培养 45 名博士后，创建了 60 余支科技创新团队。高度重视科技人才激励。提高首席科学家待遇，对获国家及省部级科技奖励、中国专利奖、国际国内发明专利授权的优秀创新团队等进行奖励，奖励金额每年超 1700 万元，实现了科技创新和科技成果落地的有效激励；推动实现各类激励工具向科技人员倾斜，2020~2022 年累计激励科研技术骨干 2300 余人次，兑现激励总额接近 1.5 亿元。

（二）优化转型发展，产业质量持续提升

中国煤炭科工落实制造强国、数字中国战略，持续加大智能制造力度，加快推动数字化转型和国际化发展，提升产业发展基础能力，持续优化产业布局，巩固提升优势业务，加快拓展转型业务，打造单项冠军示范企业 1 家，制造业单项冠军产品 6 项，中小企业中专精特新企业 30 家，占比超过 30%，以高水平科技装备供给引领推动行业转型升级。

1. 优势业务持续提升，行业地位不断巩固

中国煤炭科工在煤炭开采领域具有传统优势，引领了我国历次开采革命。近年来，中国煤炭科工在煤炭开采领域持续提升产业发展基础能力水平，巩固优势业务核心竞争力，推动行业向安全开采、绿色开采、智能开采、高效开采方向转型。

（1）推动智能化、数字化发展，制造产业基础能力有效提升

①智能制造大力推进。顶层设计引领。为深入贯彻关于大力发展智能制造的重大决策部署，中国煤炭科工以产业基础能力、煤机装备等长板优势为目标，明确了"围绕智能输送设备、采煤机、钻探机具、洗选设备、测控仪器仪表、电液控等领域，打造银川、上海、西安、唐山、常州、重庆、北京七大制造基地以及太原装配基地和沈阳新产品孵化基地"的重点任务。智能制造项目建设加快。"十四五"以来，已建成高标准智能工厂 3 个（天玛、西安、重庆）、数字化车间 3 个（西安研究院钻具车间、天玛智控主阀

装配车间、重庆研究院仪器仪表车间）、智能产线 15 条和智能单元 19 个。西安研究院"钻探机具智能制造示范工厂"入选工信部智能制造示范工厂和国家级绿色工厂；"钻探装备智能协同作业应用场景"获评工信部智能制造优秀场景；"钻机装配数字化车间"获"中国智能生产杰出生产应用奖"和陕西省"智能车间"称号。重庆研究院建成的安全仪器仪表智能工厂年产能 30 万台，较传统工厂生产效率提升 32%、生产运营成本降低 23%、产品不良品率下降 30%、研发周期缩短 22%、能源利用率提高 8%，为行业矿用仪器仪表类智能工厂建设提供了示范。天玛智控获评北京市"智能工厂"称号，电磁铁柔性智能装配生产线实现节省人员 8 人，提效 211%，各项指标均处于行业先进或领先水平。同时加快实施宁夏（银川、石嘴山）、唐山高端数字化制造基地，上海奉贤数字工厂，常熟数字工厂等项目。智能车间、生产线、单元的建成投产，使得中国煤炭科工智能制造水平和能力明显提升，有力支撑了公司高质量发展。

②数字化转型深入推进。顶层设计明确。为深入贯彻关于大力发展数字经济、加快推进数字化转型的重大决策部署，中国煤炭科工以"上云用数赋智"为重点突破口，全力打造"三个一"工程，即打造一个中国煤炭科工智慧管控系统、一家数字化转型示范企业、一批数字化转型示范项目。数字化转型示范企业和典型场景培育初见成效。围绕数字化产品、研发设计、智能生产、经营管理数字化、智能服务、产业协同等 6 大类环节组织培育数字化典型场景，在首届国企数字场景创新专业赛总决赛中获一等奖 1 项、二等奖 4 项、三等奖 6 项，位居中央企业前列。已培育西安研究院、天玛智控、重庆设计院、天地王坡、安标国家中心 5 家数字化转型示范企业。西安研究院获得中船社"两化融合管理体系 AA 级评定证书"，在第四届中国工业互联网大赛青岛赛站荣获二等奖，在首届国企数字场景创新专业赛中荣获二等奖 1 项、三等奖 2 项。天玛智控荣获工信部"新一代信息技术与制造业融合发展试点示范企业"，荣获中国煤炭工业协会"2021 年煤炭企业管理现代化创新成果二等奖"和"2019~2020 年度煤炭行业两化深度融合优秀项目"；鸿蒙平台综采设备手机监控软件应用解决方案入选工信部"2022 年工

业互联网 APP 优秀解决方案"。数字技术应用有效推广。太原研究院、西安研究院、天玛智控等 13 家企业在 40 个案例中，利用数字孪生、虚拟仿真等数字化技术，在包括煤机装备研发、选煤厂设计、电液控换向阀的生产加工等环节积极实践，提升数字化水平和应用能力。初步构建煤矿智能化技术标准体系，建成"煤科云"工业互联网平台，打造"煤智云"大数据中心并在保德等煤矿应用。

（2）一企一策明确发展定位，设计产业发展活力有效激发

①北京华宇坚持"深耕煤炭，做强做优"，传承弘扬原煤炭部北京煤炭设计研究院、中煤国际工程设计研究总院的文化和品牌，提升煤矿、洗煤厂的勘察设计智能化水平和工程总承包管理能力，打造了陕煤小保当数字化矿山 EPC 工程、红庆梁煤矿综合自动化系统及子系统 EPC 工程等一批行业智能化标杆项目，其中，小保当 1、2 号矿井及选煤厂获得煤炭行业（部级）优秀工程咨询成果一等奖。

②沈阳设计院坚持"突出露天，传承创新"，突破露天煤矿智能化设计和露天开采核心装备等关键技术，打造了疆纳露天矿智能化总体解决方案总包工程和年产 500 万吨国内首台高寒地区大切割力轮斗连续采煤露天装备示范工程等一批行业标杆项目。

③武汉设计院坚持"聚焦管道，非煤突破"，成功打造了全球运距最长、运量最大的 727 公里神渭管道输煤项目，建成了浆体管道工程实验中心，并突破了一批管道输送关键核心技术，形成了综合一体化解决能力，开展了南芬精矿粉管道输送、广东石油焦灰渣管道输送设计、小保当高浓度煤矸石管道充填等一批示范项目。

④南京设计院坚持"突出智慧，特色多元"，突出数据智能、数字孪生建模等技术在智慧选煤厂、智慧矿山、智慧园区、智慧工厂等应用场景的适用性优势，打造了行业内最全算法模型库与经验数据库，建设了陕煤曹家滩智能化选煤厂、龙凤矿井智慧矿山、神东上湾"黑灯"选煤厂等一批智能智慧示范项目，荣获第四届中国工业互联网大赛领军组单项奖、2023 数字中国创新大赛·信创赛道全国总决赛三等奖，龙凤矿井智慧矿山工程、察哈

素本质安全系统工程获得煤炭行业（部级）优秀工程总承包铜奖，行业影响力持续提升。

（3）努力提升产品技术水平，服务行业能力有效提升

①安全开采保障行业安全。煤矿安全技术不断创新，在煤矿水、火、瓦斯、粉尘等领域，重庆研究院、西安研究院、沈阳研究院、常州研究院、煤科院等企业的灾害防治技术与装备水平处于国内龙头地位或国际先进水平。中国煤炭科工安全监测监控设备市场占有率超过70%，占据市场主导地位。西安研究院研制的大功率定向钻进技术及装备，广泛应用于煤矿安全生产过程中的探放水、含水层改造、隔水层加固等，参与了国内80%以上煤矿特大突水灾害抢险救援，承担了80%以上煤矿特大突水灾害治理工程，为杉木树煤矿透水事故、骆驼山煤矿抢险等60余次应急救援提供了有力支撑。重庆研究院实现了深部矿井煤与瓦斯突出井上下联合防控，井下防突工程量和时间缩短40%以上，已在20余对矿井推广应用。煤科院智能通风强化核心产品和核心技术在大型矿井市场占有率超过70%。沈阳研究院重磅发布基于昇腾AI机器人的解决方案，由智能巡检机器人分析安全隐患，提升巡检效率。集团先进的安全技术与装备，有力地促进了煤矿安全形势根本好转。打造行业示范标杆。天地华泰、开采研究院发展专业化生产运营示范项目，示范运营矿井累计超过30个，生产原煤累计5.8亿吨，年产原煤最高6000万吨（2018年），示范运营选煤厂累计4个，年入洗原煤最高1400万吨（2018年）。天地王坡作为集团唯一的示范矿井，整合集团智能化建设领域的优势资源，采用"兵团作战"全新模式，建成Ⅱ类中级智能化示范煤矿，高分通过国家首批智能化示范煤矿建设验收，打造了智能化综采标杆。

②绿色开采筑牢生态红线。大力开展生态治理。集团整合内部优势资源成立中国煤炭科工生态环境科技有限公司，大力推动矿区生态建设、采煤沉陷区土地再利用、煤矿矸石利用和处置技术研究，打造了抚顺西露天矿、济宁任城采煤沉陷区、青海木里矿区等一批生态治理标杆项目，近年来经济运行状况良好。加快推动绿色开采。开采研究院等企业推动开采方式向绿色、低损耗、低碳方向转型，实现无害化开采，推动实施充填开采、保水开采、

减沉开采，实施了郭家湾煤矿连采连充项目、三道沟煤矿粉煤灰固碳与采空区注浆防灭火综合利用项目等一批示范项目，取得了较好成效。重点发展矿井水处理。杭州研究院推动煤矿矿井水零排放技术研究，先后设计建设了补连塔煤矿、红庆河煤矿等10余个高盐矿井水零排放项目，助力煤矿"黑水"变"清水白盐"。探索发展瓦斯利用。重庆研究院、煤科院大力发展乏风蓄热氧化利用项目，加快推动产业化发展。

③智能开采引领行业方向。中国煤炭科工在智能开采方面发挥"研发一体化、产业一盘棋"优势，与国家能源集团联合成立煤矿智能化协同创新中心，汇聚双方优势和产业资源，形成世界领先的智慧煤矿建设方案和标准体系，带动和支撑全国煤矿智能化发展；大力实施一体化营销，整合煤科院、常州研究院、天玛智控、开采研究院等单位合力，以先进技术成果为支撑，在全国率先提出并制定了"六统一"的智能化井工煤矿、智能化露天矿、智能化选煤厂3个一体化解决方案，设计了30余个专业解决方案，组织实施煤矿智能化建设重点项目50余项，承建的一批智能化项目顺利通过国家首批智能化示范矿井验收，引领了行业智能化水平提升。

④高效开采支撑行业发展。中国煤炭科工在中国煤炭机械工业50强企业名单上始终居第一位，上海煤科的采煤机和皮带输送设备、太原研究院的智能快掘成套装备、天地奔牛高效刮板输送装备等主导产品，市场占有率稳居国内前3位。上海煤科研制的世界首台9米大采高智能化采煤机，曾创采煤机装机功率与开采高度的世界之最；太原研究院研制的国内首套掘支运一体化智能成套快速掘进装备，创月进尺3088米世界纪录，智能快掘成套装备创造全国首个超大采高超大断面月进尺1980米掘进纪录；天地奔牛成功研制10米超大采高刮板输送装备，首次突破了10米特厚煤层综采工作面智能刮板输送装备的关键技术瓶颈。中国煤炭科工的高端装备供给有力地支撑了行业开采效率提升，2013~2022年全国煤矿平均单井产能由38万吨/年左右提高到120万吨/年以上，人均生产效率由750吨/年提高到1800吨/年。

（4）重点突破煤炭利用业务，产业化发展效果初现

中国煤炭科工在煤炭清洁高效利用领域具有深厚的历史底蕴，曾经率先

开发了煤炭直接液化工艺和催化剂，为我国首个百万吨直接液化示范工程起到了重要的科技支撑作用。近年来，中国煤炭科工加快落实习近平总书记关于煤炭清洁高效利用的重要指示批示精神，加快煤化工、节能减碳等清洁高效利用科技创新和产业发展，取得了一定成效。

①节能减碳推广力度加大。突破高效燃烧关键核心技术，天地融创、煤科洁能先后实施了神东、济南、太谷等地煤粉锅炉项目，设备成功出口老挝。相较普通燃煤锅炉，煤粉锅炉热效率提升近 10 个百分点，单台 40 吨煤粉锅炉每年可节约标煤 3000 吨，减排粉尘 4 吨、SO_2 30 吨、NO_x 30 吨，污染物达到近零排放，高效、节能、环保效果十分显著。煤科洁能加快推广水煤浆技术，迭代升级的第 3 代制浆技术已成功应用，在气化水煤浆提浓市场占有率超过 90%，在神渭管道煤浆提浓项目中，煤浆浓度达 67% 以上。唐山研究院加大高端智能洗选装备技术攻关力度，自主研制了世界最大 SID 超级智能干选机、首台国产生石灰干法提质成套装备、矿用水仓清淤机器人、压滤物料定量破碎机、SSS 型光电智能干选机等一批先进装备，企业发展质量持续提升。

②现代煤化工产业化提速。成立低碳研究院，全面布局煤炭清洁转化利用相关产业，新型高效气化炉、PEN 材料、煤焦油提酚、煤化工节水等 4 项技术取得突破，即将转入工业性实验，加快推动煤炭由燃料向原料转化。固定床节能改造技术将于 2023 年完成工程示范，解决了固定床气化废水量大、污染大的问题，有效节水超过 60%。输送床煤气化炉技术完成 50 吨/天中试工艺包编制工作，为产业化后建成国内首套 4000~5000 吨/天输送床煤气化炉奠定基础。煤基 PEN 新材料技术打通 PEN 新材料制备技术路径，成功突破国外公司长期垄断，解决了 PEN 材料"卡脖子"问题。与窑街煤电合作成功开发瓦斯提质及氦气精制工艺技术，2023 年建成地面抽采煤层气利用与氦气精制联产系统，煤层气提氦技术成熟应用，打通了煤层气开采、利用产业链一体化关键环节。

（5）加快国际化发展步伐，品牌影响力持续提升

近年来，中国煤炭科工持续加大俄罗斯、刚果（金）、土耳其、印度尼

西亚、印度、澳大利亚等国际市场交流和业务拓展力度，国际化业务呈现较快的增长趋势。科工国际作为集团海外市场产品销售平台，围绕煤机整装销售深化合作，有序推进哈萨克斯坦市场成套设备供货项目，成功出口上海研究院掘进机设备、太原研究院短壁成套设备、天地储装智能火车快速定量装车系统。中国煤炭科工2022年对外业务合同总额同比增长207%，合同总额创历史新高。

2.转型业务发展加快，可持续发展能力提升初见成效

中国煤炭科工积极拓展非煤新兴业务，近年来，加大优势技术装备产品向非煤领域拓展力度，在非煤矿山、工民建和交通水利、人工智能、新能源新材料等领域的转型发展取得了一定进展，打造了新增长点。

（1）非煤矿山应用拓展初见成效。上海煤科采煤机在贵州铝土矿推广应用，带式输送机在印度尼西亚火法镍金属冶炼项目拓展应用。太原研究院掘进机向老挝钾盐矿、新疆金矿等矿山延伸。唐山研究院洗选装备在云贵地区磷矿、萤石矿、石灰石矿、铝矾土矿等矿山拓展。天地储装智能装车系统向港口、化工、物流等领域延伸。北京中煤反井钻机装备，已在多个矿山、水电工程中成功应用。

（2）工民建和交通水利打响区域品牌。重庆设计院依托西南地区市政建设领域取得的较好成绩，曾经入选中国十大建筑设计院榜单，在西南地区有较好的口碑。重庆研究院智慧城市公司积极拓展业务，成功开展了重庆两江智慧城管等示范项目。重庆研究院爆破所以服务民爆重点客户为主，核心业务包括爆破工程、油相材料、民爆装备和安全技术服务。北京中煤特种工程施工技术水平较高，成功实施了国内首例全冻结暗挖C型联络通道主体结构等一批示范工程，在地铁隧道领域形成了一定的市场影响力，并拓展了金沙江上游水利工程等项目。上海煤科游艺机公司先后建成"广州塔""天津之眼""南昌之星"等一批摩天轮地标项目。

（3）新能源新材料取得新突破。在新能源方面，西安研究院紧抓地热产业发展的黄金窗口期，建成高新院区中深层地热能建筑供暖示范工程，与传统的锅炉供暖方式相比可节约能源50%以上，签约落户西咸新区秦创原，

设立秦创原科创中心，成立地热能开发公司，不断提高地热能产业的投入和产出水平。重庆设计院组建合资公司，立足西南区域，大力发展风电、光伏电站等新能源工程勘察设计和工程总承包项目。天地王坡计划投建矿区分布式太阳能光伏发电项目，利用现有场地在厂区内闲置屋顶建设分布式光伏电站，实现自发自用。在新材料方面，重庆研究院科聚孚公司在新材料领域进行了产业布局，主要产品改性塑料替代性、实用性强，目前已在仪器仪表、汽车零部件领域推广应用，阻燃材料已通过欧盟认证，出口市场前景较好。

（4）人工智能加快发展。设立机器人公司，整合沈阳研究院特种机器人事业部优势资源，陆续攻克图像识别、声音识别、导航定位等 3 大类近 20 项关键核心技术，加快发展矿山、镁铝、钢铁、石化等行业特种机器人，累计完成煤矿巡检、辅助作业、非煤领域 3 大类 46 款机器人产品，打造了包含重庆研究院及西安研究院打钻机器人、太原研究院重载搬运机器人、开采研究院喷涂机器人、煤科总院救援机器人等特种机器人产业集群。

（三）全面深化改革，产业发展活力动力有效激发

中国煤炭科工以改革三年行动为抓手，持续激发活力，优化资源配置，大力实施"四化"发展，深化供给侧结构性改革，强化正向激励，2022 年度中央企业改革三年行动考核获评 A 级，产业发展活力动力有效激发。

1. 实施"四化"发展，产业发展动力有效提升

明确"集团化、专业化、区域化、国际化"发展思路，拓展发展空间。西安研究院、上海煤科、太原研究院、重庆研究院、天地奔牛、天玛智控、重庆设计院等 7 家企业实施集团化发展，加快做强做优做大，打造细分产业链；唐山研究院、杭州研究院 2 家企业提级管理，实施专业化发展，进一步提升水处理环保、高端洗选装备的核心竞争力和行业影响力，打造专精特新、隐形冠军企业；实施区域化发展，落实央企兴疆计划，设立新疆研究院、筹建内蒙古研究院，明确区域总部定位，拓展提升区域业务和品牌影响力；加大国际化发展力度，建设澳大利亚研发中心，设立日本、德国研发中心，设立天地科技国际分公司，推动国际研发与产业一体化建设。

2. 强化正向激励，企业发展活力持续激发

坚持能用尽用、能推尽推原则，强化顶层设计，构建"1+5+5"系统多元、符合市场规律的正向激励体系。推动实现各类激励工具应用全覆盖、重点企业全覆盖，2020～2022年批复岗位和项目分红、超额利润分享、股权激励、项目跟投等各类激励计划77项，累计激励核心骨干人员3000余人，兑现激励总额近1.5亿元。其中，已实施的39项科技成果转化项目实现新增创利4亿元以上，累计兑现激励总额近3000万元，有效激活了企业高质量发展的内生活力动力。3家企业获批国务院国资委跟投试点，位居央企前列。西安研究院地热能综合开发利用产业化项目已成功实现公司化运作，打通了科技成果转化的新通道。

3. 深化供给侧结构性改革，资源配置持续优化

在全级次企业开展"企业压减""两非治理""低效资产处置""参股退出"等多种方式压减工作，促进资源向主业集聚。2020～2022年，压减企业25家，清退参股企业36家，成功退出北京源平马家田、抚顺房地产等一批高风险项目，不断优化存量、控制增量，产业布局和结构持续优化。

三　未来发展方向

"十四五"时期后半程及更长时间，中国煤炭科工将更加全面系统贯彻落实习近平总书记重要指示批示精神、落实党的二十大精神、完整准确全面贯彻新发展理念的要求，服务"双碳"目标实现，以"1245"总体发展思路为引领，强化科技创新核心地位，坚定落实做强做优做大"一个目标"，并把做强放在优先位置，深入实施"创新驱动、做强主业"战略，推动向基础原创、价值创造、数字智能和绿色低碳转变，用好提高核心竞争力、增强核心功能"两个途径"，积极发挥科技创新、产业控制、安全支撑"三个作用"，加快"四化"发展和产业优化转型，更大力度布局前瞻性、战略性新兴产业，推进新一轮改革深化提升行动，加快建设世界一流科技创新型企业。

（一）完善体制机制，加快建设科技领军企业

坚持"追求真理、探索奥秘、勇于创新、家国情怀"科技创新理念，围绕产业链部署创新链，推进创新链、产业链、资金链、人才链深度融合，建设煤炭科技领军企业。一是持续深化科技机制改革。持续深化科技管理"放管服"改革，推行"揭榜挂帅"和"赛马"机制，赋予科学家更大的技术路线决定权、项目团队组建及考核权、经费支配自主权和科技成果收益权。关注产出能力、成果转化、市场占有率等指标，健全评价体系，完善研发投入产出评价机制。二是强化原创性、引领性科技攻关。加大原创性领域科技攻关支持力度，加强前瞻性、战略性新兴技术研发，聚焦人工智能、新能源新材料等前瞻性、战略性新兴产业。三是主导推进产学研深度融合。优化提升三级研发体系运行效率，优化海外研发中心建设布局，全面推进 IPD（Integrated Product Development）体系建设。建设高水平创新平台，集中全集团之力建设 2 个全国重点实验室，着力提升国家工程研究中心、国家认定企业技术中心的产业技术研发能级。加强科技交流合作，主导或参与中央企业创新联合体建设，建强建好煤矿智能化协同创新中心等现有创新联合体。充分发挥海外研发与产业化一体化平台作用，整合全球创新要素，提升国际创新合作水平，构建全球煤炭科技创新高地。四是加快科技成果转化和推广应用。加快实施知识产权资本化改革，完善成果转化的市场化机制。加大首台装备、首批次材料等产品的攻关开发力度，力争每年均有一批成果纳入央企科技创新产品目录。五是培养造就一流科技人才队伍。强化科技人才培养，建成"高层次科技人才百人团"，多措并举汇聚科技人才，探索柔性引智机制；用好用活科技人才，加快建设煤炭行业全球重要人才中心。

（二）优化产业布局，服务现代化产业体系建设

实施做强主业战略，坚定不移做大，更要意志坚定地做强做优，特别是将做强放在优先位置，提高核心竞争力，增强核心功能，优化调整布局结

构，服务国家重大战略，服务现代化产业体系建设。一是大力布局前瞻性、战略性新兴产业，开辟拓展新赛道。加大前瞻性、战略性新兴产业布局力度，坚持边发展、边突破、边布局，加快发展人工智能、新能源新材料等前瞻性、战略性新兴产业。加快非煤业务延伸，装备产品向非煤矿山领域应用，灾害治理技术服务向非煤矿山领域拓展和向防灾救灾、应急保障领域延伸，设计工程业务向市政管廊、地铁隧道等领域拓展。二是加快传统优势产业升级，巩固发展主赛道。推动安全、绿色、智能、高效等四方面提升，全面提升煤炭开采领域产业核心竞争力、增强核心功能；深入实施产业基础再造工程，推动装备制造高端化、智能化、绿色化；大力发展煤炭清洁高效利用产业，在推进能源革命中发挥更大作用。三是推进"四化"发展，拓展产业发展空间。落实集团化发展，加快建成集团内部"链主"企业，使之成为集团产业发展的主力军。落实专业化发展，持续加大内部专业化整合，打造更多单项冠军、专精特新企业、小巨人企业。落实区域化发展，面向能源主战场和行业重点客户，在重点区域优化产业布局，建设好新疆、内蒙古2个区域总部。落实国际化发展，高质量共建"一带一路"，在重点国家布局开拓，深耕细作，打造品牌；加大在矿用产品安全标志等国际标准方面的互认，参与国际规则和标准制定，提升国际科技创新话语权。四是优化资源配置，向优势主业和前瞻性、战略性新兴产业集中。坚持做强主业、优化配置，促进非主业逐步出清退出。加大外延发展力度，加大优势主业和前瞻性、战略性新兴产业领域投资力度。深化供给侧结构性改革，加大低效、无效参股企业清退和亏损子企业治理力度，推进闲置土地盘活、闲废物资处置工作。

（三）健全市场化机制，打造现代新国企

深入学习贯彻习近平总书记关于国有企业改革发展和党的建设的重要论述，巩固改革三年行动成效，乘势而上实施改革深化提升行动。一是全面构建中国特色现代企业制度下的新型经营责任制。加大授权放权，让企业成为真正独立运行的市场化主体，"让听得见炮声的人做决策"，让企业想干事、

能干事、干成事。持续提升经理层成员任期制契约化管理工作质量，增强契约目标的战略性、科学性、挑战性，明确"80分"合格线标准，坚决落实"双70"退出机制，刚性考核、刚性兑现。更大范围、分层分类落实管理人员经营管理责任制，将契约化管理向部门负责人延伸，向全体管理人员延伸。完善用工市场化机制，科学开展岗位价值评估，提高绩效考核的精准性、科学性，提升用工效率。二是健全精准高效的收入分配机制和激励机制。秉持"以能力决定职位、以贡献决定待遇"的思路，持续完善与效益、效率挂钩的薪酬分配制度，提高人力资本在收益分配中的比重。完善工资总额管理机制，坚持"减人不减资、增人不增资"，建成具有中国煤炭科工特色的科技创新型企业工资总额决定和增长机制。完善薪酬分配机制，坚持"以岗定薪、一岗一薪、易岗易薪"，与绩效紧密挂钩，加大收入分配向具有突出贡献的人才和一线苦脏险累岗位倾斜力度。深入推进中长期激励，更大范围、更大力度规范实施岗位分红、项目收益分红、超额利润分享制度，积极推动股权激励。三是激发基层企业创新精神和示范企业引领作用。发挥科改企业、双百企业示范带动作用，充分利用"小切口"政策加大改革力度。提升上市公司运行质量，支持资产质量高的企业上市融资，支持符合条件的企业分拆上市。推动混合所有制企业深度转换经营机制，坚持"三因三宜三不"原则，把深度转换经营机制作为工作重点，积极稳妥深化混合所有制改革，更大力度激发企业活力。

（四）强化风险防控，坚守不发生重大风险底线

提高重大风险预控能力，加强合规体系建设，健全风险防范体系，着力防范化解各类风险隐患。一是完善风险防范体系。不断健全重大风险预防和管控体系，以推行全面风险管理方式为重点，建立风险防控长效机制。二是严格防范遏制安全生产事故的发生。推动实施全过程安全管控，完善安全生产责任体系。强化重点领域安全生产管理，落实重大事故隐患排查整治专项行动，持续加强重点区域、重要项目的安全风险管控和隐患排查治理工作。三是抓好重点经营风险防范化解工作。建立健全多层次债务风险预警机制，

加强制度建设，强化法律合规管理，健全企业境外重大投资项目后评价机制，强化监督问责震慑作用，严控高风险地区投资。

（五）强化党的建设，发挥党建引领作用

把坚持党的领导、加强党的建设贯彻到中国煤炭科工改革发展全过程，以高质量党建引领保障高质量发展。一是加强企业领导人员队伍建设。按照对党忠诚、勇于创新、治企有方、兴企有为、清正廉洁的要求，打造领导人员队伍。二是大力弘扬企业家精神。建立完善领导人员干事创业的有效机制，深入实施优秀企业家培育行动，打造一批具有爱国情怀、全球战略眼光、市场开拓精神、管理创新能力、社会责任感，具有大格局、大视野、大情怀的企业家。三是落实全面从严治党体系任务要求。深入开展纪检监察体制改革，充分发挥党风廉政建设和反腐败工作协调小组作用，形成监督合力。加强政治监督，推进政治监督具体化、精准化、常态化。以严的主基调强化正风肃纪反腐，突出重点领域、紧盯重点对象，协助完善从严管理干部队伍制度体系，进一步完善干部能上能下的选人用人机制，营造风清气正的环境，不断推进廉洁党风建设。

参考文献

武士杰、汪晓伟、高铭远：《实施混改企业差异化管控的实践与探索》，《企业家》2022 年第 2 期。

安栋平、张立权：《来自煤　依托煤　发展煤——中国煤炭科工集团科技创新引领企业发展侧记》，《中国电力报》2023 年 1 月 17 日。

《聚力核心技术攻关　构筑产业发展新优势》，《中国煤炭报》2023 年 6 月 17 日。

刘峰、张建明、杨扬：《质量标准助推煤炭行业高质量发展研究》，《中国煤炭》2023 年 8 期。

B.21
内蒙古煤炭工业发展实践与探索

内蒙古煤炭工业协会课题组*

摘　要： 改革开放以来，内蒙古煤炭工业先后经历整顿调整和脱困发展，实现高质量跨越式发展，并积极探索多元化和转型发展道路，逐步形成绿色、集约、高效、智能、安全的现代煤炭工业体系。在"双碳"目标下，内蒙古煤炭工业坚持生态优先、绿色发展，在高质量发展道路上不断改革创新，开辟新的转型发展路径，切实肩负保障国家能源安全的重大责任。

关键词： "双碳"目标　煤炭工业高质量发展　煤炭工业转型发展

改革开放以来，我国经济持续快速发展，带动煤炭需求迅速增加，为内蒙古煤炭优势的发挥提供了广阔市场。在自治区党委、政府的正确领导下，内蒙古煤炭工业得到了长足发展。煤炭经济体制由计划经济体制转变为市场经济体制，产业结构得到显著优化，煤炭工业生产力水平实现了跨越式发展，奠定了煤炭工业健康可持续发展的坚实基础。尤其是党的十八大以后，自治区党委、政府认真学习贯彻习近平总书记考察内蒙古重要讲话精神和党中央、国务院各项决策部署，始终坚持"生态优先、绿色发展"的原则，稳中求进、改革创新，调整和优化煤炭工业产业结构，引导煤炭工业转型升级，推进智能化矿山建设，逐步形成绿色、集约、高效、智能、安全的现代煤炭工业体系。

---

* 课题组组长：刘锦，内蒙古煤炭工业协会会长，高级工程师。课题组成员：田春旺，内蒙古煤炭工业协会秘书长，高级工程师；李柏衫，内蒙古煤炭工业协会主任，经济师。

一 内蒙古煤炭工业发展历程

（一）在改革中整顿调整

党的十一届三中全会确定工作重点转移后，煤炭行业按照"发挥中央和地方两个积极性，大中小一起上"精神，恢复健全了各项规章制度，全面实施行业调整，开展煤炭企业整顿工作，大力发展煤炭生产，有效缓解了当时煤炭供求紧张的局面。党的十二大以后，按照"以煤炭产量翻一番保全国工农业总产值翻两番"的战略目标，煤炭工业在生产经营、基本建设、劳资管理、煤炭销售等方面进行了改革，探索了新的发展之路。1979 年，内蒙古恢复了原来的自治区区域面积，同时自治区对东西部工业经济统筹进行了第二次整顿调整，煤炭工业生产迅速恢复，机械装备逐年增多，安全生产有了保障。1981 年底，全区共有统配煤矿 29 个，地方国营煤矿 73 个，社队集体煤矿 516 个，年产量 2178.72 万吨，总产值 44620.85 万元。

1983 年 4 月，国务院出台的《关于加快发展乡镇煤矿的八项措施》指出，鼓励采取多种形式促进群众办矿，乡镇煤矿和个体煤矿蜂拥而起。到 1986 年，全区乡镇集体煤矿发展了 1200 多个，从业人数达 4 万余人。地方煤矿产量迅猛增长，不但和原有统配煤矿争区内市场，而且争运力、争区外市场，一度出现了产大于销、产大于运的局面，自治区煤炭价位下滑，出现了煤炭行业全面亏损的被动局面。

1985 年，煤炭行业学习农村改革，开始实施全行业投入产出总承包政策。内蒙古自治区西部的包头、海勃湾、乌达 3 个统配矿务局和内蒙古自治区东部的宝日希勒一矿与原煤炭工业部签订总承包合同，实行为期 6 年的投入产出总承包政策。除生产计划仍为国家指令性计划外，煤炭销售随着煤炭市场的放开，逐步实行以运定产、以销定产、统一分配和市场调节相结合的销售形式，按市场需求自营自销。截至 1990 年，内蒙古自治区已建成大中型国家统配露天矿 5 个，生产能力为 880 万吨/年。全区有国家统配矿务局 8 个，地方国营煤矿 73 个，乡镇集体煤矿 2131 个。全区煤炭产量由 1980 年

的 2210.09 万吨，增加到 1990 年的 4761 万吨，位居全国第 8 位。煤炭工业总产值由 1980 年的 33642.4 万元，增加到 1990 年的 110851 万元。

（二）在脱困中发展

1992 年，邓小平"南方谈话"开启了我国改革开放的序幕。1996 年，《中华人民共和国煤炭法》的实施，使我国煤炭行业发展走上规范化、法制化的轨道。在一定程度上规范和改善了煤炭生产经营秩序，抑制了煤炭市场的恶意竞争行为。1998 年，煤炭工业部直管的内蒙古"9 局（公司）1 矿"（乌达、海勃湾、包头、大雁、扎赉诺尔、平庄、霍林河矿务局，准格尔煤业公司、万利煤业公司和宝日希勒一矿）下放到自治区管理。同年，乌达、海勃湾、包头矿务局和准格尔煤业公司、万利煤业公司划归神华集团。随后平庄、霍林河矿务局相继下放到所在盟市，组建为集团公司。大雁、扎赉诺尔矿务局建制撤销，与宝日希勒煤炭集团公司，组建呼伦贝尔煤业集团公司。1994年，撤销内蒙古自治区煤炭工业厅，改为内蒙古自治区煤炭工业局加挂内蒙古煤炭工业管理局牌子，退出政府组成序列。2000 年，内蒙古煤炭工业管理局改组为内蒙古煤矿安全监察局，与自治区煤炭工业局合署办公。

随着统配煤矿的改革，地方国营煤矿也进入改革阶段，大矿和央企合并，小矿民营化，支持企业上市融资。在改革过程中，自治区相继开展关井压产、生产经营秩序整顿工作。到 2000 年底，全区关闭证照不全的小煤矿1737 处。为化解煤炭产品外运通道瓶颈制约，自治区加快推进铁路建设步伐，增加了包头—朔州、准格尔—大同、集宁—通辽的煤炭铁路外运通道，年货运能力增加 4500 万吨。在煤炭工业生产建设方面，1991~2000 年，国家批复的矿区总体规划 3 个，总规模 6045 万吨。在内蒙古自治区规划的大型煤矿建设项目陆续开始实施。

（三）高质量跨越式发展

2002 年，根据《中共中央关于完善社会主义市场经济体制若干问题的决定》，煤炭工业体制改革和产业结构调整进一步深化，乡镇集体煤炭企业彻底退出了历史的舞台。内蒙古民营煤炭企业在这个时期迅速发展壮大，大量民营资本进入内蒙古自治区，尤其是煤炭资源丰富的鄂尔多斯市，在国家政策导向下，所有的原地方国有煤矿和乡镇煤矿逐步转为民营企业。自治区煤炭产业格局不再是"三足鼎立"（中央企业、地方国有和集体企业、民营企业），而是"两家独大"（中央企业、民营企业）。

2003 年 12 月，自治区政府印发《关于加快发展重点煤炭企业的指导意见》，确定了 20 家自治区重点煤炭企业。以这 20 家重点煤炭企业为依托，建设了 7 个 5000 万吨级以上煤炭生产基地、2 个特种煤基地，建成 11 个 1000 万吨级以上的大型或特大型煤炭企业，并在资源配置、铁路运输、电力供应等方面给予了优先扶持。

从 2005 年起，内蒙古自治区政府提出，3 年之内解决小煤矿的问题。并相继出台了《关于加快煤炭产业结构调整的指导意见》《关于促进煤炭工业健康发展的意见》等文件。到 2007 年，仅鄂尔多斯市整合的小煤矿就达 300 多个，形成年产 30 万吨以上的大中型煤矿 156 个，基本实现全市地方煤矿采煤机械化。

2008 年 11 月，在自治区煤炭行业产业升级改造的同时，自治区又出台了《煤矿整顿关闭工作实施方案》，结合自治区实际，分类指导、分批实施，将全区未达到国务院《关于预防煤矿生产安全事故的特别规定》要求的安全生产条件的煤矿，按照停产整顿、关闭取缔、整合技改三类，停产关闭一批，技术升级改造一批。2009 年 6 月，为加快煤炭产业的资源整合进度，加快产业技术升级步伐，自治区出台了《关于进一步完善煤炭资源管理的意见》，提高了新建露天煤矿的办矿条件，明确新建煤矿年开采能力不得低于 300 万吨。2001~2010 年，国家批复了霍林河等 25 个矿区的总体规划，总规模 85974 万～86174 万吨/年，这些矿区大部分为神东、蒙东（东北）国家大型煤炭基地内的主要矿区。

二 内蒙古煤炭工业多元化、转型发展之路

自治区煤炭工业经过 10 年"黄金期"的高速发展，产业结构逐步由

"小而多"向"大而强"转变，由单一的原煤生产向深加工和综合利用转变；煤炭开采方式由非正规化开采向正规化、机械化开采转变。煤炭工业形势以向好的趋势发展。在 2010 年全区 353 家地方煤炭企业中，1000 万吨级及以上的有 6 家，300 万~1000 万吨（含 300 万吨）的有 22 家，120 万~300 万吨（含 120 万吨）的有 56 家，120 万吨以下的有 269 家。2011 年 3 月 15 日，内蒙古自治区政府印发《自治区煤炭企业兼并重组工作方案》，计划利用 3 年时间，对全区现有地方煤炭企业实施兼并重组，使地方煤炭生产企业数量减少到 80~100 家；煤炭生产企业最低生产规模由 30 万吨/年提高到 120 万吨/年。

2015 年，内蒙古自治区政府发布了《关于深化煤炭资源市场化配置的意见》，再次把煤炭资源转化政策提升到"转化效率、节能减排、安全生产、投资效益"等综合考量的新高度，2015 年底，自治区煤炭转化消费量 2.88 亿吨，煤炭转化率达 31%。

"十二五"规划期间，在煤炭运输通道建设方面，主要运煤的鄂尔多斯市"三横四纵"铁路网基本形成；锡林郭勒盟到绥中、锦州、曹妃甸港的海运煤炭通道基本打通；建成通达蒙古的甘其毛都、满都拉等煤炭进口口岸铁路；全长 1837 千米、规划设计输送能力 2 亿吨/年（北起内蒙古，经陕西、山西等 7 省区到达江西吉安）的蒙华铁路蒙冀段开通，为世界上一次建成最长的重载运煤铁路。自治区在加大煤炭外运能力的同时，实施"煤从空中走"战略，大力推进电力输送通道建设。蒙西地区初步形成"三横四纵"500 千伏主干网架结构，蒙东地区 500 千伏电网初步建设。已建成 500 千伏变电站 28 个、变电容量 4830 万千伏安、500 千伏线路 7576 千米。形成了丰镇至万全再至顺义、托克托至安定、岱海至万全、元宝山至辽宁盘锦、通辽至辽宁、伊敏至黑龙江等向华北和东北地区的送电通道；开工建设蒙西至天津、锡林郭勒盟至江苏、上海庙至山东、锡林郭勒盟至山东的电力外送通道及配套电源项目，增加了内蒙古向"三华"（华东、华中、华北）地区的输电通道。已建成的 11 条 500 千伏外送电通道，年外送电能力达 2600 万千瓦。2015 年，全区年输出电量达到 1397 亿千瓦时，居全国第 1

位，年输出电量占到全区发电量的近41%，占全国跨省送电量的17%，成为国家"西电东送"的重要能源基地。

"十三五"规划期间，内蒙古自治区煤炭工业坚持以煤为基础，以电力为先导的能源发展方针，立足区内，面向全国，发挥煤炭资源丰富、开发条件好的优势，充分利用现有生产能力，增强煤炭供应保障能力，煤炭总产能达到13.4亿吨/年、占全国的1/4，千万吨级煤矿产能超40%，单矿平均产能达260万吨/年，为全国平均水平的3倍，建成了全国重要的煤炭供应保障基地。实施供给侧结构性改革，累计退出产能0.69亿吨/年，超额完成国家下达的任务。优质产能有序释放，新增优质产能1.6亿吨/年。煤炭产能结构不断优化，全区单矿平均产能达到259万吨/年，较2015年提高32个百分点，大型煤矿产能占全区煤矿总产能的89.3%，较2015年提高4.2个百分点，发展质量和效益显著提升。

2018年，国家机构改革，撤销了内蒙古自治区煤炭工业局，重新组建了内蒙古自治区能源局。自治区煤炭工业贯彻落实"四个革命、一个合作"能源安全新战略，继续推进煤矿机械化、数字化、智能化建设，提升煤矿安全、绿色、高质、高效开发水平。煤炭工业走向科学可持续发展的道路。

煤炭科技创新水平进一步提高。首批基于5G技术实现驾驶无盲区的大型矿车投入运行，为后续智慧矿山、无人驾驶、远程操控奠定了基础；首座全断面隧道掘进机施工长距离煤矿斜井建成启用；首套国产8.8米一次采全高综采工作面成套设备成功应用，采高创世界纪录；含水层下特厚煤层上向分层长壁逐巷胶结充填采煤技术理论取得突破；褐煤发电烟气提水、煤炭地下气化等新技术率先示范应用；煤炭清洁高效转化推动煤炭由燃料向原料转变，加快煤制油气、烯烃、乙二醇等现代煤化工产业发展，年转化煤炭超1亿吨，建成了全国门类齐全的现代煤化工生产基地。

建成全国重要的煤炭保供基地。"十三五"规划期间，自治区全面落实党中央保能源安全决策，把能源保供作为重大政治任务，全力实施增产保供、稳产保供、多元保供、安全保供等措施，全力保障对全国的煤炭供给。累计生产原煤48.5亿吨，缓解了华北、东北、华东等地区用煤紧张的局面，

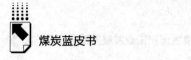

有效应对新冠疫情对煤炭供应的挑战，为经济社会发展筑牢能源"安全线"。2022年，内蒙古能源经济多项指标在全国保持领先——煤炭产量达到12.2亿吨，电力总装机容量达到1.73亿千瓦，新能源建成装机规模达到6500万千瓦，煤炭保供规模达到9.45亿吨，外送电量达到2640亿千瓦时，对外输电能力达7000万千瓦。内蒙古在保障国家能源安全中尽显担当。

三 "双碳"目标下内蒙古煤炭工业的发展

2020年，"双碳"目标提出以后，习近平总书记在多次工作会议上强调，要把碳达峰碳中和纳入生态文明建设整体布局；要推动绿色低碳技术实现重大突破，抓紧部署低碳前沿技术研究，加快推广应用减污降碳技术，建立完善绿色低碳技术评估、交易体系和科技创新服务平台。"双碳"目标对我国能源结构、产业布局、区域经济发展产生深远影响，为煤炭行业转型发展设置了重要的先决条件，如何在"双碳"背景下做好煤炭行业稳步升级发展是当前亟待研究的课题。

（一）"双碳"政策的实施

随着"双碳"目标的提出，全国各行业积极推进"双碳"工作，倡导绿色生活方式，推进经济社会全面绿色低碳转型发展。2021年9月22日，中共中央、国务院发布了《关于完整准确全面贯彻新发展理念做好碳达峰碳中和工作的意见》，确定了"双碳"指导思想、工作原则和主要目标。10月24日，国务院发布了《2030年前碳达峰行动方案》。随后，国家各有关部门相继出台12份重点领域、重点行业实施方案和11份支撑保障方案。能源行业是实现"双碳"目标的重点领域和关键环节，国家能源局以能源革命为抓手，紧紧围绕实现"双碳"目标，适时发布了《能源碳达峰碳中和标准化提升行动计划》，进一步提升能源标准化水平，为能源碳达峰碳中和目标的实施提供有力的支撑。与此同时，全国31个省、自治区、直辖市结合本地区的实际，陆续出台了碳达峰实施方案。自此，碳达峰碳中和"1+

N"政策体系顶层设计架构基本建成。

改革开放以后，具有资源禀赋优势的内蒙古迅速发展为全国重要的能源和原材料供应基地，长期以来形成了以能源和重工业为主的产业结构，导致自治区的经济发展过度依赖高耗能、资源型产业。2021年，能源、化工、冶金、建材四大产业对自治区工业经济增长的贡献率达到87.8%。据自治区统计局公布的数据，"十三五"规划期间，全区规模以上工业企业中，高耗能企业占比近50%，能源原材料工业增加值占规模以上工业增加值的比重达86.5%，钢铁、电力、铝业、水泥、化工、氢等六大高耗能行业能耗占规模以上工业能耗的比重达87.7%，全区单位GDP能耗是全国平均水平的3倍。因此，2021年起，自治区党委、政府以着力构建"1+N+X"政策体系为引领，出台了《关于内蒙古自治区严格能效约束推动重点领域节能降碳工作的实施方案》《关于完善能耗强度和总量双控政策 保障"稳中求进"高质量发展的通知》《坚决遏制"两高"项目低水平盲目发展管控目录》等一系列节能降耗政策文件，特别是出台了《关于完整准确全面贯彻新发展理念做好碳达峰碳中和工作的实施意见》、《内蒙古自治区碳达峰实施方案》和科技、能源、工业、交通运输、住建、农牧等17项分领域分行业实施方案，明确了实现"双碳"目标的时间表、路线图和施工图，并制定了氢能发展、能源保供、"一带一路"能源合作绿色发展等9个方面的配套政策措施，基本构建了框架完整、措施精准、机制有效的"双碳"政策支撑和保障体系。

（二）"双碳"目标实施成效

2020年来，伴随一系列政策的出台和实施，我国距实现"双碳"目标更近一步，节能降碳成效显著。国家发改委在2023年生态文明重要成果发布会上公布了2020年来"双碳"成果，全国累计完成煤电机组节能降碳改造、灵活性改造、供热改造超过5.2亿千瓦。全国可再生能源装机容量突破13亿千瓦，历史性超过煤电。2020年，我国二氧化碳排放强度比2005年下降48.4%，超额完成第一阶段国家提出的目标。2021~2022年，我国二氧化碳排

放强度进一步下降4.6%。可见，我国在应对气候变化、推动绿色低碳发展方面取得了显著进展，也由此构建了煤、油、气及可再生能源多类型的能源供应保障体系。我国煤炭行业在保障国家能源供给的同时，重点推动绿色低碳转型，调整优化产业结构，加大淘汰落后产能力度，实施降碳扩绿，提高清洁能源利用率，助推"双碳"目标的实现。据《2022煤炭行业发展年度报告》，2012年以前，全国原煤入洗率为56%、矿井水综合利用率为62%、土地复垦率为42%，到2022年分别提高到69.7%、79.3%、57.8%。实现超低排放的煤电机组超过10.5亿千瓦，占比达94%左右；大型煤炭企业原煤生产综合能耗下降到9.7千克标煤/吨。作为传统能源行业，煤炭行业已由过去散乱增量式发展进入集中绿色低碳高质量发展阶段，形成煤矿生产自动化、技术装备智能化、矿区生态绿色低碳化、煤炭产品清洁化的高质量发展体系。"双碳"政策的推进使我国煤炭行业不再盲目大幅扩产能，通过推进煤炭高效清洁利用和技术研发及发展可再生能源替代煤炭消费，控制碳排放继续增长。

在"双碳"背景下，内蒙古走以生态优先、绿色发展为导向的高质量发展新路子并不断改革创新，随着自治区"1+N+X"政策体系的构建和一系列节能降耗政策措施的出台，内蒙古在产业布局上严格落实矿区生态环境保护制度，控制乌海、棋盘井、阿拉善等地区焦煤等稀有煤种产能，对新建煤矿项目、技改项目严把审批关，促进煤炭产业集中化发展；在夯实产业基础上，淘汰落后产能，发展优质产能，开展煤炭绿色开采技术研发，加快煤矿智能化发展，力争到2025年煤矿单矿平均产能提高到300万吨/年以上；在提升产业链水平上，对推进煤炭分级分质利用、有序发展清洁高效煤电、加强煤制油电战略技术储备、加强煤制油气战略技术储备、推动现代煤化工产业向新材料方向延伸等方面做出规划。2022年，内蒙古能源消费结构发生了重大变化，根据自治区统计局数据，内蒙古煤炭消费在能源消费总量中的比重从2012年的87.59%下降到2022年的56.2%，清洁能源消费在能源消费总量中的比重从2012年的14.5%上升到2022年的25.7%。内蒙古能耗强度累计下降11%以上，完成"十四五"规划目标进度70%以上，位居全国前列。

（三）煤炭行业转型发展的建议

重工业在内蒙古经济发展中占主体地位，也是煤炭消费主力。呼和浩特、包头和乌海是以重工业为主的典型城市。呼和浩特煤炭消费以电力行业为主，包头以钢铁、有色金属、电力行业为主，乌海以煤化工行业为主。长期以来，内蒙古经济发展高碳特征突出，为煤炭行业带来了巨大的转型压力。在碳达峰碳中和目标下，煤炭产业发展将为新能源产业发展让路。通过大幅减碳、固碳达到降碳的目的，预计到2040年左右，煤炭在一次能源消费中所占的比重降到30%以下，不再作为主要能源。但煤炭的电力调峰和能源供应的作用不可或缺。因此，在推进"双碳"进程中，自治区要开辟新的转型发展路径，积极调整产业结构、能源结构，大力发展风能、太阳能光伏、氢能等新能源产业，提高新能源在能源供给中的比重，切实肩负保障国家能源安全的重大责任，全力以赴保障能源安全稳定供应。

1. 调整煤炭产业结构，优化产业链

一是继续去产能。淘汰落后产能，强调绿色发展，为新能源产业发展让路。二是发展氢能。从目前氢能的几个来源看，煤炭制氢成本最低，应在煤炭富集区优先发展并制定相应的产业政策。推进清洁能源替代，不断提高非化石能源在一次能源消费中的比重。三是加大煤矿开采废弃物的综合利用力度。如煤矸石、粉煤、灰渣、尾矿的处理。四是横向实现多元产业补链融链。强化数字赋能，推动数字化融入产业布局、引领产业变革，围绕创新链提升产业链，加速科技创新成果的转化、应用和推广，构建产学研一体的科技创新成果转化体系平台，最终形成"科技研发—成果转化—知识产权交易"的完整创新链条。

2. 妥善解决煤炭相关人才的安置问题，优化管理链

随着煤炭行业绿色低碳转型和智能化发展要求逐步提高，煤炭行业高端人才短缺问题更加突出。而从长远来看，调整煤炭产业结构要有政策支撑、人才支撑、技术支撑。未来，随着老矿区煤矿和资源枯竭煤矿关闭退出，人才流动将会加大，需要妥善解决煤炭相关人才的培养、流动与安置问题。因

此，在煤炭消费进入总量峰值平台期并转入总量回落的历史性变革期，煤炭行业自我革命面临严峻挑战，行业和人力的接续与发展亟待关注。一是优化管理链条，二是优化中间环节，三是提高管理层次。最终实现软科学的全面应用、矿山的智能化发展和现代化的生产工具普及，提高生产效率和行业运行效率。

3. 煤炭产业的转型和升级，需要开拓新领域

减煤限煤已是大势所趋，要提前布局，多方面合作，开展固碳储碳，发展碳汇产业。利用塌陷区和废弃矿坑植树造林。有资料介绍，1 亩林地（桉树）1 年可获 1 吨碳汇。每生长 1 立方米木材，约吸收和固定二氧化碳 1.83 吨，释放氧气 1.62 吨。如果开展好煤炭开采塌陷区和废弃矿坑的复垦造林工作，将大大加快"双碳"工作进程，提前实现绿色发展的目标。

4. 科技攻关的几个事项

根据煤炭工业减碳固碳的需要，科技工作要先行。一是基础采矿技术的现代化和科学化，加强采矿过程中废气废物回收利用的科技攻关，从采矿源头实现零排放；二是实现采矿工具和手段的现代化和科学化，不使用或少使用碳排放产品生产煤炭，保持生产工具的先进性；三是材料消耗和使用的现代化和科学化，在这个过程中实现零排放；四是加强煤炭开采和使用过程中废弃物和粉煤灰的综合利用，有专家介绍，元素周期表中超过一半的元素，存在于煤炭开采和使用过程中的废弃物和粉煤灰中，特别是镓、铟、铊等稀有元素，它们没有单独矿床，而煤炭开采和使用过程中的废弃物和粉煤灰就是它们的矿床。应当开展科技攻关，把它们提炼出来，为人类造福。

在"双碳"背景下，我国以煤为主的能源格局短期内难以改变，但随着能源清洁化进程的推进，煤炭一次能源需求逐步放缓，清洁能源成为未来能源发展的主线，也成为"2030 年前碳达峰"的发展路径之一。内蒙古作为国家重要能源和战略资源基地，要深入实施"双碳"战略，不断优化能源开发布局，构建多能互补供给体系，建立清洁低碳能源体系，严格控制高耗能产业项目，加强高耗能产业技术改造。面临降碳压力，内蒙古应切实承担起保障国家能源安全和产业链供应链稳定的艰巨任务，尽快建立起一个新型的绿色低碳煤炭工业发展体系，推动内蒙古经济稳定向好。

参考文献

中国煤炭工业协会：《中国煤炭工业改革开放 30 年回顾与展望：1978~2008》，煤炭工业出版社，2009。

隋景才：《"双碳"目标下煤炭工业的转型发展》，《煤炭经济研究》2021 年第 8 期。

包思勤：《"双碳"目标下统筹优化内蒙古能源结构和制造业结构的若干思考》，《北方经济》2022 年第 3 期。

王轶辰、纪文慧：《煤炭业向"绿"而行》，《经济日报》2023 年 8 月 21 日。

Abstract

The book consists of a general report, a development layout section, a transformation and development section, and a practical exploration section. The general report analyzes the evolution and trends of the contradictions in the development of the coal industry in the context of changes in China's energy structure. It believes that the contradictions faced by the coal industry are gradually changing with the changes in the main economic and social contradictions, and changing from the contradiction between supply and demand to the contradiction between safety and low-carbon transformation; studies and judges the medium-and long-term supply and demand pattern of China's coal under the goal of "carbon peak and carbon neutrality", and believes that China's existing coal mines cannot meet coal demand before and after carbon peaks. During the "14th Five-Year Plan" to the "16th Five-Year Plan" period, China still needs to build about 900 million tons/year of coal production capacity, and can build 600-700 million tons/year in advance, and adjustments will be made later depending on changes in the situation. Combining industrial practice and the requirements of the times, the report puts forward the overall idea of the layout and transformation and development of the coal industry in the future period, which is mainly reflected in the transformation and development of the "Five Rings", that is, the continuous upgrading of industries in the core ring, the layout and structure optimization of the second ring, the green and low-carbon transformation of the third ring, the multiple collaborative coupling of the fourth ring, and the utilization of exiting coal mines in the fifth ring.

The development layout and transformation and development sections discussed 10 aspects, including coal supply security, coal supply and demand in southwest

China, Xinjiang coal transportation, open-pit mining, deep coal mining, intelligent coal mines, clean and low-carbon coal power, modern coal chemical development, new green intelligent coal mine, and transformation of exhausted mining areas. In terms of development layout, it is believed that the essence of giving full play to the "ballast stone" role of coal energy security is to ensure supply and stabilize prices in multiple dimensions; with the national coal supply and demand basically balanced, the tension between coal supply and demand in Southwest China is expected to be continuously alleviated; the scale of "Xinjiang Coal Transportation" will continue to grow, and it is necessary to increase railway transport capacity and optimize the layout of the railway network; the production capacity of open-pit coal mines and their proportion in the country will continue to grow, and the construction of smart, green, and low-carbon open-pit coal mines needs to be further strengthened; and deep coal mining is of great importance, we must persist in deepening theoretical research and technological innovation to fundamentally solve many engineering and technical problems. In terms of transformation and development, it is believed that the intelligent construction of coal mines still has problems such as weak basic theoretical research, inconsistent data protocols, and difficulty in comprehensive collaboration, so it is necessary to strengthen top-level design, technological innovation, standard system construction, multi-industry integration, talent training; coal power is the main way to use coal cleanly and efficiently, so it is necessary to better play its role in supporting and flexibly adjusting the new power system; The high-quality development of modern coal chemical industry requires the persistence of coal chemical integration, product terminalization, green and low-carbonization, comprehensive water conservation, and intelligence with few people; the basic conditions for the integration of green mines and intelligence in coal mines have been met, so It is necessary to promote the construction of new green and intelligent mines from the aspects of concept updating, policy coordination, standard construction, technology integration, demonstration promotion; and the transformation of coal-exhausted mining areas is a global proposition that requires a good grasp of the best time, resource allocation, industrial projects, governance models, and power mechanisms.

The practical exploration sections introduces the practice of reform, develo-

pment and transformation exploration of major coal enterprises or local coal industries, and proposes ideas and relevant policy suggestions for optimizing layout and promoting transformation in the future. CHN Energy Group anchors the "double carbon" goal and proposes a path to sustainable development of the coal industry that optimizes industrial layout, strengthens production safety, deepens green development, deepens industrial integration, and strengthens technology-led leadership. Shandong Energy Group proposes to expand the layout of the coal industry, innovate the application of science and technology, and take advantage of new energy to transform the coal industry into high-quality development on the premise of increasing production without increasing carbon emissions. Shaanxi Coal and Chemical Industry Group adheres to strategic guidance, optimized layout, deepening reform, innovation-driven, benchmarking and improvement, and strives to become a world-class enterprise. Lu'an Chemical Group combines the coal demand trend under the "double carbon" goal and proposes to build a modern industrial system of "strengthening coal, optimizing, and cultivating innovation" and a "five integrations" coordinated development system. Huaihe Energy Holding Group explains the connotation of the transformation and development of traditional energy enterprises in the new era, and introduced the specific practices and results of "slimming down and getting fit", "consolidating the foundation and building up the foundation" and "transformation and empowerment". Henan Energy Group proposes the transformation direction of the coal industry's own upgrading and optimal combination with new energy under the "double carbon" goal, as well as the key deployment direction of scientific and technological innovation. Focusing on the two supporting industries of coal and coal chemical industry, Inner Mongolia Yitai Group proposes the construction goals and paths of a large-scale clean energy complex and a zero-carbon/negative-carbon coal-based new material production base. Sichuan Coal Industry Group will improve the development capabilities of its main coal business, accelerate the pace of new energy construction, develop coal-based manufacturing on a large scale, and refine and optimize the modern service industry as its next transformation and development direction. China Coal Technology & Engineering Group is committed to the safe, green and intelligent development and clean, efficient and low-carbon utilization of coal, and will continue to promote the transformation of scientific and technological innovation into basic originality, value creation, digital intelligence and green and low-carbon. Inner Mongolia Coal Association put forward suggestions of adhering to ecological priority and green development under the goal of "double carbon", opening up a new path of high-quality development and transformation development.

This book integrates knowledge, theory, practice and policy, and is oriented to the practical problems that need to be solved urgently in the development of the coal industry. It particularly highlights the theoretical basis of Marxist political economic theory as the guiding ideology, Xi Jinping Thought on Socialism with Chinese Characteristics for a New Era as the guiding ideology, and the basic requirements for the transformation and development of the coal industry under the "double carbon" goal. The main innovation of this book is to use the Marxist contradiction analysis method to sort out the development context of the coal industry, study and judge the evolution trend of the future coal supply and demand pattern, and propose a "five-ring" transformation and development path for the coal industry under the guidance of Xi Jinping Thought on Socialism with Chinese Characteristics for a New Era.

Keywords: Coal Industry; Supply and Demand Pattern; "Carbon Peak and Carbon Neutrality" Goal; Industrial Layout; Transformation and Development

Contents

I   General Report

Abstract: This report uses the Marxist contradiction analysis method to sort out the development context of China's coal industry, and believes that the contradictions faced by the coal industry are changing from the contradiction between supply and demand to the contradiction between safety and low-carbon transformation. In the future, we will face three major contradictions: coal demand is still high before and after the peak of carbon and coal production capacity is declining, carbon constraint is enhanced in the carbon neutral stage and coal-based energy volume is still huge, coal demand is declining for a long time and the difficulty of sustainable development of mining areas is increasing. This article also studies and judges the changes in the medium- and long-term demand pattern of China's coal industry under the "double carbon" goal, analyzes the adjustment trend of coal development layout, and believes that China's existing coal mines will be unable to meet coal demand before and after the carbon peak. From the "14th Five-Year Plan" to the "16th Five-Year Plan" period, China still needs to build a number of advanced production capacities in Shanxi, Shaanxi, Inner Mongolia, Xinjiang and other regions. Under the guidance of Xi Jinping Thought on Socialism with Chinese Characteristics for a New Era, the "five-ring" transformation and development idea of China's coal industry in the future period is proposed, that is, the continuous upgrading of the industry in the core ring, the optimization of the layout structure in the second ring, and the green and low-carbon transformation in the third ring, the multiple synergistic coupling in the fourth ring and the utilization of exiting coal mines in the fifth ring.

Keywords: Coal Industry; Carbon Neutrality; Industrial Layout; Energy-Resource Structure

II   Development Layout Section

B . 2   Scientific and Effective Implementation of Ensuring Coal Supply and Stable Price *Li Ruifeng* / 086

Abstract: As the "ballast stone" of energy security, the essence of coal is to ensure supply and stable price. In terms of ensuring supply, it is necessary to continue to carry out coal demand forecasting and strengthen forecasts by region and type; do a good job in analyzing the effective production capacity of coal mines, studying its relationship with demand, and doing a good job in coal mine resource reserve analysis and production forecasting, as well as production arrangements; Improve the construction of railways in mining areas, strengthen the construction of Xinjiang coal export railways, and maintain reasonable levels of coal inventories. In terms of price stabilization, it is necessary to study the production restriction mechanism of coal mines, improve the long-term coal cooperation mechanism, and adjust imported coal tariffs in a timely manner. Based on the above research foundation, suggestions are also put forward to improve the relevant mechanisms and research support for ensuring supply and stable prices.

Keywords: Coal; Guaranteed Supply; Stable Price

煤炭蓝皮书

B.3 Analysis of Coal Supply and Demand Situation in Southwest

China   *Liang Zhuang, Ye Xudong* / 093

Abstract: Based on the analysis of the current situation of coal production and consumption in Southwest China, this report predicts the supply and demand of coal in Southwest China in the future. This article believes that on the demand side, coal demand in Southwest China will still maintain a certain growth during the "14th Five-Year Plan" period. After entering the "15th Five-Year Plan", total consumption will peak and enter a downward channel; On the supply side, it is estimated that the coal mine production capacity in Southwest China will be 427 million tons, 436 million tons, and 431 million tons in 2025, 2030, and 2035 respectively, and the output will be 292 million tons, 310 million tons, and 308 million tons respectively; Overall, with the national coal supply and demand basically balanced, the tension in coal supply and demand in Southwest China will continue to ease. At the same time, this article puts forward several suggestions to further enhance coal supply security in Southwest China, such as increasing coal resource exploration, enhancing regional coal self-sufficiency, improving transportation support capabilities, and improving the coal reserve system.

Keywords: Southwest Region; Coal Supply and Demand; Supply Guarantee

B.4 Research on Xinjiang Coal Export Pattern and Future

Development Trends   *Zhu Meng* / 102

Abstract: This report combines regional coal industry planning, development layout, safety production and green transformation to sort out the basic situation of Xinjiang coal, and analyzes the importance of Xinjiang coal in the country from the perspective of location advantages, resource endowments, and regional development planning. This report focuses on the study of the "Xinjiang coal outbound transportation" pattern, and believes that the long-distance outbound transportation of Xinjiang coal is less economical. Before coal production in Shanxi, Shaanxi and Inner Mongolia does not decline significantly, Xinjiang coal has no obvious competitiveness in North China and East China, and the competitiveness is weak in some areas of central China. At the same time, the bottleneck of railway transportation capacity is obvious, and there is an urgent need to improve the transportation capacity of railway channels and strengthen the deployment organization of railway vehicles. This report analyzes the future coal supply and demand situation in Xinjiang and believes that by 2025, the external transportation volume of Xinjiang coal will reach about 100 million tons. During the "15th Five-Year Plan" period, as channel capacity continues to improve, the external transportation volume will further increase; It also puts forward policy suggestions for the construction of the "Xinjiang coal export" pattern such as improving railway transportation capacity and optimizing the layout of the railway network.

Keywords: Xinjiang Coal Transportation; Economy; Railway Transportation Capacity

Abstract: This report summarizes the current distribution, production capacity, mining technology, safety production, supply guarantee, intelligent construction and ecological environmental protection of China's opencast coal mines, analyzes the main problems faced by opencast coal mines, such as resource safety, production mode, mining and stripping imbalance and talent shortage, and forecasts the development trend of China's opencast coal mines in the new development stage. It also analyzes the development characteristics of future open-pit coal mine, such as large-scale leading, advantageous area mine cluster, intelligent and green, and provides reference for guiding and improving the safe, green and high-quality development of China's open-pit coal mine.

Keywords: Opencast Coal Mine; Mine Mining Technology; Intelligent; Green Mine

B.6　Key Technologies and Development Prospects of Deep
Coal Mining　　　　　　　　　　　*Zhai Deyuan* / 119

Abstract: This report focuses on the problems of deep coal mining, and analyzes the key problems faced by deep coal mining in China, such as the damage of roadway caused by the increase of mine pressure, the increase of rock burst risk, and the thermal damage of mine. It also reviews the practical research results of deep coal mining in the aspects of rock burst generation mechanism, surrounding rock control technology and equipment research and development, deep mining heat control technology and equipment, karst confined water control technology, deep well fire control technology, etc., and prospects the research and development direction of deep coal mining technology from the aspects of basic theory, mine support and rock burst.

Keywords: Deep Coal Mining; Rock Burst; Heat Hazard in Mine

Ⅲ　Transformation and Development Section

B.7　Research on the Development Trend of Intelligent Coal Mine
　　　　　.　*Qiang Hui, Li Menggang and Wang Lei* / 134

Abstract: Coal is the ballast stone of China's energy security and stable supply, and the intelligent coal mine is the only way to achieve high-quality development of the industry. This report analyzes the current situation of intelligent development of coal mine in China from three aspects: the related policies of intelligent construction, the main practices of intelligent construction in provinces and the phased achievements of intelligent construction. The report discusses the basic path of intelligent coal mine construction, and points out that the new characteristics of intelligent coal mine construction are deep integration of new generation ICT technology, integration of end-edge-cloud giant system, standardization and demonstration guidance, innovation-driven, and combination of production, university and research. It is pointed out that the main problems in the intelligent construction of coal mine are weak research on the basic theory of intelligence, inconsistent system interface data protocol, difficult to realize the comprehensive and cooperative management and control of all mine business systems, unsound operation and maintenance institutions, and serious shortage of talent reserve. On the basis of strengthening the top-level design, the future development ideas of intelligent coal mine are proposed, such as promoting technological innovation, establishing intelligent standard system, promoting multi-industry integration, strengthening talent training, and exploring new business models.

Keywords: Intelligent Coal Mine; Technological Innovation; Multi-industry Integration

B.8 Give Full Play to the Basic Guarantee Role of Coal and Electricityto Support the Clean and Low-Carbon Transformation of Energy and Electricity   *Zhou Zhengdao, Liu Xulong* / 147

Abstract: Under the situation of building a new power system and promoting the clean and low-carbon transformation of energy and electricity, the positioning and role of various types of power supplies have undergone fundamental changes, and new energy will become the main body of installed capacity and electricity, and coal power will be transformed from a power source to a power source of electricity and power regulation. In order to ensure the sufficiency of new power system regulation capacity, it is necessary to coordinate the relationship between clean development and safe supply of power system. Under the existing technical conditions and energy resource endowment, coal power is the main way of clean

and efficient utilization of coal, and is the most economical, safest and most reliable support and regulation power supply. In order to give full play to the role of coal power in the support and flexible regulation of the new power system, it is necessary to gradually improve the power market mechanism, further improve the auxiliary service market and capacity compensation market mechanism, and reflect the value of coal power in ensuring system safety and flexible regulation ability. At the same time, it is necessary to make overall plans for the construction, renovation, extension of life and closure of coal power.

Keywords: Coal Power; Clean and Low-carbon Transformation; New Power System

B. 9 Analysis of the High-Quality Development Path of China's Modern Coal Chemical Industry under the New Situation

Wang Qiang / 156

Abstract: After more than 20 years of development, China's modern coal chemical industry has begun to take shape. The technology and equipment are at the advanced level in the world and have created better economic benefits. With the introduction of policies such as the Yellow River Protection Law and the "double carbon" target, the resource and environmental constraints faced by the industry have been significantly enhanced, coupled with the increase of coal costs and the acceleration of the capacity expansion of refining and chemical projects, the competitive pressure faced by the industrial development has increased. However, with the continuous breakthrough of coal chemical technology and the improvement of energy conversion efficiency, the development of coal chemical industry is still an important path for the extension of coal industry in coal-rich areas and the promotion of regional economic development. At the same time, the large-scale development of new energy in western China also requires coal chemical industry to act as an absorbing carrier of unstable power supplies, and the industry still has a large space for development. By analyzing the new situation of economy, technology, resources, environment and intelligence of industrial development, this report puts forward the suggestions that the future industry should develop in five aspects: coal-chemical integration, product terminalization, green and low-carbon, comprehensive water-saving and smart and less-populated.

Keywords: Coal Chemical Industry; High Quality Development; Carbon Emissions

B.10　Progress and Prospects of New Green Smart Coal Mine Construction under Dual Carbon Goals

Zhang Jianming, Liu Feng / 166

Abstract: At present, China's coal mines have achieved a high level of development and are moving towards high-quality development. The report summarizes the current status of green mines and intelligent construction of coal mines in China, compares the evaluation index systems of green coal mines and intelligent demonstration coal mines, puts forward ideas for integrating green and intelligent coal mines to build new green intelligent coal mines, and studies the connotation of new green smart coal mines and the construction path of new green smart coal mines are analyzed from the aspects of concepts, policies, standards, technologies and demonstrations. Research points out that the construction of new green smart coal mines is the inevitable path for high-quality development of coal mines and an inevitable requirement for coal mines to support the "double carbon" goal. It requires the joint promotion of industry management departments, coal enterprises, scientific research institutes and other social forces.

Keywords: Carbon Peak; Carbon Neutrality; Green Mine; Intelligent Coal Mine

煤炭蓝皮书

B.11 Study on Sustainable Development of Coal Depleted Mining
Area Transformation   *Niu Kehong* / 177

Abstract: This report aims at the global proposition of transformation of exhausted coal mining areas, analyzes the necessity of transformation and develop-ment of exhausted mining areas from the aspects of industrial transformation, employment placement, utilization of factor resources, and high-quality develop-ment of enterprises; points out various subjective and objective conditions as well as internal and external favorable conditions for the implementation of transformation and sustainable development of exhausted mining areas; and proposes a new path and new model for the planning, transformation and development of coal-depleted mining areas from five aspects: optimal time node selection, resource allocation, industrial projects, governance models, and power mechanisms. At the same time, this report takes the transformation of Jining Energy Group's mining area as an example to summarize the successful experiences and useful inspirations in strategic layout, opportunity control, hard work and entrepreneurship, innovative development, team building and leadership guidance.

Keywords: Coal-exhausted Mining Areas; Sustainable Development; Jining Energy Group

Ⅳ Practical Exploration Section

B.12 Write a New Chapter of Sustainable Development of Coal
Industry

CHN Energy Technology & Economics Research Institute / 186

Abstract: CHN Energy Group owns the whole industrial chain business of coal, power, chemical industry and transportation, and actively implements the "six responsibilities" on the new journey of Chinese-style modernization. At the same time, CHN Energy Group is the world's largest coal company, and coal is the core industry and basic industry of CHN Energy Group. For a long time, CHN Energy Group has ensured the security of coal supply with the construction of large bases and integrated operation, promoted the high-quality development of coal with science and technology and green development, and helped the sustainabledevelopment of the coal industry with the deep integration of the industrial chain and low-carbon transformation. Aiming at the "double carbon" goal, CHN Energy Group will further optimize its industrial layout, strengthen production safety, deepen green development, deepen industrial integration, strengthen technological leadership, and continue to steadily pursue the path of sustainable development of the coal industry.

Keywords: "Six Responsibilities"; Industrial Layout; Integration; Green Transformation; Sustainable Development

B.13 Shandong Energy Group's Coal Industry Layout and Transformation Development under the Goal of "Double Carbon"

Research Group of Shandong Energy Group Co., Ltd. / 204

Abstract: Under the profound adjustment of the world energy pattern, coal plays a more prominent role in guaranteeing the bottom line of China's energy system, and economic development, the bottom line of people's livelihood and energy security still rely on coal to a large extent. At the same time, coal is a major carbon emitter. Under the constraints of the goal of "dual carbon", the develop-ment pace, layout optimization, transformation and development, low-carbon cleanliness of the coal industry need to be further clarified. Shandong Energy Group has conducted systematic research and advanced planning, combined with the actual development of the coal industry, and leveraged new energy development on the premise of increasing production without increasing carbon emissions, expanding the layout of the coal industry, innovatively applying science and technology, and realizing the

transformation and high-quality development of the coal industry.

Abstract: "Double Carbon"; New Energy; "Foreign Power Entering Shandong"; Intelligence

B. 14 Shaanxi Coal and Chemical Industry Group Creates a World-Class Enterprise Through Accumulation of Advantages, Reform and Innovation

Research Group of Shaanxi Coal and Chemical Industry Group Co. , Ltd. / 225

Abstract: In order to thoroughly implement Xi Jinping Thought on Socialism with Chinese Characteristics for a New Era and the spirit of the 20th National Congress of the Communist Party of China, Shaanxi Coal and Chemical Industry Group has reformed and innovated, accumulated advantages, and will accelerate the creation of a world-class enterprise as the new direction and goal of reform and development. This report combines the development status of Shaanxi Coal and Chemical Industry Group, the development rules and trends of the energy and chemical industry, and compares the connotative characteristics and overall requirements of world-class enterprises. This report discusses Shaanxi Coal and Chemical Industry Group from five aspects: strengthening strategic leadership, optimizing industrial layout, consolidating reform results, implementing innovation-driven, carrying out practice exploration of standard first-class to continuously improve the comprehensive strength of first-class enterprises, the core competitiveness of high-quality development, improving modern enterprise governance system, strengthening the aggregation of various innovative elements and strengthening the path practice of first-class enterprises. It is stated that the establishment of a world-class enterprise is a long-term continuous improvement practice process, which requires continuous stimulation of enterprise development vitality, innovation of enterprise management system and mechanism, optimization of industrial layout, acceleration of industrial structure adjustment and transformation and upgrading, enhancement of enterprise core competitiveness and comprehensive strength, and enhancement of enterprise influence, innovation ability and anti-risk ability. Ultimately, improve the quality of enterprise development, achieve stronger and better state-owned capital, and better move towards the ranks of world-class enterprises.

Keywords: Shaanxi Coal and Chemical Industry Group; Reform and Development; World-class Enterprise

B. 15　Practice and Exploration of High-Quality Transformation
　　　　and Development of Lu'an Chemical Group under the
　　　　"Double Carbon" Goal

Research Group of Lu'an Chemical Group Co. , Ltd. / 234

Abstract: The report introduces the basic overview of Lu'an Chemical Group, and summarizes the practical results of the transformation and development of Lu'an Chemical Group from four aspects: focusing on the main responsibilities and main businesses and optimizing the industrial layout; deepening reform and innovation to enhance power and vitality; anchoring lean management to promote quality and efficiency improvement; strengthening party building guidance and gathering synergy for development. Combined with the study and judgment of coal demand trends in the context of the "double carbon" goal, the report clarifies Lu'an Chemical Group's transformation and development layout ideas for building a modern industrial system characterized by "coal strengthening, optimization, and innovation cultivation", and the scientific and technological research and development direction of the "five integrations" coordinated development system; Lay out 8 high-quality transformation and development support paths for enterprises, including lean, digital intelligence, technological innovation, capital operation, scientific governance, safety and stability, green and low-carbon, and harmonious and happy development; and puts forward policy recommendations for promoting high-quality development of enterprises from the aspects of finance and taxation.

Keywords: Lu'an Chemical Group; High Quality Development; Transformation and Upgrading; Scientific and Technological Innovation

B.16 Exploration and Practice of Transformation and Development

of Traditional Energy Enterprises in the New Era

—*Taking Huaihe Energy Holding Group Co. , Ltd as*

an Example

Research Group of Huaihe Energy Holding Group Co. , Ltd. / 247

Abstract: In order to conscientiously implement the spirit of the 20th National Congress of the Communist Party of China and deeply implement the new energy security strategy of "Four Revolutions and One Cooperation", Huaihe Energy Holding Group focuses on the three major industries of coal, coal power and clean energy, and accelerates the adjustment and transformation and upgrading of industrial structure, and strives to build a modern new energy group in the new era of "green, clean, harmonious, beautiful, safe, efficient, intelligent and low-carbon". It has become one of the country's 1. 4 billion ton coal bases and six large coal power bases, one of China's top 500 enterprises and one of China's top 50 coal enterprises, the largest coal production capacity and power rights interests in Anhui Province, and an important energy security base in East China and the Yangtze River Delta region.

Keywords: Huaihe Energy; Transformation and Development; Coal; Coal Power; Clean Energy

B . 17 Focus on Optimizing the Development Layout, Accelerate

the Pace of Transformation and Upgrading, and Vigorously

Promote the High-Quality Development of Enterprises

Research Group of Henan Energy Group Co. , Ltd. / 261

Abstract: The report introduces the development history of Henan Energy Group, industrial structure adjustment and the development status of the coal sector. It reviews and summarizes the main practices and achievements of the coal sector in optimizing layout, transformation and upgrading, and technological innovation since the "14th Five-Year Plan". Based on an in-depth analysis of coal market demand trends under the background of "double carbon", the ideas, directions and priorities for the transformation and development of Henan Energy Group's coal sector were put forward. That is to say, adhere to the "four haves" principle, give full play to the role of the province's main platform for energy security, accelerate the transformation to smart, efficient, green and low-carbon, build a modern coal industry system with outstanding characteristics and advantages, efficient industrial chain collaboration, and strong core competitiveness, and generally achieve "stable and excellent" development, providing strong support for enterprises to accelerate high-quality development.

Keywords: Henan Energy Group; Coal Industry Transformation; High-quality Development

B . 18 Ensure Energy Security and Create a Green and Low-Carbon

Coal Industry

Research Group of Inner Mongolia Yitai Group Co. , Ltd. / 276

Abstract: The report introduces Yitai Group's coal industry transformation and development practices such as building safe, efficient and intensive modern mines and tackling indirect coal liquefaction technology. It analyzes the challenges

faced by the coal industry in the context of "double carbon", such as difficulties in resource continuity, large investment, high costs, and difficulty in operation of the coal-to-liquids industry. Under the background of "double carbon", from the perspective of ensuring national energy security, the report combines the actual situation of Yitai Group's coal industry, proposes the transformation and development ideas of promoting the integration of coal industry and new energy, accelerating the transformation of coal from fuel to raw material, building a large-scale clean energy complex and coal-based new material production base, and puts forward policy suggestions on promoting the green and low-carbon transformation of the coal industry.

Keywords: Inner Mongolia Yitai Group; Coal Industry Layout; Transformation and Develop-ment of Coal Chemical Industry

B.19 Focus on Coal Industry Transformation and Development

and Technological Innovation

Research Group of Sichuan Coal Industry Group

Limited Liability Company / 295

Abstract: The report introduces the development practice of Sichuan Coal Industry Group to build a comprehensive energy enterprise integrating modern energy, mine construction, mining medical care, and mining technology services. Since the "14th Five-Year Plan", Sichuan Coal Industry Group has promoted the integration of coal production, supply, storage and marketing, service-oriented equipment manufacturing industry, new green and low-carbon industry, modern construction comprehensive service industry, technology-based disaster management service industry, and distinctive modern health care industry, and the development of the asset operation management industry. It also carried out research on key core technologies, deepened the transformation and application of scientific and technological achievements, and achieved new results in transformation development and scientific and technological innovation. Based on the future coal development situation, Sichuan Coal Industry Group will continue to improve its main coal business development capabilities, accelerate the pace of new energy construction, develop the coal machinery manufacturing industry on a large scale, refine and optimize the modern service industry, thoroughly implement the actions to deepen and improve the reform of state-owned enterprises, seriously carry out benchmarking first-class value creation actions, and make key arrangements for coal technology research and the promotion and application of results.

Keywords: Sichuan Coal Industry Group; Transformation and Development; Technological Innovation

B.20   Create a Strong Innovation-Driven Engine to Enable High-Quality Transformation and Development of the Industry

Research Group of China Coal Technology &

Engineering Group Co. , Ltd. / 316

Abstract: China Coal Technology & Engineering Group Co. , Ltd. is a central enterprise supervised by the State-owned Assets Supervision and Administration Commission. It is the national team and pacesetter in the field of scientific and technological innovation in China's coal industry. And it is committed to the safe, green and intelligent development and clean, efficient and low-carbon utilization of coal. In recent years, in the face of the accelerated adjustment of energy structure and intensified market competition in the coal industry under the background of China's "dual-carbon", we have established the overall development idea of "1245" and unswervingly implemented the strategy of "innovation-driven, streng-thening the main business". In terms of specific practices, we will strengthen technological innovation and continue to improve industrial technology leadership; optimize transformation and development to continue to improve industrial quality; comprehensively deepen reforms to effectively stimulate the vitality of industrial development. In the

future development direction, the core position of scientific and technological innovation will be strengthened and the transformation to basic originality, value creation, digital intelligence and green and low-carbon will be promoted. We will make greater efforts to develop forward-looking strategic emerging industries and future industries, deepen and upgrade a new round of reform, and accelerate the constru-ction of world-class scientific and technological innovation enterprises.

Keywords: China Coal Technology & Engineering Group; "1245" Overall Development Strategy; Innovation-driven; Green and Low Carbon

B. 21 Practice and Exploration of Inner Mongolia Coal Industry Development

Research Group of Inner Mongolia Coal Association / 334

Abstract: Since the reform and opening up, Inner Mongolia coal industry has experienced consolidation and adjustment and development, realize high-quality leapfrog development, and actively explore diversification and transformation of the development of the road, and gradually formed a green, intensive, efficient, intelligent, safe modern coal industry system. Under the goal of "double carbon", Inner Mongolia coal industry adheres to the ecological priority and green development, and continues to reform and innovate on the road of high-quality development, opening up new paths of transformation and development, and effectively shoulder the great responsibility of guaranteeing national energy security.

Keywords: "Double Carbon" Goal; High-quality Development of Coal; Transformation and Development of Coal

权威报告·连续出版·独家资源

皮书数据库
ANNUAL REPORT(YEARBOOK)
DATABASE

分析解读当下中国发展变迁的高端智库平台

所获荣誉

- 2020年，入选全国新闻出版深度融合发展创新案例
- 2019年，入选国家新闻出版署数字出版精品遴选推荐计划
- 2016年，入选"十三五"国家重点电子出版物出版规划骨干工程
- 2013年，荣获"中国出版政府奖·网络出版物奖"提名奖
- 连续多年荣获中国数字出版博览会"数字出版·优秀品牌"奖

皮书数据库　　　"社科数托邦"
　　　　　　　　微信公众号

成为用户

　　登录网址www.pishu.com.cn访问皮书数据库网站或下载皮书数据库APP，通过手机号码验证或邮箱验证即可成为皮书数据库用户。

用户福利

- 已注册用户购书后可免费获赠100元皮书数据库充值卡。刮开充值卡涂层获取充值密码，登录并进入"会员中心"—"在线充值"—"充值卡充值"，充值成功即可购买和查看数据库内容。
- 用户福利最终解释权归社会科学文献出版社所有。

数据库服务热线：400-008-6695
数据库服务QQ：2475522410
数据库服务邮箱：database@ssap.cn
图书销售热线：010-59367070/7028
图书服务QQ：1265056568
图书服务邮箱：duzhe@ssap.cn

社会科学文献出版社　皮书系列
SOCIAL SCIENCES ACADEMIC PRESS (CHINA)

卡号：597211227137
密码：

S 基本子库
SUB DATABASE

中国社会发展数据库（下设 12 个专题子库）

紧扣人口、政治、外交、法律、教育、医疗卫生、资源环境等 12 个社会发展领域的前沿和热点，全面整合专业著作、智库报告、学术资讯、调研数据等类型资源，帮助用户追踪中国社会发展动态、研究社会发展战略与政策、了解社会热点问题、分析社会发展趋势。

中国经济发展数据库（下设 12 专题子库）

内容涵盖宏观经济、产业经济、工业经济、农业经济、财政金融、房地产经济、城市经济、商业贸易等 12 个重点经济领域，为把握经济运行态势、洞察经济发展规律、研判经济发展趋势、进行经济调控决策提供参考和依据。

中国行业发展数据库（下设 17 个专题子库）

以中国国民经济行业分类为依据，覆盖金融业、旅游业、交通运输业、能源矿产业、制造业等 100 多个行业，跟踪分析国民经济相关行业市场运行状况和政策导向，汇集行业发展前沿资讯，为投资、从业及各种经济决策提供理论支撑和实践指导。

中国区域发展数据库（下设 4 个专题子库）

对中国特定区域内的经济、社会、文化等领域现状与发展情况进行深度分析和预测，涉及省级行政区、城市群、城市、农村等不同维度，研究层级至县及县以下行政区，为学者研究地方经济社会宏观态势、经验模式、发展案例提供支撑，为地方政府决策提供参考。

中国文化传媒数据库（下设 18 个专题子库）

内容覆盖文化产业、新闻传播、电影娱乐、文学艺术、群众文化、图书情报等 18 个重点研究领域，聚焦文化传媒领域发展前沿、热点话题、行业实践，服务用户的教学科研、文化投资、企业规划等需要。

世界经济与国际关系数据库（下设 6 个专题子库）

整合世界经济、国际政治、世界文化与科技、全球性问题、国际组织与国际法、区域研究 6 大领域研究成果，对世界经济形势、国际形势进行连续性深度分析，对年度热点问题进行专题解读，为研判全球发展趋势提供事实和数据支持。

法律声明